融媒体新形态教材

北京高等学校精品课程　　北京高等教育精品教材

北京高校"优质本科课程"　北京市高校课程思政示范课程

市场营销管理

——基本理论·典型案例·前沿问题

（第 2 版）

张欣瑞　尚会英　杨一翁　涂剑波　许研　编著

清华大学出版社

北京交通大学出版社

·北京·

内 容 简 介

本书是高等院校工商管理类专业的主干课程教材之一。本书共分为 5 篇，分别是营销管理概览、营销机会识别与分析、战略性营销、营销策略和营销执行管控。在阐明营销基本理念及所面临的市场环境的基础上，详细描述营销涉及的战略与策略、营销活动的有效管控。本书在写作体例和内容安排上，将守正出新学营销、做营销的指导思想贯穿始终，充分体现市场营销的应用性、现实性和前瞻性，将经典理论、最新发展和中国的营销实践有机结合，本土案例占 90% 以上。每章开始有引导案例，内容中开设"营销展望""特别关注""营销实操""数读营销"这 4 类营销窗口，每章结尾安排了知识巩固与理解（包括在线测试题和思考题）及知识应用（包括案例分析、营销辩论、角色模拟和营销在线），旨在帮助读者掌握营销的思想精髓，并提高学以致用的能力。此外，还提供了"拓展阅读"资料链接，作为本书内容的补充，以供读者课外查阅，从而开阔视野，引发更深入的思考。

本书可作为本科生的营销课程教材，也可作为 MBA 学生和企业管理研究生的参考读物，还可作为企业营销人员在职培训参考书。

图书在版编目（CIP）数据

市场营销管理：基本理论　典型案例　前沿问题/张欣瑞等编著 . —2 版 . —北京：北京交通大学出版社：清华大学出版社，2024.7

ISBN 978 - 7 - 5121 - 5182 - 6

Ⅰ. ①市…　Ⅱ. ①张…　Ⅲ. ①市场营销学-高等学校-教材　Ⅳ. ①F713.50

中国国家版本馆 CIP 数据核字（2024）第 043676 号

市场营销管理

SHICHANG YINGXIAO GUANLI

责任编辑：吴嫦娥

出版发行：清 华 大 学 出 版 社　　邮编：100084　　电话：010 - 62776969　　http://www.tup.com.cn
　　　　　北京交通大学出版社　　邮编：100044　　电话：010 - 51686414　　http://www.bjtup.com.cn

印　刷　者：北京时代华都印刷有限公司

经　　销：全国新华书店

开　　本：185 mm×260 mm　　印张：23.75　　字数：608 千字

版 印 次：2005 年 9 月第 1 版　　2024 年 7 月第 2 版　　2024 年 7 月第 1 次印刷

定　　价：59.00 元

本书如有质量问题，请向北京交通大学出版社质监组反映。对您的意见和批评，我们表示欢迎和感谢。

投诉电话：010 - 51686043，51686008；传真：010 - 62225406；E-mail：press@bjtu.edu.cn。

前　言

随着市场经济的发展，市场营销的理念与思想已经潜移默化地渗透到许多领域，涉及社会经济生活的方方面面。可以毫不夸张地讲，生存在这个世界上的每一个人都应该懂一点营销，对各类企业，更是如此。特别是在全球经济一体化及信息技术迅猛发展、竞争日趋白热化的新环境下，企业必须审时度势，在市场上找寻立足点和增长点，以获取持续的竞争优势，在这个过程中营销担负着愈加重要的使命，因为是它将企业内部的能力和外部的需求紧紧地联结在一起，通过它企业将达成目标。

有关市场营销方面的课程在高等院校中受到了广泛的重视，它不仅成为工商管理类专业的核心主干课程，而且是国际经济与贸易、会计学、广告、艺术设计等专业的专业选修课程，甚至作为公共选修课向所有专业开出，受到了许多工科专业学生的欢迎。

本书共分为5篇，即营销管理概览、营销机会识别与分析、战略性营销、营销策略和营销执行管控。营销管理概览篇主要介绍与营销相关的基本概念，营销管理哲学的演进与发展，以及顾客价值、顾客满意、顾客忠诚与顾客关系管理；营销机会识别与分析篇重点介绍营销环境因素识别与分析，消费者市场和组织市场的构成、特点及购买决策过程与营销调研；战略性营销篇描述竞争性营销战略、市场细分、目标市场选择和定位的思想与方法以及品牌战略的制定与管理；营销策略篇将逐一分析产品策略、服务策略、价格策略、分销渠道策略和营销沟通策略；营销执行管控篇则阐释营销活动的计划、组织与控制的一般方法、营销绩效及其测量。

本书主要特色体现如下。

（1）将守正出新学营销、做营销的指导思想贯穿始终。教材内容中充分体现价值塑造、能力培养和知识传授三位一体的教学理念。例如：将国家战略、中国品牌故事、法制观念、商业道德、财务绩效、营销绩效和社会绩效相统一等内容融入理论知识解读、实际问题分析与思考之中。

（2）体现市场营销的应用性、现实性和前瞻性。在每章开设专栏多种窗口，如"营销展望"重点描述营销的新思维、新方法及发展趋势；"特别关注"对准中国市场中的现实问题进行剖析，引发思考；"营销实操"则汇集一些企业的成功做法或给出实际运作中的注意事项；"数读营销"主要是引用一些数据来进一步说明市场和营销的现状及变化。

（3）聚焦本土案例，充分体现时代特色。书中90%以上的案例均为本土案例，重点关注我国企业或品牌在成长过程中的成功经验与存在的问题。鉴于数字技术发展对营销产生的重大影响，书中的每章都增加了与此相关的内容；同时考虑到目前我国企业在营销方面亟待加强及面临的新现象，如市场定位、品牌建设与管理、新消费、新产品、新服务、新业态、新场景等，也融入具体的章节中进行分析探讨。

（4）将"学思践悟"体现在教材的体例安排上。在讲清楚基本理论的同时，提供了大量的"学思践悟"的内容。每章开篇明确学习目标，给出引导案例、每章结尾给出本章的

I

关键术语，并安排了知识巩固与理解，包括在线测试题和用于知识巩固的思考题，以及知识应用，包括案例分析、营销辩论、角色模拟和营销在线，旨在帮助学生掌握营销的思想精髓，并提高学以致用的能力。此外，还提供了"拓展阅读"资料链接，作为本书内容的补充，以供读者课外查询，从而开阔视野，引发更深入的思考。

该教材的第 1 版 2006 年被评为北京高等教育精品教材；相应的市场营销管理课程 2009 年被评为北京高等学校精品课程，2022 年被评为北京高校"优质本科课程"和北京市高校课程思政示范课程，授课教师和教学团队被认定为北京市课程思政教学名师和教学团队。与第 2 版《市场营销管理》教材配套的线上课程于 2024 年秋季学期在智慧树平台上线。

由于水平所限，本书难免会有不妥之处，恳请读者不吝赐教，以便今后的修订和完善。

本书得到了"北方工业大学 2020 年教材出版专项经费资助"。

编著者

2023 年 7 月于北京

目　　录

第1篇　营销管理概览

第 3 篇 战略性营销

第4篇　营销策略

第5篇 营销执行管控

第1篇 营销管理概览

第1章

市场营销导论

学习目标

1. 了解市场的含义、分类及市场营销的核心概念。
2. 理解市场营销管理的理论体系及主要内容。
3. 掌握市场的三要素、营销的内涵以及企业市场营销理念的发展、演变。

引导案例

美的空调牵手京东家电为市场换"新风"

为了让更多高品质家电进入家庭、焕新用户美好生活，家电厂商在常态化合作下正不断地探索新模式，以推动市场释放更大的增长空间。其中，美的空调与京东家电凭借 C2M（customer to manufacturer，用户直连制造商）定制、新品首发、精准推广等全方位的合作，不断刷新市场销量、引领产业结构升级，成为厂商合作共赢的典型范例。

对此，美的家用空调国内营销总经理表示，京东是美的空调的战略合作伙伴，是非常有价值的渠道，是经营良性、稳健可持续的渠道。从京东商城到京东专卖店，美的空调与京东一直保持着良好的合作。在 2022 年的"京东家电超级焕新季"活动中，美的空调在京东首发 MKA 焕新风柜机，以 210 m^3/h 超大新风量，开启了空调大新风时代。该空调一经推出就引发市场抢购热潮，上市当天销量即突破 10 000 套。

美的空调焕新风系列新品的一炮而红，并不偶然。一方面，源自美的空调产品强大的性能升级：采用微正压焕新技术和独立四档新风系统，焕新风系列柜机 MKA1A 升级至 210 m^3/h 超大新风量，最快 26 分钟即可实现满屋换新风，这在业内处于领先水平，也引发了最多关注；同时，针对当前主流用户对健康需求的持续升级，通过新风止逆阀设计、H13 滤网等，让新风净化效率达到 99.95%。再加上基于算法和智能科技的升级，实现"30 秒制冷、60 秒制热"，可以说美的焕新风空调给用户带来了室内健康呼吸、舒适体验的全新想象。

另一方面，美的空调焕新风系列新品迅速成为"明星产品"的背后，也离不开京东家电精准对接用户并进行全域营销的支撑。美的空调相关负责人介绍，本次新品上市工作，美的空调和京东密切沟通、深度合作，包括从敲定品类销售目标、签署战略合作协议，到定制京品家电（京品家电是京东推出的精品家电产品库，是京东家电通过人工智能 AI 算法和大数据的集成，对消费者家电购买喜好、页面浏览、停留时间、购买记录等信息进行抓取，进而以这些信息为基础导向，集合消费者最为看重的部分，定制推出符合市场需求的优质家电产品），再到空调等品类接入京东数字化采购服务平台，打通产业链的多个层面。既关注终端落地成效，也注重探索产业厂商合作的新模式。该负责人透露，美的空调还将联手京东小魔方再推焕新风空调相关新品。

通过这个案例可以看出，一个企业所遵循的经营理念以及对市场的态度和具体行为，在某种意义上决定了产品在市场上的表现和竞争力。这恰恰是本章讨论的核心内容。

【资料来源】周简．新品首发单日破万台：美的空调牵手京东家电为市场换"新风"［EB/OL］．（2022-03-25）［2023-12-08］．https：//mp．weixin．qq．com/s/9e7at1d0wKG86Z00ZogDFA.

任何一个企业，无论其规模、实力如何，它的生产经营活动都离不开市场，正是通过市场，大大小小的企业不断上演"几家欢喜几家愁"的悲喜剧，特别是国际经济日趋融为一体，市场的地域界限越来越模糊的今天，企业要想求生存、图发展，就必须认识市场、了解市场、分析市场、遵奉恰当的理念，采用合宜的战略与策略去适应市场、引导消费。

1.1　市场与市场营销

市场营销作为企业的整体职能，在企业中扮演着越来越重要的角色，何以将市场营销提到如此高的位置？在搞清楚何谓市场，何谓市场营销后，答案自然明了。

1.1.1　市场及其分类

1. 市场的概念

市场是企业营销活动的出发点与归宿点，了解市场是正确制定营销策略的前提。众所周知，市场是商品经济的产物，哪里有社会分工和商品生产，哪里就有市场。市场的概念不是一成不变的，它是随商品经济的发展而变化的。在不同的历史时期，不同的场合，具有不同的含义。最初，在交换尚不发达的时代，市场仅仅是指交换的具体场所，即买者和卖者于一定时间聚集在一起进行交换的场所，是一个地理上、空间上和时间上的概念。在日常生活中，我们习惯把市场看作买卖交易的场所。应该说，这是一个比较狭义的对市场的描述。

后来，随着社会分工和商品生产的发展，商品交换日益频繁和广泛，成为社会经济生活中大量的、不可缺少的要素，市场也就无处不在了。在现代社会里，交换渗透到社会生活的各个方面，特别是金融信贷和通信交通事业的发展，商品交换打破了时间上和空间上的限制，交换关系日益复杂，交换范围日益扩大，交换不一定都需要固定的地点。因此，市场就不仅是指具体的交易场所，经济学家认为市场应该是一个经济的范畴，体现商品交换关系的总和，是通过交换反映出来的人和人之间的关系。因此，他们将市场概括为商品和劳务从生产领域向消费领域的转移过程中所发生的一切交换行为和职能的总和，是各种错综复杂的交换关系的总体。市场包括供给和需求两个相互联系、相互制约的方面，是二者的统一体。

　　站在市场营销者的角度，该怎样理解和使用"市场"这一术语呢？对于卖方的市场营销来说，市场只是需求一方。这是因为，站在卖方角度，作为供给一方，市场营销就是研究如何适应买方的需求，如何组织整体营销活动，如何拓展销路，以达到自己的经营目标。因此，市场在这里只是指某种商品的现实购买者和潜在购买者（可能的购买者）需求的总和，市场专指买方，而不包括卖方；专指需求而不包括供给。因为站在卖方营销的立场上，同行的供给者、其他的卖方都是"竞争者"，而不是"市场"。行业是由卖方组成的，市场是由买方组成的。所以，从某种意义上讲，在市场营销者眼里，"市场"等同于"需求"。

　　更进一步讲，营销者在一个特定的时期，会把市场界定为对某种商品或劳务具有需求、支付能力和希望进行某种交易的人或组织。这样的市场对于卖方而言非常重要，它是一个有现实需求的有效市场，包括三个要素，即：

市场＝人口＋购买力＋购买欲望

　　人口是构成市场的基本要素，人口的多少决定着市场的规模和容量，而人口的构成及其变化则影响着市场需求的构成和变化；购买力是指消费者支付货币以购买商品或劳务的能力，是构成现实市场的物质基础。购买力的高低由消费者的收入水平决定；购买欲望则指消费者购买商品或劳务的动机、愿望和要求，它是使消费者的潜在购买力转化为现实购买力的必要条件。以上三个要素缺一不可。

2. 市场的类型

　　市场的类型可从不同的角度划分为许多种。在市场营销的研究与实践中，常用以下分类方式。

　　按购买者及其不同的购买目的，可将市场划分为消费者市场、生产者市场、中间商市场、政府市场和非营利机构五大类。这种分类方法的优点是：可深入地分别了解不同市场的特点，更好地体现以顾客为中心的经营思想。因为不同的购买者需求不同，营销者分别加以研究，可以更好地满足不同的需求。

　　根据买卖对象的不同，市场可划分为消费资料市场、生产资料市场、资金市场、技术市场、信息市场、服务市场等。所有这些构成完整的市场体系，这是社会化大生产和商品经济发展的必要条件。这种分类方法，便于了解不同类的产品或服务本身在产、供、销等方面的一系列特点，从而有利于探讨专业化的经营。如果将这种分类方法再进一步细化，即按商品或服务大类划分，就会有旅游市场、汽车市场、图书市场、通信市场、电子产品市场等。不同行业市场都有其自身的特点，因此所采用的营销策略也不尽相同，这种分类将有助于进行针对性的专业化营销。

　　依照供需双方在市场中的不同地位，还可将市场分为卖方市场和买方市场。所谓买方市场，是指在供需关系中买方处于主动地位，成为主导方面的市场。它的基本表现形式是市场上商品丰裕，供应量超过了需求量，买方有着更大的挑选商品余地和更多的购买商品机会，卖方处于次要地位并要为促进商品的销售而彼此间展开竞争。简言之，买方市场是对消费者有利的市场。所谓卖方市场，是指交易由卖方左右的市场，即市场是在具有压倒优势的卖方力量的控制下运行的。卖方市场的基本表现形式是：市场上商品短缺，供不应求，商品价格有上升的倾向，商品交易条件有利于卖方而不利于买方。因此，在卖方市场上，卖方总是扬眉吐气，所售的商品是"皇帝的女儿不愁嫁"；而买者则处于从属的地位，常常要为购买商品而展开竞争。

　　按照市场的国界，又可将市场分为国内市场和国际市场。在本国有需求的个体或组织构成的市场可视为国内市场。超越本国国界的个体或组织所形成的市场即为国际市场。之所以这样分类，是由于经济、文化、技术等环境的差异，不同国度的人在消费心理和消费行为方面会表现出很多不同点。虽然随着全球一体化步伐的加快、商务交往的增多、文化的交融等使得市场的国界日渐模糊，但是不能回避的是差异是永存的，这就要求实际从业者必须根据具体情况，对营销战略与策略做出不同的规划或适当的调整，以增强企业对市场的适应性。

1.1.2　市场营销

1. 市场营销定义的发展

一直以来，西方营销学者都在以不同的角度和发展的观点来诠释市场营销的内涵。最具影响力的当属美国市场营销学会（AMA）在不同的历史时期给市场营销下的定义。

早在 1935 年 AMA 的前身——美国营销教师协会便发布了第一个营销定义，即：营销是将产品和服务从生产者传送至消费者的商业活动。1960 年 AMA 将这一定义略微修改后作为官方定义公布，修改后的定义为：市场营销是引导产品和服务从供应商向消费者流动的商业活动。这个定义表明市场营销活动是在产品生产活动结束时开始的，中间经过一系列经营销售活动，当商品转到用户手中就结束了，因而把企业营销活动仅局限于流通领域的狭窄范围，而不是视为企业经营的全过程[①]。

1985 年，AMA 公布了新的营销定义，即：营销是对创意、产品和服务进行构思、定价、促销和分销，并通过交换来满足个人和组织的需要的规划与执行过程。这一定义比前面的定义更为全面和完善。主要表现为以下特点。第一，产品概念扩大了，它不仅包括产品或劳务，还包括思想创意。第二，营销是一种规划与执行过程。这意味着营销由一系列活动构成，如产品开发、定价、促销和分销等。从战略层面看，营销活动也包括市场细分、目标市场选择和市场定位。第三，营销是满足个人或组织需要的交换过程。伴随着以顾客为中心和以市场为导向的理论的出现，识别顾客需求、选择顾客、满足顾客需要成为一种规范的营销理念。第四，营销的主体是个人或组织，营销是企业活动的一部分，其具体活动还表明营销是一种组织功能和企业的一种管理活动。

2004 年 8 月，在 AMA 夏季营销教学者研讨会上，AMA 更新了近 20 年来对营销的官方定义。新定义表述为：营销是采用企业与利益相关者都可获利的方式，为顾客创造、沟通和传递价值，并管理顾客关系的组织功能和一系列过程。这个定义较之旧定义发生了很大的变化，不论在表述的重点上还是在着眼点上都有了创新，体现了一种新的研究范式，为日后的营销理论研究与营销实践提供了广阔的空间。具体表现为以下 4 个方面。第一，明确说明营销是一种组织功能和一系列的过程。所谓"营销是一种组织功能"，并不是指营销是一种企业活动，而是说营销并不仅仅是营销部门的事情，而是企业各个部门的职责。第二，关注价值而不是具体的产品与服务。先前的主流营销理论主要关注产品与服务的交换价值，即通过产品与服务交易所获得的货币价值，而 2004 年的定义用"价值"一词代替了以前定义中的"产品与服务"，这里的价值既包括交换价值又包括使用价值。交换过程只是产生产品与服务价值的一个方面，实际上，营销既是一种组织过程又是一种社会过程。第三，关注利益相关者。2004 年的定义指出，营销不仅要满足企业和消费者的需要，同时也要满足利益相关

---

① 康俊. AMA 新时期的市场营销定义 [J] . 现代营销（学苑版），2005（6）：64-66.

者的需要。第四，重视顾客关系。2004 年的营销定义扩展了营销活动的内容。企业不仅要与顾客交换价值，更重要的是要管理顾客关系，以获得更多的顾客资产。

2004 年的定义在营销学术界与实务界引起了很大的反响，虽然该定义推动了营销的发展，但随着信息技术的飞速发展和消费需求的日益多元化，营销学者与营销实务工作者又提出了许多新的建议与观点。AMA 2007 年公布了最新的营销定义，即：营销是创造、沟通、传递、交换对顾客、客户、合作伙伴和整个社会具有价值的提供物的一系列活动、制度和过程。这一定义表明：首先，营销是"一系列活动、制度和过程"。这里的制度指的是一些与营销有关的正式与非正式规范和制度，用于指导、规制营销活动，使企业的营销活动得以自律。制度与过程也与社会中的营销体系（如分销渠道、传播媒体、供应链等）密不可分。理解、发展和维护营销体系对更有效地开展营销非常重要。其次，重提营销客体和营销的交换本质。营销客体用"提供物"来概括。这里的提供物可以是有形产品，也可以是无形产品；可以是客观产品，也可以是主观产品；可以是产品，也可以是服务。交换则既包括一般交易，又包括关系交换、有形与无形交换、直接与间接交换等。最后，把 2004 年营销定义中营销的对象——利益相关者进行了清晰的界定。其中：顾客泛指个体消费者；客户可以是营利组织，也可以是非营利组织；而社会则将营销的范围扩大，表明营销的责任并不只是满足顾客或客户的需要，还要考虑到企业的社会责任。

在营销定义的百年演进过程中，随着社会经济的发展和社会需求的变化，营销已经从单一的分销活动发展演变成为交易双方提供利益的管理活动和为社会创造价值的组织活动。清楚地理解与认识营销定义的演进，对营销理论研究的发展与营销实践的提升都具有重要意义[①]。

特别关注

被误读的营销

❖"营销就是打广告，营销就是促销，营销就是销售"。按照对市场营销内涵的界定，广告和促销以及销售只不过是营销的一部分。这种错误认识，完全误读了营销的思想精髓，会使企业的营销工作偏离正确的轨道。

❖"营销就是质量第一"。在质量上追求精益求精，本无可厚非，但是将企业的工作重心放在制造自以为是的所谓"完美产品"上，而忽略了消费者的利益追求，其结果可能是费力不讨好。

❖"营销是在产品生产出来以后开始的"。一些企业虽然将"顾客至上"的口号挂在嘴边，但在实际工作中仍然沿袭着这样一种推销导向来支配自己的行动。现代营销观念所推崇的是营销在"研、产、销"之前开始的。因为企业一切活动的出发点和落脚点都是市场，企业要研制什么样的产品、生产什么产品以及何时生产，不是由研发部门和生产部门说了算，而是由市场部门说了算，即根据市场需求和竞争状况来做出决定。

---

2. 市场营销的核心概念

基于市场营销的最新定义，市场营销涉及以下几组核心概念。

---

① 于洪彦，刘金星. AMA 官方营销定义动态演化及其启示探析［J］. 外国经济与管理，2010（3）：33-39.

1）需要、欲望和需求

消费者的需要、欲望是市场营销的出发点。满足消费者的需要、欲望和需求是市场营销活动的目的。需要是人们的基本要求，如人们为了生存，有食物、衣服、房屋等生理需要及安全、归属感、尊重和自我实现等心理需要。人的基本要求是无法靠营销活动创造出来的，但可以通过不同方式去适应它，满足它。欲望则指人们为了满足基本需求所渴望的"特定方式"或"特定物"。不同环境下的人，其欲望会有所不同。例如：同样是为了满足"充饥"的需要，中国人可能要大米饭，法国人则要面包，美国人则会要汉堡包。人的欲望受多种环境因素的影响，因此欲望会随着环境的变化而变化。市场营销者虽然无法创造需要，但是可以通过努力影响人们的欲望，并开发和经营特定的产品或服务来满足这种欲望。需求是指人们有能力购买并愿意购买某个具体产品的欲望。换句话讲，人们的欲望在有购买力作后盾时就变成需求。许多人想购买奔驰牌轿车，但只有具有支付能力的人才能购买。因此，市场营销者不仅要了解有多少人想要某种产品，还要了解他们是否有能力购买。需求对于营销者来说是最应该把握的，对那些有购买意愿同时又具有购买能力的人开展营销活动，才有可能顺利地将产品销售出去。

2）供应物和品牌

供应物可以看成一系列用来满足顾客需求的有形和无形的集合体。即产品、服务、信息和体验或者是它们的组合[1]；而品牌则是通过企业长期的营销投入积累，在消费者认可的基础上而形成的一项重要的无形资产。品牌越来越成为人们欲得到某种无形利益如身份、个性的张扬等首先考虑的因素，具有象征意义。

3）市场细分、目标市场和定位

由于需求的多样性，企业往往需要根据人口、地理、心理和行为等的差异将整个市场划分成不同的子市场，以寻找更好的市场机会。这就是市场细分，而选中的市场则为目标市场。针对目标市场，根据消费者的偏好，并与竞争对手区分，建立起独有的品牌或产品形象，即定位。例如：杭州老板电器股份有限公司推出的大吸力抽油烟机契合中国人的烹饪习惯；光明乳业股份有限公司针对追求健康人士推出的不加糖的如实酸奶等。

4）营销渠道

营销者需通过3类渠道与目标市场建立起联系。其一是分销渠道，即供应物通达到消费者或用户的环节。如经销商、批发商、零售商等线下实体渠道，也可能是电子或网络渠道，如电商网站、电话、电子邮件、移动端应用程序等。其二是传播渠道，也可以称之为传播媒体，即与消费者进行信息沟通的载体，如传统的报纸、杂志、广播、电视、广告牌、销售人员等，还有新兴的媒体，如互联网门户网站、微博、微信、虚拟社区、企业或品牌官网等。其三是服务渠道，即为达成交易和买卖双方保持持续关系的辅助环节或机构，如仓库、运输公司、金融机构、维修保养机构、客服中心等。

5）价值和满意

在对能够满足某一特定需要的供应品进行选择时，人们所依据的标准是看哪种供应品能给他们带来最大的价值。例如：某消费者到某地去的交通工具，可以是自行车、摩托车、汽车、飞机等。这些可供选择的产品构成了产品的选择组合。又假设某消费者要满足不同的需

---

① 科特勒，凯勒．营销管理：第15版［M］．何佳讯，于洪彦，牛永革，等译．上海：格致出版社，2016.

求，即速度、安全、舒适及节约成本，这些构成了其需求组合。于是每种产品有不同能力来满足其不同需要，如自行车省钱，但速度慢，欠安全；汽车速度快，但成本高。消费者要决定一项最能满足其需要的产品。为此，消费者可以根据其目标，设法决定最满意的产品。满意指一个人对供应物的可感知效果和其期望值相比较后，所形成的愉悦或失望的感觉状态。如果低于期望，则顾客是失望的；如果与期望相匹配，则顾客是满意的；如果超出期望，顾客会很愉悦。

6）交换和关系

如果双方通过谈判达成协议则意味着交易的产生。事实上，与交易有关的市场营销活动，即交易营销，一般而言，只是另外一个大概念即关系营销的一部分。关系营销认为精明的市场营销者总是试图与其顾客、分销商、经销商、供应商等建立起长期的互信互利关系。

关系市场营销与交易市场营销也存在一定的区别。例如：在交易市场营销情况下，一般来说，除产品和企业的市场形象之外，企业很难采取其他有效措施以与顾客保持持久的关系。如果竞争者用较低的价格向顾客出售产品或服务，用类似的技术解决顾客的问题，则企业与顾客的关系就会终止。而在关系市场营销情况下，企业与顾客保持广泛、密切的联系，价格不再是最主要的竞争手段，竞争者很难破坏企业与顾客的关系。再如：交易市场营销强调市场占有率。在任何时刻，管理人员都必须花费大量费用，吸引潜在顾客购买，取代不再购买本企业产品或服务的老顾客；关系市场营销则强调顾客忠诚度，保持老顾客比吸引新顾客更重要。企业的回头客比率越高，市场营销费用越低。

市场营销管理也正日益由过去追求单项交易的利润最大化，转变为追求与对方互利关系的最佳化。其经营信条是：建立良好关系，有利可图的交易随之即来。

7）营销环境

企业是在特定的环境中生存、发展的。企业内部、竞争对手、供应商、中间商、消费者、社会公众等构成的微观环境因素以及人口、经济、政治法律、社会文化、科技和自然地理等构成的宏观环境都会对企业营销活动施加不同程度的影响。营销者必须密切关注环境的现状及变化趋势，并适时调整战略与策略。

1.2　企业市场营销理念的演变

企业进行营销活动都会遵循一定的指导思想，它是一种观念、一种态度或者一种思维方式，可以将其称之为企业的经营哲学。由此可以反映出一个企业对待企业、顾客和社会三者之间利益关系的态度、行为准则和经营方式。

企业对待市场的理念是随着生产力、科学技术的发展，以及市场供求关系的变化和市场竞争的态势而产生、演进和发展的。

1.2.1　生产观念

生产观念是指导企业营销活动最古老的观念，产生于19世纪末20世纪初，当时社会生产力水平还比较低,商品供不应求,市场经济呈卖方市场状态。正是这种市场状态,导致了生产观念的流行。曾经是美国汽车大王的亨利·福特为了千方百计地增加 T 型车的生产,采取流水线的作业方式,以扩大市场占有率,至于消费者对汽车款式、颜色等主观偏好,他全然不顾,车的颜色一律是黑色。这就形成了企业只关心生产而不关心市场的理念,主要表现为企业生产什么产品,市场上就销售什么产品。在这种观念指导下,企业的经营重点是努力提高生产效率,增加产量,降低成本,生产出让消费者随处可以买到并买得起的产品。因此,生产观念也被称为"生产中心论"。

1.2.2　产品观念

产品观念是从生产观念中派生出来的。产品观念认为,产品销售情况不好是因为产品不好,消费者喜欢质量优、性能好和有特色的产品。只要企业致力于制造出好的产品,就会受到消费者的青睐,而不愁销路。"酒香不怕巷子深"是这种观念的形象说明。需要特别指出的是,持这种观念的企业所制造出来的"好"产品是自己对消费者的主观臆断,而非源于消费者的心声,于是企业一直在生产自以为"更好的"产品上下功夫,却常出现消费者不买账的情况。产品观念往往会引发"营销近视症"。营销近视症是西奥多·莱维特(Theodore Levitt)教授在 1960 年提出的,指的是企业不恰当地把主要精力放在产品或技术上,而不是放在市场需求上,其结果导致企业偏离市场,失去市场竞争力。产品观念与生产观念一样,漠视消费者的需求,仍是从自我出发,孤芳自赏,使产品改良和创新处于"闭门造车"的状态。在产品供给不太紧缺或稍有宽裕的情况下,这种观念常常成为一些企业的经营指导思想。

在一些高技术企业中,这种倾向尤为突出,高技术企业的决策者大多是搞技术出身,他们有很深的技术崇拜情结,非常热衷于提高产品性能或是努力增加产品的功能,他们认为消费者同样喜欢这样的改进。遗憾的是,很多情况下,效果恰恰相反。以高额代价换来的技术奇迹,却未得到消费者的追捧,企业也无法得到应有的利益。

1.2.3　推销观念

自 20 世纪 30 年代以来,由于科学技术的进步,加之科学管理和在"生产观念"驱动下产生的大规模生产,商品产量迅速增加,产品质量不断提高,买方市场开始在西方国家逐渐地形成。企业为了在竞争中立于不败之地,纷纷重视推销工作,如组建推销组织,培训推销人员,研究推销术,大力进行广告宣传等,以诱导消费者购买产品。他们认为企业产品的销售量总是和企业所做的促销努力成正比的,其本质上依然是生产什么销售什么。

由生产观念、产品观念转变为推销观念,是企业经营指导思想上的一大变化。但这种变化没有摆脱"以生产为中心""以产定销"的范畴。前者强调生产产品,后者强调推销产品。所不同的是生产观念是等顾客上门,而推销观念是加强对产品的宣传。在产品供给稍有宽裕并向买方市场转化的过程中,许多企业往往奉行推销观念。

1.2.4　营销观念

这是买方市场条件下以消费者为中心的营销观念,是一种全然不同于上述经营观念的现代经营思想。其基本内容是:消费者或用户需要什么产品,企业就应当生产、销售什么产品。在这种观念指导下，企业十分重视市场调研，在消费需求的动态变化中不断发现那些尚未得到满足的市场需求，并集中企业一切资源和力量，千方百计地去适应和满足这种需求，从而赢得顾客满意，不断扩大市场销售，长久地获取利润。

营销观念与推销观念的不同表现在营销活动的起点、中心、方法和手段等方面，如图 1-1所示。

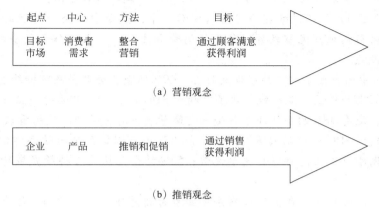

图 1-1　营销观念与推销观念的对比①

由此可见，营销观念把推销观念的逻辑彻底颠倒过来了，不是生产出什么就卖什么，而是首先发现和了解消费者的需求，消费者需要什么就生产什么、销售什么。消费者需求在整个市场营销中始终处于中心地位。这种以消费者需求为导向的经营哲学，是企业经营思想一次重大的质的飞跃。

1.2.5　社会营销观念

社会营销观念出现于 20 世纪 70 年代，它的提出一方面是基于"在一个环境恶化、爆炸性人口增长、全球性通货膨胀和忽视社会服务的时候，单纯的营销观念是否合适"这样的认识，另一方面也是基于对广泛兴起的以保护消费者利益为宗旨的消费主义运动的反思。这种经营思想是对营销观念的重要补充和完善。基本内容是：企业提供产品不仅要符合消费者的需要与欲望，而且要符合消费者和社会的长远利益。企业要关心与增进社会福利。营销要有利于并促进持续发展，它强调要将企业利润、消费者需要、社会利益三个方面统一起来。

事实上，社会营销观念与营销观念并不矛盾。问题在于一个企业是否把自己的短期行为与长期利益结合起来。一个以营销观念作为企业指导思想的企业，在满足目标市场需求的同时，应该考虑到企业的长期利益目标和竞争战略，把顾客利益和社会利益同时纳入企业的决策系统，只有这样，企业才会永久立于不败之地。目前有越来越多的企业思维开始从做企业转向做企业公民，即将社会基本价值与日常商业实践、运作和政策相整合。它们定期发布可持续发展报告，披露企业在促进可持续发展方面的态度与行为，以树立良好的社会形象，这样做反过来也促进了企业和品牌的发展。

①　科特勒，阿姆斯特朗. 市场营销：原理与实践：第 17 版［M］. 楼尊，译. 北京：中国人民大学出版社，2020.

数读营销

中国企业可持续发展现状

2020 年 7 月 17 日联合国开发计划署在华首次发布《中国企业可持续发展目标实践调研报告——中国企业与可持续发展基线调研》。调研报告显示：

❖在联合国 17 个可持续发展目标（SDG）中，最受中国企业关注的前 5 个目标是：良好健康与福祉，优质教育，负责任消费和生产，体面工作和经济增长，产业、创新和基础设施。

❖89% 的中国企业了解可持续发展目标，69% 的企业公开提及可持续发展目标。

❖大约 10% 的中国企业已经采取了有利于 SDG 的行动；38% 的企业正在规划有关举措。然而，还有 48% 的企业还不知晓如何衡量自身对可持续发展的贡献。

❖关于践行 SDG 的驱动因素。76% 的企业认为可以提高公司的品牌价值；65% 的企业认为有助于政府提高公司的竞争优势；55% 的企业认为可持续发展行动受到客户的重视。

❖全球伙伴关系在当前和未来业务重要目标排序中均位列第 6，是唯一一个企业在 5 年内重视程度变化稳定的高关注度目标。

【资料来源】王静，呼丹. 一份最新报告带你了解中国企业可持续发展现状［EB/OL］.（2020-07-24）［2023-12-08］. http：//cn. chinagate. cn/news/2020-07/24/content_76308635. htm.

1.2.6　全方位营销观念

随着营销环境的动态变化，营销学者和实际从业者不断对所持有的经营理念进行审视和更新，提出了若干新的观念，其中最具代表性的就是全方位营销观念，也被称为全面营销观念。菲利普·科特勒和凯文·莱恩·凯勒在《营销管理》（第 15 版）中认为营销应该有一个广阔和整合的视角，全方位营销就是在对各种营销活动的广度和相互依赖性有清楚认识的基础上，对营销项目、过程和活动的开发、设计和执行，主要包括整合营销、关系营销、内部营销和绩效营销 4 个方面。全方位营销观念的构成维度如图 1-2 所示。

其中：整合营销要求通过设计协同一致的营销策略，来为顾客创造、传播和传递价值；关系营销则是要与利益相关者，如顾客、员工、合作伙伴（中间商、供应商、营销咨询服务机构等）及财务圈（股东、投资者、分析师等）建立深入、持久的关系；内部营销的核心思想是确保组织中每个人有适当的营销准则，高级管理层的主要任务是雇用、培养、激励那些能服务好顾客的员工，各部门齐心协力实现顾客目标，高级管理层的垂直一致性和各部门的水平一致性是更好地为顾客服务的保证；绩效营销即关注营销活动及其投入带来的商业回报，并更广泛地关注营销对法律、伦理、社会和环境的影响和效应。换言之，营销活动既要考虑财务回报（如销售收入），也要考虑非财务回报（如品牌与客户资产）；既要考虑经济效益，也要考虑社会效益。

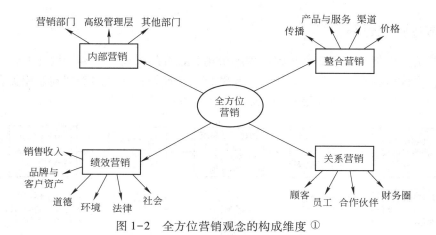

图 1-2　全方位营销观念的构成维度 ①

营销实操

《以客户为中心：华为公司业务管理纲要》节选

❖从企业活下去的根本来看，企业要有利润，但利润只能从客户那里来。华为的生存本身是靠满足客户需求，提供客户所需的产品和服务并获得合理回报来支撑；员工是要给工资的，股东是要给回报的，天底下唯一给华为钱的，只有客户。我们不为客户服务，还能为谁服务？客户是我们生存的唯一理由。（2007 年）

❖无论将来我们如何强大，我们谦虚地对待客户、对待供应商、对待竞争对手、对待社会，包括对待我们自己，这一点永远都不要变。（2014 年）

❖我们的客户应该是最终客户，而不仅仅是运营商。运营商的需求只是一个中间环节，我们真正要把握的是最终客户的需求。最终客户需求到底是什么？怎么引导市场的需求，怎么创造需求？不管企业市场还是个人市场，把握住真实需求就是你的希望。（2014 年）

❖以奋斗者为本，其实也是以客户为中心。把为客户服务好的员工，作为企业的中坚力量，以及一起分享贡献的喜悦，就是促进亲客户的力量成长。（2010 年）

【资料来源】黄卫伟 . 以客户为中心：华为公司业务管理纲要 ［M］. 北京：中信出版社，2016.

1.3　市场营销过程与管理

企业确立正确的营销理念，只是获得营销成功的先决条件之一，企业的营销成功还需要通过有效的管理来落实正确的营销观念。

---

①　科特勒，阿姆斯特朗 . 市场营销：原理与实践：第 17 版 ［M］. 楼尊，译 . 北京：中国人民大学出版社，2020.

1.3.1　市场营销过程

市场营销过程包括以下 5 个步骤：理解市场和顾客的需要与欲望；设计顾客导向的市场营销战略；构建传递卓越价值的营销组合和整合营销计划；建立和管理利益相关者关系；管理市场营销活动并获得价值回报①。市场营销过程如图 1-3 所示。

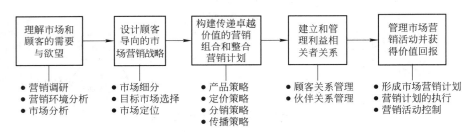

图 1-3　市场营销过程

1.3.2　市场营销管理

市场营销管理可以理解为企业选择目标市场，通过创造、传播和传递卓越的顾客价值，建立和发展与目标市场之间的互利交换关系而进行的分析、计划、执行与控制过程②。它具有管理的通用特征，即科学和艺术的结合。

特别关注

【资料来源】张笑一. 现代市场营销者：一面艺术家，一面科学家［EB/OL］.（2015-06-24）［2023-12-08］. https：//mp. weixin. qq. com/s/soqpN4u4UEmYyWGUlSGlkA.

---

① 科特勒，阿姆斯特朗. 市场营销：原理与实践：第 17 版［M］. 楼尊，译. 北京：中国人民大学出版社，2020.
② 吴健安，聂元昆. 市场营销学［M］. 6 版. 北京：高等教育出版社，2017.

　　营销最为核心的内容就是发现、创造、传播和传递顾客价值。就此意义而言，市场营销管理的本质是需求管理。企业在开展市场营销的过程中，一般要设定一个在目标市场上预期要实现的交易水平，然而，实际需求水平可能低于、等于或高于这个预期的需求水平。换言之，在目标市场上，可能没有需求、需求很小或超量需求，市场营销管理就是要对付这些不同的需求情况，采取相宜的营销战略与策略，以达成预期的营销目标。

1.3.3　市场营销管理体系与理论框架

　　按照企业战略的层次结构，典型的企业战略一般分为总体战略、经营战略和职能战略。总体战略是公司层战略，其任务是回答企业在哪些领域开展业务、经营范围选择和资源配置是其重要内容；经营战略也被称为业务单元战略、竞争战略，实际上就是有关事业部、子公司的战略；职能战略是企业或战略业务单元各职能领域（如营销、生产、财务、采购、研发、人力资源等）的战略。营销作为企业的职能战略之一，其重要使命就是明确自己在总体战略和经营战略中的职责、任务、要求，有效行使营销管理职能，保证企业总体目标的实现。因此，结合营销的概念内涵，可以明确市场营销管理的主要任务是制定营销战略和营销计划、动态跟踪外部环境的变化、了解顾客和维系顾客、创建强势品牌、为顾客创造价值（产品策略和价格策略）、传递价值（分销渠道策略）、传播价值（营销传播策略）和营销计划的执行（组织、控制）[①]。

　　营销管理的主要任务实际上也构成了市场营销管理体系，将该体系进一步归纳整合，就可以围绕为顾客提供价值这一主线，将市场营销管理的理论框架分成四大部分，如图 1-4 所示。

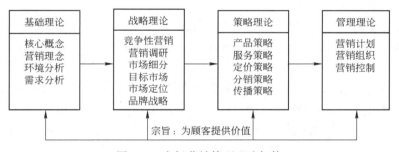

图 1-4　市场营销管理理论架构

　　本书也是基于这个理论体系展开论述的。第 1 篇包括第 1 至 6 章，围绕基础理论进行；第 2 篇包括 7 至 9 章，为营销战略篇；第 3 篇是营销策略，包括第 10 至 14 章；第 4 篇主要阐述营销计划、组织与绩效监控，包括第 15 章。

▶ 关 键 术 语 ◀

　　市场、市场营销、需要、欲望、需求、生产观念、产品观念、推销观念、营销观念、社会营销观念、全方位营销观念、营销近视症、市场营销管理

---

① 科特勒，凯勒．营销管理：第 15 版 ［M］．何佳讯，于洪彦，牛永革，等译．上海：格致出版社，2016.

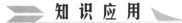

知识巩固与理解

⊃ 在线测试题

请扫描二维码进行自测。

自测题

⊃ 思考题

1. 从营销者的角度如何理解市场？

2. 为什么把需要与欲望两者区别开对营销者是很重要的？

3. 企业市场营销理念演变过程中各种观念的比较。

4. 如何理解全方位营销观念？

知 识 应 用

⊃ 案例分析

解码华为 nova 10 系列

2022年7月4日，华为发布了nova 10系列手机。该系列手机在7月8日首发之后没几天，销量就达到了十万部。要知道这是一款不支持5G网络的4G智能手机，内置的还是千元机芯片。在各大厂商力推5G手机的情况下，华为拿出这样一款产品，看上去在卖点上已经输给了对手，但是这款手机为何能获得如此大的成功呢？

1. "华为影像+年轻基因"加持，成就前置影像巅峰之作

华为nova 10系列，打开年轻人心扉的第一把钥匙，是前置影像的突破。这种突破，以年轻人的场景视角可见一斑。

比如你喜欢自拍，无论是在阳光明媚的午后，或是小雨霏霏的清晨，自拍的背景也变化多端，有景点，有室内……nova 10系列的前置QPD全像素精准对焦，让你无论在何时、何地，都能快速实现对焦，让自己的颜值脱颖而出。

比如你是一名美妆达人，喜欢用Vlog秀出自己的妆容，平时比较苦恼的是如何一次拍摄就能同时获得整体妆容与局部特写的视频。nova 10系列的特写双录功能帮了大忙，它可以支持左右分屏，一边拍摄广角视频，记录整体妆容，另一边2~5倍变焦，对你的眼影、唇彩等局部美妆进行特写拍摄，精准满足需求。

…………

华为nova 10系列的背后，是华为影像的星辰大海，华为影像在"光"（光学技术）、"电"（光电转换）、"算"（AI算法）、"机"（新形态的结构设计）四大维度，以用户为中心进行持续的技术创新，早已经成为移动影像的亮丽名片。

华为nova 10系列之所以深耕前置影像，也来自对年轻人的需求变化趋势的深度洞察。美图的自拍趋势报告显示，无论是90后还是00后的年轻人，都是自拍的一代，他们通过自拍来表达自己的风格、情绪和情趣。从之前的自拍照片到现在风靡的Vlog，年轻人找到了属于自己的表达和交流的方式。B站发布的视频趋势洞察报告显示，超8成的受访者观看过Vlog，其中有超过1/4的受访者表示观看Vlog是因为有陪伴感，像生活中的朋友。

回顾 nova 系列，可以很清晰地看到："华为影像+年轻基因"的加持，实现了"前置影像"的持续进化：从 nova 5 首创前置人像超级夜景功能，到 nova 6 推出前置超广角双摄，再到 nova 7 Pro 的前置追焦双摄，和 nova 8 Pro 的前置 Vlog 双镜头，以及 nova 9 Pro 的前置双目立体视觉影像，都是如此。可以说，nova 10 系列在前置影像上，既集成了 nova 系列前置影像的优势基因，又再次进化，将前置影像进化到一个更加精细化的时代。

从这个角度来看，nova 10 系列更像是年轻人的亲密伙伴，帮助每一个年轻人都可以更好地记录自己，表达自己。

2. 在"超级符号"中读懂潮流

纵观 nova 10 系列，可以用"内外兼修"4 个字来形容，"内"不仅有前置影像的至高境界，也有性能出众的体验。例如：nova 10 Pro 搭载新一代华为 100 W 超级快充和 Turbo 充电模式，加上 4 500 mA·h 超大电池，直击年轻人电量焦虑痛点，10 min 就能快速地完成电量补充；而 nova 10 系列的 Touch Turbo 2.0 体感触控技术也能让年轻人在玩游戏的时候获得沉浸式的性能体验。

"外"则是 nova 10 系列的潮流标杆体验，它已经成为一种潮流的"超级符号"，也是 nova 系列叩开年轻人心扉的另一种路径。nova 10 系列以三类"超级符号"，激发起年轻潮流的认知。其一，是形状符号。在 nova 10 系列上，再现 nova 系列著名的星耀环：外轮廓如同宇宙中的行星星环，具有内在的张力与平衡感，在惯用的矩形和条状镜头设计中脱颖而出，独具辨识度。而且，这一代的星耀环还进行了升级：双色镀膜工艺，更进一步强化了形状符号，加上极具质感的星耀工艺，韵味十足。其二，是色彩符号。熟悉华为 nova 系列的人们都知道，从 nova 7 系列开始，每一代 nova 系列的主打色都用型号来命名，比如 nova 8 的 8 号色、nova 9 系列的 9 号色，这种"X 号色"特别像女生的口红色号，让人听到就能迅速激活大脑记忆，强化潮流印记。在 nova 10 系列上，10 号色潮流登场，银色调带来轻奢、精致的独特感受。其三，是形体符号。nova 系列一直有形体的传承，即轻薄，这在 nova 10 系列上同样如此：以 nova 10 为例，其薄至 6.88 mm，质量仅有 168 g，是 nova 史上最薄之作。

更重要的是，这三类超级符号并不是独立的，而是彼此交融，叠加出化学反应，让潮流效应倍增。例如：在华为 nova 10 Pro 的 10 号色机型，就是轻奢银色调的色彩超级符号与金色星耀环、星耀标的形状符号，以及轻薄的形体符号相映成趣，共同带来自信、轻奢、随性的潮流态度，而当其放在阳光下，更能折射出不同的光影，呈现出多彩梦幻般的感觉。

这像极了年轻人眼中的"潮"生活，1 000 个人有 1 000 个哈姆雷特，1 000 个年轻人也有 1 000 中不同的"潮"，nova 10 系列就是让每一个年轻人都能从中发现属于自己的"潮"。

3. 与年轻人的情感共鸣

在 nova 10 系列发布会上，华为还宣布了一个重要消息：截至 2022 年 7 月 nova 系列手机全球出货量突破 2 亿！nova 系列用自己的鲜活实践做了定义：属于年轻人的手机，是科技与潮流的交汇。

这可能会令不少人惊诧：一直给人以科技直男印象的华为，为什么能打开年轻人的心扉？纵观 nova 10 系列以及此前历代的 nova 系列，就可以找到答案，即：一方面直击并洞察年轻人的需求痛点；另一方面用不断的技术创新解决痛点，刷新体验。正如华为创始人任正非所说，"要以客户为中心和以技术为中心'拧麻花'。"

比如轻薄，看起来是潮流设计，其实本质上是技术。如何能提升性能的同时将零部件及堆叠的结构设计做到最小化，都是技术，手机厚度 1 mm 的缩减、1 g 质量的减少，背后都是技术的力量。比如性能。华为 nova 10 Pro 的 Turbo 充电模式，可以在充电情况下长按屏幕中央实现 10 min 从焦虑到安心（20%～80%）的情绪转换的超级快充体验，这就是华为洞察到年轻人电量焦虑的技术创新；同样，使用时、充电时的温度控制也是如此，年轻人用起来手机不烫的背后，是华为全域立体双 VC 散热系统的技术的力量……

从这个角度来说，nova 系列本身就是华为与年轻人的共创作品，而伴随 nova 系列的不断进化，华为与年轻人之间的关系也在不断突破，从功能互动进化到情感共振。

前置影像是一个很好的例子。基于年轻人痛点的技术创新，带来的结果不仅仅是让 nova 系列的前置影像实力突出，更是让每一个年轻人都能简单快捷地记录和表达自我，尤其是 nova 10 系列的新突破，让年轻人都可以成为自己生活的"主角"。以视频为例，特写双录、前置自由变焦、前置 4K 超广角视频、前置 3Mic 降噪、丰富的微电影模板等带来的是"主角视频"。每一拍，让每一个年轻人都可以成为主角，也让 nova 系列在年轻人心目中不仅仅是手机，也是情感共振的载体。

品牌赢得年轻人的秘密，就在这里。

【资料来源】

［1］科学技术宅．销量破十万！4G 网络、千元机芯片的华为 nova10，为何还能热销？［EB/OL］．（2022－07－16）［2023－12－08］．https：//baijiahao.baidu.com/s？id＝1738464541897127537& wfr＝spider&for＝pc.

［2］解码华为 nova10 系列：站在"华为影像"巨人肩上［EB/OL］.（2022－07－04）［2023－12－08］.https：//baijiahao.baidu.com/s？id＝1737425739170774797&wfr＝spider&for＝pc.

［讨论题］

1. 华为 nova 10 系列的成功体现的是哪种营销管理哲学？

2. 该案例中涉及了哪些市场营销的核心概念？

3. 案例中提到华为创始人任正非认为要以客户为中心和以技术为中心"拧麻花"。你怎么理解这句话？

⊃营销辩论

以顾客为中心的理念，已成为很多企业的共识，在实践中该如何体现这个理念，则有不同的看法：有人认为，顾客就是上帝的想法要摒弃，因为你不知道上帝想要什么，应该把顾客当朋友，去了解他的所思所想，继而去满足他的需求；也有人认为，其实顾客也不知道他真的想要什么，直到企业拿出自己的产品，顾客就发现，这是我要的东西。因此，企业所要做的就是引导需求甚至创造需求。

正方：市场营销就是要了解顾客，去满足顾客需求。

反方：市场营销不用了解顾客，引导/创造需求才是王道。

⊃角色模拟

随着各种新产品的层出不穷，在网上经常看到有人抱怨，用户手册或者产品说明书看不懂了，东西到手却不会用。你有过此类经历吗？消费者照着说明书去做也无法让产品运转起来，试分析一下原因。

如果你是生产商，你将如何撰写产品说明书或用户手册呢？

➲营销在线

请对你经常使用的购物 App，如京东 App、手机淘宝 App、小红书 App、网易严选 App 等，从该购物 App 下载界面下方，查阅相关的评论，再结合自己的感受，从营销观念的视角对该 App 进行分析。

➲拓展阅读

拓展阅读文献

➡ 第 2 章

顾客价值与顾客关系

学习目标

1. 了解顾客价值、顾客满意和顾客忠诚的内涵以及交易营销与关系营销的区别。
2. 理解顾客满意与顾客忠诚的关系、关系营销的关键过程和六大市场模式。
3. 掌握顾客感知价值模型、Kano 模型的应用、顾客关系营销的层次和一般策略。

引导案例

中国移动频出招，意欲留住老客户

在进入高速发展的信息化时代后，国内的通信行业也迎来了爆发式的增长，于是在用户的硬性需求之下，三大运营商开始在套餐资费方面设计出若干烦琐复杂的方案，最终引来了用户的频繁抱怨。中国移动也因在使用过程中经常会出现扣费不明的情况，而且用户在线上线下都查询无果，看不懂移动给出的数据，不知道自己的话费到底去了哪里等方面受到诟病。近些年许多移动的老用户更是抱怨移动对一些新入网的新用户优惠力度大，却对老用户不仅没有优惠，而且有时还很坑。

随着携号转网政策的出台与实施，用户可以在不受到原运营商限制的情况下，选择更加实惠的运营商为自己提供更合理的套餐使用。号码携带不仅提高了消费者福利，也可以打破现有电信运营商的优势地位，从而促进市场竞争，优化市场结构。实施号码携带后，号码资源通常由第三方集中管理，也节约了社会资源。

面对这样的市场环境变化，如果不加以改进，移动的用户必然会大量流失，于是中国移动开始向老客户示好。2019 年 8 月中国移动发起了专门针对老客户的福利推送活动，包括查网龄送流量、优享 5G 先锋体验、咪咕特权免费赠送、查信用抢权益等。2020 年 3 月底中国移动再一次将福利政策直接落实到 10 年以上的老用户身上。其一是 10 年以上的老用户，都可以免费享受家中宽带服务；其二是 10 年以上的老用户可连续 3 个月获得 30 GB 的免费流量。按照平时的流量加油包单价来看，30 GB 的流量的确是一笔不小的费用。如果按照当前的情况来分析，随着携号转网所带来的竞争逐渐呈现白热化，中国移动极有可能会采取更大的代价来挽留老用户。其三是办理互联网套餐可以享受 10 元优惠。所谓互联网的套餐，是指腾讯网卡、阿里宝卡等这一类套餐都比普通的套餐要优惠许多，因此也有很多人去办理。而移动就抓住了这个风口，在互联网套餐上开启了自己的"挽留之路"……

为什么中国移动开始对老客户特别是 10 年以上的老客户发力？老客户究竟对企业意味着什么？应该如何与客户保持持续的良好关系？这就是本章要讨论的内容。

【资料来源】

[1] 携号转网持续进行中，中国移动真的有危机感了吗？[EB/OL]．（2020-06-21）[2023-12-08]．https：//www.sohu.com/a/403262579_ 120358889.

[2] 中国移动终于妥协，一口气推出 4 大福利，只为挽留老用户 [EB/OL]．（2019-08-14）[2023-12-08]．http：//finance.sina.com.cn/stock/relnews/us/2019-08-14/doc-ihytcitm9208473.shtml.

[3] 中国移动正式通知，10 年以上的老用户，将会享受 3 个特殊照顾！[EB/OL]．（2020-04-01）[2023-12-08]．https：//baijiahao.baidu.com/s？id = 16627657973494794436&wfr = spider&for=pc.

如今的市场赋予了消费者更多的权力，顾客导向也已成为众多企业的共识，因此如何将企业的营销观念落地，就必须清楚吸引顾客、维系顾客，从而使企业获利的驱动因素。

2.1　顾客价值特征与决定因素

既然营销管理最为核心的内容就是发现、创造、传播和传递顾客价值，那么首先应该明确顾客价值的内涵、决定因素以及在实践中的应用。

2.1.1　顾客价值概念及决定因素

从顾客需求的角度来看，决定顾客价值的最终标准应该是对顾客特定需求满足的切合程度，也就是说，顾客是顾客价值的最终评判者。从这个层面可以认为，顾客价值就是企业在与顾客交易过程中，企业提供给顾客并由顾客自己判断，最终指向顾客需求的价值。因而企业传递给顾客的价值大小完全取决于顾客的感知，这就意味着顾客价值实际上就是顾客感知价值，这种论断充分体现了以顾客为中心的营销观念。众多的顾客价值定义也是从顾客的感知出发加以研究的，如载瑟摩尔（Zaithaml，1988）在一项探索性研究中认为：感知价值意味着价值就是低价的；价值就是得到我想要的；价值就是相比于价格的质量；价值就是我的全部付出所能得到的全部。这 4 种顾客价值的表述可以概括为：顾客感知价值是顾客所能感知到的利益与其在获取产品或服务时所付出的成本进行权衡后对产品或服务效用的总体评价。实际上体现了一种所得与所失的权衡心理，这种分析顾客价值的方式得到学术界的普遍认可。但是它缺乏对竞争的考虑，而竞争对手也是影响顾客对价值感知的一个很重要的因素，因此一些学者在顾客感知价值的概念内涵以及实际应用中加入了对竞争因素的考量[①]。其中，最具代表性的就是菲利普·科特勒所给出的定义，即：

---

① 张明立．顾客价值：21 世纪企业竞争优势的来源 [M]．北京：电子工业出版社，2007.

顾客感知价值是顾客对特定提供物及感知的替代物全部利益的评价与全部成本的评价之差[①]。这里将感知的替代物纳入进来，实际上想表达的就是顾客感知价值是对特定的提供物和与之竞争的提供物相比较后对得和失权衡后的认知评价。总顾客利益是顾客期望从某一特定的提供物中在经济、功能及心理上所得到的全部利益的感知货币价值；总顾客成本是在评估、获得、使用和处理该特定提供物时所感知付出的所有代价。具体而言，顾客感知价值的决定因素，即顾客感知价值模型如图 2-1 所示。

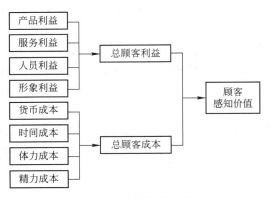

图 2-1　顾客感知价值模型

1. 总顾客利益

总顾客利益包括产品利益、服务利益、人员利益和形象利益。产品利益是由产品的功能、特性、品质、品种、款式、设计等产生的价值，它是顾客需求的中心内容，也是顾客选购产品的首要因素。服务利益是指企业向顾客提供的各种服务，包括售前、售中、售后的产品介绍、送货、安装、调试、维修、技术培训、产品担保等服务，以及服务设施、服务环境、服务的可靠性和及时性等因素所产生的利益。人员利益指企业全体员工服务顾客的理念、业务能力、工作态度与作风、应变能力等产生的利益。形象利益是企业及其产品、品牌在社会公众中形成的总体形象所产生的价值，它在很大程度上是产品价值、服务价值、人员价值三个方面综合作用的反映和结果。

2. 总顾客成本

总顾客成本包括货币成本、时间成本、体力成本和精力成本。货币成本是顾客在购买、消费产品或服务时必须支付的金额，是构成总顾客成本的主要因素和基本因素，是影响顾客感知的重要因素。时间成本是顾客在购买、消费产品或服务时必须花费的时间，如为寻找合适的产品和服务花费的时间、等待服务的时间、等待交易的时间、等待预约的时间等。体力成本是指顾客在购买、消费产品或服务时所耗费的体力。伴随着生活节奏的加快与激烈的市场竞争，顾客对购买产品或服务的方便性要求在提高，因为顾客在购买过程的各个阶段均需要付出一定的体力。如果企业能够通过多种渠道减少顾客为购买产品或服务而花费的体力，便可降低顾客购买的体力成本。精力成本指顾客在购买产品或服务时耗费了多少精神及所承受的心理压力[②]。例如：在网上预订的酒店客房无法按时入住，造成顾客情绪沮丧，而酒店

①　科特勒，凯勒．营销管理：第 15 版［M］．何佳讯，于洪彦，牛永革，等译．上海：格致出版社，2016.

②　苏昭晖．客户思维［M］．北京：机械工业出版社，2019.

也没有做出任何补偿行为，这就会增加顾客的精力成本。

3. 顾客价值的实现

根据顾客感知价值的决定因素，不难发现，如果企业要增加顾客感知价值，应从两个角度考虑：一方面是提高总顾客收益，另一方面是降低总顾客成本。由于总顾客收益和总顾客成本都是由多种因素构成，因此，在提高总顾客收益时，不能只关注产品收益，也要关注其他几项非产品收益的提高；在降低总顾客成本时，除货币成本即产品价格之外，也要考虑非货币成本的降低①。

4. 顾客感知价值模型的贡献与局限性

该模型注意到了除产品特性本身以外的众多因素，且指出了企业增加顾客价值的具体途径，对企业提升顾客价值具有指导意义；局限性则表现为变量如何测量以及变量之间是否存在关系并未揭示，而且所考虑的因素更偏向于购买阶段的价值形成，属于对短期效应的衡量。

2.1.2　顾客价值的特征

尽管不同的学者对顾客价值的内涵具有不同的看法，但是通过各自的定义会发现顾客价值具有主观性和个体性、情境依赖性、相对性和动态性的基本特征。

1. 主观性和个体性

由于顾客价值是由顾客感知的，因此带有强烈的主观性。而这种主观性也同时体现为个体性，即顾客价值因人而异，对一个人有价值的东西对另一个人并不意味着有价值。这与顾客的自身特征密切相关，因为不同的顾客具有不同的价值取向、不同的个人偏好、不同的收入水平等，受教育程度及过往经验也不同，而这些特有的个人因素都会对其感知价值产生影响。

基于这个特征，为了更好地识别顾客价值，就需要对顾客的价值期望和感知进行细致、全面的探察，从而使企业找准向顾客传递的利益点。

2. 情境依赖性

在不同的情境下，顾客的个人偏好和对价值的评价会有所不同。即使是同一顾客在不同的情境中对同一产品也可能做出不同的评价。这里的情境因素是指环境中除主体刺激物（如广告或包装）以外的刺激，以及由环境所导致的暂时性个人特征，如烈日下登山时口渴对饮用水价格的认知与平时就会不同，或者为了赢得更多的时间会愿意选择更加省时的交通工具所带来的利益，而不是由此要支出的更多的货币成本等。

情境在营销中非常重要，它是除人和产品特性以外，对消费意愿和行为产生影响的另一个决定因素②。

3. 相对性

顾客价值的相对性不仅包含因顾客个体和情境差异而形成的价值相对性，它主要是强调有比较的相对性（包括在不同提供物间的比较）。消费者对一种产品或服务所具有的价值高低的判断往往都是有参照物的，有比较才能有鉴别。通常人们口中的"值不值"，大多是通

---

① 孟韬. 市场营销：互联网时代的营销创新［M］. 北京：中国人民大学出版社，2018.

② 张明立. 顾客价值：21 世纪企业竞争优势的来源［M］. 北京：电子工业出版社，2007.

过与竞争对手的产品或服务比较而形成的判断。所以说，顾客价值具有相对性。

4. 动态性

顾客消费经验的积累、科学技术的发展等都会影响顾客价值的动态变化。例如：一个人对某种产品从第一次购买的新顾客发展到重复购买的老顾客，其关注的价值就会有所变化；随着信息技术的突飞猛进，顾客从服务的被动接受者变得拥有越来越多的自主权，其对所得和所失的评判也会随之调整，体现自身价值的追求成为他们更看重的利益。因此，企业对顾客价值的测量并非一劳永逸，也需要根据市场环境的变化以及消费需求的变化进行跟踪和重新认识。

2.1.3 顾客价值分析与应用

根据顾客价值的定义及其特征，在实践中就某种产品或服务的顾客价值分析步骤可概括如下。

（1）明确顾客认为对其价值有影响的主要利益和主要成本。询问顾客在选择产品或服务时所在意的各种因素。

（2）量化评估上述因素的重要性。请顾客对各种影响价值的因素按重要程度进行打分，以确定不同因素的权重。

（3）基于不同因素的重要性，评估本公司和竞争者在不同的顾客价值上的绩效，即不同因素的实际表现给予评价。

（4）了解特定细分市场中的顾客如何评价本公司和相对于具体的竞争者在某项利益或成本上的表现。

（5）定期评估顾客价值。当内外部环境发生变化时，就需要对顾客价值重新评估。

对顾客价值进行分析的目的，一方面是了解影响顾客价值的主要因素有哪些；另一方面是将本公司与竞争对手相比，可以发现本公司在顾客价值诸要素方面的优势和劣势，从而可以制定更加有效的营销策略，也使工作改进有的放矢。

营销展望

重新定义顾客：从消费者到价值共创者

正确认知与顾客之间的关系，对企业重塑价值创造体系至关重要。企业与顾客之间的关系有 3 种：交易关系、交互关系和共创关系。这 3 种关系的背后是企业对顾客角色的 4 种不同定位：标准化的消费者、个性化的消费者、参与式的消费者和价值共创者。企业对以上 3 种关系和 4 种角色的不同认知模式，决定企业采取何种价值创造模式。

在泰勒倡导的科学管理时代，顾客被定义为"标准化的消费者"（可以称之为顾客 1.0），顾客与企业之间的关系就是单纯的交易关系。此时企业采用的是大规模、标准化的生产作业流程，价值创造的模式是高效率地满足顾客的标准化需求。这种创造价值的方式只适合在"供不应求"的消费时代，那时，顾客不是没有个性化的需求，而是没有选择个性化产品的机会。

当供求关系发生逆转，顾客对产品选择的话语权越来越大，企业就必须转变价值创造方式。丰田汽车将顾客视为"个性化的消费者"（顾客 2.0），采取的是"高效率地满足顾客的个性化需求"这一价值创造模式。为了深入了解顾客真实的个性化需求，丰田汽车与经销商之间建立起共生、共荣、共赢的关系，将销售人员转型为汽车顾问，为家庭终身用车提供个性化的咨询服务。

顾客 1.0 和顾客 2.0 时代，企业与顾客之间的关系仍然是交易关系。在这种关系模式中，企业是价值的创造者，顾客是价值的消费者。当企业与顾客之间的关系开始发生变化，即从"交易关系"变成"交互关系"时，顾客的角色也随之发生了变化，被称之为"参与式的消费者"（顾客 3.0）。交互关系和交易关系最大的不同在于：前者与企业是双向关系，而后者与企业是单向关系。在这种双向的交互关系中，企业获得了来自顾客的创意和灵感，顾客获得了参与价值创造后的成就感。例如：海尔在鼓励顾客参与价值创造时，就提出了"虚网做实，实网做深"的策略。所谓的"虚网做实"，是指顾客可以在社交网站上参与海尔产品的前端设计，表达自己的需求；而"实网做深"，就是把营销网、物流网、服务网融合起来，共同黏住顾客，从线下引导顾客参与线上的交互。

企业与顾客之间的"深度交互"是走向共同创造价值的关键一步。顾客从"参与式的消费者"转变到"价值共创者"（顾客 4.0），并推动组织逐步演变成无边界的平台，并催生出一种新型的价值创造模式：以用户为中心的大规模个性化定制。海尔是这一模式的领先者，依托 COSMOPlat 工业互联网平台，以及智能互联工厂的研发和柔性制造能力，海尔实现了从"交互需求"到"产品众创"，再到"规模定制"的创新升级，重新定义了顾客的角色，同时也重塑了传统的价值创造模式。

【资料来源】曹仰锋 . 第四次管理革命：转型的战略［M］. 北京：中信出版社，2019.

2.2　顾客满意与顾客忠诚

以顾客为中心，为顾客创造价值，就是要让顾客满意甚至忠诚，这已经成为很多企业的追求。

2.2.1　顾客满意

1. 顾客满意的概念内涵

1965 年，Cardozo 率先对顾客满意进行研究，发现顾客满意与否会在一定程度上影响顾客的再购买行为。之后有众多学者开始对顾客满意的概念进行多方位的研究与探讨。顾客满意的定义基本上可以分为两种：一种观点是将满意作为一种消费活动或经历的结果，即购后感受；另一种观点则是将满意视为一种过程，即顾客对所接受的产品或服务的全过程进行评估，以判断是否能达到他们所期望的程度。如顾客满意是在特定时期（购前、购中、购后或整个过程）针对产品或服务的特定兴趣点（期望、需求、产品性能和消费体验等）的一种情感或认知反应①；国际标准化组织《质量管理体系 基础和术语（ISO9000）》则将顾客满意简明扼要地表述为顾客对其期望已被满足程度的感受。

基于过程的视角，顾客满意可以理解为顾客对产品或服务的感知性能（或结果）与期望之间比较后的愉悦或失望的感觉。如果该性能或体验低于预期，顾客就不满意；如果该性能或体验符合预期，顾客就会满意；如果该性能或体验高于预期，顾客就会非常满意甚至惊喜②。

因此分析和研究顾客满意度，有助于企业更加准确地明了产品和服务改进的方向，及时调整产品策略，提升企业竞争力。

2. 顾客满意的监测

沿着过程视角的顾客满意的定义，关于顾客满意的监测程序和内容如下。

（1）初步明确影响顾客满意的因素。例如：产品因素，包括性能、适用性、使用寿命、可靠性、安全性、外观设计等；服务因素，包括售前、售中和售后，如服务态度、服务的准确性和及时性、退换货的方便性、咨询服务的难易度等；价格因素，包括价位、性价比等；文化因素，包括企业或品牌形象等。需要说明的是，不同行业影响顾客满意度的具体因素不尽相同，因此在实践中需要根据具体情况识别出影响顾客满意的因素。

（2）识别顾客期望。针对影响顾客满意的主要因素，了解顾客希望企业提供的产品或服务能满足其需要的水平。顾客期望主要受顾客以往的经验、可获取的信息和顾客自身的需求影响。

（3）收集和分析顾客满意数据。选择调研方法和分析方法，并运用选定的调研和分析方法、工具收集和分析具体的顾客满意因素数据，得出影响顾客满意诸因素的重要性和实际评价值。目前有些国家从国家层面构建了顾客满意度测量模型，如瑞典顾客满意度指数模型（SCSB）、美国顾客满意度指数模型（ACSI）、欧洲顾客满意度测量模型（ECSI）等。我国的中企品研市场咨询公司（Chnbrand）也推出了中国顾客满意度测量模型（C-CSI），它是我国首个全品类顾客满意度评价体系，通过在全国范围内消费者调查的基础上，来测量我国消费者对使用或拥有过的产品或服务的整体满意程度、要素满意度。中国质量协会在关系百姓生活质量的耐用消费品、快速消费品、服务业 3 个领域展开了质量消费体验研究工作，于2017 年首次尝试建立中国国家级质量满意度指数和顾客推荐度指数，并每年发布不同行业的满意度指数报告。

（4）沟通顾客满意信息。将分析结果形成报告，报告中除描述样本情况、采用的数据采集和分析方法以及数据分析结果之外，还要给出顾客对哪些因素满意，对哪些因素不满意，针对不满意的因素应尝试分析潜在原因并给出可能的改善建议，并将报告传递给企业相关的部门，使信息得到有效应用，寻找改善产品或服务的方向，帮助企业提高顾客满意度。

（5）持续监测顾客满意。企业应评估采取改进措施的实施情况，并动态监测顾客期望、顾客满意水平，以谋求顾客满意的持续改进。

3. 卡诺模型在顾客满意分析中的应用

顾客满意的分析，最根本的目的是为日后的策略制定提供参考。但是针对满意或不满意

① 霍映宝. 顾客满意度测评理论与应用研究［M］. 南京：东南大学出版社，2010.
② 科特勒，阿姆斯特朗. 市场营销：原理与实践：第 17 版［M］. 楼尊，译. 北京：中国人民大学出版社，2020.

的因素是否需要进一步提升、维持或者调整，是否还有一些潜在的有助于顾客满意度提升的属性没有被顾客识别或是企业尚未提供，要回答这些问题，就需要对影响满意度的因素做更加深入的分析。卡诺模型为我们提供了一个很有价值的分析方法。

1）卡诺模型

卡诺模型是日本学者狩野纪昭（Noriaki Kano）等提出的一种对用户需求进行分类和优先排序的实用工具，用以分析需求满足程度对用户满意度的影响。这个模型将产品服务的功能特性分为 5 类，即必备因素、期望因素、魅力因素、无差异因素和反向因素，体现了产品功能多少和用户满意之间的非线性关系，如图 2-2 所示。纵坐标表示顾客满意度，越向上表示满意度越高；横坐标表示某项影响顾客满意的属性的具备程度，越向右边表示该属性要素的具备程度越高。

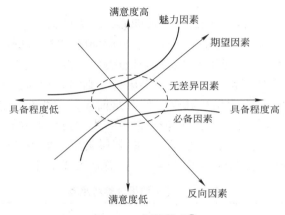

图 2-2　卡诺模型①

（1）必备因素。必备因素也被称为基本因素，是顾客对企业提供的产品或服务因素的基本要求，是顾客认为产品"必须有"的属性或功能。当这类功能没有实现时，顾客对产品很不满意，但即便这类功能做得再好，顾客也认为是理所应当的。例如：冰箱能够正常运行制冷功能，顾客会觉得这是天经地义的，不会因此而感到很满意；反之，一旦冰箱经常出问题，无法制冷，那么顾客对该品牌的满意水平会明显下降，投诉、抱怨甚至恶评就随之而来。

（2）期望因素。期望因素也被称为意愿因素。顾客满意度随该因素是否提供而呈线性变化。该类因素表现越好，顾客就会越满意；表现不好，顾客的不满也会显著增加。不满足时客户会不满意。

（3）魅力因素。魅力因素也被称为兴奋因素。该类因素属于顾客没有表达出明确的需求，但当企业提供给顾客这种完全出乎意料的产品属性或服务行为时，会使顾客产生惊喜，满意度也随之大大增加；但如果不提供此因素，顾客也不会不满意或觉得有问题。这类因素往往是代表顾客的潜在需求，企业要去寻找、发现并提供这样的需求。

（4）无差异因素。无差异因素是指顾客认为的无关紧要的因素。这些因素存在与否，都不会影响他们的满意度。例如：购物时商家附赠的没有什么价值的小礼品。

---

①　苏杰. 人人都是产品经理［M］. 北京：电子工业出版社，2020.

（5）反向因素。反向因素又被称为逆向因素，提供的程度与用户满意程度成反比。即提供得越多，越会引起消费者的反感。这就提示企业在推出一些多功能产品和服务时需做出平衡，因为不一定功能越多越受欢迎。

2）卡诺模型的分析步骤与方法

（1）深入了解业务特点，从顾客角度识别具体的产品或服务需求。这部分内容与顾客满意监测的第一步内容总体是一致的。

（2）设计问卷调查表。为了识别某个功能、属性属于哪种因素类型，问卷中每个属性特性都由正向和反向两个问题构成，分别测量顾客在面对具备或不具备某项功能时所做出的反应。例如：正向问题，如果产品具有功能 A，你觉得如何？请从喜欢、理应如此、无所谓、可以忍受、很不喜欢这 5 个选项中选出 1 个；反向问题，如果产品没有功能 A，你觉得如何？答案选项和正向问题一样。

（3）进行问卷调查。针对目标顾客群发放问卷，收集信息。

（4）要素归类分析。首先，对每个顾客正、反向问题的答案进行统计分析，每个顾客的答案共 5×5＝25 个可能的结果。评价结果分类对照表如表 2-1 所示。需要说明的是，一般而言，是不会出现表 2-1 中的可疑结果的；如果出现，则需要检讨这个问题的问法是否不合理，或者是顾客填写问题答案时出现错误。倘若是前者，需要对问卷进行修正；倘若是后者，则将该问卷剔除。然后，汇总每种可能下的顾客人数占总人数的百分比，再统计每个属性类别所占百分比，占比最高的则视为该功能的归属类别，如表 2-2 所示；最后，对每个属性逐一统计，得到每个功能的归属因素类别，归总在表 2-3 中。

表 2-1　评价结果分类对照表

		不提供此功能				
		很喜欢	理应如此	无所谓	可以忍受	很不喜欢
提供此功能	很喜欢	Q	A	A	A	O
	理应如此	R	I	I	I	M
	无所谓	R	I	I	I	M
	可以忍受	R	I	I	I	M
	很不喜欢	R	R	R	R	Q

注：A，魅力属性；O，期望属性；M，必备属性；I，无差异属性；R，反向属性；Q，可疑结果

表 2-2　××功能属性的交叉分析统计表

××功能			不提供××功能					分类统计
			很喜欢	理应如此	无所谓	可以忍受	很不喜欢	
提供××功能	很喜欢	占总数%						A
	理应如此	占总数%						O
	无所谓	占总数%						M
	可以忍受	占总数%						I
	很不喜欢	占总数%						R

表 2-3　功能属性分类汇总表

功能/属性	A	O	M	I	R	要素类别
1						
2						
⋮						

（5）确立功能属性的影响程度。利用伯杰（Berger）等提出的 Better-Worse 系数分析法对功能属性进行分类和排序。[①] 根据各类因素的特点以及对满意度的影响程度，一般而言，功能属性提供、改善或提升的优先级顺序为必备属性＞期望属性＞魅力属性＞无差异属性。

Better-Worse 系数，代表了某功能可以增加满意或者消除很不满意的影响程度。Better 是增加后的满意系数。其数值通常为正，数值越大，用户满意度会提升越快；Worse 是消除后的不满意系数。其数值通常为负，代表如果不提供某种功能属性的话，用户的满意度会降低，值越接近-1，表示对用户不满意的影响越大，满意度降低的影响效果越强，下降得越快。根据 Better-Worse 系数，优先满足系数绝对分值较高的功能或需求。其中：

$$Better\ 系数 =（A+O）／（A+O+M+I）$$
$$Worse\ 系数 =（O+M）／（A+O+M+I）×（-1）$$

计算得出的 Better 系数如果大于 0.5，则表示有效的样本数据中，超过 50%的人认为会喜欢有此属性或功能；Worse 系数的绝对值如果大于 0.5，则表示有效的样本数据中，超过 50%的人认为没有此属性和功能会不喜欢。

根据计算出的每个功能属性的 Better-Worse 值，可以将其归在一个四象限图中，如图 2-3 所示。

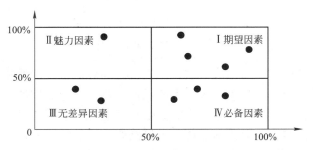

图 2-3　每种属性 Better-Worse 系数示意图

3）卡诺模型应用的注意事项

第一，该模型不是一个测量顾客满意度的模型，而是满意度评价的辅助工具，其目的是通过对影响顾客满意度的属性特征进行分类，以帮助企业找出提高企业顾客满意度的切入点。

第二，卡诺模型在被提出之后，不断有人针对应用中发现的问题，对模型进行修正，比如 Lee 等在两种类别的人数差距不大或者人数相等时，进行属性归类时，引入了混合类的概念，还有加入了各功能属性的重要性评价等。因此在使用该模型进行分析时，还需结合实际情况，进行一定的调整。

① 金春华，高俊山．基于卡诺模型的 B2C 电子商务网站质量要素研究［J］．中国流通经济，2018（4）：77-84.

第三，顾客关注的功能属性会随着时间的推移发生变化，现在的期望因素未来有可能会变成必备因素，因此需要跟踪调研顾客的需求。

第四，不同的顾客、不同的文化背景，对功能属性的判断不尽相同，因此运用此模型进行的功能属性分类，只是目标市场中大多数人的需求特点。另外，分析结果的运用也要注意适用环境和条件。

2.2.2　顾客忠诚

1. 顾客忠诚的概念与分类

关于顾客忠诚的定义，从单一维度来理解，有行为忠诚，即顾客在行为上表现出的购买比例、重复购买可能性、购买频率等；或者是态度忠诚，即某人在某一段时间内持久不变的偏好，或者是顾客对企业人员、产品或服务的一种归属感或依恋情感[①]。目前，普遍认为顾客忠诚是一个复合的概念，它指的是顾客长期购买和使用甚至向他人推荐该企业的品牌、产品或服务，并在情感上表现出的一种高度依赖、认可和信任。

从态度取向和行为取向两个维度可以对顾客忠诚划分为 4 种类型。顾客忠诚分类如图 2-4 所示。

图 2-4　顾客忠诚分类

（1）真正忠诚。态度和行为达成一致，都表现出高忠诚度。这类顾客在情感上喜欢，并表现出愿与品牌形成积极的、深入持久关系的承诺，具有一定的排他性；他们会有规律地重复购买产品或服务，也愿意购买该品牌下的其他产品或服务，甚至不求回报地向他人推荐；对价格并不十分敏感；对竞争对手的宣传、示好具有一定的免疫力；对品牌偶尔的失误可以容忍和原谅，而不会发生离开。企业对此类顾客需要给予更多的关注。

（2）潜在忠诚。虽然在态度上认可甚至依恋该品牌产品或服务，但是并没有企业期待的高重复购买行为。究其原因，可能是一些情境因素、转换成本等非情感因素妨碍了顾客的重复购买行为。因为此类顾客与品牌具有较高程度的情感联系，因此企业需要分析原因，采取必要的措施，促使这类顾客向真正忠诚者转化。

（3）虚假忠诚。虚假忠诚即低情感依恋伴随高重复购买行为。这种忠诚也被视为脆弱忠诚或惯性忠诚，表面上此类顾客有较高的重复购买行为，但是他们的忠诚具有很大的不稳定性。因为他们的行为忠诚并非发自于内心对品牌的喜好或欣赏，而更多的是源于外在条件的影响，如便利的位置、市场垄断、转换成本、个人的惰性；也可能是商家的消费刺激，如某

---

① 黄嘉涛，张德鹏. 顾客忠诚及其有效性研究回顾与展望［J］. 中国流通经济，2012（9）：80-85.

些餐厅采用类似"消费满 100 元返 30 元代金券，下次消费满 100 元才可以使用，代金券 30 天内有效"这样的手段来诱导顾客的重复购买行为。

（4）不忠诚。不忠诚即态度和行为均不忠诚。此类顾客对品牌没有什么特殊的情感，购买行为一般也是随机的，没有目的性，没有固定偏好，这类顾客往往在消费了某个品牌产品一两次后就会转向其他品牌的产品。相对而言，他们对价格更加敏感，更容易被打折、低价等促销手段所吸引。

2. 顾客忠诚对企业的意义

首先，真正忠诚的顾客会保持重复的消费行为，并倾向于购买企业的其他产品。换言之，他们花费更多，停留的时间更长，由此会给企业带来稳定的、可预期的远期销售收益；其次，顾客忠诚可以降低企业的营销成本。研究表明争取 1 个新顾客的成本要比留住 1 位老顾客的成本高 5 倍[①]；再次，忠诚顾客能够为企业带来超额利润。因为他们对价格优惠、返券等促销手段相对不敏感，反过来他们更容易接受涨价；最后，忠诚顾客有利于强化品牌形象，帮助企业获取新的顾客。他们会正面宣传企业的产品或服务，并推荐其他人购买，从而形成口碑效应。

特别关注

新的忠诚度秘诀

著名咨询公司埃森哲战略（accenture strategy）的研究发现，许多企业每年在已不奏效的客户忠诚度计划上浪费数十亿元资金。调研显示，逾八成中国消费者（81%）对让利活动不再热衷，目前有数百万积分尘封不动。企业必须关注在数字时代提升客户忠诚度的全新关键因素，否则将可能永远失去客户。

在数字化时代，提升中国客户忠诚度的新秘诀如下。

（1）"忠诚度回馈"。调研表明，对忠诚客户给予奖励性回馈的做法（如个性化折扣、礼品卡和特价商品等）获得超过六成（62%）中国消费者的认可，品牌继而可以借此巩固客户忠诚度。

（2）"了解我的需求"。65% 的中国消费者忠于可以为他们定制个性化产品的品牌。69% 的中国消费者喜欢通过他们偏爱的渠道与其进行互动沟通的品牌。73% 的中国消费者更青睐那些尊重他们的时间，有需求时及时响应、平日则零打扰的品牌。此外，79% 的中国消费者信任注重保护客户个人信息隐私的品牌。

（3）"寻求刺激"。63% 的中国消费者忠于积极邀请消费者参与设计或共创产品或服务的品牌。65% 的中国消费者青睐为消费者提供全新体验、产品或服务的品牌。此外，64% 的中国消费者愿意追随采用新技术（如虚拟现实、增强现实等）为其提供多感官体验的品牌。

（4）"从众心理"。超过一半（51%）的中国消费者忠于与名人进行合作的品牌。46% 的中国消费者青睐与博主和视频博主等社交平台领袖进行合作的品牌。63% 的中

---

① 科特勒，阿姆斯特朗. 市场营销：原理与实践：第 17 版 [M]. 楼尊，译. 北京：中国人民大学出版社，2020.

国消费者更容易信任其家人或朋友曾消费过的品牌。此外，61%的中国消费者忠于那些积极支持公共事业（如慈善机构或公益活动）的品牌。

（5）"联合与创新"。64%的中国消费者希望品牌能与其他供应商建立联系，从而方便消费者兑换积分或奖励。与此类似，71%的中国消费者会追随不断提供新潮产品和服务，使他们引领潮流的品牌。

【资料来源】客户、收益双流失？你大概遇上了假的忠诚度计划［EB/OL］.(2017-02-22)［2023-12-08］. https：//mp. weixin. qq. com/s/9NB-HisBGNkLn2YLDYDfMg.

3. 顾客忠诚与顾客满意的关系

若要使顾客成为真正的忠诚者，前提是顾客满意，但是满意的程度不同，顾客的忠诚也存在很大差异。甚至于顾客不满意，也有可能出于无奈，表现为行为上的忠诚，不断发生重复购买行为。这些观点已经得到广泛的认可，一些实证研究也证明了这个结论。顾客满意和顾客忠诚的关系如图 2-5 所示①。

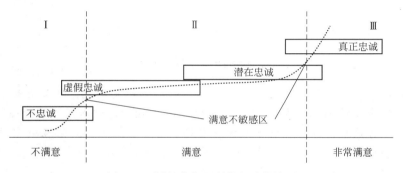

图 2-5　顾客满意和顾客忠诚的关系

由此可以看出，仅仅让顾客满意是不够的，要让顾客非常满意、惊喜才能带来顾客真正的忠诚。

尽管如此，不同的行业以及在不同的竞争环境下，顾客满意和顾客忠诚之间的关系也会有所差异。不同行业顾客满意与顾客忠诚的关系如图 2-6 所示②。

在高度竞争的行业中，如个人电脑和汽车行业，完全满意的顾客远比满意的顾客忠诚。这表明，要培育顾客忠诚度，企业必须尽力使顾客完全满意。如果企业的产品或服务过于一般，并未让顾客感到获得了较高的消费价值，就不易吸引顾客再次购买。

在非竞争或低度竞争的行业中，如管制下的垄断市场——本地电话市场，顾客满意程度对顾客忠诚的影响较小，即无论顾客满意与否，都保持高度忠诚。但这可能是一种假象，因为在这样的市场环境下，顾客即便不满，也很难跳槽，但是一旦有更好的选择，他们会很快转投他家。这就再一次印证了简单的重复购买或使用行为，这是表面上的虚假忠诚。因此，处在此背景下的企业应有清醒的认识，也需努力提高顾客满意度，否则一旦竞争加剧，顾客就会流失，使企业受损（如本章"引导案例"所述）。

① 张新安，田澎 . 顾客满意与顾客忠诚之间关系的实证研究［J］. 管理科学学报，2007（4）：66-76.
② JONES T O，SASSER W E . Why satisfied customers defect［J］. Harvard business review，1995，73（6）：11.

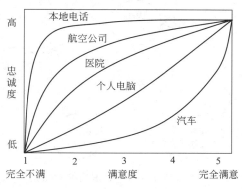

图 2-6　不同行业顾客满意与顾客忠诚的关系

2.3　关系营销

关系营销的概念是由贝瑞（Berry）在 20 世纪 80 年代提出的，随后得到了广泛的响应。特别是在竞争日趋激烈、顾客有更多选择权及企业留住顾客、培育顾客忠诚越发困难的市场条件下，关系营销的核心思想不断得到新的诠释和运用。

2.3.1　关系营销及其关键过程

1. 关系营销的定义

关系营销的定义，虽然有不同的表述方式，但是其中的关系对象，都从顾客扩大到了所有的利益相关者，也都不同程度地描述了关系营销的方式和结果。关系营销就是识别、建立、维护和巩固企业与顾客及其他利益相关者关系的一系列活动。企业通过努力，以诚实交换与履行承诺的方式，使双方的利益和目标在关系营销活动中得以实现[①]。企业是错综复杂的关系网络中的一员，许多学者从利益相关者的视角对关系市场做了分类，其中集大成者马丁·克里斯托弗等将营销关系概括为六大市场模式，即顾客市场、推荐者市场、影响者市场、供应商市场、内部市场、招聘市场，如图 2-7 所示[②]。

（1）顾客市场。这个市场包括最终顾客和中间商。既需要新顾客，也要尽可能地留住现有顾客。提高顾客忠诚度是关系营销的主要目标。因为无论何时，顾客永远是稀缺资源，是企业生存和发展最根本的资源。在企业与所有利益相关者的关系中，与顾客的关系是核心，也是与其他利益相关者关系的基础。顾客忠诚阶梯如图 2-8 所示。关系营销的目标就是让初次光顾的顾客成为长期惠顾的顾客，再逐步使他们成为拥护者及向他人推荐的传播者甚至成为企业的合作伙伴。

---

① 王永贵. 客户资源管理［M］. 北京：北京大学出版社，2005.

② CHRISTOPHER M，PAYNE A，BALLANTYNE D. Relationship marketing：creating stakeholder value ［M］. 2nd. Oxford：Butterworth Heinemann，2002.

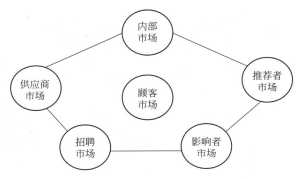

图 2-7　六大市场模式：扩展后的营销关系

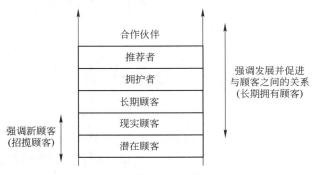

图 2-8　顾客忠诚阶梯

关系营销的实质就是在买卖关系的基础上，建立非交易关系，以保证交易关系能持续不断地确立和发生[①]。

（2）推荐者市场。推荐者市场包括两大类：向他人推荐供应商的现有客户和非客户，非客户构成的推荐源，包括信息的转发者、保险公司、专业人士等，实际上就是告诉企业要重视口碑传播的力量。社交媒体多样化，人人皆媒体的时代为这样的推荐提供了更大的可能性。

（3）影响者市场。影响者市场包括政府机构、金融机构、媒体、股东、相关社会组织等。他们对企业的营销活动会产生不同程度的影响。也许不是直接对企业产品或服务的推荐，但是其对企业的了解、评价有助于企业塑造良好的公众形象。因此，在影响者市场中进行关系营销最重要的是开发和维护好与他们的关系，以赢得影响者的好评和支持。

（4）供应商市场。任何企业不可能独自解决生产所需的所有资源，就需要与其他企业进行交换，为企业提供原材料、零部件、技术、信息、服务等的机构，这就构成了供应商市场。与供应商市场的关系状态决定着资源交换的效率，间接影响企业完成产品和服务在价值链上的高效传送，特别是对关键的供应商，往往会采用关系更加紧密的战略联盟形式，以提高企业的竞争力。

（5）内部市场。企业的所有部门和员工构成了企业的内部市场。在企业与客户达成长期、稳定的合作关系的过程中，内部市场起到基础性作用。内部营销理念也指出所有员工或部门的工作都应围绕统一的战略和目标进行。要把内部员工或部门当成客户对待，协调和处

---

①　杨洪涛，邓丽红，张倩，等 . 市场营销：网络时代的超越竞争 ［M］. 3 版 . 北京：机械工业出版社，2019.

理好内部市场的各种关系，只有这样才能更好地为顾客创造值。因此，企业需重视内部市场与顾客市场的互动协同效应。

（6）招聘市场。关注招聘市场即关注如何吸引合适的员工加入企业。企业需要寻找有特殊技能的人，富有创造力和效率的人以及与企业有共同价值观的人。而高素质的优秀人才往往是各家公司竞相争取的对象，因此企业需要制定具有竞争力和说服力的招聘计划并与招聘市场中的猎头公司、招聘代理、内部举荐渠道等保持良好的合作关系，以便为企业招募到合适的优秀人才。

需要说明的是，其一，有些人或机构不一定仅仅在上述的某一个市场中。例如：企业的某位老顾客，他既在顾客市场中，也可能在推荐者市场中，只不过扮演不同的角色而已。企业需要根据其角色定位来维系与之相适应的关系。其二，处在不同行业的企业，六大市场的构成也不尽相同，企业应在实践中识别、确定具体的关系对象。

2. 关系营销与交易营销的比较

关系营销与交易营销最大的区别就是前者追求长期利益最大化，而后者则侧重于短期利益最大化。交易营销和关系营销的比较如表 2-4 所示。

表 2-4　交易营销和关系营销的比较①

标准	交易营销	关系营销
基本导向	交易导向	关系导向
关注的焦点	吸引顾客和一次交易	不只做一次买卖，提高顾客忠诚度
基本战略	争取新顾客	维护现有顾客
着眼点	主要关注顾客	关注各个利益相关者
承担的市场风险	新产品涌现导致企业面临较大风险和不确定性	建立关系以使不确定性和风险降低
对待顾客的态度	有限的顾客服务和承诺	高度的顾客服务和承诺

3. 关系营销的关键过程

关系营销的关键过程包括三个：价值过程、交互过程和对话过程②。

（1）价值过程。正如关系营销定义所描述的，关系营销的目的是使双方的利益在关系营销活动中得以实现。这需要付出更多的努力去识别、评估和交付顾客价值，去权衡各种不仅仅是由货币来衡量的利益与成本之比，以使关系各方各得其所，达成共赢。创造更高的顾客价值并非一朝一夕的事情，它是一个持续不断累积的过程。所以，价值过程是关系营销的起点和结果。

（2）交互过程。一方面，关系营销涉及多方参与，至少有企业与顾客两方，参与方必须都有建立持久关系的愿望和行为，关系营销才能形成；另一方面，仅就企业与顾客的关系而言，企业与顾客之间会通过产品和服务产出、服务过程、信息、社会接触、财务活动等进行交互或者互动，以发生产品、服务的交换或转移，并满足顾客的心理需求和社会需求。在创造顾客价值的过程中，交互无处不在。所以，交互过程是关系营销的核心。

（3）对话过程。对话反映的是关系持续过程中的沟通侧面。关系营销试图创造双向的甚至是多维的沟通过程。其目的是增进交流，避免误会，维护和促进彼此的关系。在实践中沟

---

① 王永贵. 市场营销［M］. 北京：中国人民大学出版社，2019.
② 格朗鲁斯. 关系营销：价值、交互和对话过程［J］. 修诚，译. 国际经贸研究，1998（3）：4-9.

通有多种形式，如传统的销售活动、公共关系、宣传手册，大众媒体广告等，网络时代微博、微信、社区等社交媒体成为企业与顾客进行对话的重要方式。所以，对话过程的重要使命是支持关系的建立和发展。

营销实操

海尔：与顾客交互，创造顾客价值

从股东价值/利润到用户价值，是价值认知的回归，同样也是海尔的一个颠覆。物联网时代，海尔大规模定制平台搭建了一个让用户定义产品的机制和平台，真正让用户成为产品创新的核心。

当用户以一种共同设计产品、创造产品的心态参与进来，我们就实现了产品研发方式的根本性转变，这就是让用户定义产品。从单纯的卖货到现在能与用户零距离接触，必然使产品发生巨大变化。

例如：2016 年的时候，故宫淘宝的粉丝给海尔提意见，说："能不能出一款迷你冰箱叫'冷宫'，这样我对吃的剩饭剩菜都可以说'给朕打入冷宫'。"结果 7 天之内'冷宫'冰箱就真的做出来了。2018 年，海尔又根据用户需求，推出了全球首款家用洗鞋机，解决了几十亿人的洗鞋难题。

通过与用户交互，可以拎在手上的空调、挂在墙上的洗衣机、三角形的冰箱、四分区的洗衣机……这些在很多家电企业看来，天马行空、千奇百怪的想法，都在海尔平台上成了现实产品。

而当我们更多地关注用户价值，关注交互关系，通过创造更多的关系、更稳固的关系，自然而然也就会给企业带来更多的收益。

【资料来源】聚焦用户价值，回归组织价值原点［EB/OL］.（2018－06－22）［2023－12－08］.https：//mp.weixin.qq.com/s/-zwYZIhzKYFYka-YIdwoHQ.

2.3.2　顾客关系营销的层次

从一般意义而言，关系营销相较于交易营销更具有战略眼光，更关注企业的长期发展。但是企业做任何事情都是有成本的，是要付出代价的。而无论企业实力是否雄厚，资源都是有限的；顾客的价值取向也不尽相同，有人只在乎短期利益，有人则重视与企业长期关系的建立，因此企业应该与不同的顾客建立不同深度的关系。

根据顾客的数量以及顾客对产品利润的贡献，可以将顾客关系营销分为 5 个层次，如表 2-5 所示。

表 2-5　顾客关系营销层次

顾客数量	产品利润水平		
	高	中	低
很多	责任型	反应型	基本型或反应型
一般	主动型	责任型	反应型
较少	合作型	主动型	责任型

基本型营销，指的是纯粹的交易关系，交易结束后不再与顾客接触。实际上就是交易营销的思想体现，只关心买与卖的交换行为，如传统 4S 店模式下厂家与消费者的关系。反应型营销是企业除向顾客提供产品或服务之外，会告知顾客之后有问题可与企业联系，如购物时商家所附的说明书中都会有联系方式等。责任型营销为交易后企业主动与顾客联系，收集顾客意见等，如购买热水器后，有些商家会联系顾客，询问安装服务是否满意等。主动型营销则是企业更加积极地与顾客沟通，以获取更多信息，如旅行社会不定期地向顾客征询旅行意见，发送新的旅行线路信息，举办线上线下讲座等。合作型营销属于最高层次的关系营销。企业与顾客之间互通有无，利益相关，成为伙伴，如在产品开发中邀请顾客参与，动态跟踪顾客需求，给予这样的顾客更多的利益等。

需要说明的是，不存在关系营销层次孰优孰劣之分，只有合适与不合适之说。此外，随着信息技术的发展，企业保持与顾客联系的渠道在扩大，成本也在降低，原本只能做基本型营销或反应型营销的企业也开始采用较为紧密的方式。例如：生产销售洗发水的企业一般是不会与最终的消费者建立一对一联系的，但是互联网的发展使得这种联系成为可能。企业通过电商平台上的旗舰店获取的顾客信息，可以及时推送产品、促销活动等信息，以维系顾客关系。因此，企业要根据具体情境并结合顾客特点选择适合的关系营销层次。

2. 3. 3　顾客关系营销策略

关系营销的关键过程之一就是价值过程。为此，贝瑞和帕拉苏拉曼归纳了三种创造顾客价值的关系营销策略①。

1. 增加财务利益

维持顾客关系的主要手段是利用价格刺激增加目标市场顾客的财务利益。该种形式的策略比较有代表性的有如下两种。第一种是频繁市场营销计划。即给予多次重复购买的顾客以奖励。例如：航空公司推出的里程积分换机票就属于此类。第二种是俱乐部营销计划。顾客可以因其购买行为自动成为会员，也可以通过购买一定数量的商品入会，或者付一定的会费。例如：京东商城的 plus 京典卡年卡会员，用户需要支付 99 元即可享受 10 倍返利、免费退换货、运费券礼包、plus 价商品等特权，会员续费率近 80%。通过不断改进的会员体系，增加了用户黏性。

2. 增加社交利益

企业通过了解顾客的需要和愿望，为其提供个性化和私人化的服务。采用的主要表现形式有两种。第一种是利用数据库实施顾客关注。企业运用信息技术手段，建立数据库形成一个个顾客档案，从而展开定制化推荐和差异化的服务来与顾客保持长久的联系。第二种是建立线上线下的顾客社区。为顾客与顾客、顾客与企业之间搭建交流情感、信息沟通的渠道，以此增加企业与顾客的情感连接和社会联系，达到留住顾客的目的。例如：一些品牌社区在线上有各取所需的交流版块，还会不定期地举办各种形式的线下活动，企业为这些活动提供一定的支持，这样就拉近了顾客与企业或品牌的距离，增加了企业的亲和力。

3. 增加结构性利益

企业向顾客提供从其他地方无法轻易获得的有价值的服务。这种结构性利益更加强调

---

① BERRY L L, PARASURAMAN A. Marketing services：competing through quality［M］. New York：Free Press，1991.

"顾客转换成本"。通过这种结构性关系减小顾客转向竞争者的可能性，与此同时也增加顾客脱离竞争者而转向本企业的可能性。结构性利益的实现有赖于整个价值链条上的企业与企业之间、企业与顾客之间建立起来的结构性关系。换言之，就是基于所有的利益相关者形成的关系网络给顾客带来独有的价值。例如：品牌特有的形象、产品卓越的性能和独具的技术特点，都可能成为企业与顾客的结构性纽带。企业之间在研发、供应、信息、人员等方面的紧密合作，会强化企业与企业之间的结构性关系，"1+1>2"的优势在市场竞争中显现出来，实际上就给彼此增加了结构性利益。现实中企业间的战略联盟、合作营销等就是这种策略的体现。由此也可以看出，企业必须具有核心竞争力才能更好地采用增加结构性利益的关系营销策略。

▶ 关 键 术 语

顾客感知价值、顾客满意、卡诺模型、顾客忠诚、关系营销

▶ 知 识 巩 固 与 理 解

⊃在线测试题

请扫描二维码进行自测。

⊃思考题

1. 顾客价值的决定因素有哪些？
2. 何谓顾客忠诚？顾客忠诚的分类是什么？
3. 顾客满意和顾客忠诚的关系是怎样的？
4. 卡诺模型如何在顾客满意分析中进行应用？
5. 如何理解关系营销？关系营销与交易营销的区别？
6. 关系营销的关键过程包括哪些？
7. 关系营销策略包括哪些内容？

自测题

▶ 知 识 应 用

⊃案例分析

A 公司的市场启动与关系维系

1. A 公司面临的难题

A 公司是北京一家生产高技术复杂设备的中小型企业，在吸收国外先进技术的基础上自行研发了一种用于密封性检测的仪器，主要应用于真空有关的行业，如航天行业、真空开关管等行业的密封性检测。与多数高价格设备行业一样，虽然这个行业内同类厂商数目并不是很多，但竞争也是很激烈的，业内当时已有像 B 公司这样的国内知名领头企业，凭借本土优势，以相对国际知名企业较低价的价格，占有国内市场 60% 的市场份额，其他 40% 为国外几家像阿尔卡特这样的国际大企业和国内其他小企业瓜分。

A 公司分析自己的产品特点，认为从技术先进角度讲，自己的产品应在国际知名品牌与国内领头企业之间，因此定价比国际品牌低，但高于国内同类产品。其目标是想通过优质的

服务和较高的产品性能价格比成为国内领头企业。可是，当时的 A 公司在整个行业几乎没有任何名气，A 公司面临一系列难题。

首先，在大家都在宣传自己的产品技术含量高，质量可靠，用户不知信谁好的情况下，作为不知名的新企业，如何使用户相信自己？其次，如何打消用户对不知名企业的怀疑和忧虑，放心购买？再次，如何在价格高于老牌企业的情况下去销售？最后，如何快速提高企业知名度和美誉度，在市场上树立自己的地位？

总之，A 公司如何才能启动市场呢？经过反复讨论分析，决定利用关系营销来启动市场。

2. 分析市场特点，制定关系营销战略

开始的时候，当 A 公司的推销人员拿着产品样本到处推销时，发现人们并不相信销售人员所说的。用户总是自然地问起："你的东西听起来是不错，可是这么贵的东西，你让我们如何相信你呢？你的设备我们很感兴趣，但为慎重起见，你能告诉我哪些厂家用过你的产品吗？我们要证实一下。"

面对用户的疑惑，A 公司知道如果想要大家购买自己的产品，就必须让大家相信自己，而自己最迫切的问题是如何找到自己的第一个用户。A 公司开始静下心来思考市场问题。他们在推销的过程中发现，设备采购方在选择供应商时不仅考虑产品本身，还会关心采购以后的事情，如产品质量是否有保障，售后服务能否到位等。很显然，买方更渴望能与卖方建立稳固的良好关系。基于这种情况，A 公司决定利用关系营销原理启动市场。

A 公司分析自己的目标市场，发现该市场的特点之一就是用户数目少，如全国生产真空开关管的企业一共才几十家，而且一个行业内通常有几个领头企业，有几个权威人物和一个行业协会。整个市场几乎都向同一个或几个企业看齐，而且整个行业会有几个关键人物，大家都很尊敬，你如果想在这个行业有大作为，他们的态度很是关键。

一般来说，产业市场内的用户彼此比较熟悉，因此口碑传播的力量在行业市场体现得淋漓尽致，你的宣传只有与推荐渠道的信息一致才会起作用。推荐渠道不仅在于用户之间的相互推荐，也与影响者市场中的人相关，如现在企业与大学、研究机构的联系日益密切，大学、研究机构的学者往往是一个行业内的权威，有时候他们的一句评论对用户的影响比你说上一千句还管用。

3. 两笔关键订单，初步启动市场

在关系营销理论的指导下，A 公司没有单纯地把力量集中在广告和推销上，而是找出市场中关键的公司和关键的人物，并与之建立关系。

1）与关键公司建立关系，启动一个行业市场

A 公司在分析市场时发现，当时的真空开关行业是竞争对手力量最薄弱的地方，虽然在国外真空开关行业检漏仪的应用已得到普及，但在我国应用还未开始。当时国外的公司在中国一般只有一个办事处或者一个代理商，市场开拓能力不足。B 公司作为龙头企业进取心不足，不关心这一潜在的市场，或者说他们不愿做用户培育工作。因为这有一个让用户了解这种设备先进性的过程，要说服用户认为更新自己的设备是必要的。A 公司找到了真空开关行业的领头企业 C 公司，C 公司对这种新设备很是怀疑。A 公司通过与 C 公司多次交流使其认识到设备的先进性和设备更换的必要性。为了打消对方的疑虑，降低风险，A 公司决定让对

方免费试用，不满意无条件退货，因为 A 公司当时太需要 C 公司这样的用户了。终于在 A 公司专家帮助下，C 公司更新了设备，改进了工艺，产品质量大幅提高，增强了企业竞争力。就这样，C 公司成为该行业的 A 公司的第一家购买者。

A 公司没有到此为止，而是按使"潜在用户成为用户，使用户成为主顾，使主顾成为宣传者"的指导思想，继续努力，其良好的产品和服务都给用户留下了深刻印象。A 公司凭借 C 公司的行业地位及其宣传和推荐一举打开了真空开关行业的市场，使中国真空开关行业的前五大开关企业都成为自己的用户，A 公司在真空开关管行业具有了优势地位。

2）与关键人物建立关系获得关键订单

如针对航天领域市场，A 公司了解到航天部某集团要整体招标，集中采购一批仪器，这是一笔大订单，对任何一家公司都很有吸引力，引起了国内外供应商的注意。据了解当时该集团形成两种意见：一种观点认为航天设备的检测可靠性至关重要，因此建议采购国外知名企业的产品，但是价格昂贵，一旦设备出现问题，维修麻烦；另一种观点是用 B 公司的产品，因为 B 作为龙头企业，虽设备技术相对落后，但也能达到集团的要求，而且价格低廉，维修方便。只是 B 企业由于长期处于领导者地位，不注意与用户的关系，已有维修不及时的恶名。作为新企业，A 公司如何才能获得订单呢？

A 公司了解到此航天部成立了一个关于检漏的专家组，这些人虽然不负责采购，但对选型等很有发言权；虽然他们不是什么高官，但他们的话却很有权威性。公司通过努力和他们建立联系，把新产品的资料送给他们，并请他们到公司来熟悉、试用新产品，亲身感受，让这些专家了解企业产品的优点和质量的可靠性以及公司的科研实力，使其对公司产生信任感。

在和专家接触的过程中，A 公司了解到该集团有一个高难度的工程需要做密封检测。A 公司通过说服专家，在专家的介绍下，派出最好的工程技术人员使用自己的设备为其免费检测。A 公司设备的良好性能及员工敬业精神给专家留下了良好的印象，而且 A 公司在检测过程中和设备未来的使用人员也建立了良好的关系，教他们学会了仪器的使用，并请他们做出了良好的评价，最后在专家组的推荐下，终于在与国内外同行的竞争中获得了订单。

如果说第一笔订单，只是打开了真空开关行业市场的话，航天部某集团招标的成功是 A 公司初步启动市场的标志，因为在这样高规格的招标中能获胜本身就是仪器设备质量可靠的一种强有力的证明。自此以后，各行各业陆续有一些订单，但是 A 公司明白，与自己的行业领头羊的目标还有很大距离。B 公司的龙头地位并不是那么轻易能撼动的，因为 B 公司多年的经营已经积累了相当多的用户，在高价复杂设备的购买中，一般来说，用户没有什么必要原因是不会冒风险放弃原有供应商，而选择另外一家供应商的，A 公司的发展仍然面临不断扩大市场的问题。

4. 广泛建立关系，树立企业品牌

一般而言，产业市场中的用户关注公司品牌远远超过对产品品牌的关注，当他们准备采购时，会很自然地看看这个行业都有哪些企业生产该产品，龙头企业是谁，信得过的企业有哪些，货比三家，慎重购买。因为用户认为公司的实力和信誉是购买安全性的根本保障。A 公司若想取代 B 公司的市场地位，进而全面启动市场，就必须在用户心目中树立良好的企业品牌形象，确立自己的市场地位。

1) 对用户市场开展关系营销

(1) A 公司不仅教用户如何使用设备，而且帮用户解决自己的工艺问题，成为用户生产上的顾问。用户不仅对 A 公司的销售人员熟悉，A 公司的设备专家、技术专家甚至是 A 公司外聘的行业专家都频繁往返于 A 公司和用户之间，共同深入生产一线，共同发现问题，寻找解决问题的方法，有时还一块接受培训，开联谊会、庆功会等。不仅如此，有时候 A 公司利用用户市场行业广泛的优势，还帮助用户解决市场问题，比如有两个用户的行业正好是产业链中的上下家，A 公司就从中为他们牵线搭桥。

(2) 再好的设备也难免出问题，偶然的设备故障不是坏事，而是企业开展关系营销的好机会。一次，四川某企业在生产旺季设备出了故障，希望 A 公司派人尽快解决问题，没想到第二天维修人员就到了。原来 A 公司考虑到路途遥远，怕用户着急，专门派人坐飞机赶了过来，要知道这个用户可在其他供应商那里从未享受过这种待遇，事后该用户负责人在很多场合都动情地讲起了这件事。

(3) A 公司在销售过程中发现用户在购买之前总是喜欢问同行业有哪些厂家购买了设备，以降低购买风险。因此 A 公司采取了信件证明法，即 A 公司会在用户购买仪器后的一定时间请用户对仪器性能和企业的服务做出评价，并请用户盖上公章。一般来说，都是热情洋溢而又不失真实的评价。把这种看不见的用户关系变成了看得见的评价信。A 公司把有影响力的企业的评价信汇编成册，当新用户担心采购风险时，便出示此手册，效果很好。

2) 对影响者市场开展关系营销

A 公司通过分析，认为就他们的产品而言，影响者市场包括业内专家、行业协会、相关政府领导、媒体记者、他人的用户等。这些人职业不同，身份地位不同，所关心的东西也不同，因此和他们建立关系的方法也不同。另外，由于设备的采购与影响者市场中的人或机构的利益并不直接相关，因此他们和用户关注的点是不一样的，因此对他们应采取不同的策略。A 公司在多年的实践中总结了一套自己的方法。

(1) 业内专家：有的专家名望地位特别高，如果能请到这样的专家做自己的顾问对于企业来说是一种光荣，企业会千方百计地请这样的人作为自己的顾问，哪怕只是给公司的员工讲讲课。这样的专家顾问的价值在于用户知道这个专家是企业的顾问就会产生这个企业也一定不会错的联想。A 公司把这样的专家称之为形象专家顾问，对他们，企业总是报着真心求教的态度，感之以诚，动之以情。也有专家在行业内有一定的影响力，企业就和他建立一种友谊关系，注意保持和专家的联系，及时向专家通报企业最新进展等。企业把这些不拿薪水却热情为企业宣传的专家称之为友好专家。

一般来说，产业市场上的业内专家对自己的名誉看得很重，因此如果你真不行，他们不会为你做事，以免名誉受损；你得让他们相信你的产品或服务必须是相对过硬的才行，然后才可成为你的顾问。

(2) 行业协会：我国行业协会的基本特点是一个龙头企业作为行业协会的理事单位，行业协会就挂靠在这个企业上，因此从某种程度上讲与行业协会的关系就是与龙头企业的关系。而且几乎所有同行业优秀的企业都在行业协会里，他们会定期召开行业会议，会上既有公司的老用户，也会有公司的潜在用户，因此他们开会时正是企业传达信息、了解行业市场情况的最好时机。

　　A公司在与行业协会的合作过程中避免那种"我付钱你让我在大会上做宣传"的交易行为，而是采取了深度参与大会的方式，比如协助大会的召开，并在会上会下与参会者交流，听取用户意见。由于A公司一直注意与老用户的关系，因此良好的用户关系往往使意见会变成表扬会，打消了潜在用户的疑虑，从而让他们放心购买。

　　（3）相关政府领导：A公司发现，政府部门的领导在与企业交往中特别注意影响，你想与其合作时，他们总是说我们不参与企业行为。因此，举办学术会议时可以邀请他们，比如行业发展研讨等，抑或请他们参观公司等。当然前提是你的企业是一个依法纳税、合法经营的企业。和政府部门的良好关系使A公司更容易得到政府部门的关注，也能及时了解相关行业的政策和发展动向，进而把握市场先机。

　　（4）媒体记者：记者最关心的是新闻效应，一般来说，A公司这样的企业不会有什么具有新闻价值的素材。但是除大众媒体外还有行业媒体，那些行业记者活跃于企业之间，传递行业信息，通过他们把企业信息传播出去会比自己宣传对于用户来说要可信得多。而且这些记者信息灵通，你可以从他们那里得到不少有用的市场信息。A公司注意和行业记者互通信息，帮助记者寻找新闻线索，企业的联谊和庆祝活动也邀请他们参加。正是这些日常关系的建立，在具有国际影响力的展览会上，A公司产品获金奖的消息迅速在相关媒体上报道，取得了很好的宣传效果。

　　（5）他人的用户：A公司知道自己和国际知名企业还有差距，因此将产品定位在中高档，A公司很难争取到高端用户。例如：我国信息产业部电子某所是我国电子产品的密封检测权威单位，各相关企业尤其是军品企业都要把产品拿到该所鉴定。作为权威机构，理所当然会用世界最好的检漏设备。A公司深知自己从名望和实力上都达不到要求，A公司没有放弃努力，而是和该所积极建立关系，如请该所负责人到公司参观，请该所相关人员参加公司主办的研讨会，经常派人到该所拜访，探讨检测问题等，通过种种努力使该所成为自己的宣传者和推荐者。A公司的许多用户就是由于该所的推荐而购买设备的。

　　【资料来源】张丹. 工业品企业如何启动市场：谈关系营销在工业品营销中的应用［J］. 机电新产品导报，2003（2）：30-35.

　　[讨论题]

　　1. A公司是怎样使其用户沿着用户忠诚阶梯逐步上升的？请归纳总结其主要做法。

　　2. 根据案例中描述的情景，从关系营销层次的角度，你认为A公司采用的是哪种层次的关系营销？

　　3. 从关系营销3种策略的层面，就案例提供的素材而言，A公司主要采取的策略形式是什么？请举例说明。

　　4. 评价A公司针对影响者市场的举措。

　　5. A公司的做法给你哪些启示？

○营销辩论

　　在市场竞争日趋激烈的环境下，争夺顾客成了企业之间没有硝烟的战争。因此，一些人认为千万不要怠慢了顾客，要对所有光顾的顾客一视同仁；另一些人则认为不同的顾客对企业的贡献是不一样的，应该区别对待。

正方：要对所有顾客一视同仁。

反方：不必对所有顾客一视同仁。

⊃角色模拟

假定你在一家汽车公司的 SUV（运动型多用途汽车）事业部工作，从顾客价值的决定因素出发，尝试提出提高 SUV 顾客价值的思路与措施。

⊃营销在线

请登录京东商城的帮助中心（https：//help. jd. com/user/issue/list-892. html），查看关于京东 plus 会员制的简要介绍，注册登录后可根据帮助中心有关 plus 会员内容的引导，了解更加详细的 plus 会员计划。试分析该会员计划是否有助于留住顾客？你认为哪些地方还需要改进。

⊃拓展阅读

拓展阅读文献

第2篇 营销机会识别与分析

➡ **第3章**

————————————————————————————————

营销环境分析

 **学习目标**

　　1. 了解营销环境对市场营销活动的重要影响和作用。

　　2. 理解微观环境和宏观环境的构成及主要内容。

　　3. 掌握分析、评价市场机会与环境威胁的基本方法及企业面对市场营销环境变化应采取的对策。

引导案例

林清轩品牌的转危为机

　　诞生于2003年的化妆品品牌林清轩被视为国产化妆品中的异类，林清轩坚持自己种山茶花，坚持自主研发产品，坚持直营，坚持高端定位。这样的坚持，让其创始人兼CEO孙来春在17年间开了300多家门店，这些门店曾是他的骄傲。

　　然而，2020年初，受新冠疫情影响，林清轩全国337家门店中140多家关闭。林清轩的全直营模式显现出了弊端，劳动资金密集的门店瞬时成为最大的"包袱"，公司的资金储备只能够维持67天的周转。

　　"不能等死！"孙来春给全体员工写下了一封万字长信，直言"真正的困难还没开始"。信的作用，是激励人心，这是第一步。但要应对危机，还要找到方向，找出方法。林清轩的办法是营销全线数字化。

　　2020年2月1日林清轩开始在全国各地门店部署业务：通过线上社交软件连接老客户，通过电商入口进行线上销售。例如：钉钉+手淘和微信+小程序商城；为鼓励员工，孙来春带头直播；将产品与疫情带来的需求结合，针对人人戴口罩的现实，打造新的用户认知——"林清轩山茶花油可以修复肌肤屏障、令肌肤更健康。"

　　就这样，2月，林清轩整体的销售额比2019年同期增长45%。随着疫情逐渐好转，线下门店陆续恢复营业。截至2020年6月，林清轩同比销售额增长165%。

　　在新冠疫情的威胁下，林清轩借助近年来中国文化自信不断提升的大势，紧紧拥抱数字化，积极探索新的发展路径，转危为机。

【资料来源】

［1］贾磊."至暗时刻"过后，企业"转危为机"的 N 个建议［EB/OL］.（2020-02-12）［2023-12-08］.https：//mp.weixin.qq.com/s/fB_nQ_zqHS8o2b00UH1ISA.

［2］林清轩.从小清新到高端化，数字化驱动国产品牌升级［EB/OL］.（2021-02-03）［2023-12-08］.https：//new.qq.com/omn/20210203/20210203A0FXUY00.html.

任何一个企业都是在不断变化着的社会经济环境中运行的，都是在与其他企业、目标顾客和社会公众的相互联结（协作、竞争、服务、监督等）中开展市场营销活动的。以企业的各种外部力量为主，构成了深深影响着企业营销活动的市场营销环境。环境力量的变化，既可以给企业营销带来市场机会，也可以形成某种环境威胁。全面、正确地认识市场营销环境，监测、把握各种环境力量的变化，对企业审时度势、趋利避害地开展营销活动具有重要意义。

3.1　营销环境概述

3.1.1　营销环境的含义

营销环境是指对企业的市场、营销活动产生影响和冲击的各种行动者与社会力量。任何企业都如同生物有机体一样，总是生存于一定的环境之中，企业的营销活动不可能脱离周围环境而孤立地进行。环境是企业不可控制的因素，因此营销活动要以环境为依据，主动地去适应环境。与此同时，在了解和预测环境的基础上，企业还可以通过营销努力去影响外部环境，使环境有利于企业的生存和发展。因此，重视研究市场营销环境及其变化，是企业营销活动最基本也是最重要的任务之一。

根据营销环境中各种力量对企业市场营销的影响不同，市场营销环境分为微观环境和宏观环境。微观环境是指直接影响企业营销活动的各种力量，如顾客、供应商、竞争者、营销中介、公众和企业自身。微观环境直接影响与制约企业的营销活动，多半与企业具有或多或少的经济联系。宏观环境是指间接影响企业营销活动的各种社会力量，如人口、经济、自然、技术、政治法律和社会文化等。宏观环境一般以微观环境为媒介去影响和制约企业的营销活动。市场营销环境如图 3-1 所示。

图 3-1　市场营销环境

3.1.2 营销环境的特征

总体而言，营销环境具有以下特征。

（1）客观性。企业总是在特定的社会经济和其他外界环境条件下生存、发展的，因此，对于企业营销活动而言，环境的影响具有强制性和不可控性。虽然企业不能摆脱和控制营销环境及其带来的影响，但企业可以主动适应环境的变化和要求。从某种意义上讲，营销活动就是适应环境变化，并对变化中的环境做出动态反应的过程。

（2）差异性。首先，市场营销环境的差异性表现在不同的企业受不同环境的影响。例如：和其他环境因素相比，高科技行业更关注技术环境的变化，服装行业更关注社会文化环境的影响，房地产行业受经济、法律环境的影响较大。其次，表现在同样一种环境因素的变化对不同企业的影响也不相同。例如：移动互联网的发展给网上订餐平台带来了机会，却给方便面这样的快餐食品带来威胁。

（3）相关性。市场营销环境是一个系统，在这个系统中，各个因素是相互依存、相互作用和相互制约的。这是由于社会经济现象的出现，往往不是由某个单一的因素所能决定的，而是受到一系列相关因素影响的结果。例如：企业新产品能否成功，不仅受到经济、技术因素的影响，也会受到社会、文化因素的制约。

（4）动态性。营销环境是企业营销活动的基础和条件，这并不意味着营销环境是静止的、一成不变的。例如：消费者的消费结构、需求偏好是不断变化的；国家的政策法规也会不断调整，如对环保的要求越来越高；技术的突飞猛进，特别是数字技术的发展，改变了以往消费者的信息搜集途径及购物的渠道等。这无疑对企业的营销行为产生很大的影响，因此企业的营销活动必须适应环境的变化，不断地调整和修正自己的营销策略；否则，将会遭到市场的淘汰。

3.2 宏观环境的构成要素与分析

对企业营销活动产生影响的宏观环境因素主要有人口、经济、技术、社会文化、政治法律、自然等。

3.2.1 人口环境

人口的多少直接决定市场的潜在容量，人口越多，市场规模就越大。人口的年龄结构、地理分布、婚姻状况、出生率、死亡率、人口密度、人口流动性等人口特性会对市场格局产生深刻影响。因此，企业必须重视对人口环境的研究，密切注视人口特性及其发展动向，并调整营销策略以适应人口环境的变化。

（1）人口数量与增长速度。中国是人口大国，已超过14亿，但近年增速放缓，据国家统计局数据显示，1963年至2021年，我国人口自然增长率由最高33.5‰降至0.34‰。人口数量是影响基本生活资料需求的一个决定性因素。人口越多，对食物、衣着、日用品的需要量也越多，那么市场也就越大。

（2）人口结构。人口结构包括自然构成和社会构成。自然构成包括性别比例、年龄结构等；社会构成包括民族构成、教育程度、职业构成等。从年龄结构上看，国际上通常看法是：当一个国家或地区60岁以上老年人口占人口总数的10%，或65岁以上老年人口占人口总数的7%，即意味着这个国家或地区的人口处于老龄化社会。2021年我国60岁及以上人口26736万人，占全国人口的18.9%，其中65岁及以上人口20056万人，占全国人口的14.2%。目前我国是世界上老年人口最多的国家，也是人口老龄化发展速度最快的国家之一。老龄人口数量的增加，使得市场需求结构出现新的变化：与老年人相关的产品和服务如保健用品、营养品、老年特色旅游、老年养老护理、适老家具等的需求不断增加。

特别关注

老龄化市场潜力巨大

中国发展基金会发布的《中国发展报告2020：中国人口老龄化的发展趋势和政策》指出，中国将在2022年左右，由老龄化社会进入老龄社会。中国老龄科学研究中心对养老产业的需求进行过一项测算，我国老龄产业产值将在2050年突破100万亿元，届时将占GDP1/3以上，与养老相关的产业发展空间巨大。

国内外一些公司已经瞄准这个潜在的大市场开始行动。例如：我国的天坛家具公司于2014年成立了适老家具研发小组，2017年成立"树胜适老工作室"，研究适合老人生活起居的整体解决方案，包含适老家具研发、色彩、软装设计及适老空间和智能家居规划等；京东联合中兴通讯以C2M（反向定制）模式发布了一款适老化5G智能手机——中兴Blade V2021 5G时光机，在保留智能机配置的基础上，对软硬件系统进行了适老化改造，设计了远程安装设置、在线问诊、远程定位、辅助打车、快捷求助等功能；中国银行发布的"个人养老联合服务计划"联合多家知名金融、康养、互联网及传媒企业，打造"中银长情卡"、大额存单、理财产品、养老年金保险、家族信托五大王牌金融产品，提供预约问诊、视频医生、尊享诊疗、养老社区等康养综合服务，还通过手机银行银发专区为老年客户提供覆盖"医、食、住、行、娱"等领域的便捷服务，如老年大学、在线购物、医保电子凭证、大字版展示、语音识别等。

国外的飞利浦公司与乔治城大学麦克道诺商学院的全球社会企业发展中心合作，正在开发能够满足年长顾客需求的新技术，包括互联护理解决方案、安全应用程序、认知健康创新。患者及其医生未来可通过安全设备，察看、监控并分享重要健康信息；雀巢正投资个性化膳食和营养计划，购买或收购保健品和制药公司的股票，从而扩大自身产品组合；英特尔正与缓解健康困扰的物联网软件合作，并计划研发比5G互联网连接更快的健康数据分析及沟通可穿戴设备。

在未来几十年中，这方面的需求会迅速增长，而现在着手满足需求的公司将受益颇丰。对于公司来说，这是巨大的机遇，既能提升自身利润，也将惠及社会。

【资料来源】

[1] 老龄化催生万亿级市场[EB/OL]．(2020-08-05)[2023-12-08]．https：//baijiahao.baidu.com/s？id=1674179738500982451&wfr=spider&for=pc．

［2］欧文.前景诱人的老龄化市场，公司该如何下手？［EB/OL］.（2020-09-24）［2023-12-08］. https：//mp. weixin. qq. com/s/-YK9HKn9kze1UZYRuLtUPw.

［3］新华网.整合"银发+金融"生态场景 中国银行发布个人养老服务品牌助力"养老"变"享老"［EB/OL］.（2021-02-05）［2023-12-08］. http：//www. xinhuanet. com/money/2021-02-05/c_1127068713htm.

（3）人口的地理分布及流动。地理分布指人口在不同地区的密集程度。市场消费需求与人口的地理分布密切相关：一方面，人口密度不同，不同地区市场需求量存在差异；另一方面，不同地区居民的购买习惯和购买行为也存在差异。随着经济的发展，我国的城镇化率不断提高，2021 年我国城镇化率为 64.72%，城镇化发展正逐步走向成熟，城镇化对投资和消费需求都有很强的带动作用。

人口流动一般指的是人口在地区之间所做的各种各样短期的、重复的或周期性的运动。现阶段，我国的人口流动总体特征是农村人口向城市流动，中西部人口向东部地区流动，行政等级低的城市人口向行政等级高的城市和大城市流动。另外，商务往来、观光旅游、学习等使人口的流动加速。人口增多使当地市场需求增加，消费结构也发生一定的变化，继而给当地企业带来较多的营销机会。

（4）家庭规模。家庭是购买、消费的基本单位。家庭规模包括家庭数量和家庭结构（即家庭的人口数）。无论是家庭数量还是家庭结构都将对营销活动产生重大影响。首先，家庭数量直接影响到某些商品的市场需求量，如家具、家用电器、厨房设备等；其次，家庭结构将直接影响许多家庭用具的形态，如家用冰箱的容积、电饭锅的尺寸等。我国家庭结构变化的主要特征是向小型化趋势发展。在家庭结构小型化的同时，家庭的特征也有一些变化，即独生子女家庭、丁克家庭、单亲家庭、单身户的增加，而这些变化都将对营销活动产生影响。例如：无孩子的丁克家庭或单身户将有更多的时间和金钱去旅游和外出就餐。

3.2.2　经济环境

对于企业而言，最主要的经济环境因素包括消费者收入水平、消费者支出模式和消费结构支出、消费者储蓄和信贷等。

1. 消费者收入水平

消费者的购买力来自消费者的收入，但消费者并不是把全部收入都用来购买商品或服务，购买力只是收入的一部分。因此，在研究消费者的收入时，要注意以下指标。

（1）人均国内生产总值。国内生产总值（GDP）反映的是一个国家市场的总量和总规模，人均 GDP 则是一个国家核算期（通常是一年）内实现的国内生产总值与这个国家的常住人口的比值，它从总体上决定了消费结构和消费水平。

（2）个人可支配收入。即在个人收入中扣除税款和其他经常性转移支出后所剩余的实际收入，它是个人收入中可以用于消费支出或储蓄的部分，人均可支配收入的多少反映了购买力水平的高低。

（3）个人可任意支配收入。在个人可支配收入中减去用于维持个人与家庭生活以及其他必不可少的费用后剩余的部分就是个人可任意支配收入。这部分收入是消费需求变化中最活跃的因素。因为这部分收入主要用于满足人们基本生活需要之外的开支，所以说这部分收入越多，人们的消费水平就越高，对高档品和非必需品的购买机会也就越多。

2. 消费者支出模式和消费结构

消费者支出模式与消费者收入有关，随着消费者收入的变化，消费者支出模式会发生相应变化，继而使一个国家或地区的消费结构也发生变化。恩格尔系数常用来反映这种变化：食物开支占总消费总额的比重越大，恩格尔系数越大，生活水平越低；反之，食物开支所占比重越小，恩格尔系数越小，生活水平越高。比较通行的国际标准认为，当一个国家平均家庭恩格尔系数大于60%为贫穷，50%～60%为温饱，40%～50%为小康，30%～40%属于相对富裕，20%～30%为富足，20%以下为极其富裕。我国的恩格尔系数整体呈现持续下降的态势，近10年从2011年的33.6%降至2021年的29.8%。

除消费者收入外，消费者支出模式还受到下面两个因素的影响。一是家庭生命周期阶段。如有无孩子的年轻人家庭的消费支出是不同的，有孩子的家庭，在孩子的教育等方面支出较多，而没有孩子的家庭在耐用消费品和休闲娱乐方面的支出更多。当孩子长大独立生活后，家庭收支预算又会发生变化，用于健康管理、旅游、储蓄部分就会增加。二是家庭所在地。所在地不同（如不同城市），在住宅、交通、娱乐方面的支出也不同。

数读营销

"十三五"时期我国经济发展成就显著

❖经济实力大幅跃升。国内生产总值从2016年的746 395.1亿元增加到2020年的1 015 986.2亿元。特别是2020年，在中国经济受到严重冲击的情况下，积极财政政策发挥了有力的"托底"作用。我国GDP增长2.3%，GDP规模历史性突破百万亿元大关，是全球唯一实现正增长的主要经济体。

❖居民收入持续增长。全国居民人均可支配收入从2016年的23 821元增长到2020年的32 189元，突破3万元大关。扣除价格因素后，2011年至2020年全国居民人均可支配收入年均实际增长7.2%，10年累计实际增长100.8%，城乡居民收入比2010年翻一番目标如期实现。

❖居民收入"含金量"增加。数据显示，我国2019年实施个人所得税专项附加扣除政策，加上2018年10月1日提高个人所得税基本减除费用标准和优化税率结构翘尾因素，合计减税4 604亿元，使2.5亿纳税人直接受益，人均减税约1 842元。持续推进的减税降费，有效提升了居民实际收入水平。

❖城乡居民收入差距缩小。随着乡村振兴战略全面推进，农村创业就业环境更好、机会更多，农村居民、中西部居民收入水平持续提升。城乡居民收入比值由2015年的2.73缩小至2020年的2.56。

❖消费结构升级。我国的恩格尔系数持续下降，从2016年的30.1%降至2019年的28.2%。品质化、个性化、多样化消费活跃，可穿戴智能设备（如手环、手表）、智能家用电器等商品快速增长。2020年受新冠疫情等特殊因素的影响，恩格尔系数为30.2%，尽管如此，接近联合国划分的20%至30%的富足标准。

【资料来源】吴秋，余常钦，葛孟超．"十三五"全国居民年人均可支配收入突破三万元［EB/OL］．（2021-02-17）［2023-12-08］．https：//baijiahao.baidu.com/s？id=1691870417113437411&wfr=spider&for=pc.

3. 消费者储蓄和信贷

消费者的购买力还会受储蓄和信贷的直接影响。当收入一定时，储蓄越多，现实消费量就越小，但潜在消费量越大。换言之，较高的储蓄率会延迟现实的消费支出，加大潜在的购买力。另外，储蓄额的增减也会引起市场需求规模和需求结构的变化，继而对企业的营销互动产生影响。我国居民储蓄率一直维持较高的水平，构成了较大的市场潜量。所谓消费者信贷，是指消费者凭信用先取得商品使用权，然后按期归还贷款，以购买商品。这实际上就是消费者提前支取未来的收入，提前消费。信贷消费允许人们购买超过自己现实购买力的商品。消费信贷的规模、期限及形式的多样化都在一定程度上影响某个时期内现实购买力的大小，也会影响提供信贷的商品的销售量。近年来，我国消费金融发展迅速，尤其是短期消费贷款增长明显。数据显示，2021 年我国个人短期消费贷款余额达 9.36 万亿元，较 2020 年增加了 0.58 万亿元，同比增长 6.59%；消费贷款的增加，对促进消费的增长具有积极意义。此外，提供消费金融的机构和形式也呈多样化趋势，除一些传统的商业银行外，还有专门的消费金融公司及蓬勃发展的互联网金融科技公司，如蚂蚁金服和京东金融等。总之，消费信贷的发展有利于提高消费倾向，扩大市场需求。

3.2.3　技术环境

技术发展对企业营销活动的影响越来越大。一方面它可能给企业提供有利的机会，另一方面它也会给某些企业的生存带来威胁。一项新技术的出现，有时会形成一个新的产业部门或新的行业，但同时也会使某些技术陈旧的老产品遭到无情的打击，甚至摧毁一个行业。例如：晶体管和集成电路的出现打击了真空管工业；数字技术的出现严重削弱了传统冲印行业的获利能力。新技术的出现，改变了零售业业态结构和消费者购物习惯，进而引起企业市场营销策略的变化。因此，营销人员应密切注意技术环境的变化：其一，了解新技术如何更好地满足消费者的需求服务，以促进本企业的技术进步；其二，估量新技术的后果，从中敏感地发现市场机会，避开市场威胁；其三，与研发人员密切合作，进行更多的以市场为导向的研究，降低成本，提高收益。

当代世界的科学技术迅猛发展，其特点表现在以下几个方面：新技术、新发明的范围不断加宽，在信息技术、生物技术、新型材料、空间技术等领域的科技进步尤为迅速；大部分产品的生命周期有明显缩短的趋势；企业普遍增加了用于新产品和新工艺的研究开发费用；交易方式和流通方式已经发生或即将发生深刻的变化。例如：随着移动互联网技术和智能手机的普及，以及发展成熟的无线网络技术的推广，上网成本不断降低，流量费用逐步下调，移动互联网用户不断增多，网络购物与电商平台覆盖甚至能够到达农村地区。网络购物逐渐成为多数移动互联网用户共有的选择与体验。中国互联网络信息中心（CNNIC）的报告指出，截至 2021 年 12 月，我国网络购物用户规模达 8.42 亿，较 2020 年 12 月增长 5 968 万，占网民整体的 81.6%。与此同时，作为数字经济新业态的典型代表，网络零售继续保持较快增长，成为推动消费扩容的重要力量。2021 年，网上零售额达 13.1 万亿元，同比增长

14.1%。网络零售作为打通生产和消费、线上和线下、城市和乡村、国内和国际的关键环节，在构建新发展格局中不断发挥积极作用。①

营销展望

新技术在营销中的应用

新技术以 4 种广泛的、相互关联的方式影响着营销。

（1）新技术支持消费者和企业之间新形式的互动。现在许多企业通过吸引消费者关注品牌，实现了消费者之间的直接互动。比如：耐克和阿迪达斯都开发了数字平台，以促进跑步者、教练及第三方社区之间的互动。通过提供新的营销工具，新技术通常能够有效地改善公司与消费者之间的关系。比如：人工智能（AI）作为一个强大工具，已经代替人类作为客服与消费者互动。此外，虚拟形象越来越多地被用于企业与消费者的互动。有研究表明，虚拟形象的外形和行为的真实感是其是否有效的主要决定因素。增强现实（AR）被用于零售业，以促进企业与消费者之间的互动。作为一种"先试用后购买"的技术，AR 在消费者对产品不确定时尤为有效。

（2）新技术提供支持新分析方法的新型数据。换言之，新技术提供新数据，并且这数据还可以用新的方法来分析。比如 Chandrasekaran 等为公司提供了一种评估新技术潜力的方法，以做出明智的产品发布和产品退出的决定。Daviet 等描绘了一个未来图景，就是消费者可能会同意使用他们的基因数据，来改进客户定位，帮助开发新产品。

（3）新技术催生营销创新。新技术提供了新的营销工具和技术，能够带来产品和服务的营销创新。例如：Bharadwaj 等展示了如何利用计算机视觉技术优化通过直播进行销售，Crolic 等检验了聊天机器人的有效性，Tan 等分析了 AR 在零售业中的有效性。类似的研究表明，新技术使营销人员能够开发和利用新的工具，使产品和服务的营销更加有效。

（4）新技术支持新的战略营销框架。Wichmann 等将数字平台定义为消费者众包（crowdsourcing）和众发（crowdsending）产品或服务的地方。Miao 等提出了一种虚拟形象类型学（a typology of avatars），指导营销人员如何设计和部署头像。Daviet 等提出了一个框架，将遗传学的影响整合到消费者行为的理论中，并利用该理论概述了遗传数据的营销用途。

【资料来源】HOFFMAN D L，MOREAU C P，STREMERSCH S，WEDEL M. The rise of new technologies in marketing：a framework and outlook ［J］. Journal of Marketing，2022，86（1）：1-6.

3.2.4　社会文化环境

和其他环境因素相比，社会文化环境对企业营销活动的影响不是那么显而易见，事实上却又是无时不在和更为深刻的。作为一个社会历史范畴，社会文化是指人类在社会发展过程中所创造的物质财富和精神财富的总和。在这里，社会文化主要是指那些在一定物质文明的基础上，在一个社会、一个群体的不同成员中一再重复的情感模式、思维模式和行为模式，具体包括价值观念、宗教信仰、道德准则、审美观念、风俗习惯、教育水平、语言文字等。

社会文化是影响人们欲望和行为的基本因素之一。每个人都生长在一定的社会文化环境中，并在一定的社会文化环境中生活和工作，其思想和行为必定要受到这种社会文化的影响和制约。每一种社会文化都可以按某种标识分为若干不同的亚文化群，如种族亚文化群、民族亚文化群、宗教亚文化群、地理亚文化群等。从营销角度讲，在研究社会文化环境时，更要重视亚文化群对消费需求的影响。例如：不同民族的人对色彩的喜好、禁忌不尽相同，这势必会对产品设计、宣传推广等产生影响。因此，企业的市场营销人员应分析、研究和了解社会文化环境，以针对不同的亚文化群制定不同的营销策略。

3.2.5　政治法律环境

政治与法律是影响企业营销的重要的宏观环境因素。政治因素像一只有形之手，调节企业营销活动的方向，法律则为企业经营活动规定行为准则。政治与法律相互联系，共同对企业的市场营销活动产生影响和作用。

政治法律环境首先表现为一个国家的政治体制、政府的经济政策、政治形势等。例如：国家通过征收个人收入调节税，调节消费者收入，从而影响消费者的购买力；国家还可以通过增加产品税来抑制对某些商品的需求，如对烟酒等课以较重的税收来抑制消费者的消费需求。这些政策必然影响社会购买力，影响市场需求，从而间接影响企业营销活动。

其次表现为国家的各项与企业活动相关的立法。如《中华人民共和国广告法》《中华人民共和国商标法》《中华人民共和国经济合同法》《中华人民共和国反不正当竞争法》《中华人民共和国消费者权益保护法》《中华人民共和国产品质量法》等。随着互联网对经济生活的渗透越来越广，相关的法律如《互联网信息服务管理办法》《中华人民共和国网络安全法》等相继出台。这些立法的目的可以归纳为 4 点：一是保护竞争，二是保护消费者利益不受侵害，三是保护社会公众的长远利益不受侵害，四是保护企业合法权益。比如 2022 年7 月 21 日，国家互联网信息办公室依据《中华人民共和国网络安全法》《中华人民共和国数据安全法》《中华人民共和国个人信息保护法》《中华人民共和国行政处罚法》等法律法规，对滴滴全球股份有限公司处人民币 80.26 亿元罚款，对滴滴全球股份有限公司董事长兼 CEO 程维、总裁柳青各处人民币 100 万元罚款。

因此，企业经营应密切关注与本企业有关的法律政策，并在合法的轨道上运行，这是企业必须恪守的底线。

3.2.6　自然环境

营销学上的自然环境主要是指自然物质环境和自然资源，如地势、地形、气候、矿产、水资源、石油等。任何企业的生产经营活动都与自然环境息息相关，因此，市场营销人员必须注意到自然环境的变化及其带来的影响。例如：世界上可用的矿物、金属、化石原料有限，且无法自行再生，随着全球对工业品和消费品的需求量不断增加，导致这些自然资源出现短缺。水、空气、土地等其他自然资源的品质则因经济生产的利用而长期受到不利影响。

由于使用增加，而且使用方式往往不具备可持续性，因此这些自然资源中可用的高品质形式的资源也越来越少。又如：沙子在全球都面临短缺，其中很重要的原因就是"供不应求"。虽然沙子是可再生资源，可是全球每年的沙子"损耗"速度极快，且需求量十分庞大，据联合国环境规划署统计显示，在全球范围内每年的用沙量已经超过了 400 亿吨，且对比 20 年前的用量，全球的沙子使用量已经增加了 200%，这样算下来，沙子"再生"的速度再快，也赶不上使用的速度快。资源消耗量增加还导致了市场上的资源价格上涨，尤其是能源和材料需求量高的生产企业会受到涨价的牵连。

此外，随着工业化程度的加快，环境与生态破坏越来越严重，干净的空气、清洁的水、健康的食物这种高品质的生活标准离我们越来越远，带给我们的是日益严峻的环境污染问题。目前人类面临的环境污染主要有空气污染、农药污染、重金属污染、白色污染，严重危害人类的健康。

鉴于日渐恶化的自然环境，各国政府对自然资源管理的干预不断加强。例如：2020 年 9 月 22 日，国家主席习近平在第七十五届联合国大会上宣布，中国力争 2030 年前二氧化碳排放达到峰值，努力争取 2060 年前实现碳中和目标。碳达峰是指实现二氧化碳排放总量达到一个历史峰值后不再增长，在总体趋于平缓之后逐步降低。碳中和是指我国企业、团体或个人在一个时间段内直接或者间接产生的二氧化碳气体排放总量，通过能源替代、节能减排、产业调整和植树造林等方法抵消掉，实现二氧化碳"零排放"。碳达峰、碳中和目标的提出，顺应了绿色低碳可持续发展的全球大势，充分展示了中国负责任的大国担当，也开启了中国新一轮能源革命和经济发展范式变革升级的"倒计时"。

以上这些都会直接或间接地给企业带来威胁或机会。一方面，各种资源的短缺将对企业的生产和经营活动形成很大制约，有关环境保护的立法也对企业提出了更高的要求；另一方面，环境的恶化给节能技术的应用、绿色产品的推广带来了无限生机。从国家到产业再到企业都需要制定重塑资源需求的战略，如高效、可持续地利用资源并采用替代性能源、材料及引导消费者改变消费习惯等，从而将国民福祉的优先级提高。

特别关注

企业的绿色转型

实现碳达峰、碳中和，是贯彻新发展理念、构建新发展格局、推动高质量发展的内在要求，是党中央统筹国内国际两个大局做出的重大战略决策。作为世界上最大的发展中国家，中国按期实现碳达峰、碳中和目标，将用全球历史上最短的时间完成全球最高碳排放强度降幅，这无疑将是一场硬仗，同时又是重大机遇。

近年来，越来越多的企业主动承担起节能减排降耗的社会责任，将"绿色发展"理念贯穿发展全过程。在此过程中，许多企业尝到甜头、找到商机，将绿色培育成新的竞争力。事实上，也唯有如此，才能将绿色责任化为企业的内生动力，进而从"要我低碳"向"我要低碳"转变。

擦亮企业发展的"绿色"底色，要抓住资源利用这个源头，大力发展循环经济，全面提高资源利用效率，充分发挥减少资源消耗和降碳的协同效应。对于广大企业而言，"双碳"目标带来了巨大考验，更蕴藏丰富机遇。一系列战略性新兴产业将从中受益、快速成长，传统制造业的绿色化、数字化转型也正迎来巨大发展机遇。谁能在绿色发展方面走在前、作表率，谁就能在新的竞争中把握主动。

"双碳"目标的实现是一个循序渐进的过程，等不得，也急不来。当前，生态优先、绿色发展正在成为越来越多企业的共识和自觉行动。"十四五"是中国实现碳达峰、碳中和的关键时期，广大企业扛起责任、提质增效，答好"绿色发展"这道必答题，必能为高质量发展做出更大贡献。

【资料来源】钟于．企业发展，也要答好绿色转型必答题［EB/OL］．（2022-02-22）［2023-12-08］．https：//mp．weixin．qq．com/s/jJL70zO_ OobOnvLJTAK2zA．

3.3　微观环境的构成要素与分析

对企业营销活动产生影响和冲击的微观环境因素主要有供应商、竞争者、营销中介、顾客、公众和企业自身。

3.3.1　供应商

供应商是影响企业营销的微观环境的重要因素之一。供应商是指向企业及其竞争者提供生产产品和服务所需资源的企业或个人。供应商所提供的资源主要包括原材料、设备、能源、劳务等。供应商对企业营销活动的影响主要体现在以下三个方面：其一，资源供应的稳定性与及时性将直接影响企业产品的销售量和交货期；其二，资源供应的价格变动趋势将直接影响企业产品的成本；其三，供应资源的质量水平将直接影响企业产品的质量。

针对上述影响，企业在寻找和选择供应商时，应充分考虑供应商的资信状况，并且要与主要供应商建立长期稳定的合作关系，保证企业生产资源供应的稳定性；同时尽量注意避免过于依赖单一的供应商，以免与供应商关系发生变化时，使企业陷入困境。

3.3.2　竞争者

一方面，企业不可能独占市场，都会面对形形色色的竞争者；另一方面，企业要成功，必须在满足消费者需要和欲望方面比竞争对手做得更好。因此，竞争者是影响企业营销活动的一种重要力量。企业必须加强对竞争者的研究，了解对企业形成威胁的主要竞争对手及其策略，扬长避短以获取战略优势。

3.3.3　营销中介

营销中介是协助公司推广、销售和分配产品给最终买主的那些企业和个人。它们包括中间商、实体分配公司、营销服务机构及金融机构等。

中间商对企业产品从生产领域流向消费领域具有极其重要的影响，它协助公司寻找顾客或直接与顾客进行交易；实体分配公司协助公司储存产品和把产品从制造地运往销售目的地，主要包括仓储公司和运输公司；市场营销服务机构指市场调研公司、广告公司、各种广告媒介及营销咨询公司等，它们协助企业选择最恰当的市场，并帮助企业向选定的市场推销产品；金融机构则包括银行、信贷公司、保险公司，以及其他对货物购销提供融资或保险的各种公司。公司的营销活动会因贷款成本的上升或信贷来源的限制而受到严重的影响。

3.3.4　顾客

顾客是企业产品或服务购买者的总称。企业经营者通常把企业产品或服务的顾客群体称为市场。企业应明确其所面对的市场的主要类型，以便针对目标顾客的特点，制定适当的营销策略，这是扩大销售、提高市场占有率的根本措施。

3.3.5　公众

公众是指对本企业实现目标的能力具有实际的或潜在的影响力的群体。因此，一个企业必须采取积极措施和主要公众保持良好的关系。公众的内涵相当广泛，主要有：①媒介公众，指报纸、杂志、广播电台和电视台等传统的大众传播媒介和网站、社交媒体等新型传播媒介；②政府公众，即负责管理企业营销业务的有关政府部门；③社团公众，包括保护消费者利益的组织、环境保护组织等民间团体；④社区公众，即企业附近的邻里居民和社团组织；⑤一般公众，虽不是有组织的公众，但他们对企业及其产品的认识却对广大消费者有广泛的影响；⑥内部公众，指企业内部的全体职工。

公众对企业的命运会产生巨大的影响，因此企业一般都设有公共关系部门专门建立和各类公众的建设性关系。

3.3.6　企业自身

现代企业为开展营销业务，必须设立某种形式的营销部门。为使企业的营销业务卓有成效地开展，不仅营销部门内各类专职人员需要尽职尽力通力合作，更重要的是必须取得企业内部其他部门如高层管理、财务、研究与开发、采购、生产等部门的协调一致。所有这些企业的内部组织，形成了企业内部的微观环境。

企业内部的微观环境可分为两个层次。第一层次是高层管理部门。营销部门必须在高层管理部门所规定的职权范围内做出决策，并且所制订的计划在实施前需得到高层领导部门的批准。第二层次是企业的其他职能部门。企业营销部门的业务活动是和其他部门的业务活动息息相关的。营销部门在制订和执行营销计划的过程中，必须与企业的其他职能部门互相配合，协调一致，这样才能取得预期的效果。

3.4　营销环境的分析方法

一般而言，环境是企业生存和发展的外部条件，对企业经营具有重大影响。分析营销环境的目的就是对外部环境诸因素进行调查研究，以明确其现状和变化发展的趋势，从中识别出对企业发展有利的机会和不利的威胁，并且根据企业自身的条件制定相应的对策。这里介绍一种常用的分析营销环境的方法——矩阵分析法，包括机会矩阵、威胁矩阵、机会威胁综合矩阵。

3.4.1 机会矩阵

市场机会是指对公司营销行为富有吸引力的领域，在这一领域里，该公司拥有竞争优势。市场机会对不同企业有不同的影响力，企业在每一特定的市场机会中成功的概率，取决于其业务实力是否与该行业所需要的成功条件相符合，如企业是否具备实现营销目标所必需的资源，企业是否能比竞争者利用同一环境机会获得较大的"差别利益"。正是基于上述考虑，机会矩阵根据吸引力大小和成功概率将市场机会分为如图 3-2 所示的 4 类。

在图 3-2 中，处于 I 位置的机会，潜在的吸引力和成功出现的概率都大，这类机会有极大可能为企业带来巨额利润，企业应制订多套方案，尽全力把握；而处于 IV 位置的机会不仅潜在利益小，成功出现的概率也小，企业在短期内可不予理会；处于 II、III 位置的机会，企业应密切关注其发展变化，随着吸引力的上升和成功出现的概率的提高，它们很有可能成为 I 类机会。

3.4.2 威胁矩阵

环境威胁是指环境中一种不利的发展趋势所形成的挑战，如果不采取果断的营销行动，这种不利趋势将导致公司市场地位被侵蚀。威胁矩阵如图 3-3 所示，一般着眼于两个方面：一是威胁的严重程度即影响程度；二是威胁出现的概率，即威胁出现的可能性。

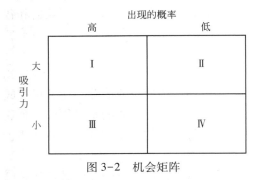

图 3-2　机会矩阵

图 3-3　威胁矩阵

在图 3-3 中，处于左上角的 I 类威胁是关键性的，因为它们会严重地危害公司利益，并且出现的可能性也最大。公司需要为每一个这样的威胁准备一个应变计划，这些计划将预先阐明在威胁出现之前或者当威胁出现时，公司将进行哪些改变。处于右下角的 IV 类威胁出现的概率和严重程度均不大，企业不必过于担心，但应注意其发展变化。II 类威胁出现的概率虽低，但影响程度较大，企业应密切关注其发展变化。对于 III 类威胁虽然不严重，但出现的概率较大，企业也应充分重视。

3.4.3 机会威胁综合矩阵

市场营销环境的多变性和不可控制性要求企业在市场营销中不断地适应营销环境的变化，但这种适应不是被动的适应，而应该是主动的应变，并在尊重客观规律的同时，充分发挥适应环境的主观能动性，采取有效的对策使企业在激烈竞争中获胜。

　　具体而言，面对威胁，企业可以考虑以下几种对策：首先，企业可以通过各种手段改变营销策略，主动地去适应环境变化以减轻环境威胁的程度。例如：企业面对原材料供不应求导致其价格上涨的威胁，可以主动改进设备和工艺，积极实施各种节约措施，以降低原材料单位消耗和费用成本，进而使企业在原材料价格上涨的情况下能够保持利润的稳定。其次，将产品转移到其他市场或进行多元化经营以回避不利环境因素。最后，企业通过各种手段去限制或扭转不利的环境因素，使之朝着有利于企业市场营销的方面发展。例如：有些企业通过联合的方式，促使政府推行贸易保护主义政策，以限制别国产品的进入，从而保护本国企业的目标市场。

　　企业在市场营销中努力回避市场威胁固然重要，但如何把握市场机会从某种意义上更为重要，因为机会稍纵即逝。所以，面对市场机会，企业应充分把握。

　　在大多数情况下，企业要对所处的环境有一个综合的估计，即综合考虑面临的机会和威胁的程度，这时应使用机会威胁综合矩阵。机会威胁综合矩阵综合考虑机会的强弱程度和威胁的严重程度，把各种营销业务分为如图 3-4 所示的 4 类，并针对不同类型的营销业务采取不同的对策。

　　理想业务：机会多、很少有严重威胁的业务。对于这类业务，企业应看到机会难得，必须抓住机遇，迅速行动。

　　风险业务：机会与威胁都多的业务。面对高利润和高风险，企业应全面分析自身的优势与劣势，扬长避短，创造条件，争取突破性的发展。

　　成熟业务：机会与威胁都少的业务。这类业务可作为企业的常规业务，用以维持企业的正常运转。

图 3-4　机会威胁矩阵

　　麻烦业务：机会少、威胁多的业务。对于这类业务，企业要么努力调整自身战略与策略，适应环境，减轻威胁；要么立即转移，摆脱无法扭转的困境。

关 键 术 语

　　营销环境、微观营销环境、宏观营销环境、消费信贷、公众、营销中介、市场机会、环境威胁

知 识 巩 固 与 理 解

⊃ **在线测试题**

　　请扫描二维码进行自测。

⊃ **思考题**

　　1. 市场营销环境对企业营销活动会产生什么影响？

　　2. 如何分析营销环境给企业营销活动带来的机会与威胁？

　　3. 举例说明，针对成熟业务和风险业务，企业应该采取的对策。

　　4. 举例说明哪个或哪些环境的变化，对你的消费态度、消费行为产生了很大的影响。

自测题

知识应用

○案例分析

Keep 的创业之路

自 2015 年 2 月 4 日正式在 App Store 上线以来，Keep 借助精准的营销方式积累了第一批核心用户——"0~70 分"的健身"小白"，为他们提供随时随地健身的可能性，打造了"数据+内容"的创新商业模式。2021 年，Keep 会员数量突破 1 000 万，平均月活跃用户数为 3 440 万，目前 Keep 用户数已超过 3 亿。

1. Keep 问世前的准备

Keep 的 CEO 王宁从内心深处明白，想要创业成功，就不能打无准备之仗，必须明确自己要进军的市场环境及服务的目标用户群体。在 Keep 正式上线之前，王宁和他的初创团队做了很多前期的调研。

2014 年 10 月，国家发布了《国务院关于加快发展体育产业促进体育消费的若干意见》，标志着全民健身已经上升为国家战略。同期，全民健身调查数据显示，相比 2007 年，全民健身的人数增长近 8 个百分点，尤其是 20~40 岁的人，锻炼人数翻了一番。20~40 岁的人是社会中坚力量，具有旺盛的娱乐和消费需求。加上移动互联网明星带动如"袁姗姗马甲线""陈意涵的 10 公里"等使得运动成为生活中正能量的代名词，全民健身意识开始觉醒，越来越多的人开始将健身作为生活的一部分。

但是，场地是全民健身的基础，与美国人均健身场地 16 m^2 相比，我国的 1.46 m^2 体育场地资源可谓极度匮乏。且城市中大部分健身场馆都集中在学校，并不对外开放。民众找不到合适的运动场地为阻碍运动的重要原因。越来越多的人开始在视频网站上寻找在家的减肥健身教程，但网上主流的健身教程只有国外的 Pump it up、韩国郑多燕减肥操等，种类少、针对性和科学性也不强。2014 年 5 月郑多燕在当红综艺节目的出现便可看出民众对健身指导的需求之强烈。

此外，王宁通过分析百度指数发现，与健身、瑜伽、跑步等体育运动相关的关键词，2014 年之后上升非常快，而搜索这些关键词的人群，年龄层在 30~39 岁的比例超过 50%，40~49 岁的人群比例超过 20%，20~29 岁的人群比例在 10% 左右。由此可见，Keep 作为一款健身 App，它的主要服务对象将是占比 80% 左右的 20~49 岁人群。在性别比方面，男女比例差距不大，各自在 50% 左右。在城市方面，百度指数显示，一、二线城市搜索相关关键词的人数较三、四线城市的比例要大得多，因此，Keep 的潜在用户主要集中于一线城市及部分二线城市。

当时市场上同类的 App 主要有悦动圈、咕咚、每日瑜伽、糖豆、小米运动等。悦动圈和咕咚主要着眼于跑步发烧友，以男性用户为主；每日瑜伽针对的是那些热爱瑜伽的用户，以女性为主；糖豆主要做的是广场舞教育，以老年用户为主；而小米运动则是依托于小米智能手环，主要功能是记录运动、健身数据。王宁结合自己的减肥经历，敏锐地发现，目前 App 市场上还没有一个专门做健身指导的 App！

　　王宁将目光聚焦在这样一群人身上：他们想要运动，但从来不曾完整运动过，抑或是不了解运动。以 100 分为满分的话，这群人的需求只是 0～70 分，他们的需求简单直白，可能是减肥降脂，或者是身体塑形等。Keep 对于他们而言，是一个健身成本低且值得信赖的健身平台与工具；而对于那些长期运动的健身达人来说，他们已经拥有了自己的健身习惯，不再需要其他的工具去辅助锻炼，作为一个健身工具，Keep 很难对这群人产生较大的吸引力。于是一开始，这些已经达到 70～100 分的人群，并不在 Keep 所要圈定的目标用户之内，但这并不会意味着 Keep 要放弃这一部分用户。王宁认为，在产品逐渐成熟的时候，再吸引这部分用户是更为明确的抉择。

　　0～70 分的健身"小白"还有着各种各样的痛点。首先便是价格。对于那些刚刚开始想要健身的人来说，他们从前没有任何经验，想要系统、科学地健身，必然会寻求科学的健身指导。然而去健身房需要投入资金，健身房里动辄上千的健身卡、教练课程，无形中劝退了许多有着健身需求但是苦于没有闲钱的普罗大众。其次是时间。目前我国有着健身需求的人群大多集中在 20～49 岁，而这个年龄段的人群正好与上班族的年龄所重合，也就是说，上班族们有着非常大的健身需求。但是对于他们来说，如果要去健身房的话，就只能牺牲作为休息时间的周末及每晚的下班时间。对于进行了一整天脑力劳动的他们来说，健身带给身体的疲惫可能会让他们产生抗拒感。此外，健身房距离家和单位的远近也会成为阻碍健身的一部分，毕竟在健身房与家、单位之间的奔波也会成为健身所必须投入的时间成本。

　　因此，在王宁最初的设想中，Keep 可以解决上述的所有问题：Keep 为健身"小白"提供专业化、系列化的健身指导，用户可以免费使用这些教程，降低健身的门槛，并且能够利用碎片化的时间，也不用拘泥于场景的限制，随时随地完成运动。

2. Keep 上线的推广方式

　　确定了 Keep 的目标人群和产品定位并初步形成产品之后，王宁并没有急于让 Keep 上线。其中的部分原因在于资金。王宁刚刚有 Keep 想法的时候，就已经通过好友认识了泽厚资本的许民，并于 2014 年 11 月获得了泽厚资本提供的第一轮天使基金，共 300 万元人民币。但王宁认为，300 万元的融资不足以让一个初创公司活一年。

　　为了把每一分钱都花在刀刃上，王宁决定在产品的推广营销方面开启"冷启动"。所谓冷启动，是指产品的运营推广应该遵守"高筑墙，广积粮，缓称王"的营销节奏。

　　"高筑墙"，即高质量的新媒体运营。随同移动互联时代一起到来的，还有新媒体时代。王宁将目光投射到新媒体运营上，建立了一个包括自己在内的三人新媒体运营团队，于 2015 年 1 月创建了微信公众号、微博账号及企鹅号，并开始正式运营。

　　"广积粮"，即高调的"首席体验官"招募。为了获得更好的冷启动效果，Keep 团队开展了"种子计划"，即招募内测用户。Keep 在产品上线之前，于微博发起了"首席体验官"的招募活动，关注 Keep 微博并转发即代表成功报名，并随机抽取 50 名（后追加至 100 名）的转发者送上小礼物。邀请 400 名核心用户进行内测，希望这些核心用户可以在内测的时候为 Keep 提出改进意见，从而使得这款 App 更完善、更符合目标用户的需求。

　　"缓称王"则是时机恰好的"地雷"引爆。除"种子计划"以外，王宁还带领运营团队开展了"埋雷计划"。随着移动互联时代的到来，人们之间的社交不仅仅局限于日常生活，更多的是转移到网络社交平台和 App 上。王宁敏锐地察觉到，健身爱好者、减肥者经常聚集在一些豆瓣小组、微博、QQ群、微信群、百度贴吧等社交媒体上。Keep运营团队成员悄悄地"潜伏"在这些与健身相关的平台交流社群中，通过撰写高质量的减肥、健身相关的文章来吸引目标用户。文章中丝毫不会提到Keep，只是一些关于运动健身的科普和成功减肥的案例。负责埋雷的人员通过创造和分发优质的垂直内容，在社群中慢慢地活跃，从"萌新"到"混脸熟"，最后成为社群中大家都熟悉、信任的意见领袖（KOL），有了话语影响力后再引出Keep。

3. 喧嚣声中的产品打磨

Keep选择将产品做"重"，即上线大量有针对性的课程，如DIY专业增肌课程、HIIT燃脂课程、跑步基础课程、办公室健身课程、家庭塑形课程等，确保用户一旦使用Keep，就能非常轻松地找到自己需要的东西。

为了吸引更多的目标用户，Keep从训练工具切入，结合减脂课程做了一系列的延伸，将减脂贯彻到了运动的多个场景，如跑步、瑜伽、行走、骑行等，满足用户在不同场景下的需求。在每一个场景下，Keep还配备了详细的专业健身视频进行指导。视频中会有每一个动作的详细展示，帮助他们领悟到动作精髓。针对处在不同健身阶段的用户，Keep还根据动作的难易程度提供了进阶或者退阶的训练方式：如果动作太难，则会有较为简单的动作去替代；如果动作太简单，进而也会出现较复杂的动作。此外，在Keep上还拥有关于每个部位较完整的动作库，将训练一个部位的所有运动进行整合，更加方便用户直接进行动作训练，同时根据用户的反馈及时进行动作的调整。

产品不断更迭，功能丰富。王宁认为，通过不断更新产品来强化核心功能、完善其他功能是Keep抓住用户需求的一大利器。Keep自2015年2月4日正式上线以来，其间经过了将近130次的迭代更新。

注入情感，拉近与用户的距离。与一般的健身软件相比，Keep更加强调运动的陪伴感。在Keep的健身视频里，健身教练会详细地讲解动作该怎么做、每一个动作的精华是什么，使用户完全沉浸在运动健身之中，仿佛健身教练在进行现场教学。

沉浸式社交，完善健身体验。任何人减肥塑身都是需要一个比较长的周期才能够达到效果，但是很多用户在未到达效果前会找各种理由来放弃锻炼。一旦用户失去了健身的热情，Keep也会被冷落。因此，对于Keep来说，用户社区不仅是一个用户互动的地方，更是用户坚持下去的原始动力。在社区功能下，有热门、关注、话题、同城等功能，这里有人分享健身成果：美丽的马甲线、健硕的胸肌……有人相互鼓励、答疑解惑，还有人能在同城找到一起健身的朋友……

智能驱动，个性化定制。Keep强调智能驱动。Keep在最新版本的更新中，增加了"智能训练计划"功能。该功能通过对用户运动能力的预测，包括用户主观的"自我评估"和客观的"运动能力测试"，结合智能算法针对性地给用户推导计算出适合的运动方案。

【资料来源】

[1] 杨文明，陈鸣珠. Keep：健身"小白"的创业之路 [J]. 清华管理评论，2020（3）：104-111.

[2] 梁面面. Keep全流程解读：3年时间，如何收获1.4亿用户 [EB/OL]. （2018-09-05）[2023-12-08]. http://www.woshipm.com/evaluating/1356778.html.

[讨论题]

1. Keep 上线时面临的宏观环境是怎样的？请归纳具体的因素及内容。

2. Keep 上线时面临的微观环境是怎样的？请归纳具体的因素及内容。

3. Keep 未来的发展，哪些环境因素对其是一个挑战？

➲营销辩论

企业所处的宏观环境始终处在动态变化中，不同的宏观环境因素对消费者消费行为的影响是有差异的。有人认为技术环境对消费者的购买行为影响更大，也有人认为是社会文化环境对消费者购买行为的影响更大。

正方：技术环境比社会文化环境对消费者消费行为的影响更大。

反方：社会文化环境技术环境对消费者消费行为的影响更大。

➲角色模拟

假定你所在的公司拟进入消费级智能可穿戴智能设备（如手环、手表）领域，请列出需要考虑的环境因素。

➲营销在线

请在线阅读 Talkingdata 发布的"深度解码 Y/Z 世代 洞察消费新趋势：2021 新消费人群报告"（http：//mi.talkingdata.com/report-detail.html？id＝1105，2022-05-24）。试分析：

1. 哪些环境因素影响了 Y 世代和 Z 世代呈现出不同的消费特征？

2. Y 世代和 Z 世代不同的消费特征给食品饮料行业、汽车行业、运动时尚行业、美妆护肤行业提供了怎样的市场机会？请针对一个行业进行阐述。

➲拓展阅读

拓展阅读文献

➡ 第 4 章

⋅⋅

消费者市场分析

学习目标

1. 了解消费者市场的含义、特点。
2. 理解消费品的分类，影响消费者购买的主要因素。
3. 掌握 AISAS 模型，消费者购买行为类型以及购买决策过程。

引导案例

年轻的消费者为什么越来越爱买国货？

据京东消费及产业发展研究院发布的《2022 年轻人国货消费趋势报告》显示，2022 年以来，年轻的消费者们比以往购买了更多的国货商品。在形成一定销售规模的品牌中，95 后国货用户数占比同比提升11%，购买国产商品与进口商品的用户数总体比值为 1.7，而这一数字在 2021 年同期为 1.3。年轻消费者们最爱买的国货品类前三名为厨具、生鲜、家用电器，最爱买的进口品类前三名则是个人护理、美妆护肤、玩具乐器。

年轻人何以爱上国货？

第一，报告显示，中国品牌推出了更多符合年轻人审美的潮流产品。在讲究"颜价比"的时代，实用已不能满足年轻消费者的需求，他们更倾向选择更能提高自身幸福感的产品。例如：在国货偏好度较高的厨具及厨房小电品类上，年轻消费者会选择在各自家中的厨房通过视频或文字来交流下厨心得，随后便兴起了各种风格的颜值潮流网红厨房用品，如网红产品"八角不粘锅"、一锅可做一切的"空气炸锅"、保温保鲜的"焖烧杯"、可爱图案"厨房储物器皿"等，这些潮流中都有着中国品牌产品创新的印记。

第二，中国品牌也更加重视年轻人的应用场景与使用体验。报告显示，传统节日和文化形成的国货消费日渐盛行，这主要体现在食品类的消费上，除传统经典口味之外，正月十五的玫瑰馅汤圆、端午节的小龙虾粽子、中秋节的火腿月饼等，各大食品企业从包装和口味上都在不断研发新产品和新组合，吸引到更多年轻消费者的关注。同时在使用体验上，年轻消费者们通过商品评价关键词所展现出来的是对国货期待的转变，他们不再只关注"价格实惠""大牌平替"等，而是更关注"产品品质"与"家人/朋友是否喜欢"。

第三，当代年轻人在品牌及产品的消费上回归理性，不再盲从追大牌，也不再人云亦云买爆款，而是真正选择自己喜欢的产品，可以说是"为热爱买单"的一个群体。在此趋势下，各类减脂减糖类的食品饮料、高精尖技术应用的生活电器、成分效应的美妆护肤产品等行业领域，都涌现出一大批的新品牌或新产品。从某种程度上看，年轻人正在理性地看待商业品牌和商业文化。

第四，文化认同感助推"国潮经济"。央视的消费调查显示，千禧年出生的中国年轻一代，逐渐成为中国经济、文化与消费的主导力量。他们社交需求旺盛，审美要求极高；他们热衷消费，但不消费至上；他们崇尚有思想、有质量的内容，更具文化自信。这些反映到消费上，就是对国货的极大自信。95 后通过丰富多样的国潮消费形式，年轻的心在历史文化沉淀的精神中找到了韵脚，把传统文化的精髓融入了日常生活。报告显示，2022 年以来 95 后购买"中国红"元素的商品销量增长超 3 倍。其中，销量最多的品类是个护健康、白酒、服饰内衣、手机、茗茶。

【资料来源】京东报告：95 后国货占比增速达 11%［EB/OL］.（2022-05-10）［2023-12-08］. https：//baijiahao. baidu. com/s？ id=1732414807944192279 &wfr=spider&for=pc.

消费者需求是动态变化的，中国年轻人越来越偏爱国货，这对中国品牌既是机遇也是挑战。市场营销的核心就是研究如何更好地满足消费者的需求。那么消费者究竟有什么样的需求，在购买商品的决策过程中究竟会受到哪些因素的影响，整个购买经历了一个怎样的过程，就成了营销中一个非常关键的问题。

4.1　消费者市场及购买行为模式

4.1.1　消费者市场概述

1. 消费者市场的概念及特点

消费者市场，是指为了满足生活消费而购买商品和服务的个人或家庭所构成的市场。

其购买特点可归纳为以下几点。

（1）广泛性。消费者市场人数众多，消费行为广泛存在。

（2）分散性。一方面，消费者市场的购买单位是个人或者家庭，购买者数量繁多；另一方面，现代市场商品供应充足、方便，消费者可随时随地购买，没有必要大量储存，所以往往购买频繁、数量零星。

（3）差异性。消费者的购买行为会受到来自心理、个体和环境等多种因素的综合影响，因此，每个消费者的需求都不尽相同。

（4）易变性。随着新产品的不断涌现，消费者的需求也呈现出"求新、求变"的态势；另一方面，生活节奏的加快和压力的增大使越来越多的消费者在购买中寻求新鲜和刺激的购物体验。

（5）非理性。消费者有时对所购买的产品不能从科学、理性的角度加以判断，产品带给人的感官感受、包装、商店的购物氛围、广告等都会对人的购买行为产生影响，从而使消费者的购买行为呈现出一种非理性的特点。

（6）替代性。随着竞争的日益激烈，产品品种的日益丰富，能用来满足人们同种需求的产品往往不止一种，消费者常常会在各种不同品种或不同品牌之间进行变换。

▌特别关注

移动互联网时代下消费者行为的新特点

在移动互联网时代，电子商务呈现出社交化、本地化和移动化（So-Lo-Mo）的新特点，消费者行为也随之出现新的特点。

第一，随时随地。相比于传统 PC 端的网络购物，消费者在移动端的购物基本不受时间与空间的限制。同时，基于位置的服务能让消费者进行更精准的搜索。例如：消费者使用大众点评 App 可以方便地搜索附近的美食等。

第二，更个性化。像淘宝、京东和考拉海购这样的网购 App 会根据消费者之前的浏览、购买和评价等信息向消费者推荐个性化商品，每位消费者打开 App 时看到的主页都是独一无二的。

第三，更碎片化。消费者可能随时、即兴进行消费决策。例如：在上下班路上、在排队时，甚至利用睡觉之前的碎片时间进行浏览、比价、下单、评价和分享等消费行为。

第四，更多样化。由于消费者能够随时随地购买，购买的商品与渠道空前丰富，同时不断收到各类推荐信息，看到各种信息流广告，消费者可以快速比较，在不同平台自由切换，其购买选择更具多样化。

第五，更社交化。消费者更愿意随时随地分享自己的消费体验。例如：在大众点评上写点评，在网红店打卡分享到微信朋友圈，随手拍摄消费短视频发布到抖音短视频，等等。

---

2. 消费者市场的购买对象

消费者市场上的产品种类和品种都十分广泛，面对不同的需求，消费者的购买行为会有不同的特点。可以按照以下三种方法对消费者市场的购买对象进行分类。

1）按照消费者的购买习惯

按照消费者的购买习惯，可以将消费者市场的购买对象分为日用品、选购品、特殊品和非渴求品。

（1）日用品是消费者日常生活中频繁购买、使用很多、非常熟悉、价格低廉的商品。这类商品在日常生活中购买最为普遍，消费者一般购买前不会做计划和比较；购买中不会花费太多的精力，一般就近购买；购买后不会做出太多的评价，很少后悔。例如：饮料、牙膏、香皂和报刊等。这类商品的销售关键是要接近顾客，让顾客能方便、及时地满足需求。

（2）选购品是指消费者要花费一定的时间和精力挑选、比较后再作出购买决策的商品。例如：服装与家电等。这类产品的营销关键是将销售网点集中，让消费者能有多些比较和选择的余地。

（3）特殊品是指具有特殊用途、消费者对其具有特殊偏好的商品。这类商品消费者最在乎的是其带给自己的特殊利益，而对价格和购买地点不十分敏感。这类商品的生产者，一定要树立品牌形象，提升企业的知名度，加强商品的宣传，争取赢得消费者的青睐。

（4）非渴求品是指消费者不了解或者即使了解也不一定会购买的产品。例如：各种保险、百科全书、墓碑和墓地等。非渴求品营销面对的主要问题是如何激发起人们的认知，需要较高的营销技巧。

2）按照商品的耐用程度

按照商品的耐用程度，可将消费者市场的购买对象分为耐用品和非耐用品。

（1）耐用品是指能使用多次，购买频率不高，售价较高的产品。例如：家用电器、家具、计算机等。

（2）非耐用品是指使用次数较少、购买频率很高，售价较低的产品。例如：日用品、食品等。

3）按照消费者使用产品是基于理性认知还是追求感性享受

按照消费者使用产品主要是基于理性认知还是追求感性享受，可以将消费者市场的购买对象分为享乐品与实用品。享乐品与实用品是人们日常生活中经常面临的两难选择，更多涉及感性决策与理性决策的权衡[①]。

（1）享乐品能给人带来愉悦的体验和感受，但是它们常常是非必需的，被定位为"是为了满足快乐欲望的产品和服务"。例如：奢侈皮包、珠宝、巧克力、红酒和香水等。

（2）实用品往往是必需品，更加强调功能性，人们在使用实用品时"更加基于理性认知，将实用品作为一种达到自己目标，或者完成实际任务的工具"。例如：吸尘器、基本食物和衣物、微波炉、洗衣粉等。

4.1.2　消费者市场的研究方法——"7O"研究法

消费者购买行为是指消费者为了获取、使用、处置消费品或服务所采取的各种行动。随着对消费者行为研究的日益深入，人们逐渐意识到消费者行为是一个完整的过程，消费者的购买只是这个完整过程中的一个阶段，我们不能只关注购买阶段，必须同时关注在这之前消费者如何产生了需求，并通过选择、评价作出购买决定，在获取产品之后又如何使用或处置产品，并产生了怎样的购后评价。也就是说，企业要立足于与消费者建立长期的关系。

因此，研究消费者完整的购买行为应该包括图 4-1 中所列举的 7 个问题。

图 4-1　消费者市场研究方法

7 个问题都以英文字母"O"开头，西方市场营销学者将这些决策归纳为"7O"研究法。上述诸问题中对于"谁参与了购买过程？""他们在哪里购买？""他们购买什么？"等

① 陈瑞，陈辉辉，郑毓煌. 怀旧对享乐品和实用品消费决策的影响［J］. 南开管理评论，2017，20（6）：140-149.

问题，营销人员很容易通过调研得到答案；而要想了解消费者为什么购买某一种商品，究竟有哪些因素在其中起了作用，就要困难多了，因为这往往可能是很多因素综合作用的结果，而这又恰恰是一个非常关键的问题，因为只有了解消费者购买产品的真正原因，企业才能有针对性地制定营销策略。

4.1.3　消费者购买行为类型

消费者购买行为类型有多种多样的划分方法，具体有以下三种划分方式。

1. 根据消费者的介入程度和品牌的差异程度划分

根据消费者的介入程度和品牌的差异程度所划分的购买行为类型，如表4-1所示。

表4-1　消费者购买行为类型

品牌差异程度	消费者的介入程度	
	高	低
大	复杂型	多变型
小	和谐型	习惯型

（1）复杂型购买行为。复杂型购买行为是消费者购买差异性很大、价格昂贵且不经常购买的消费品时所发生的行为。这种购买行为不仅有较高的介入程度，而且不同品牌间有较大的差异程度，因此消费者购买十分谨慎，要经历一个较长时间的考虑过程。例如：消费者买房、车和大型家电等。

（2）和谐型购买行为。和谐型购买行为也称为减少失调感的购买行为。当消费者购买差异性不大的商品并伴有较高的介入程度时发生的往往就是一种和谐型的购买行为。由于各个品牌之间没有太大的差异，消费者一般不会花费更多时间去收集并评估各种不同品牌的信息，关心的重点在于价格是否优惠，购买时间、地点是否方便等。但是购买后在使用时发现产品有缺陷或听说其他产品更好时就有后悔或遗憾的感觉。消费者购买服装、鞋靴和小家电等商品的行为大多属于此类购买行为。

（3）习惯型购买行为。习惯型购买行为是指品牌差异较小，同时消费者的介入程度也不高的购买行为。消费者对所选品牌和产品比较了解，主要根据过去的知识和经验习惯性地作出决定。要么随便选择某一个熟悉的或首先遇到的品牌，要么表现出对某个品牌的忠诚。例如：消费者购买香烟、家庭日用品和个人护理用品等。

（4）多变型购买行为。多变型购买行为发生在品牌差异程度较大，但消费者的购买介入程度较低时。尽管产品差异明显，但在购买中消费者又不会深入收集信息和评估比较就会决定购买某一品牌，购买时随意性较大，下次购买可能又会转换为其他品牌。消费者转换品牌不一定是对原来的产品不满，可能是在求新、求变动机的驱使下，出现多样化寻求行为。

2. 根据消费者的性格划分

（1）习惯型购买。消费者对某一种或者某几种品牌的购买已形成习惯，成为忠诚顾客，消费习惯和偏好相对固定，购买时心中有数，目标明确。

（2）理智型购买。消费者作出购买决策前对不同品牌加以反复比较和考虑，相信自己的判断，不容易被他人打动，不轻易作出决定，决定后也不轻易后悔。

（3）经济型购买。消费者对价格特别敏感，喜欢经济合算的商品，对产品是否物美价廉特别看重。

（4）冲动型购买。消费者缺乏主见，易受产品外观、广告宣传或相关群体的影响，很快作出决定，但购后容易动摇和反悔。

（5）想象型购买。消费者对产品的象征意义特别看重，联想力丰富，感情色彩较浓，容易对产品品牌、包装产生丰富联想，从而影响其购买行为。

（6）不定型购买。此类消费者往往十分年轻，独立购物的经历不多，消费习惯和消费心理尚不稳定，没有固定的偏好，容易接受新的东西。

3. 根据产品所有权划分

对于消费者而言，拥有产品所有权意味着消费者可以永久地使用该产品；而消费者若只获得产品的使用权则意味着只能在允许的时间段内使用产品。Bardhi 和 Eckhardt 于 2017 年根据消费者是否获得产品的所有权提出了一种新的消费决策划分方式，将消费决策划分为流动性消费与实体性消费①。

（1）流动性消费。流动性消费被定义为短暂的、基于使用权的、去物质化的消费。例如：数字音乐与共享经济等。消费者购买网易云音乐 App 一年的会员权，就能在会员到期之前畅听上千万付费歌曲；消费者花 1.5 元能骑行美团共享单车 15 分钟，但并不拥有单车。

（2）实体性消费。实体性消费被定义为持续的、基于所有权的、物质化的消费。实体性消费是一种更为传统与普遍的消费，强调所有权的转移。典型的是消费者购买房产与汽车等。在进行实体性消费时，消费者更关注产品的质量、耐用性和稳定性等属性信息。

上述 3 种消费决策方式并不是割裂的。例如：随着共享经济的蓬勃发展，购买汽车这种典型的实体性消费也呈现出流动性。例如：消费者使用 GoFun 出行等共享汽车 App 可按个人用车需求预订，享有汽车的即取即用、分时租赁使用服务。又如汽车品牌凯迪拉克推出的汽车订阅服务，消费者支付一定的费用，就可以使用凯迪拉克旗下的很多车型。

4.1.4　消费者购买决策制定的整体模型

对消费者购买行为的研究有三种理论范式：第一种是决策导向研究法，这种方法将消费者视为一个积极、主动和理性的试图解决问题的消费者；第二种是经验导向研究法，这种方法将消费者的购买视为为获得情感体验的非理性购买；第三种方法是行为导向研究法，这种方法认为，消费者在购买中既没有经历一个理性的决策的过程，又不是出于某种情感上的需要，可能只是受到了环境或压力的影响。

消费者购买行为实际上是上面三种思路的综合。每一种购买既有理性的决策，又有冲动的成分，更可能受到促销的刺激，这几种思路不应该相互排斥，应该综合运用到我们对消费者行为的研究中去。

消费者购买决策制定的整体模型如图 4-2 所示。这个模型可以将很多关于消费者决策制定和消费者行为的概念连接起来，使它们成为一个整体。

由图 4-2 可见，消费者每种购买行为都可能会受到来自外界的两种刺激——企业营销刺激和环境刺激，这些刺激进入购买者决策制定"黑箱"中，经过某种转换和作用，产生出购买者的一系列决策后行为，即选择何种产品、哪个品牌、何处何时购买、买了多少等。下面将

① BARDHI F，ECKHARDT G M. Liquid consumption［J］. Journal of consumer research，2017，44（3）：582-597.

围绕消费者购买决策制定的整体模型，介绍影响消费者购买的主要因素，阐释消费者决策过程。

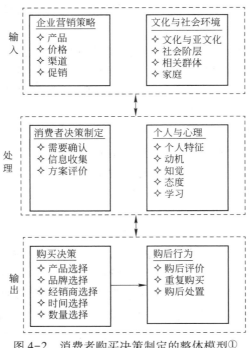

图4-2　消费者购买决策制定的整体模型①

4.2　影响消费者购买的主要因素

消费者的购买行为极其复杂，是很多因素综合作用的结果。企业对消费者购买行为影响因素的了解和把握，将会为营销策略的制定提供依据。

消费者行为影响因素的理论有二因素论、三因素论和四层面说。二因素论将影响因素分为两大类：一类存在于消费者内部，另一类存在于消费者外部。二因素论有不同的表述，又称为"外部因素/内部因素"（D. 霍金斯），或称为"个人因素/环境因素"（R. 布莱克韦尔）；三因素论则将"营销"视为除外部因素和内部因素以外的影响消费者的另一个重要因素；菲利普·科特勒则提出了消费者行为影响因素的 4 个层面：文化、社会、个人和心理。本章将以科特勒的理论为主线，了解影响消费者购买行为的 4 个方面因素。

4.2.1　文化因素

1. 文化

在影响消费者购买行为的诸多因素中，文化因素的作用最为深远，它影响到社会的各个

---

①　希夫曼，维森布利特 . 消费者行为学：第 11 版［M］. 江林，张恩忠，等译 . 北京：中国人民大学出版社，2015.

阶层和家庭，进而影响到每个人的行为和欲望。每个人都生活在一定的文化环境中，消费行为会受到文化因素的影响，不同地区的文化会引起消费者行为的差异。以中国文化为例，中国人自古以来深受儒学思想影响，崇尚勤俭，有钱的第一反应便是储蓄，超前消费还不能得到大多数人的认可；在传统的"重整体、倡协同"的文化观念下，中国消费者倾向于购买具有较高品牌知名度的产品。

2. 亚文化

在每种文化中，往往还存在许多在一定范围内具有文化同一性的群体，或者说是更小规模的文化，它们被称作亚文化群。亚文化群主要包括民族亚文化群、宗教亚文化群、种族亚文化群、地理亚文化群、性别亚文化群和年龄亚文化群等。以性别亚文化群为例，不同性别的消费者由于生理和心理方面的差别，他们在消费行为中存在很大差别，例如：在消费行为中，男性相对理性和被动，不容易被外界因素干扰；女性相对感性和主动，容易受到广告、包装、购物气氛、促销活动和销售人员的影响。

3. 社会阶层

社会阶层是一种普遍存在的社会现象，是由具有相同或者类似社会地位的社会成员组成的相对持久的群体。社会阶层通常是按照职业、收入情况和教育水平等对人们进行的一种社会分类。

了解目标消费群体所处的社会阶层对企业营销策略的制定有非常重要的意义。因为消费者购买某一种商品，可能是因为这些产品被其所属的社会阶层所喜欢，或者被更高一级的社会阶层所喜欢，同时消费者也会回避哪些可能被认为是"低阶层"的产品。因此，社会阶层被视作是一种自然的市场细分。

不同的社会阶层在商品、品牌、广告媒体的偏好、对价格和购买地点的选择等消费行为方面都存在差异。例如：处于较高社会阶层的人往往会选择有较高品牌知名度的产品借以配合自己的身份和形象，对价格不敏感，经常出入较高档的购物场所。同时，当某一阶层的消费者不认同自身所处的阶层，希望成为更高阶层的一员时，往往会在消费行为上靠近更高阶层。

特别关注

中国消费者到底有什么不一样？

很多市场营销理论与消费者行为理论都来自西方，然而受中国文化的影响，中国消费者具有不同于西方消费者的特点，这是国内外企业在中国营销时需要特别关注的。

第一，中国消费者更多地受到政策因素的影响。例如：中国的二孩政策及三孩政策、购房政策与限购政策、汽车购买摇号政策、新能源汽车购置补贴政策等，都会对中国消费者的消费决策产生巨大影响。

第二，中国消费者受他人的影响更大。受中国的关系文化、面子文化、人情文化的影响，中国消费者在进行决策时会更多地观察他人的行为，考虑他人的意见；同时受中国的地位文化的影响，权威媒体与权威人物对中国消费者的引领作用更强。因此，口碑对中国消费者的影响力比西方更大。例如：中国消费者在看电影与购买图书之前喜欢看豆瓣上的评分；在就餐之前喜欢看大众点评上的评价；数字化口碑也使小米与蔚来汽车等品牌迅速走红。

第三，中国消费者的焦虑感更重。随着中国经济的高速发展，中国社会也在急速变化，这给中国消费者带来了很多不确定性、不安全感和焦虑感。中国消费者有各式各样的焦虑，例如房子焦虑、考试焦虑、找工作焦虑、找对象焦虑和社交焦虑等。焦虑的结果是导致中国消费者普遍手机成瘾。手机被称为中国人的"成人奶嘴"，其主要功能就是降低焦虑。中国消费者更习惯随时随地携带手机，一离开手机就会焦虑、不安。因此，中国消费者的注意力更碎片化，也更习惯在移动端进行购买。据报道，2020年上半年，中国移动支付金额高达196.98亿元，居全球首位，此其一；其二，中国消费者更喜欢攀比，比收入、比房子数量、比小孩成绩……例如：年轻消费者花半年的工资买一个奢侈品LV的包；为了购买新款苹果手机不惜卖肾；中国家长给小孩报各种各样的培训班。这些行为都源于中国消费者的焦虑感。最后，在中国消费者的资产配置中，房产占比非常高。据报道，房产占中国家庭财富的77.7%，是美国的两倍多。在中国，房子不但是成功的标志，也是婚姻市场上的筹码，相亲时必问的问题。中国式焦虑导致消费者渴望房子能带来安全感。中国消费者为了购买房产，减少了外出就餐与度假旅行等消费，每个月的还贷金额比生活费还要高很多。

【资料来源】周欣悦.消费者行为学［M］.2版.北京：机械工业出版社，2021.

4.2.2　社会因素

每个人都生活在社会当中，都难免会受到来自社会中各种群体的影响。因此，消费者的一切消费行为无不打上社会的烙印。

1. 相关群体

相关群体是指对消费者的态度、价值观和购买行为能产生直接或者间接影响的个人或者群体。按照不同的分类方式，可以将相关群体进行不同的划分。

（1）按照对消费者影响程度的强弱，相关群体可以分为主要群体、次要群体和渴望群体。主要群体是指成员之间经常面对和交往、彼此之间关系密切的群体，如家庭、好友和同事等；次要群体是指较为正式但日常接触较少的群体，如各种宗教组织、工会和专业协会等；渴望群体是指消费者不具有成员资格，但是其所仰慕和希望加入的群体，如体育明星、演艺明星和著名企业家的追随者所构成的群体。这类群体影响面很广，但影响强度稍弱。

（2）按照对消费者行为影响性质的分类，相关群体可以分为模仿群体、比较群体和否定群体。模仿群体是人们欣赏并愿意加以模仿的群体；比较群体是人们会借以用来判断自身行为但不会加以模仿的群体；否定群体是指其行为被人否定和排斥的群体。

相关群体对消费者行为的影响程度会受到一些因素的影响：一是消费者是否有某种购买经验以及是否能获得足够全面的购买信息。如果回答是肯定的，则不容易受到相关群体的影响；二是相关群体自身的可信度及吸引力的大小，将与其影响力成正比；三是产品的可见性也会影响相关群体对消费者行为的影响力，具有较强的可见性、与个人身份地位相关的产品购买容易受到相关群体的影响，反之私人用品不易受到他人的影响。

实务操作

对从众消费行为的关注与思考

从众（conformity）是指根据他人而作出的行为或信念的改变。事实证明，在强大的群体压力面前，消费者会不自觉地以其他消费者的行为作为参照，作出与多数消费者一致的消费行为或反应倾向，这就是从众消费行为。

消费者之所以从众，主要受 3 个方面的影响：规范性影响、信息性影响和价值表现性影响。

规范性影响是指消费者在选择产品时迎合他人的偏好、期望或规范，以获得他人的赞赏，或避免他人的惩罚。例如：中国消费者在去日本旅游之前，或购买日系车之前，经常会谨慎考虑这种消费决策对自己社会形象的影响。又如：看到广告中口臭在社交场合造成的尴尬，而购买被推荐的除口臭的产品。

信息性影响是指当在消费情境中遇到不确定性时，消费者会积极地从他人那里获得重要信息，推断出商品质量，从而降低购买风险。例如：消费者在网购时查看评价信息，并倾向于购买那些销量排名靠前的大热门产品；消费者决定看哪场电影时，查看豆瓣上的评分；消费者在餐馆点菜之前，经常看看其他桌都点了什么；女性消费者在逛街买衣服时喜欢征求闺蜜的意见。

价值表现性影响是指消费者真诚地、发自内心地认同他人的选择，由此而产生从众行为。例如：很多中国消费者虽然觉得品牌与产品一般，但仍然热衷于购买明星同款产品；哈雷摩托的车主都倾向于穿着施瓦辛格在《终结者》中的造型：墨镜、黑色皮衣、笨重的靴子；很多消费者虽然认为近年来苹果的产品并没有重大创新，但身为狂热的"果粉"，仍然只购买苹果的产品。

总之，企业应把握好消费者的从众心理，进行适当引导，从而提高营销效果。

【资料来源】迈尔斯 . 社会心理学［M］. 侯玉波，乐国安，张智勇，等译 . 北京：中国邮电出版社，2014.

2. 家庭

家庭既是很多产品的基本消费单位，又是重要的社会群体，消费者的很多购买都是家庭集体作出的决策，而且家庭成员会在购买中各自承担不同的购买角色，对消费者的购买会产生重大的影响。

（1）家庭形态会对消费结构产生重大影响。从家庭的形态来看，社会学家一般将家庭分为 4 种类型：①核心家庭。即由父母双方或其中一方和他们未婚子女组成的家庭，以及已婚而无子女组成的家庭。②主干家庭。指一个家庭中至少有两代人，且每代只有一对夫妇的家庭，如三代同堂的家庭。③联合家庭。指由父母双方或其中一方同多对已婚子女组成的家庭。④其他类型的家庭。不同的家庭形态会对消费结构产生重大的影响，如尚无子女的年轻夫妇，会将较大一部分金钱投入旅游、服装和家用电器的备置上；而一旦有了子女则会将大部分投入集中在孩子的营养、教育上。

（2）家庭所处的生命周期阶段会对消费需求产生很大的影响。随着时间的推移，家庭会经历一系列不同的阶段，这被称为家庭生命周期。①单身阶段；②新婚阶段；③满巢阶段；④空巢阶段；⑤老年阶段。在家庭生命周期的不同阶段，家庭的消费需求会有明显的变化。例如：在单身阶段的消费者虽然收入不高，但处于独立消费的阶段，因此有一定的可自由支配收入，消费主要集中在流行服饰、娱乐和休闲上。

3. 角色与角色地位

角色是个体在特定社会或者群体中所占有的位置和被社会或群体所规定的行为模式。每个人在一生中要参加许多群体并担任很多角色。例如：一个女强人在公司里担任经理，在家中可能又是一个慈母、一个孝顺的女儿。

角色对消费行为的影响主要有以下几个方面：首先，每个人承担某种角色都需要一系列与其角色相称的产品，如出入高档写字楼的白领女士应该穿着得体考究；其次，当个体承担太多角色从而引起角色超载或角色紧张时，会产生对某些产品的需求，如由于工作紧张疏于与父母联系的双职工家庭，可以借助鲜花和礼物向父母表达自己的心意；最后，新角色的产生会引起对新产品的需求，如刚刚大学毕业走上工作岗位的大学生需要重新添置服装适应工作角色。

4.2.3 个人因素

个人因素指消费者的生理因素、经济状况、生活方式、个性等对他们购买行为的影响。

（1）生理因素

生理因素是指年龄、性别、体征、健康状况和嗜好等生理特征的差别，它们会对消费者的消费行为有重要影响。例如：不同年龄阶段的消费者有着不同的需求和消费行为，老年人一般的消费主要集中在营养食品、保健品、医疗上；而儿童在消费中存在比较强的模仿倾向。

（2）经济状况

经济状况是指消费者可支配的收入、储蓄、资产和借贷的能力，是决定购买行为的重要因素，同时能决定购买商品的种类、品牌和档次。一般来说，收入越高，需求也就越大，购买力也就越强；消费者的储蓄是一种推迟了的、潜在的购买力，储蓄越多，现实消费越少，但潜在消费量越大；信贷消费允许人们提前购买超过自己现实购买力的商品，创造更多的需求。

（3）生活方式

生活方式是指一个人在生活中表现出来的活动、兴趣和看法的模式。不同生活方式的群体会对产品有不同的需求，因此营销人员应该努力区分不同生活方式的群体，并在信息沟通、产品宣传时针对某种群体的心理诉求进行。例如：奢侈品制造商应该努力满足高成就者的心理需求。

（4）个性

个性是个体在多种情境下表现出来的具有一致性的反应倾向，是一个人的心理特征。个性特征有很多种类型，如外向与内向、细腻与粗犷、理智与冲动、乐观与悲观、独立与依赖等。个性的差异是导致消费行为差异的一个非常重要的原因。例如：依赖心理较强的人比较容易听信广告的宣传，购物时喜欢有人陪同，比较容易受销售人员的影响；而个性较独立的人则在购物中比较自信，喜欢单独一人前往，不会轻易被人说服和打动，且在购后很少会后悔。

4.2.4　心理因素

消费者的购买行为还会受到动机、知觉、学习、态度等心理因素的影响。

1. 动机

动机是个体内部存在的迫使个体采取行动的一种驱动力。这种驱动力表现为一种紧张状态，它因某种需要没有得到满足而存在，个体会有意识或无意识地采取行动、缓解紧张状态。动机过程模型如图 4-3 所示。

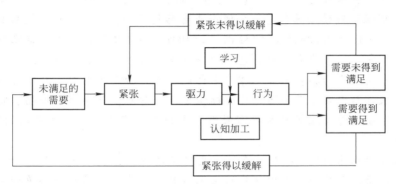

图 4-3　动机过程模型①

心理学家曾提出许多人类行动的动机理论，其中最著名的是马斯洛的需要层次理论。认为人的需要分为 5 个层次，即生理、安全、爱与归属、自尊、自我实现。一般而言，只有较低层次的需要得到满足后，才能有较高层次的需要。越是高层次的需要就越难以完全得到满足，但也越能激发企业谋求产品或服务的差异化以尽量迎合这种高层次的需要。

2. 知觉

当消费者产生购买动机之后，就有可能会采取购买行动，但究竟能否采取行动，采取何种行动，要视其对客观情境的知觉如何。知觉是个人搜集、选择、组织并解释信息的过程。不同个体对不同刺激物的知觉不同。例如：面对同样的商品，有的人觉得品质不错，另一些人却觉得品质一般或者品质很差；即使是对同一刺激物，在不同的情境之下消费者产生的知觉也会有所差异。心理学家认为，知觉是一个有选择性的心理过程。知觉过程主要包括以下几个方面。

（1）选择性注意。在众多信息中，人们总是接受那些对自己有意义的信息以及与其他信息有明显差别的信息。三种刺激最容易引起人们的注意：与目前需求相关的信息；期望出现的刺激；超出正常刺激规模的刺激。

（2）选择性曲解。人们总是按照自己的意愿来解释客观事物和信息。因此，消费者愿意接受的信息可能不一定与信息的本来面目相一致。

（3）选择性记忆。人们在知觉过程中更容易记住与自己的态度和信念相一致的信息，忘记与自己的态度和信念不一致的信息。

---

① 科特勒，阿姆斯特朗．市场营销：原理与实践：第 17 版［M］．楼尊，译．北京：中国人民大学出版社，2020.

营销展望

感官营销

感官营销是指调动消费者的感官并影响他们的感知、判断和行为的营销。

（1）视觉营销。人类超过80%的信息是通过视觉获得的，因此视觉营销在感官营销中占据最重要地位。

不同颜色的意味与使用。一是蓝色。蓝色代表高效、智慧、优雅、放松。很多日化用品（如妮维雅）使用蓝色包装，使消费者感到放松，使用时更能缓解疲劳。很多高科技公司也喜欢使用蓝色的品牌标识，如IBM、英特尔和戴尔等，这象征着高效与智慧。二是红色。红色代表吉祥、喜庆（东方）、危险、警醒（西方）、热烈、激情、兴奋。很多中国品牌都喜欢用红色作为主色调，如茅台、王老吉、非常可乐等，代表着吉祥与喜庆。而中国运动品牌的品牌标识更是一片红，如李宁、安踏、特步和匹克等，因为红色使消费者在运动时更有激情、更兴奋。其他颜色也有不同的适用品类、品牌和场景。

不同位置的意味与使用。研究表明，当产品图片位于包装的右下角时，消费者感觉产品更重；而当产品图片位于包装的左上角时，消费者则感觉产品更轻。例如：同样分量的曲奇饼干，当饼干的图片位于下方时，消费者感觉分量更重，消费者自然乐意选择这种包装的曲奇饼干；而当一款手机的图片位于包装上方时，消费者感觉此款手机更轻、更薄。

（2）听觉营销。品牌应该打造自己独一无二的"品牌声纹"。例如：使用英特尔芯片的计算机开机声、经典的华为手机铃声等立刻就能使消费者联想到特定品牌。有研究发现，如果消费者觉得某款汽车的关门声厚重悦耳，那么就会认定这是一款高质量好、安全性高的车；反之亦然。为此，克莱斯勒公司特别成立了一个研发部门，专门研究"完美的关门声"。

（3）嗅觉营销。研究表明，在5种感觉中，嗅觉对记忆的影响最大。气味可以唤醒消费者的记忆，也可以缓解压力。例如：新加坡航空公司空姐身上的香水味道已经成为新加坡航空的专利香味，一闻到这种香味，消费者就会想到新加坡航空优质宜人的服务。

（4）触觉营销。触觉会影响消费者对产品的评价与体验。例如：苹果数码产品的包装盒的设计与触感类似于首饰盒，让消费者体验到一种奢华感，从而为其产品打下基调；小米之家特别鼓励消费者在店内把玩各种产品，因为研究发现，只要消费者触摸一件商品，就会在半分钟之内对产品产生较高的依赖感，这最终会提高消费者的购买意向；希尔顿酒店在浴室内放置一只造型可爱、手感舒适的小黄鸭，并免费送给消费者，日后消费者在家把玩时，舒适的手感会让消费者联想到希尔顿酒店舒适的服务。

（5）味觉营销。味觉并不是一种纯粹的单一感觉，味觉体验的形成除了依赖味蕾捕获到的刺激，还依赖嗅觉、触觉等其他感官的感觉。①视觉影响味觉。例如：实验表明，当蒙上眼睛之后，消费者分辨不出可乐、雪碧和芬达。②听觉影响味觉。例如：消费者感觉薯条越脆越好吃；当铁板牛肉带着"嘶嘶"声被端上来时，消费者就会不禁流口水。③触觉影响味觉。研究表明，消费者感觉装在硬杯子中的饮料比装在软杯子中的饮料口味更好。

值得注意的是，消费者的整体体验是由多种感觉交互决定的。企业掌握消费者的感觉规律，科学地进行感官营销就能在不提高成本的情况下显著地改善营销效果。

【资料来源】

[1] 克里希娜．感官营销力 [M]．钟科，译．上海：格致出版社，2016.

[2] 钟科，王海忠，杨晨．感官营销研究综述与展望 [J]．外国经济与管理，2016，38（5）：68-79.

[3] KRISHNA A. AnIntegrative review of sensory marketing：Engaging the senses to affect perception，judgment and behavior [J]．Journal of consumer psychology，2012，22（3）：332-351.

3. 学习

学习是人在生活过程中因经验而生的行为的变化或者行为潜能的变化。学习的模式如图4-4所示，人类的学习过程是由驱使力、刺激物、诱因、反应和强化5个要素组成的。

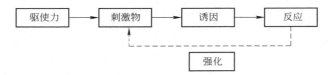

图4-4 学习的模式①

（1）驱使力。每个人都会有某种内在的需要，或者是驱使人们产生行动的内在推动力。例如：原始驱使力如饥、渴、逃避痛苦等和学习驱使力（即在后天的环境中学习得到的）。如果内在驱使力不能得到满足，则消费者会处于紧张状态中。

（2）刺激物。刺激物指某种能满足自己内在驱使力的物品。例如：人们感到饥渴时，饮料和食物就是刺激物。当驱使力发生作用并找到刺激物时，就变成了动机。

（3）诱因。当刺激物具有某种吸引消费者购买的因素时，如性能、质量、服务、广告、推销等，就成为某种诱因，决定动机的程度和方向。

（4）反应。反应是指驱使力对具有一定诱因的刺激物所发生的反作用或反射行为。例如：是否决定购买及如何购买等。

（5）强化。驱使力对具有一定诱因的刺激物发生反应后会产生某种效果。如果效果良好，则反应被增强，以后遇到同样的刺激物时就容易发生相同的反应；若效果不尽如人意，则反应会被削弱，以后即使遇到同样诱因的刺激物也不会发生反应。

4. 态度

态度是人们对事物的看法，是由情感、认知和行为等构成的综合体。消费者根据某品牌产品的属性和利益所形成的认识、消费者对品牌的情绪或情感反应、消费者对态度标的物作出的特定反应倾向等都属于对该产品的态度。态度不是与生俱来的，有一个逐步形成的过

① 科特勒，阿姆斯特朗．市场营销：原理与实践：第17版 [M]．楼尊，译．北京：中国人民大学出版社，2020.

程，有的是从学习中得来的，有的则是受到了相关群体的影响。态度一旦形成，将会对消费者的行为产生直接的影响，而且形成之后很难改变。

4.3 消费者购买决策过程

4.3.1 消费者购买决策的参与者

消费者购买决策过程中的参与者一般可以分为 5 种类型：①倡议者，首先提出或发现需要购买某种商品的人；②影响者，对最终购买决策能产生影响的人；③决策者，最后作出购买决策的人；④购买者，具体执行购买行为的人；⑤使用者，实际使用或消费商品的人。

在实际的购买决策中，有可能上述 5 种角色由 5 个人来扮演，也有可能由 1 个人来扮演全部 5 种角色。决策者一般根据所购买的商品、家庭成员文化水平和社会习俗来决定。在我国，一般耐用消费品如汽车、家用电器等商品的购买由丈夫和妻子共同作出决策；妻子对日用品作出购买决策；孩子成为儿童读物、玩具等商品的购买决策者。

市场营销者必须了解家庭成员在购买决策中的作用，了解谁是自己产品的购买者，谁是决策者，谁是最终消费者，从而制定出影响各购买角色的营销策略。

> **营销展望**
>
> 从"消费者"到"生活者"
>
> 对消费者行为的洞察应该超越对购买的研究——拥有与存在也同样重要，而后两者有可能更重要①。日本代表性调研公司"博报堂"提出不仅要研究"消费者"，还要研究"生活者"。以上不约而同地强调了对消费者生活方式的关注。
>
> 作为中国造车新势力的头部企业，蔚来汽车除汽车产品、服务和数字触点体验之外，还特别重视消费者汽车以外的生活方式，这是其他车企所忽视的。蔚来设有专门的蔚来生活（NIO Life）部门，积分与蔚来值、NIO Life、蔚来 App 构建了属于蔚来的"汽车以外的生活方式"。
>
> 一是积分与蔚来值。消费者在蔚来 App、蔚来中心和蔚来现场活动中都能使用积分；而蔚来值的作用为：社区大事件投票加成、热门活动参与资格。
>
> 二是 NIO Life。NIO Life 负责人刘婕说："什么是 NIO Life？用有态度、有故事、有设计的精品创造愉悦的生活方式，简单来说，就是蔚来版的'网易严选'。"消费者可直接

---

① 所罗门.消费者行为学：购买、拥有和存在：第 12 版［M］.杨晓燕，等译.北京：中国人民大学出版社，2018.

在蔚来 App 中购买能体现蔚来用户生活方式的商品。当前，NIO Life 已经实现盈利。

三是蔚来 App。不像传统车企的 App，蔚来 App 的首页不是各种车型信息，而是分为"此刻"（相当于微信朋友圈功能，消费者可以自由分享自己用车感受和生活类信息，互相交流）、"体验"（蔚来为消费者组织的丰富多彩的活动信息）、"朋友"（可以互相关注，然后就如同微信一样可以自由聊天，消费者甚至有机会和蔚来创始人李斌成为好友）和"惊喜"（NIO Life 商城）等板块，这体现了蔚来不仅仅把消费者当成购买者，也不仅仅是车主，而是对消费者生活方式的重视。蔚来 App 被誉为最好用的车企 App，完全颠覆了传统车企 App 难用、商业化的弊病。上线三年半以来，其注册用户数超过 120 万，日活超过 12 万。

蔚来的联合创始人秦力洪说："我们不仅仅是一家汽车企业，也是一家科技公司、技术公司、能源公司，还是一家生活方式公司。"

企业若想维系长久紧密的顾客关系，不能仅把消费者当作购买者，甚至只当作普通消费者也是不够的，而应该把消费者当作生活者，从更广泛的层面思考其营销战略。

4.3.2　消费者购买决策过程的基本环节

消费者购买决策过程一般包括 5 个基本环节：确认需要、搜集信息、评估备选方案、购买决策和购后行为[①]。

1. 确认需要

确认需要也称之为问题识别。消费者购买决策是从意识到某个需要解决的问题开始的，在内部刺激或外在刺激的影响下，消费者意识到理想状态同现实状态存在着某种差距时，可能就要采取某种方式来弥合这种差距。但消费者是否采取行动来购买可能又取决于理想与现实差距的大小，以及问题的相对重要性。

2. 搜集信息

一般来说，认知的需要并不能立即就得到满足，消费者必须要寻找能满足其需要的商品的信息。消费者的主要信息来源主要是 4 个方面：①个人来源，包括家庭成员、朋友、邻居、熟人、同事等；②商业来源，包括广告、推销员、零售商、商品包装、商品展销会、商品目录及产品说明书等方面的信息；③公共来源，主要是报纸、杂志、电视、网络等第三方传播媒介和政府评审机构等发布的信息；④经验来源，即消费者通过以前购买使用或当前试用中获得的感受。从信息来源的可信度而言，经验来源最可信，个人来源次之，然后是公共来源，商业来源相对最差，但是从信息来源的数量而言，商业来源最多，其次是公共来源、再次是个人来源，最后是经验来源。

3. 评估备选方案

消费者在全面获得所需要购买的产品或服务的有关信息之后，就会以一定的方法对同类产品或者服务的各种品牌进行评价并作为购买选择的依据。方案评价一般可能会涉及这样几个因素。

---

① 科特勒，阿姆斯特朗. 市场营销：原理与实践：第 17 版［M］. 楼尊，译. 北京：中国人民大学出版社，2020.

（1）产品属性，即产品具有的能满足消费者需要的特性。例如：手机应该有外观漂亮、轻薄、屏幕大、待机时间长、价格适宜、功能齐全等基本的产品属性。

（2）属性权重，即消费者对不同属性赋予的不同的重要性权数。在每个消费者的心目中，对同一个产品不同属性的重要性认知会有所不同。例如：对于一个经济尚未独立的大学生来说，在购买手机时，价格可能是所有因素中非常重要的一个因素。

（3）品牌信念，即消费者对某品牌优劣程度的总的看法。消费者将不同品牌的同种产品在各种属性之下进行比较，将每一种产品在各种属性上的表现集中起来，就构成了其对该品牌优劣程度的总的看法。

（4）评价模式，即通过计算得出各种品牌的得分情况。如果消费者能找到所有性能都最好的产品，他就会直接选择购买，但实际上不同品牌的产品往往在各个属性上的表现各不相同，消费者需要对不同的品牌进行综合评价和选择。首先，选择一些备选产品；然后，根据自己的要求给予每一个属性以相应的权重，同时给出每个品牌在每个属性上的评价值；最后，得出各个品牌的综合得分情况，得分最高的就是消费者最后要选择的产品。

4. 购买决策

消费者在对各种备选品牌进行比较、评估的基础上，会形成对某一种品牌的购买意向。但是在复杂购买情况下，消费者不一定立即采取购买行为，还可能受到三个要素的影响：①他人态度会对消费者的购买决策产生重要影响，影响程度又会受到他人否定态度的强度、他人与消费者的关系、他人在此产品购买中的权威程度的影响；②消费者的风险越大，疑虑越多，购买就更为慎重；③意外事件的出现包括个人状态（如收入）的变化及营销活动的变化也会影响消费者最后的购买决策。

5. 购后行为

消费者购买的完成并不是购买过程的终结，还有一个非常重要的过程——购后行为。购后行为将直接影响消费者以后的购买决策，购后行为包括购后评价和购后处置。

在使用中，消费者会对产品进行购后评价，当消费者对所购商品高度满意时，就可能产生重复购买，并向他人推荐该商品，甚至可能成为忠诚顾客。当顾客对所购商品不满时，可能会采取各种方式发泄或处理。例如：投诉、向周围人传播不满情绪、寻求赔偿等。

购后处置也是消费者重要的购后行为，营销人员应该注意消费者在购买以后如何使用和处置该产品。如果消费者在购后继续使用所购买的商品，或者为之寻找一个新的用途，则表明该产品令人满意；如果消费者将产品闲置不用或者永久抛弃，则表明现有产品对购买者已经失去了价值或者不能令人满意。因此，企业应该在广告宣传中鼓励和提醒人们对产品的消费。

无论是线上购买还是线下购买，消费者购买决策过程都包含以上5个基本环节。不过，在互联网时代下，这些环节的实际细节在线上购买与线下购买还是有一些区别的，消费者出现了主动搜索、互动和分享等新行为。下面将介绍互联网时代下消费者购买决策过程的新模式。

4.3.3 互联网时代下消费者购买决策过程的新模式

1. 从 AIDMA 模型到 AISAS 模型

2004 年，AISAS 模型是日本电通公司针对互联网时代消费者生活形态的变化，提出的一种新的消费者行为分析模型，这一模型是基于传统的 AIDMA 模型的改造，如图 4-5 所示。

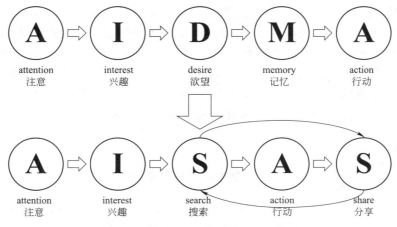

图 4-5　从 AIDMA 模型到 AISAS 模型

　　与前面介绍的消费者购买决策过程的 5 个基本环节不同，AIDMA 模型主要是研究消费者对广告等营销信息的心理反应过程，也被应用于分析消费者决策。在 AIDMA 模型中，企业是营销传播的主体，通过广告等方式吸引消费者的注意（attention），引起消费者的兴趣（interest），激发消费者的欲望（desire），给消费者留下记忆（memory），最终促使消费者采取行动（action）。

　　在互联网时代，消费者的决策过程更加数字化，消费者在行动之前的搜索（search）与行动后的分享（share）使消费者成为营销信息的主动参与者与传播者，而不再是被动的接受者。

2. SIPS 模型

　　2011 年，根据移动互联网时代下消费者行为模式的新特点，日本电通公司在之前模型的基础上，又提出了 SIPS 模型，如图 4-6 所示。

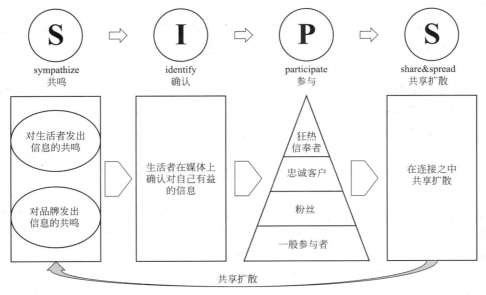

图 4-6　SIPS 模型①

① 刘毅，曾佳欣 . 基于 SIPS 模型的短视频平台图书营销策略探究［J］. 出版发行研究，2020，340（3）：21-27+69.

SIPS 模型展现了移动互联网时代消费者行为的新特点，打破了传统单向的消费模式，更加注重消费者参与，更加注重消费者与企业、消费者与消费者之间的双向互动，强调用户的意见和行为受到聚合特定人群的影响。

可见，在互联网时代，消费者决策行为模式变为 AISAS，消费者的决策更加数字化，消费者更为主动，注重购买前的搜索与购买后的分享；在移动互联网时代，消费者决策行为模式又向 SIPS 靠拢，消费者更加积极主动地与企业或品牌双向互动、共创价值。

营销实操

盒马鲜生的消费者旅程

当前，沃尔玛等传统零售企业积极打造线上商城，阿里巴巴等互联网企业则大举进军线下店铺。马云和雷军不约而同地在 2016 年 10 月 13 日提出"新零售"的概念，其核心是线上线下融合。盒马鲜生（以下简称盒马）是阿里巴巴对线下超市完全重构的新零售业态。截至 2020 年 6 月底，盒马的门店数量已达 214 家。盒马的坪效（每坪面积产出的营业额）是传统商超的 3 倍；线上订单占比超过 50%，用户转化率达 35%，是传统电商的 10～15 倍。盒马为什么备受消费者青睐呢？

首先看以下 6 个阶段的消费者旅程。①认知。消费者从盒马官网、微信公众号、社交媒体、网络广告和搜索引擎等线上触点，以及楼宇广告、地铁广告、商城广告和推广活动等线下触点发现盒马、了解盒马。②达到。消费者通过百度地图 App 等方式查看位置、前往门店。③准备。消费者咨询服务人员，下载盒马 App，从此消费者旅程以盒马 App 为中心连接线上线下。④购买。消费者在线上浏览或者在线下逛店浏览，将商品放入购物车，并支付。⑤体验。盒马不仅仅是超市、菜市场，也是餐饮店。盒马线下门店设有餐饮区，包括水吧、海鲜吧、火锅、中餐和日料等。其中，最火的当属海鲜吧，消费者花少量钱就可以享受现场加工服务，很多消费者选择在这里就餐。⑥购后。消费者收货后，可在线上进行评价，并将好货分享给微信好友等，有问题可以向在线客服反馈。

盒马根据以上消费者旅程有针对性地设计出数字、产品、场景和情感 4 个方面的新零售体验。①数字体验。让消费者在决策过程中实现线上线下自由切换。例如：线上线下的商品是一致的，扫码即可下单，3 公里内 30 分钟内送达；各种自动贩卖机和结账机器实现自助支付，不用排长队等待人工服务；点餐后可以边逛边等餐，盒马 App 在准备好后会提醒。②产品体验。盒马精心筛选产品品类，重新组合，扩大了消费者体验边界。例如：消费者亲自打捞，这放大了"鲜活"体验；提供普通商超不常见的海鲜品类；将包装做小，一餐吃完，满足消费者尝鲜需要，免去消费者繁杂的准备工作，享受烹饪乐趣。③场景体验。盒马为消费者提供多种类型的消费场景，让内容的组织服务于不同的消费主题。例如：整体空间以"逛集市"的概念来组织与布局；产品组织不局限于产品类型分区，而是采用场景分类，如"吃海鲜"场景。④情感体验。盒马传播给消费者轻松、舒适和有趣的品牌形象，营造信任感与安全感。例如：可爱憨厚的河马形象遍布线上线下；服务员被称为"小蜜蜂"；活动区气氛欢乐。

从盒马的案例可以看出，当前消费者购买行为模式已经发生了很大变化，消费者不断在线上线下切换；很多时候购买并不意味着消费决策的结束，消费者还会体验、分享，开始新一轮的消费决策循环。

【资料来源】思特沃克. 从盒马鲜生看"新零售"体验［EB/OL］.（2017-10-31）［2023-12-08］. http：//www. woshipm. com/it/834052. html.

关 键 术 语

消费者市场、复杂型购买行为、和谐型购买行为、习惯型购买行为、多变型购买行为、流动性消费、实体性消费、亚文化、个性、动机、知觉、学习、态度

知识巩固与理解

⊃在线测试题

请扫描二维码进行自测。

⊃思考题

1. 简述消费者市场购买行为的特点。
2. 请比较享乐性产品和实用性产品的不同。
3. 请比较流动性消费和实体性消费的不同。
4. 请简要说明影响消费者购买行为的 4 种心理因素。
5. 消费者的购买行为类型有哪些？各有何特点？
6. 消费者的购买决策经历了一个怎样的过程？
7. 互联网时代下消费者购买行为模式有哪些新的变化？

自测题

知识应用

⊃案例分析

十大消费趋势

凯度咨询团队推出的 China MONITOR 2021 年年终报告，以 2021 年全年的 MONITOR 研究数据为基础，并结合阿里巴巴的八大策略人群框架，总结了 2022 年中国的十大消费趋势。

（1）消费者偏向保守求稳，消费观念趋于理性。2021 年国民经济稳步复苏，宏观经济环境持续稳中向好，但疫情反复等因素仍旧为消费者生活带来一定的不确定性。出于对自身经济财务状况的保守预估，中国消费者产品价格意识和敏感度有所提升，狂热消费行为减少。同时，伴随国家对绿色低碳、循环经济等理念的倡导，悦己、克制、可持续为代表的新消费理念进一步唤起消费者的理性行为。不少消费者开启二手消费及以租代买的新消费模式，引领更成熟和理性的消费观念。

（2）圈层社交热度升级，兴趣爱好是人们进入圈层的敲门砖。中国消费者社交热情不减，渴望与具有相同兴趣爱好的群体"同频共振"；以兴趣爱好表达自我个性，获取进入兴趣社群的入场券，并接纳志同道合的个体，寻求彼此认同。具备经济实力的都市人群更愿用爱好打开自己，以兴趣开展社交，并为此付费。

（3）社交媒体影响力不减，消费者渴望品牌"以诚相待"。社交媒体的"种草"属性强大，影响着消费者的购买决策，但互联网的层层滤镜及各类误导信息也使得消费者难以辨别真假。疫情的反复也为消费者带来更多不稳定性，他们越发渴望真实和诚信，以获得更多对信息及生活的掌控，以作出明智的判断。都市中产及都市老年群体对信息"真实"性要求更高，更愿意根据自身判断"理性"以作出购买决策。

（4）从身体管理到精神疗愈，消费者开启全方位的健康管理。外界的不确定性及快节奏的生活压力，均对消费者的身心造成一定的冲击；身心的亚健康状态彻底唤醒消费者的健康保健意识。心理健康问题也得到了更多消费者的关注，人们开始正视心理健康状态，以更开放和积极的心态讨论并面对心理问题。

（5）亲近自然，人们渴望都市化的自然生活。随着消费者健康意识的提升及国家对户外活动的倡导，消费者逐渐认识到置身于自然环境的舒适与美好，更愿意走出家门，亲近自然，与户外建立紧密的连接；飞盘、滑雪、攀岩等带有"户外"元素的运动开始兴起，收获了大批消费者青睐。

（6）回归线下体验，泛娱乐商业空间吸引消费者驻足。线上渠道凭借便利等优势不断挤压线下份额，但人们的"逛街"需求并不能够被单纯的"下单"行为所满足。消费者对线下休闲、娱乐体验提出了更高的诉求。各大商业空间不断升级，全方位迎合消费者需求，打造集成运动、游艺、探险等多项功能于一体的"娱乐+"新业态，以全场景、沉浸式、交互式的新奇有趣体验不断拓宽客流。

（7）消费者积极拥抱数字科技，对新技术发展乐见其成。科技发展的脚步从未停歇。2021年"元宇宙"概念的爆发催生了无数新的机遇，各行业品牌均开始在这条新赛道积极布局。消费者对各项技术创新始终保持积极态度，对高效便捷及品质生活有更高要求的都市中产群体始终秉持开放的消费理念，更加积极尝试数字化新产品。

（8）银发一族活力闪耀，银发经济不断升温。随着中国社会结构朝着中度老龄化迈进，不断完善的社会福利及保障体系使得银发群体的消费需求被进一步释放，他们对健康格外重视，会通过定期体检等预防性消费为自身健康设立保障。同时，部分银发群体打破大众固有认知，率先升级悦己消费，为自我兴趣及新奇体验买单，对奢侈品消费热情也日益提升。新时代物质富足，理念前卫的银发群体消费需求将会更加多元，也会撬动更多细分赛道的发展。

（9）文化自信持续坚定，文化环境开放包容。随着国家实力的强盛及对传统文化的弘扬，中国消费者在坚定的文化自信中建立了对传统文化强烈的自豪感。伴随这种文化自信，人们对文化相关话题讨论也更加开放包容，对自我价值及魅力越发认同。他们既能够自信表达个人观点，也敢于接受"不同声音"；丰富的文化积淀及更加开放包容的社会环境为品牌营销赋予了更广阔的创作空间。

（10）商业向善助力品牌突破边界，实现"义利双收"。在全社会共同努力构建美好商业及社会环境的大趋势下，品牌需肩负起更多社会责任，主动创造更多积极正向的社会价值，理想及责任兼备受到消费者的青睐；消费者对品牌的认同早已不再局限于个人审美，他们逐渐打开格局，更多关注品牌立场及致力于社会美好的相关行动。毫无疑问，后疫情时代将"向善"融入商业模式已成为品牌取得长足发展的必选项。

【资料来源】China MONITOR 2022年十大消费者洞察趋势［R/OL］.（2022-02-15）［2023-12-08］.https：//mp. weixin. qq. com/s/g_ arZSyeMN1Vo60g9Oa7RQ.

[讨论题]

1. 中国消费者的消费趋势呈现出什么样的特点？

2. 上述研究报告中提到了哪些影响时下中国消费者消费行为的因素？

3. 新的消费趋势给企业带来哪些营销启示？

⊃营销辩论

随着共享经济的迅速发展，出现了一种新型的消费形式，即流动性消费：只拥有商品一段时间的使用权，而不拥有商品的永久所有权，如共享单车、共享汽车和共享房屋等。一些人认为，是否拥有产品所有权对消费者已经不再重要；而另一些人则反驳道，拥有产品所有权仍然很重要。

正方：拥有产品所有权对消费者已经不再重要。

反方：拥有产品所有权对消费者仍然重要。

⊃角色模拟

1. 假如你是以下某个企业的营销人员，你会如何激发消费者对下列产品或服务的需求？

A. 智能手表　　　　　　　　　　　B. 健身俱乐部

C. 长视频平台（如爱奇艺、腾讯视频）会员资格

2. 试列举3项你和你的父母在消费行为上很类似的消费产品，同时举出3项你和你的父母很不一样的消费产品，分别分析背后可能的原因。

⊃营销在线

1. 登录苹果公司官网和小米公司官网，分别查阅 iPhone 14 pro（https：//www. apple. com. cn/iphone-14-pro/）和 Xiaomi 13 Ultra（https：//www. mi. com/xiaomi-13-ultra）的相关描述，比较二者在激发消费者购买行为方面运用的策略的相同之处和不同之处。

2. 我们每个人几乎都在电商平台购过商品，请选择一个你最熟悉的电商平台，根据自身经历并查阅电商平台的相关描述，分析该平台是如何鼓励用户的分享行为的。

⊃拓展阅读

拓展阅读文献

➡ 第 5 章

······+·······

组 织 市 场 分 析

学习目标

1. 了解产业市场和非营利组织市场、政府市场的含义。
2. 理解影响产业市场购买决策的主要因素和购买决策过程的阶段特征及采购的新趋势。
3. 掌握各种市场的购买行为特征、产业市场采购中心的构成及产业市场的购买类型。

引导案例

山姆会员店：精选单品，大批量采购

山姆会员店作为首批在中国推行付费会员制的零售商，自 1996 年第一家门店落地深圳以来，已经在中国市场耕耘了 27 年，会员数量超过 400 万，截至 2023 年 5 月，山姆已在中国开设 43 家店。

现任山姆会员商店总裁及沃尔玛中国副首席执行官的文安德（Andrew Miles）说："在山姆会员店，给会员更多的选择并不一定就是最好的事情，我们不会去销售不符合会员需求的商品。因此我们需要变得非常勇敢，从全世界搜罗那 20% 真正符合会员需求的优质商品，并能够持续在这些精简后的商品上提供始终如一的品质保障，这对于我们来说是更加重要的事情，也是战略所在。"

山姆会员店跟其他零售商最大的一个不同点就是商品，这是会员为什么到山姆店来购物的原因。只要为会员挑选好了对的商品，单品的采销量就能够做大，使得山姆在向供应商采购时获得更好的价格与商品品质上的优势，从而给会员更好的价值。

山姆会员店的另一优势是全球化采购。文安德表示："我们业务的成功之处有一点很重要，就是充分利用沃尔玛全球的采购资源，为中国会员搜罗全球畅销的好商品。"山姆会员商店首席采购官盂非凡也表示："正是这种全球采购的优势，使得山姆得以实现对产地、供应商、品质、价格等要素的严格筛选，从而保障会员的利益。"目前，山姆会员店的单品数量为 4 000~6 000 种，其中进口商品的比例超过 30%。

同时，为了满足会员不断变化的新需求，山姆的资深采购员们还勇于尝鲜。很多在普通大卖场比较少见的新奇产品，第一时间都可以在山姆会员店找到。一些高端会员的生活品位、需求与国际消费者是非常相近的，并且是与国际接轨的。一位会员曾表示："我在国外度假时品尝的好商品，现在终于也能在中国的山姆找到了。"

　　山姆会员店还升级了山姆自有品牌"会员优品"的商品品质。在寻找供应商时，山姆首先会严格考核供应商资质；其次，进入山姆采购体系的供应商仍然要每年接受复审，以及第三方审核；再次，对商品品质精益求精，并在包装上更贴近会员的改变；最后，中国山姆会员店还引入了美国山姆成功运营的后补式冷库，即：前台是陈列货柜，后台是冷冻仓库，合二为一，补货时可以直接在冷库内操作，减少了搬运次数，大大提高了运营效率，并为会员提供更优质的新鲜商品。

【资料来源】

［1］山姆宣布中国付费会员数量超过 400 万［EB/OL］.（2021-11-22）［2023-12-08］. https：//baijiahao. baidu. com/s？id＝1717101968014262919&wfr＝spider&for＝pc.

［2］山姆会员店商品哲学：精选单品 大批量采购 EB/OL］.（2015-01-07）［2023-12-08］. http：//www. linkshop. com. cn/web/archives/2015/314341. shtml.

　　由此可见，像山姆会员店这样的企业进行采购与上一章所学的消费者购买决策有很大不同。此外，卖方企业不仅把商品和服务出售给最终的消费者，而且会把大量的原材料、零部件、机器设备、办公用品及相应的服务提供给诸如企业、社会团体、政府机关等用户。由于这些用户购买商品或服务的目的与最终消费者不同，因而由他们所构成的组织市场及其购买行为与消费者市场的购买行为也存在着明显的差异。只有充分认识到这些不同，才有可能制定有针对性的营销策略。

5.1　组织市场和组织购买对象

5.1.1　组织市场及其分类

　　组织市场是指工商企业为从事生产经营活动以及政府部门和非营利机构为履行职责而购买产品和服务所构成的市场。简言之，组织市场是以某种正规组织为购买者所构成的市场。

　　组织市场包括以下三种类型。

　　（1）产业市场，也有人称之为企业市场。菲利普·科特勒将其定义为所有购买商品和服务，并将它们用于生产其他商品或服务，以供销售、出租或供应他人的组织。组成产业市场的主要行业包括农业、林业、渔业、制造业、运输业、通讯业、公用事业、银行、金融和保险业、分销业及服务业。

　　（2）非营利组织市场泛指所有不以营利为目的、从事非营利活动的组织所构成的市场，包括学校、医院、博物馆、福利院等机构。在我国，习惯以"机关团体事业单位"称谓各种非营利组织。

　　（3）政府市场是由为履行政府职能而购买或租用产品或服务的各级政府及下属各部门所构成的市场，严格意义上讲，它属于非营利组织市场的一个特殊部分。由于政府采购的商品或服务门类广泛，无所不包，对于任何一个企业而言，都是一个不可忽视的大市场，又鉴于政府采购的行为与一般民间采购者有较大不同，因此，本书后面将专门介绍。

5.1.2　组织购买对象分类

　　组织的购买对象即组织购买品一般可分为七大类，包括初级原材料、制造原材料、零部件、辅助材料、设施、系统和顾客服务[①]。组织采购品的特点及购买者采购商品或服务的用途不同，对买卖双方都会产生不同的影响。

（1）初级原材料。初级原材料是指处于自然状态下未经加工而被出售的产品。例如：煤、天然气、石油和各种矿石等。这些产品往往被用于生产其他的产业产品，很少一部分被最终用户直接使用。例如：煤是生产化工产品、塑料产品、涂料和钢铁的原料。根据自然禀赋的不同，初级原材料的生产大多相对集中在某个区域；作为战略物资的某些原料或重要的矿产资源，（如石油、钻石和黄金等）往往是垄断经营的；除此之外，厂商为保证能够及时得到原材料，控制生产成本，降低经营风险，往往通过各种方式直接掌控重要的原材料。例如：化工公司拥有自己的石油天然气公司。

（2）制造原材料。制造原材料也称为二级原材料，是指在构成最终产品前被部分加工过的产品。例如：钢铁、玻璃和皮革等。初级原材料经过加工后价值大增。另外，二级原材料具有同质性的特点，即不同的竞争对手之间的区别微乎其微；还有一个显著特征是，当加工过的产品被进一步加工成其他产品时，它的品牌便很难在制成品中识别出来。

在后续产品加工中，二级原材料的同质性及品牌的易失性会影响买卖双方的关系，通常，买方倾向于集中于一两家供应商，以便获得由于大量采购而得到的数量折扣；卖方则采用生产特制品，或提供更具竞争力的生产线，或利用业内影响者及采购方产品设计者对产品的认可等方法来增加产品的差异性，从而提高自己的竞争力。

（3）零部件。零部件也称为构成部件，指直接组装进入产品内或略做加工进入成品的部件。例如：集成电路、柴油机、计算机芯片和显像管等。零部件具有易损耗的特点，有些零部件比较复杂，体现了较高的技术含量。这些特点使零部件历来受到制造商和使用者的重视。例如：在计算机行业，如果能够不断领先地推出新型芯片，就意味着芯片制造商及其购买者可能会获得高额垄断利润。零部件的买方有产品制造商、渠道中间商和需要更换零部件的用户，这三类买方的购买目的各不相同，关注的侧重点也有所不同。产品制造商为组装自己的产品而购买零部件，因此零部件的质量、价格、设计及运送的及时与可靠性是他们关注的重点；渠道中间商从买进卖出的价格差中获取利益，因此比较关心供应商的品牌形象、交易折扣、交货能力和供应商提供的市场支持（如广告）等；需要更换零部件的用户采购零部件是为了更换原有的已经损耗的零部件，以维持机器设备的正常运转，他们更关心供应商的售后服务。由以上可见，零部件的营销应针对不同买方的购买目的及特点，采取相关的营销策略，以取得良好的营销效果[②]。

（4）辅助材料。辅助材料是指在生产过程中损耗的产品或日常工作中消耗的产品。辅助材料常指易耗品或用于维护、修理和使用产品时的辅助产品（MRO）。例如：复印纸、润滑油、橡皮、研磨剂和焊条等，这些产品往往为各类组织所需要，且成本较低、容易消耗、需经常购买。以上这些特点决定了买方更关心价格、折扣等级、产品使用方便性和供应商提供的无库存购买服务；而卖方则希望采用长期供货协议、提供数量累积折扣鼓励采购方长期购买。

（5）设施。设施也称为资本设备，是指那些构成生产和制造基础的长期投资项目，包括建筑物、土地使用权和设备等。设施往往决定了一个企业的生产和经营规模，其中重要的组成部分是设备。设备可分为重型设备和轻型设备。轻型设备如电动工具、小空气压缩机、扫描仪和打印机

---

① 汪涛．组织市场营销［M］．北京：清华大学出版社，2005.
② 郭毅，侯丽敏，李耀东．组织间营销［M］．北京：电子工业出版社，2001.

等；重型设备如大型矿山机械、大型计算机系统和大型粉碎/研磨机械等。轻型设备往往是标准设备，价格相对较低，影响购买的主要因素是价格、运送服务及售后服务，制造商一般会利用中间商来销售产品；重型设备大多是按照用户要求设计的，成本高，技术复杂，多采用直接销售的方式，并且非价格因素如技术工艺、售前咨询和售后服务等成为用户采购的关键因素。

（6）系统。系统是指复杂的、多功能的资产性商品。例如：生产制造系统、微机控制机构、物资储运和处理系统等，这些产品往往涉及电子、机械等知识，设计实力至关重要。系统可以为买方带来很多益处，如提高生产率，增进生产的灵活性及改进产品质量。由于系统往往成本较高、技术复杂，买方多有特殊要求，因此定制的情形比较多。这也导致了采购过程比较漫长和复杂，对于系统的购买多通过集体谈判的方式来进行。买卖双方的人员接触是多层次的，既有卖方的营销人员与买方的工程技术人员之间的沟通，又有卖方的设计人员与买方的工程技术人员之间的接触。买卖双方往往需要在产品保证、安装费用和服务要求等方面进行长时间的反复谈判才可能达成交易。

（7）顾客服务。一方面，顾客服务是指为销售商品而进行的附加活动，其目的是使顾客在购买中得到更多的利益及满足。例如：设备维护、建筑设计、相关的技术支持等。作为一种无形的产品，其作用越来越大，因为它可以增加产品的差异性，是树立企业及品牌形象的有力支持，同时也是企业留住顾客和持续性利润来源的重要保障。另一方面，服务类组织面向组织购买者所提供的服务也属于组织市场的顾客服务内容。对于服务类组织来说，它们的产品就是服务。随着竞争压力的增加，一些厂商不得不削减管理人员，把经营重点集中于核心业务上，并把某些服务功能转移到外部组织中去，从而为那些专门提供计算机支持、设备维护、物流服务等的服务性组织创造迅速发展的机会。

例如：随着企业对采购精细化管理的要求，数字化采购开始由 ERP（enterprise resource planning，企业资源计划）时代迈向 SRM（supplier relationship management，供应商关系管理）时代。狭义的数字化采购即 SRM 软件，覆盖从采购寻源到交付结算、供应商评估的整个生命周期，能够对主营物资、非主营物资进行不同颗粒度的管理。以 SRM 软件的收入口径核算，2021 年中国数字化采购市场规模达到 16 亿元，同比增长 17.9%。考虑企业节流意识的不断增强，预计到 2024 年市场规模将达到 32 亿元，其中 SaaS（software-as-a-service，软件即服务，即通过网络提供软件服务）收入将成为市场增长的主要动力[①]。

5.2　产业市场及购买行为

5.2.1　产业市场的特点

产业市场与消费者市场相比，除购买目的有所不同外，还在以下几方面具有自己的特点。

---

① 艾瑞咨询 . 2022 年中国数字化采购行业研究报告［R/OL］.（2022 - 06 - 02）　［2023 - 12 - 08］. https：//mp. weixin. qq. com/s/NZyF2e8UlRA3cBeffyb9Rw.

1. 市场结构和需求特性

（1）在地理位置上相对集中。即同一产业的购买者往往集中在某些区域。例如：我国信息产业主要分布在珠江三角洲、长江三角洲、京津环渤海湾三大区域；家电产业集群主要分布在珠江三角洲、长江三角洲和胶东半岛，其中以广东、浙江、山东几省最为明显。汽车产业集群分布在五大区域：长江三角洲、珠三角地区、东北地区、京津地区和华中地区。软件和计算机产业集群多依托于城市，主要分布在各省会城市和各省内的一些大型城市，其中北京、上海、深圳、南京、成都、济南等地的集群规模较大，发展较快。

（2）购买者数量少、购买规模大。产业市场购买者远远少于消费者市场的购买者。以蔬菜为例，每家每户的居家生活都需要购买，餐饮服务业、企业的食堂也需要采买，相比较而言，后者比前者数量少，但是每次的采购量要大得多。

（3）需求具有衍生性。即产业市场的需求取决于最终消费者市场的需求。例如：汽车厂家采购钢材是因为消费者需要汽车。如果消费者市场对汽车的需求上升，那么，汽车厂家对钢材和其他用于制造汽车的产品诸如轮胎、玻璃、座椅等需求也将上升。

（4）需求缺乏弹性。即产业市场的需求受价格变动的影响较小，特别是在短时期内。例如：在鞋类需求总量不变的情况下，皮革价格下降，鞋厂未必就会增加皮革的购买量；当皮革价格上涨时，鞋厂也不会减少皮革的购买量。

（5）需求有较明显的波动性。因为产业市场的需求是一种派生的需求，所以消费者市场需求的小量波动，会导致产业市场需求的巨大波动，如有时消费者市场需求只有10%的升降，却可能使产业市场的需求升降200%。这种现象是由经济加速原理引起的。因此，要求产业用品的供应商不仅要监测直接用户的需求，而且要了解对他们的产出有间接影响的最终消费者的需求。

2. 购买者及购买方式特点

（1）专业人员采购。产业市场的采购大多由经过专业训练，具有丰富的专业知识和采购经验的人员来执行，他们会从供应商的技术支持实力、付款条件和供货速度等多方面进行权衡，再作决定，因此购买更趋于理性。这就意味着，在产业市场上必须由同样受过良好训练的销售人员，来与买方的专业人员洽谈生意。

（2）买方和卖方的关系密切且相对长期化。在产业市场上，买卖双方往往倾向于建立长期业务关系，相互依托。在购买者决策过程的各阶段，从帮助买方确定需求，寻找能满足这些需求的产品和劳务，直到售后服务，卖方要始终参与并同买方密切合作，甚至还要经常性地按买方要求的品种、规格定期提供产品和劳务。从长期看，产业市场上的营销人员要通过为客户提供可靠的服务及预测它们眼前和未来的需要，来与客户建立持久的关系，以提高客户忠诚度，保持自己产品的市场占有率。

（3）直接采购。产业市场的购买者通常直接向供应商购买，而不经过中间商。特别是那些技术复杂、价格高昂的产品，或需要按特定规格制造的产品。

（4）互惠采购。即购买者和供应商互相购买对方的产品，互相给予优惠。由于产业用品的购买者本身也是某种产品的出售者，因此当企业在采购其他企业的产品时就会考虑为自己的产品销售创造条件，于是产业市场的购买者往往这样选择供应商："你买我的产品，我就买你的产品"。

（5）租赁。当企业无力购买或需要融资购买某种产品时，它可以通过租赁形式取得某些产业用品的使用权，既满足生产经营的需要，又能节约成本。这种方式一般适于价值较高的机器设备、交通工具等。

（6）系统采购。有些产业购买者愿意从一个供应商处购买所需的多种产品、服务或完整的生产线，而不是把有关需求分散给不同的供应商。这种谋求"一站式采购"不同产品的情形，对供应商提出了更高的要求，也带来了商机。例如：国内激光雷达企业速腾聚创推出最新一代车规级智能固态激光雷达系统产品方案，硬件上的智能"凝视 GAZE"功能与软件上的智能目标级感知功能（内部集成 AI 感知算法）的软硬件协同升级，大幅提升功能与驾驶体验的同时，还带来了系统成本的下降。这背后凸显的是，激光雷达的"软"实力越来越受到关注，具备系统级供应能力或将成为下一阶段市场对激光雷达供应商提出的新要求①。

3. 决策行为特征

（1）决策过程长。产业市场购买者的决策，通常比消费者的决策更复杂，涉及更大数额的款项、更复杂的技术和经济问题。因此，往往需要花费更多的时间反复论证。例如：为了购买一套智能化制造系统，可能需用数月甚至更长的时间来选择比较才能作出决定。

（2）经常是群体决策。影响购买的人多，购买决策透明度很高，大多数组织设有专门的采购中心，重要决策由专家和管理人员共同作出，其他人也直接或间接地参与。

（3）决策行为更加规范。组织购买者的决策行为也远比消费者更规范。大规模的购买通常要求详细的产品规格，写成文字的购买清单，对供应商的认真审查，以及正式的审批程序等。

5.2.2 产业市场的购买决策

由于产业市场的总体特征与消费者市场有显著的差异，因此产业市场的购买决策与消费者市场的购买决策也有较大区别。研究产业市场的购买决策是如何作出的，可以从以下几方面进行分析。

1. 购买决策的参与者

既然产业用户的购买决策多表现为群体决策，于是在企业中大多会有一个非正式的跨部门的决策单位存在，即采购中心。该中心的主要目标是获取、传递和处理与采购相关的信息。企业中具有不同地位、权力和职能的人都有可能介入其中，在购买决策中扮演不同的角色，并对购买决策施加不同程度的影响。

（1）使用者。企业中直接使用所购买的产品或服务的人员。例如：一线的生产工人、维修工程师。使用者往往最先提出购买建议，他们在采购产品的品种、规格上起着重要作用。

（2）影响者。从企业的内部和外部直接或间接影响购买决策的人。他们常协助企业确定产品规格，并提供方案评价的情报信息。在众多的影响者中，企业外部的咨询机构、业界权威和企业内部的技术人员影响作用最大。

（3）采购者。被企业正式授权具体执行采购任务的人员。他也可以帮助制定产品规格，但主要任务是选择供应商和交易谈判。在较复杂的购买过程中，购买者中或许也包括高层管

---

① 从硬件到系统方案，激光雷达量产"软"实力才是关键？［EB/OL］．（2021-07-22）［2023-12-08］．https：//mp.weixin.qq.com/s/TKpSHuzFVNKp0JfNZT5zYg.

理人员一起参加交易谈判。

（4）信息控制者。信息控制者也被称为守门人、把关者，是指组织内部能够控制信息流入采购中心的人员。例如：采购代理人或技术人员可以阻止某些供应商和产品的信息流入，而接待员、电话接线员、秘书、门卫等可以阻止推销者与使用者或决策者接触。

（5）决策者。有权决定产品规格、数量和供应商的人。决策者可能是企业高层管理人员如总经理、首席执行官、采购总监，也可能是获得授权的中级甚至是初级的管理人员。

（6）批准者。有权批准决策者或购买者所提方案的人。

需要说明的是，并不是所有的企业采购任何产品都必须由上述 6 种人员参加决策。一个企业的采购中心的规模和参加的人员，会因欲购产品种类的不同和企业自身规模的大小及企业组织结构不同而有所区别。例如：企业欲购一条生产流水线和买一些日常办公用品，前者由于技术性强，价格较高，因而参与决策的人较多，采购中心的规模较大；而后者因其技术性和价格都没有其特殊之处，属普通购买，因此其决策者可能就是采购者，采购中心的人员较少，规模也较小。在一些企业，采购中心的成员只有一人或几人，而另一些企业的采购中心则由数人或数十人组成，有的企业还设有专管采购的副总裁。

针对产业市场的营销，关键是了解一个企业的采购中心的组成人员，他们各自所具有的相对决定权及采购中心的决策方式，以便采取富有针对性的措施。

营销实操

如何判断在采购中心中具有影响力的人物

➤辨别采购中的主要风险承担者。那些在采购中承担个人风险的人员比其他人员更能发挥影响作用。例如：为筹建新工厂而进行的生产设备的采购将会导致制造部门相关人员的积极参与。

➤注意信息的流动方向。采购中心中有影响力的人物往往是有关采购决策信息的中心人物。组织中的其他人员将会及时地将信息传递给那些有影响力的采购中心成员。

➤确认专家。专家性权力是采购中心的一个重要影响因素。那些在采购中心中具有渊博的学识，并且经常向销售人员提出犀利问题的人员往往是具有影响力的。

➤充分理解采购人员的角色：在常规采购中，采购人员具有决定性的作用。

➤追寻与高层的联系：有权威的采购中心成员经常与最高管理层保持着密切的联系。这种联系加强了采购中心成员的地位和影响力。

【资料来源】郭毅，侯丽敏，李耀东．组织间营销［M］．北京：电子工业出版社，2001.

---

2. 购买类型

不同的企业在购买同样的产品或服务时所采用的采购模式和决策行为也不尽相同，皆因他们所处的购买情形不同。如果按照购买情况的复杂程度进行分类，大致可归纳成三种购买类型。

（1）直接重购。这是一种在供应商、购买对象和购买方式都不变的情况下而购买以前曾经购买过的产品或服务的购买类型，即采购部门按照过去的惯例再订购产品。面对这种采购类型，原有的供应商应努力使产品的质量和服务保持一定的水平，降低顾客重购成本，争取稳定的关系。

（2）修正重购，即购买者改变原来所购买的产品规格、价格或其他交易条件后再行购买。购买者可能继续与原先的供应商联系就供货协议加以协商和修订，也有可能考虑从新的供应商那里购买同样的服务或产品。发生修正重购的主要原因是客户对现有供货质量、服务水平、采购数量和交货期限的需求发生变化或者是竞争状况、技术环境等发生变化，以及供应商再供应价格和产品开发上发生变化等。对于这样的购买类型，原有的供应商要清醒地认识到面临的挑战，积极改进产品规格或服务质量，大力提高生产率、降低成本，以保持现有的客户；新的供应商要抓住机遇、积极开拓，争取获得一些新的业务。

（3）新购。采购方第一次购买某种产品或服务，这是购买行为中最复杂的一种。在购前需要进行大量的准备工作，新购的成本和风险越大，购买决策的参与者就越多，需要搜集的信息量也越多，决策的时间会更长。由于新购没有可以沿用的供货商，对每一个供货企业都是一个商机，因此，他们应该全面研究采购方的购买决策过程及影响因素，并采取相应的营销策略去争取这些新顾客。

3. 购买决策过程

产业市场和消费者市场一样，也有决策过程，供应商要了解顾客购买过程的各个阶段的情况，并采取相应措施，以适应顾客在各个阶段的需要。产业购买者购买过程的阶段多少，也取决于产业购买者购买情况的复杂程度。在直接重购这种最简单的情况下，所经历的阶段最少；在新购这种最复杂的情况下，购买过程的阶段最多，要经过 8 个阶段；而修正重购情况下，购买过程的阶段介于上述二者之间。产业市场购买决策过程如表 5-1 所示。

表 5-1　产业市场购买决策过程[①]

购买阶段	购买类型		
	新购	修正重购	直接重购
1. 认识问题、发现需求	需要	可能需要	不需要
2. 确定需求	需要	可能需要	不需要
3. 描述需求	需要	需要	需要
4. 寻求供应商	需要	可能需要	不需要
5. 征询供应建议书	需要	可能需要	不需要
6. 选择供应商	需要	可能需要	不需要
7. 签约、发出订单	需要	可能需要	不需要
8. 采购绩效评估	需要	需要	需要

（1）认识问题、发现需求。这是购买决策过程的起点。需求的提出，既可以源于内部的刺激，也可以由外部的刺激引起。内部的刺激，如企业决定生产新产品，需要新的设备和零部件；或存货水平开始下降，需要购进原材料；也可能发现过去采购的原料质量不好，需更换供应商等。外部刺激，如商品广告、营销人员的上门推销等，使采购人员发现了质量更好价格更低的产品，促使他们提出采购需求。

---

①　科特勒，凯勒 . 营销管理：第 15 版 ［M］. 何佳讯，于洪彦，牛永革，等译 . 上海：格致出版社，2016.

（2）确定需求。当认识到有某种需求后，企业需要确定所需产品或服务的总特征和需求的数量。一般而言，简单的采购由采购人员直接决定，而复杂的采购则须由企业内部的使用者和工程技术人员共同决定。

（3）描述需求。在总体需求确定后，由专业技术人员对所需产品的规格、型号和功能等技术指标提出更为详细、准确的要求。在对产品进行分析时，企业通常会安排一个专家小组对计划购买的产品或服务进行价值工程分析。所谓价值分析法，实际上是一种降低成本的分析方法，它是由美国通用电气公司采购经理迈尔斯在 1947 年首创的。这里的"价值"是指某一产品的"功能"与其"成本"之间的比例关系。企业通过对某一产品的价值分析，明确某产品可能产生的经济效益，从而为采购者选购产品做指南。

（4）寻求供应商。在确定并详细描述产品技术规格和可行性采购方法之后，购买方就要开始物色供应商。购买方获取供应商信息的渠道很多，如企业名录、电话黄页、商品展览、现货市场、推销员的电话访问和同业公司的采购信息等。企业既可以直接从现有的合作伙伴中选择供应商，也可以通过信息查询、网上查询等物色新的供应商。

（5）征询供应建议书。购买方根据对供应商的调查结果，筛选出若干个符合供货条件的供应商，并邀请他们提交供货建议书。不同购买任务供货建议书的内容有所不同，复杂和昂贵的大项目，要求的建议书比较详细。需要说明的是，这种建议书应该是营销文件而非技术文件，所以除说明产品的性能、规格等技术性指标外，还应包括定价、支付条件、提供的服务和介绍供货企业实力的内容，这是供应商在众多的竞争者中胜出获得订单的重要一步。

（6）选择供应商。在收到多个供应商的有关资料后，采购者将根据资料选择比较满意的供应商。在选择供应商时，不仅考虑其产品性能、质量标准、技术能力，还要考虑其能否及时供货、能否提供必要的服务和财务状况。企业在最后确定供应商之前，有时还要和供应商面谈，争取更优惠的条件。

（7）签约，发出订单。当供应商选定后，企业便向他们发出写有所需产品规格、数量、交货日期、退货和保修等内容的正式订货单。现在许多企业日趋采用"一揽子合同"的形式，即和某一供应商建立长期的供货关系，供应商承诺只要购买者需要购买时，就会按原定的价格条件及时供货。这种"一揽子合同"对供求双方都带来了方便。对于采购者而言，不但减少了多次购买签约的麻烦和由此增加的费用，也减轻了库存的压力。因为由于这一"合同"，实际上购买者将存货放在了供应商的库里。如果需要进货时，只需用计算机自动打印或电传一份订单给供应商。因此，"一揽子合同"又称为"无库存采购计划"。对于供应商而言，其产品有了固定的销路，减轻了竞争的压力。

（8）采购绩效评估。这包括两层含义。一是产品购进后，采购者还会及时向使用者了解其对产品的评价，考查各个供应商的履约情况，并根据了解和考查的结果，决定今后是否继续采购某供应商的产品。为此，供应商在产品销售出去以后，要加强追踪调查和售后服务，以赢得采购者的信任，保持长久的供求关系。二是对本次购买活动进行总结。对采购活动的组织以及与采购相关的各项支出进行分析，看其是超支还是节余，并查明原因，以利继续购买或改换供应商。

4. 影响购买决策的主要因素

同消费者购买行为一样，产业用户的购买行为也同样会受到各种因素的影响。美国的韦伯斯特和温德将影响产业用户购买行为的各种因素概括为 4 个主要因素，即环境因素、组织因素、人际因素和个人因素，如图 5-1 所示。

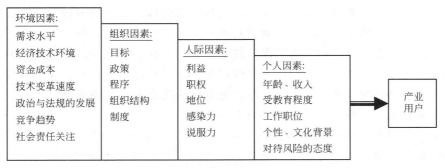

图 5-1　影响产业市场购买决策的因素①

在环境因素中，经济技术环境是主要的，如果经济前景不佳，市场需求疲软，产业市场的购买者肯定会压缩投资，减少原材料的采购和库存。如果科技进步，导致原材料节省，则生产者也会减少相关原料的采购量。此外，产业用户也受政治与法规的发展及竞争趋势等环境的影响。营销者要密切注视这些环境因素的作用，力争将问题变成机遇。每个企业的采购部门都会有自己的目标、政策、工作程序和组织结构，这些因素对购买行为同样会产生重要影响。因此，产业市场营销人员应对购买者企业内部的采购部门在其企业里处于什么地位及采购的发展趋势等做到心中有数。市场营销人员应该了解购买决策主要人员的决策方式及相互影响的程度，有针对性地提出营销策略。产业市场的购买行为虽为理性活动，但参加采购决策的仍然是一个个具体的人，而每个人在作出决定和采取行动时，都不可避免地打上个人的烙印。供应商应了解产业市场采购员的个人情况，以便采取"因人而异"的营销措施。

营销展望

产业市场采购新动向

（1）采购部门在企业中的地位提高。以前采购部门在企业中的地位相对较低，现在迫于降低成本、提高质量和增加效率的压力，而且人们越来越感到采购战略与公司战略的关系更加紧密，于是许多大公司对采购部门升格，甚至由专门的副总经理负责采购事务。

（2）集中采购的趋势加强。随着信息技术的迅速发展，公司总部从不同部门收集资料的能力越来越强，有关采购的决策权就此发生了变化。从各供应商那儿获取的采购资料比从前更完整、更精确、更及时，这样，买主相对于各供应商就处于更有利的地位，他们可以以基准数据库为基础，衡量采购质量。

（3）全球化进程使得许多企业扩大了寻找供应商的范围，把在全球范围内寻找供应商作为采购选择标准之一。

（4）长期合作关系的建立。越来越多的组织采购者倾向于与供应商建立稳定紧密

① 科特勒，阿姆斯特朗 . 市场营销：原理与实践：第 17 版［M］. 楼尊，译 . 北京：中国人民大学出版社，2020.

的合作关系，以期获得共同的长期利益。

（5）互联网采购发展迅猛。很多企业积极利用网络寻求供应商进行订货，有些企业已将互联网采购作为最主要的采购方式之一。互联网采购的具体方式有：①进行反向拍卖，在网上发布自己的采购要求，邀请供应商投标；②从事网上贸易交换，集中地促进交易过程；③建设自己的公司采购网站，专门执行电子采购；④创建与关键供应商的外部网络链接。例如：某企业与联想电脑、晨光文具等供应商建立直接采购账户，从而直接采购设备、原材料和办公用品。

（6）组织间数字与社交媒体营销。为了应对组织客户快速转向网上购买的趋势，当今的组织间市场营销人员也越来越多地运用数字与社交媒体营销方式——网站、博客、移动应用程序、抖音、微博和微信等——随时随地吸引组织客户与管理客户关系。例如：通用电气公司运用各种数字与社交媒体，不仅直接吸引与支持其商业客户，而且更广泛地讲述富有魅力的品牌故事与成功案例，保持公司与各界的紧密联系，树立不落伍与易于接近的良好形象。

【资料来源】

[1] 科特勒，阿姆斯特朗. 市场营销：原理与实践：第17版［M］. 楼尊，译. 北京：中国人民大学出版社，2020.

[2] 德怀尔，坦纳. 工业品营销：第4版［M］. 吴长顺，等译. 北京：清华大学出版社，2011.

5.3　非营利组织与政府市场

5.3.1　非营利组织及其购买行为

如果将政府机构单独考虑的话，按照非营利组织的性质，它既包括促进群体交流的机构，即民间发起、自我管理、自我发展，旨在促进思想交流、宣传普及某种知识和推动某项事业发展的各种非营利组织，如各种业余团体、宗教组织和行业协会等，也包括提供社会服务的机构，即为了满足某些公众的特定需要提供服务的非营利组织，如学校、医院、红十字会、卫生保健组织、图书馆、福利和慈善机构等。

1. 购买行为特点

非营利组织的购买呈现以下特点。

（1）限定总额。非营利组织设立的目的不是创造利润，其正常运转的活动经费主要来自政府拨款或者社会捐助，因此经费的预算与支出都会受到严格的控制。因此，非营利组织的采购必须量入而出，不能随意突破。

（2）保证质量和价格低廉。由于受到经费预算的限制，大多数非营利组织在采购时往往更倾向于选择报价更低的供应商，但同时为了维持组织运行和履行组织职能的需要，又对产品或服务的质量有很高的要求。

（3）受到控制。为了使有限的资金发挥更大的作用，非营利组织的采购人员受到较多的制约，只能按照规定的条件购买，缺乏自主性[①]。

（4）团体采购将成为非营利组织市场采购的一个重要的发展趋势。所谓团体采购，是指几家甚至几十家机构组成一个联合采购单位或委托专门的采购组织进行采购。通过团体采购，可以获得低价、质优的各类产品或服务的供给；同时，团体采购还具有削减各成员的管理费用、采购规范化及更富有竞争力等优点。面对团体采购，营销人员必须充分意识到团体采购的专业性、规范性和规模大的特点，提供富有竞争力的产品及富有效率的营销策略，才可能在众多的供应商中脱颖而出[②]。

2. 购买方式

（1）公开招标。非营利机构通过传媒发布广告或者发出信函，公布拟采购商品的具体要求，要求供应商在规定的期限内进行投标。通过开标，非营利组织选择报价最低又符合要求的供应商来供货。采用这种采购方式，不必与卖方反复磋商，而且处于比较主动的地位。但供应商之间必然产生激烈的竞争。在竞争中供应商必须考虑以下几个问题。①自己的产品是否达到招标单位的要求。特别是一些非标准化的产品，其规格的不统一往往会成为夺标的障碍。②报价高低。一般情况下，非营利机构将把订单交给标价最低的供应商，只有在供应商的产品属于优质名牌的情况下才会加以折让。③是否符合招标单位的特殊需求。特别是一些机械设备，其维护费用也要由供应商负担，免费维修期长的供应商将可能夺标。因此供应商要提高中标率，必须了解有关招投标业务，认真研究客户需求和可能的竞争对手，从而有针对性地提供投标产品或服务，知己知彼，合理报价。

（2）议价合约。非营利机构同时和初选出来的若干供应商就某一采购项目的价格和有关交易条件进行谈判，从中选出符合要求的供应商签订合同。这种采购方式主要发生在与复杂项目有关的交易中，经常涉及巨大的研究与开发费用且风险较高，或发生在缺乏有效竞争的场合。

（3）例行采购。为了维持日常办公和组织运行的需要而进行的采购。这类采购所需资金少，购买者对商品也比较熟悉。

5.3.2　政府采购行为

政府市场由那些履行国家职能、服务于国家和社会，以实现社会整体利益为目标的有关组织，如各级政府部门、军队、警察、消防部门等组成。政府购买的目的是满足社会公共需要及自身正常运转，所以采购范围十分广泛。为了有效地行使职能，通常会有较为庞大的开支做后盾，从而形成了一个独特的、非常诱人的集团消费大市场。

数说营销

政府采购的规模、结构、方式和政策性

财政部发布数据显示，2020 年全国政府采购规模为 3 6970.6 亿元，较 2019 年增加 3 903.6 亿元，增长 11.8%，占全国财政支出和 GDP 的比重分别为 10.2% 和 3.6%。

[①]　吴健安，钟育赣，胡其辉. 市场营销学［M］. 6 版. 北京：清华大学出版社，2018.

[②]　郭毅，侯丽敏，李耀东. 组织间营销［M］. 北京：电子工业出版社，2001.

从层级来看，中央预算单位、地方预算单位政府采购规模分别为 2 853.0 亿元和 34 117.6 亿元，占全国政府采购规模的 7.7% 和 92.3%。从结构来看，货物、工程、服务采购规模分别为 9 175.8 亿元，17 492.4 亿元和 10 302.4 亿元，占全国政府采购规模的 24.8%、47.3% 和 27.9%。从组织形式来看，政府集中采购、部门集中采购、分散采购规模分别为 12 385.1 亿元、4 086.7 亿元和 20 498.8 亿元，占全国政府采购规模的 33.5%、11.1% 和 55.4%。从采购方式来看，公开招标、邀请招标、竞争性谈判、竞争性磋商、询价、单一来源采购规模分别占全国政府采购规模的 79.3%、1.1%、3.2%、7.7%、1.1% 和 4.3%。

政府采购政策功能作用日益凸显，有效促进了经济社会发展。在支持绿色发展方面，全国强制和优先采购节能、节水产品 566.6 亿元，占同类产品采购规模的 85.7%；全国优先采购环保产品 813.5 亿元，占同类产品采购规模的 85.5%。在支持中小企业发展方面，全国政府采购授予中小微企业合同金额为 27918.0 亿元，占全国政府采购规模的 75.5%；授予小微企业合同金额为 14046.4 亿元，占授予中小微企业合同金额的 50.3%。此外，各级预算单位积极响应和落实支持脱贫攻坚的政府采购政策，2020 年，累计通过扶贫"832"平台采购贫困地区农副产品 99.67 亿元，在带动贫困农户增收脱贫、解决农产品滞销等方面取得了良好的社会效益。

【资料来源】2020 年全国政府采购简要情况［R/OL］.（2021-09-03）［2023-12-08］. http：//gks. mof. gov. cn/tongjishuju/202109/t20210903_ 3750619. htm.

1. 政府采购特点

鉴于政府采购者的特殊身份，其购买行为虽然有组织购买的某些共性，但也呈现以下不同特点。

（1）资金来源的公共性。政府采购的资金来源为财政拨款和需要由财政偿还的公共借款，这些资金的最终来源为纳税人的税收和公共服务收费。因此，其购买行为要受到社会公众的监督。尽管每个国家的政治经济制度不同，但政府机构的采购工作都要受到监督。在这种情况下，政府机构的采购业务就必须慎之又慎，需要不厌其烦地填写许多表格，经许多人签署，层层核转，发订单时也比较慢。因此，供应商对此要有所认识，以应付这些烦琐的程序。

（2）非营利性。政府采购为非商业性采购，它不是以营利为目标，也不是为卖而买，而是通过买为政府部门提供消费品或向社会提供公共利益。

（3）采购对象的广泛性和复杂性。政府采购的对象既有标准产品也有非标准产品，既有有形产品也有无形产品，既有价值低的产品也有价值高的产品，既有军用产品也有民用产品，从一般的办公用品到武器、航天飞机等，包罗万象。

（4）政策性。采购实体在采购时不能体现个人偏好，必须遵循国家政策的要求，包括最大限度地节约财政资金、优先购买本国产品、保护中小企业发展和保护环境等。这一特性就决定了政府采购目标的多重性，即政府在购买时不只考虑经济性因素，还要考虑其他政治性、军事性及社会性目标。

（5）规范性。政府采购不是简单地一手交钱，一手交货，而是按有关政府采购的法规，根据不同的采购规模、采购对象及采购时间要求等，采用不同的采购方式和采购程序，使每项采购活动都要规范运作，体现公开、竞争等原则。如世界贸易组织成立后，一直从各个角度推进政府采购的透明化。一是不遗余力地推动《政府采购协议》在其成员方中的加入运动；二是建立政府采购透明化，工作组，形成和完善《政府采购透明化协议》的条款。这种透明与公开，对于供应商而言，竞争机会是比较平等的。另外，政府采购一般都是按照年度预算进行的，年度预算具有法律效应，不会轻易变动。政府有关部门对有意进入政府采购市场的供应商，要求其提供规定的资料，用以说明其能够提供的产品类别、规格，以及企业的实力、资信等情况。只有经审定被列入政府采购准供应商名单中的企业，才有可能参加有关政府采购的竞标活动。

特别关注

中国互联网+政务服务市场现状与应对措施

国际数据公司（IDC）的报告指出，2019 年，中国"互联网+政务服务"市场规模达到 37 亿元人民币。数字政府阶段的"互联网+政务服务"建设，更加注重数据的开放、共享及安全，也更加注重服务的一站式、线上线下融合及时效性。目前，"互联网+政务服务"市场存在以下几种发展现状。

第一，数据的开放需要新的发展模式。目前的"互联网+政务服务"市场中的数据仍然存在大量的信息孤岛。国家部委与地方政府之间、部委垂直管理与地方横向管理之间都缺乏有效的结合机制。第二，市场本身需要更注重软性建设。面对市场长期良性发展的考虑，地区的负责单位需要突破对软件与服务价值低的理解误区，释放基础设施层面建设的"硬"指标，增加软性实力的关注度。第三，在线政务服务的能力需要提升：一方面，目前对事件的审批流程深度优化不足；另一方面，问题反馈的渠道广度、传递信息的顺畅度、多部门合作处理的协同度等方面都有较大改善空间。第四，政务服务衍生市场需全盘考虑。未来政务数据的综合利用效率还有很大提升空间，这也是政府数据治理、智能化应用发展的红海区域。另外，本市场对云资源的消耗也是投资建设的重点。业务与技术的融合发展需要政府在建设"互联网+政务服务"平台过程中突破现有的业务边界，站在市场总体发展角度通盘考虑。

针对该市场中的现状与特点，一些公司正在积极地提出自己的应对措施与市场发展战略。

例如：浪潮深耕电子政务领域多年，参与起草国家重要文件，积极推进建设国家、省、市级平台建设。2019 年，浪潮在本市场中依旧处于领先地位。同时，浪潮根据业务运行及相关政策要求，提出从系统建设转变为内容建设的发展策略，实现数据有序共享和业务协同，助力加快政府职能向服务型转变的速度。又如：太极深刻理解政府行业性质的特殊性，深入洞察社会对便利性、精准性等政务服务的需求，融合新一代信息技术的创新应用，积极打造与重构产业合作生态，构建"云+数+应用+生态"一体化政务服务新体系，从中央到地方，面向重点行业及区域进行布局，积极助力"数字中国"建设。再如：国泰新点具有遍布全国的销售、交付和服务体系，以及敢于引入先进技术并实践应用的成功案例积累，提出落实政务服务的"服务"本质，不断摸索与探求服务型政府转型过程中推动平台优化的需求源动力，为政府机构提供更加专业细分领域的服务能力，构建一站式服务的"管家模式"……

政务服务不仅关系到支撑国家经济发展，包括落实投资项目、基建投资、商事登记等业务审批与服务监管事项，也需要能够及时、有效地提供量大高频的便民服务。对于技术提供商来说，需要更加全面的技术服务支撑及能够提供人工智能与区块链等先进技术赋能的创新产品和解决方案。未来，"互联网+政务服务"市场将是技术提供商对服务模式优化升级、新技术融合应用迅速迭代、创新应用服务层出不穷的新红海。

【资料来源】IDC中国互联网+政务服务解决方案市场份额报告正式发布［R/OL］.（2020－07－23）［2023－12－08］. https：//mp. weixin. qq. com/s/DsMS3tyjq－WqEk1lXg5DxA.

2. 采购方式

一般的政府采购方式与非营利机构的采购方式是一样的，即公开招标、议价合约和例行采购3种。《中华人民共和国政府采购法》（以下简称《政府采购法》）中明确指出政府采购主要通过公开招标、邀请招标、竞争性谈判、询价采购和单一来源采购等方式来选择合适的供应商。政府采购法对每种方式的适用情况都作出了相应的规定。

（1）公开招标的含义已经清楚，《政府采购法》中将其确定为主要的采购方式。

（2）邀请招标也称选择性招标，是指采购人根据供应商或承包商的资信和业绩，选择若干合格供应商（不得少于三家）向其发出招标邀请书，由被邀请的供应商投标竞争，从中选定中标者的招标方式。

（3）竞争性谈判，是指谈判小组（由采购人的代表和有关专家共三人以上的单数组成，其中专家的人数不得少于成员总数的2/3）从符合相应资格条件的供应商名单中确定不少于3家的供应商参加谈判的采购方式。

（4）询价采购是指询价小组（由采购人的代表和有关专家共三人以上的单数组成，其中专家的人数不得少于成员总数的2/3）根据采购需求，从符合相应资格条件的供应商名单中确定不少于3家的供应商向其发出询价单让其报价，由供应商一次报出不得更改的报价，然后询价小组在报价的基础上进行比较，并确定最优供应商的一种采购方式，也就是我们通常所说的货比三家。它是一种相对简单而又快速的采购方式。《政府采购法》规定实行询价采购方式的，应符合采购的货物规格、标准统一、现货货源充足且价格变化幅度小的政府采购项目。

（5）单一来源采购也称直接采购，是指达到了限额标准和公开招标数额标准，但所购商品的来源渠道单一，或属专利、首次创造、合同追加、原有采购项目的后续扩充和发生了不可预见紧急情况而不能从其他供应商处采购等情况。

营销展望

政府采购的新趋势

（1）服务类采购规模增长迅速，主要是政府购买服务改革深入推进，促进服务类采购需求增加，带来采购规模大幅增长，服务采购范围由保障自身需要的服务不断向社会公众提供的服务快速拓展。

（2）采购主体下沉，分散采购规模占比大幅上升。根据"放管服"改革要求，清理规范和优化集中采购目录，减少集中采购项目，扩大了采购人分散采购的范围和采购自主权。

（3）政府采购政策功能作用进一步加强。近几年政府采购在节能环保、支持中小企业发展和扶贫等方面都取得了良好的经济效益。2022 年 5 月发布的《国务院关于印发扎实稳住经济一揽子政策措施的通知》中，提到加大政府采购支持中小企业力度，面向小微企业的价格扣除比例由 6%～10%提高至 10%～20%。

（4）电子政务和电子采购渐成趋势。推行政府采购网上办理成为主旋律，建立符合国家规定标准高效便捷的政府电子采购平台试点展开，鼓励电商和其他市场主体积极参与。政府采购更加透明、更加规范、效率更高。

（5）人为因素或权利干预减少。随着先进的采购信息、采购资金拨付和采购适用方式等软件的开发，正在实现按软件既定程序进行政府采购，减少人为因素或权利干预，政府采购变得更公开、公正。

（6）政府采购更注重大数据分析，发挥政府数据资产的价值，实现数据统计汇总、信息对称，风险识别、自动预警等采购交易、采购监督和采购服务的全面智能化。

【资料来源】

[1] 国务院公布扎实稳住经济的一揽子政策措施 [EB/OL]．（2022-05-31）[2023-12-08]．中国政府网，http：//www．gov．cn/fuwu/2022-05/31/content_ 5693189．htm.

[2] 政府采购趋势分析 [EB/OL]．（2019-07-04）[2023-12-08]．https：//mp．weixin．qq．com/s/MA180-zK38tdGXDlg5YBGw.

综上所述，供应商为了在政府采购这个巨大的市场上分一杯羹，需要密切关注政府采购的需求动向、发展趋势及相关的法律规定，并建立强大的信息网络，甚至在企业内部成立专门的机构负责与政府部门的沟通，并适时地显示公司的实力，以争取更多的政府客户。

关键术语

组织市场、产业（企业）市场、非营利组织市场、政府市场、衍生性需求、系统采购、直接重购、修正重购、新购、框架协议采购

知识巩固与理解

◐ 在线测试题

请扫描二维码进行自测。

自测题

◐ 思考题

1. 简述产业市场购买行为的特点。
2. 分别解释产业市场中采购中心的成员构成及各自的职责。
3. 影响产业市场购买决策的主要因素是什么？
4. 分别解释产业市场中的 3 种采购类型。
5. 对比组织市场与消费者市场，解释两者在市场结构与需求上的差异。
6. 简述政府采购的主要特点和主要采购方式。

知识应用

◐**案例分析**

一个教育行业用户的经历

为了提升商科大学生学以致用的能力，许多学校纷纷开设软件模拟实验教学，由此针对教育用户开发教学软件的公司越来越多，竞争也呈现白热化的局面。

Z老师是一所高校管理系的系主任，曾收到多家公司推销企业管理模拟教学软件，也曾经参与过相关教学软件的招投标工作。在一次同行的研讨会上，他分享了几段和教学软件供应商打交道的经历。

情景1：S公司是一家开发和经营系列工商管理类教学软件的企业，该公司的一位副总有一天给Z老师打电话，自报家门后，就和Z老师说："我看了您的信息，我们两个可是毕业于同一所学校，绝对的校友啊，你们要买企业管理综合模拟软件，我们有。另外，看在我们是校友的分儿上，我还可以给你们学校一个好价钱，也可以给您返点好处。"Z老师听后很反感，交谈后就将这家公司从备选名单中剔除了。

情景2：Y公司曾以面向企业用户提供财务软件系统为主，而且做得风生水起；后发现教育用户需求增加，于是也想开拓新市场，分一杯羹，便开始与高校联系。有一天他们和Z老师电话联系。Z老师觉得这家公司有较高的知名度，对方也很热情想来学校演示，就答应了。Y公司来了三个人，有销售部的，也有做服务支持的。在演示软件的过程中，老师们几次提问相关专业内容，可对方都含糊其词，说："你们看说明书吧。"而且老师们还问是否有配套的教学手册和学生手册，他们说有，可却完全是这套软件系统在企业中应用时的操作步骤，与教学要求相去甚远。

情景3：某年的4月，T公司的华北区销售代表W找到了Z老师的办公室，询问教学软件需求，当Z老师告知他们想更新市场营销教学软件时，对方很兴奋，说他们在这方面实力挺强的。"那你说说看，你们的软件特色是什么？"Z老师追问后，这位销售代表做了一些解释，Z老师听后表示，"你们的软件与我们多年前买的软件几乎是一样的，随着网络的发展，一些新的营销工具、手段、策略也没有体现呀。"销售代表W马上回应："老师您说的很对，可以的话，我们可以合作，你们出思想，我们用技术去实现，将来这个软件会大有市场。"Z老师看他挺有诚意的，就和他多说了几句："你应该找我们学院的教学副院长沟通一下，我们系里的教学软件需求都是通过学院然后报到教务处，纳入项目库，审批通过后，才能进行公开招标，因为我们是事业单位，教学软件采购经费支持来自北京市财政，而且你现在来学校谈，时间点也不太合适，每年的教学软件采购预算大多是在上一年度的10月至11月。"之后，这家公司就没了下文。

[讨论题]

1. Z老师所在的高校属于哪种组织市场？该市场的购买特点是什么？

2. 通过S公司、Y公司和T公司与Z老师的沟通，反映出这类公司存在什么问题？

3. 在情景3中，Z老师告知销售代表W教学软件采购审批的流程，其中给出了哪些有用的信息？

4. 如果你将来从事B2B（企业间）营销，可以从中得到哪些启示？

⊃营销辩论

许多 B2B 营销的高管们感叹 B2B 营销与客户维系给营销人员带来了更大的挑战，许多传统的营销理念与原则对其并不适用。他们认为向企业销售产品与向个人进行销售是有根本性差异的。另一部分人则不同意，他们宣称营销理论依然有效，只是需要为营销策略做出调整。

正方：B2B 营销需要一套独特的营销理念与原则。

反方：B2B 营销并没有那么特殊，基本的营销理念与原则都对其适用。

⊃角色模拟

1. 请访问一位在企业采购部门供职的员工，了解他所在的组织是如何进行采购的，询问他在某次采购中所扮演的角色，并讨论影响其决策的主要因素。对照组织购买过程进行分析，请参考本章相关内容撰写一份简短的报告。

2. 考虑这样一种情景：一位年轻的、缺乏自信的购买者往往扮演着信息守门人的角色，如果这个人不愿把信息发送出去，可是你又无法在他不知道的情况下绕过他，此时一个有创造力的销售人员应如何将这种灾难性情况转变成一个清晰的优势？

⊃营销在线

请登录华为供应商网页（https：//supplier. huawei. com/supplier/index. html），浏览"关于采购""原则与声明"栏目下的各个子模块。请讨论：

1. 华为对供应商的相关描述和规定，给你印象深刻的有哪些内容？

2. 要想成为华为的供应商，需要具备哪些条件或做好哪些准备？

⊃拓展阅读

拓展阅读文献

➡ 第6章

·+·

营 销 调 研

学习目标

1. 了解营销调研的程序。
2. 理解营销调研的分类。
3. 掌握调研的基本方法、调查问卷的设计和调研报告的主要内容。

开篇案例

Z世代的消费者喜欢什么饮料？

据第一财经商业数据中心的报告显示，我国于1995—2009年出生的Z世代人群约有2.6亿，消费开支达4万亿元人民币，消费能力不断凸显，Z世代正成为我国的消费主力军。2021年11月哔哩哔哩与尼尔森IQ联合发布了食品饮料行业Z世代人群洞察报告，该报告基于在线问卷调查的方式进行，总受访者2 035人，Z时代的受访者1 526人。

报告结果显示如下。①在受访者中Z世代明显更为偏爱碳酸饮料、现制奶茶茶饮、气泡水等新兴饮料的细分品类。在Z世代最近消费的饮料类型中，碳酸饮料品类占比近40%，现制奶茶茶饮、气泡水均占比逾25%，是当之无愧的日常饮料消费"大头"。②除了尝新，Z世代饮料消费也对健康、品质提出要求，"减糖降脂"成为主流。近一年来Z世代付费增多的产品类型中，"低脂、低卡、低糖"以28%的占比位列第一，"有机、天然、无添加"以27%的占比紧随其后，Z世代消费者更愿意为此买单。③除了注重产品质量，产品的设计感、品牌调性同样得到Z世代的关注。Z世代的食品饮料消费不再仅是为了解渴、犒劳自己等需求，增加了社交互动、表达自己的个性和品位、怀旧等精神层面的需求。这也让Z世代在饮料消费上体现出"爱国热"与"看颜值"的双重特点。有71%的Z世代受访者偏好中国本土化元素，且Z世代消费者在消费选择中会更多地考虑"颜值"，注重外观、设计。④在Z世代消费的主要价值主张方面，健康、品质、实惠、尝鲜与享乐位列前五，其中，"吃得健康而不是成为身体的负担""在预算范围内追求最高品质"以逾35%的占比成为主流价值取向。

【资料来源】最新报告解读饮料消费新趋向［R/OL］.（2021-11-29）［2023-12-08］. http：//science. china. com. cn/2021-11/29/content_ 41804417. htm.

　　企业以营利为目的，营利来自为顾客提供的商品和服务。企业如果想留住老顾客并发展新顾客，就必须深入了解顾客的所思、所想、所为，这就需要通过营销调研来实现。营销调研具体如何实施，有哪些方法和步骤，有哪些需要注意的问题，在本章中将系统介绍。

6.1　营销调研概述

　　在当今企业经营环境风云突变的时代，企业需要深入地了解自己的消费者：要知道谁是自己的买主，为什么买，什么时候买，其购买行为如何变化；需要深入地了解竞争者，要知道：谁是真正的竞争者，其优势何在，其未来的战略活动如何开展；需要深入地了解企业自己：绩效如何，销售额是多少，市场份额是多少，企业形象如何，产品知名度有多高等；此外，还需要认识环境的变化，如经济发展状况、政府政策的变化对营销会产生怎样的影响，技术上的突破将引发营销方法和手段的哪些变革等，这些问题常常需要通过营销调研来识别与判断。

6.1.1　营销调研的概念

　　营销调研，又称市场调查、市场调研。美国市场营销协会认为市场调研是一种通过信息将消费者、顾客和公众与营销者连接起来的职能。这些信息用于识别和确定营销机会及问题，产生、提炼和评估营销活动，监督营销绩效，改进人们对营销过程的理解。营销调研确定解决问题所需的信息，设计收集信息的方法，管理并实施信息收集过程，分析结果，就研究结论及其意义进行沟通。菲利普·科特勒给出了更加简洁的定义，即营销调研是指针对组织的特定市场营销问题，系统地设计、收集、分析并报告信息[①]，旨在发现营销问题或市场机遇，并提出有效的解决方案。

　　营销调研充分体现了现代营销理念，对于企业而言意义非同寻常。调查研究是谋事之基、成事之道；通过调查研究，有助于认清事物本质，把握事物发展规律，找准问题症结，开出有效良方；调研可以增强决策的针对性、科学性和有效性，提高决策水平和工作能力。例如：企业通过跟踪顾客、分销商、供应商及营销系统中其他参与者的态度，由此了解关系的动态变化，及时采取措施消除关系中的不稳定因素和不利于关系各方利益共同增长的因素。因此，通过营销调研，企业可以进行有效的信息反馈，从而及时改进产品和服务，更好地满足市场需求。

6.1.2　营销调研的内容

　　（1）对宏观环境的调研。这包括政治、法律、经济、社会文化、自然等方面。任何一个企业都生存在一个外部的大环境下，这个环境会对企业的生存发展带来机遇或挑战，要求企业必须随时通过调研去关注。

　　（2）对市场需求的调研。这是市场调研的核心内容，具体包括：市场总需求及其构成；国内外市场的变化动态和趋势；消费者的基本特征、消费心理和消费行为，等等。

① 科特勒，阿姆斯特朗. 市场营销：原理与实践：第 17 版［M］. 楼尊，译. 北京：中国人民大学出版社，2020.

（3）对竞争情况的调研。这主要是有关竞争对手的市场地位和优势、劣势及竞争产品的调查。

（4）对市场营销组合策略制定与执行情况的调研。这包括以下4个方面。①产品策略研究。涉及新产品构思与测试、品牌的构思与测试、现有产品的市场效果、包装设计、竞争产品研究等。②价格策略研究。了解本企业产品与其他企业同类产品的价格差异及对需求的影响；了解价格策略的有效性及价格调整的可行性和预期效果等。③营销沟通策略研究。涉及媒介调查、广告效果评估、形象调查、销售奖励、营业推广效果、数字营销绩效等研究。④分销策略研究。涉及工厂仓库位置的研究、分销渠道设计与绩效研究、销售渠道覆盖面的研究等。通过对本企业营销组合策略执行情况的调研，可以及时对营销策略做出调整。

6.1.3 营销调研的过程

营销调研的过程，通常要经过5个步骤，如图6-1所示。

图6-1 营销调研的过程

（1）确定调研问题与调研目标。实施调研的人员，需要确定细致、具体、充分和明确的调查目标。例如：如果研究高校大学生手机使用状况，是为了调查大学生手机品牌使用偏好，还是大学生对手机质量的满意度。根据确定的调查目标，组织好后续的调研工作，才可能有效地获取数据信息，得到良好的分析结果。

由于在营销调研中，需要调研解决的问题比较多，并且不太可能通过一次调研就解决所有的问题。因此每次调研，就需要识别和确定出重要和关键的问题。

（2）制订调研计划。制订一个收集所需信息的最有效的调研计划。它是研究人员为取得所需资料采用的方法、程序、成本预算的详细计划书。一般来说，这份计划书或称为调研方案应该包括研究目标和调研内容、调查对象、调查范围、资料收集、整理和分析的方法、项目进度计划、项目预算、调查组织安排与人员配备。

（3）收集资料。根据研究方案抽取样本、收集资料，实际上就是具体执行调研计划的过程。这是整个调查过程最为忙碌的阶段，主要内容是抽取样本、收集资料、整理资料。

（4）系统分析资料。收集资料的目的是对事实做出有科学根据的解释。这就要通过系统分析资料来完成，包括统计分析和理论分析两部分，统计分析部分可以借助各种统计分析方法、工具软件来完成。

（5）撰写并提交调研报告。调研人员要陈述对相关问题的研究发现，不能只将大量的数字和复杂的统计技术提供给管理者，应提供与决策有关的一些主要调查结果，即出具一份书面或口头的调研报告。

特别关注

用户体验研究中的伦理道德

用户体验（user experience，UX）研究都是基于人的研究，因此在进行调研、访谈或测试时，必须遵循伦理道德规范。

一、公正地对待受访者

(1) 让受访者自觉、自愿、平等地参与到研究中。研究者在招募受访者时要告知他们即将参加的访谈或测试的目的、过程、可能的不良后果等一系列与活动相关的事项，并与受访者签订知情同意书。

(2) 营造轻松、规范的研究活动氛围。在访谈或测试活动中，研究者应尽量营造一种轻松的合作气氛，避免表情过于严肃、刻板，使参与者感到心理不适或心理压力。

(3) 免遭伤害的保护，消除有害后果。研究者要如实告知受访者研究活动可能会出现的伤害并进行安全教育。如测试一款新车的安全性能时，即使是新手司机也要确保其驾驶水平可靠，并由专人监管安全。

(4) 退出研究活动的自由。例如：在虚拟现实的测试场景中，有些参与者因恐惧测试情境、设施等原因不愿继续参加研究活动，这时应充分尊重受访者意愿，确保他们有退出研究的自由。

(5) 保护受访者隐私。受访者提供的个人信息和研究数据，研究者有义务为其保密。

二、培养良好的职业素养和客观严谨的精神

(1) 认真周密论证研究过程。研究者的严谨认真的态度是做好项目最基本的保证，漫不经心的态度会导致整个项目的失败。

(2) 规范进行数据收集和处理。例如：研究活动的指导语事先准备；数据处理时要审核问卷是否有效，不能人为地去掉不符合研究预期的"不理想"数据。

(3) 客观呈现研究结论。在撰写用户研究等报告时，要有可信的定性和定量资料作支撑而非主观臆断。

(4) 原始资料的保存。用户研究报告产出后，要回答利益相关方和读者的一些问题，需要拿出原始资料佐证研究结论。

(5) 遵守研究成果的保密规定。UX 研究项目大部分是商业项目，研究者对知悉的商业秘密和 UX 研究成果，要按照保密协议的规定严格保密。

【资料来源】郑伟勇. UX 研究中的伦理道德［EB/OL］. (2018-07-20)［2023-12-08］. https://mp.weixin.qq.com/s/sXp-waUNB2s66nzJTHPDXA.

6.2　营销调研的分类与方法

6.2.1　营销调研的分类

市场调研通常有以下三种分类。

1. 按调研方式或调查的范围分类

(1) 全面调研。全面调研即市场普查，是对调查总体中所有单位普遍进行调查的一种方式。这种调研方式获得的资料比较完整，能全面反映客观事物的状况，但所需人员多，费用多，时间长。一般企业不具备全面调研的实力，因此这种调研方式适用于企业的目标市场调研对象总体规模不大、调研范围较小的调研项目。

（2）局部调研。局部调研是对市场范围的某一部分、某一局部所进行的调研。这种调研的规模小于全面调研的规模，能获得某一局部比较详细的资料，但仍需耗费较多的人、财、物。

（3）典型调研。典型调研是从市场选取若干有典型意义的单位进行深入的调研，从典型到一般，从典型研究中了解整个市场信息的方法。这种调研有一定的主观性，对调查者自身的素质有很高的要求。

（4）抽样调研。抽样调研是应用统计学中或然率原则抽取出适当样本进行调研的方法。

2. 按照调研的性质分类

（1）探索性调研。具体原因不明时，通过这种调研可以明确该如何发现问题，是进一步调研的铺垫。这种调研没有采用正式的调研计划和程序，是一种非正规的调研方式，因而比较灵活多样，创造性和灵敏性在其中起着非常重要的作用，调研人员通常通过主观经验进行问题假设，对研究的问题进行投石问路。

（2）描述性调研。按照探索性调研提出的具体假设，对需要研究的客观事实进行搜集、记录、分析的正式研究，来证实探索性调研的猜测。这种研究只说明事物的表征现象，而不涉及问题的本质以及影响事物发展变化的内在原因，不回答为什么的问题。

（3）因果性调研。这种研究是从已知的相关变量出发，以确定有关事物各变量之间因果关系的一种市场调研方法。因果性调研的直接目的有两个：一是确认哪些变量是自变量，哪些变量是因变量；二是确定原因和结果，即自变量和因变量之间的相互联系的特征。

3. 按照分析方法分类

按照分析方法，可以将调研分为定量调研和定性调研。定量调研是使用数学分析方法的调研方法，是市场调研中主流的应用最广泛的一种方法，侧重于对被调查对象及事物的统计特征的调研，关注数量方面的资料收集和分析。例如：某种产品的购买者年龄特征有何规律。定性调研更侧重于对消费者的态度、感觉及动机进行了解，调研资料不经过量化或数量分析。

6.2.2　营销调研的方法

营销调研的方法，可以包括二手资料的收集方法和原始资料的收集方法。其中：二手资料的收集方法，主要是案头调研法；原始资料的收集方法，即一手资料的收集方法。一手资料是为解决当前问题而专门收集的新资料，它的收集具有信息更具体、更有针对性，但获取成本较高、耗时较长的特点。一手资料的收集方法总体上可以分为定性调研和定量调研两大类，每一类中又包括多种具体的方法。

1. 案头调研法

案头调研法又称为间接调查法。它是指根据一定的调查目的，通过查看、检索、阅读、购买、复制等手段，获取、收集并整理企业内外部的各种信息和资料，并对调查内容进行分析研究的调查方法。它属于二手资料的收集方法。

二手资料的来源包括内部来源和外部来源。内部来源包括以前市场调研报告、财务数据、与营销密切相关的客户数据和销售数据等。外部来源是指从公司外部得到的资料，具体包括政府发布的相关数据、行业协会发布的报告、大众传媒、图书馆、民间信息机构、银行等金融机构，以及在线数据/资料库、社交网络生成的数据等。

案头调研法具有信息资料丰富、渠道广、成本低廉、信息获取用时较短且方便简单等优势，但是由于收集的二手资料不是根据特定的调研项目直接获取的资料，具有信息筛选工作量大、缺乏相关性和准确性、时效性受限制等劣势。

2. 定性调研方法

定性调研是指设计问题非格式化，收集程序非标准化，一般只针对小样本进行研究，并且更多地探索消费者需求心理的一种调查方式。

具体的方法包括观察法、访谈法、民族志和网络民族志和投射法等，其中访谈法又包括深度访谈、焦点小组访谈法、在线调研社区等。这里重点介绍以下几种常用的方法。

1）观察法

观察法是指研究者根据一定的研究目的、研究提纲或观察表，用自己的感官和辅助工具直接观察被研究对象，从而获取资料的一种方法。可以使用的观察工具，包括照相机、录音机、监控探头等。例如：费雪公司建立了观察实验室来观察儿童对新玩具的反应。费雪公司的观察实验法是一个堆满玩具的快乐空间，孩子们在这个实验室中可以尝试各式的新型玩具，而玩具的设计者可以仔细观察孩子们在使用新型玩具的动作。在这个实验室中，每年可以通过 3 500 个孩子来测试 1 200 种产品。这个实验室的观察对费雪公司开发玩具新产品发挥了非常大的作用[1]。

对于观察法的分类，按照观察的内容可以结构式观察和非结构式观察。结构式观察是指事先制订好观察计划，并严格按照规定的内容和程序实施的观察。它被归为定量调研方法；非结构式观察属于定性调研方法，是指对观察的内容、程序事先不做严格规定，根据现场的实际情况随机决定的观察，调查人员需要尽可能地全面记录他们所看到的调查对象的各种行为。

观察法具有直接、情境性、及时、普适性好等多方面的优势，但是由于受人的感官功能的限制及观察仪器的局限性，所能观察到的信息和内容具有一定的局限性；同时，有些信息也无法通过观察获取，如人的感觉、态度、动机和私下行为等。由于这些局限性，观察法需要配合使用其他的数据收集法，才能实现良好的调研效果。

2）焦点小组访谈法

这种方法就是选择一组大约 8～12 人作为有代表性的消费者或者客户，在一个装有单面镜或录音录像设备的房间内（在隔壁房间里可以观察座谈会的进程），在主持人的组织下，就某个专题进行讨论，从而获得对有关问题的深入了解。随着互联网的发展，在线的焦点小组访谈运用得也越来越多。

3）深度访谈法

深度访谈法是一种无结构的，一对一的、直接的访问。在访问过程中由掌握高级访谈技巧的调查人员对调查对象进行深入的访谈，用以揭示被调查者对某一问题的潜在动机、态度和情感。

4）民族志和网络民族志

民族志是指在自然的情景下对人类行为的研究，涉及对行为及其情景的观察和深度访谈，有时候也使用录音和录像手段，往往需要进行持续一段时间的研究。它通常包含一种以

---

① 科特勒，阿姆斯特朗．市场营销原理与实践：第 17 版 [M]．楼尊，译．北京：中国人民大学出版社，2020.

上的资料收集方法①。网络民族志由 Kozinets 提出，他认为网络民族志是以传统的民族志方法为基础，注重对成员在线交互内容和形式的定性分析，旨在研究在线群体呈现出来的亚文化，以及交互过程和群体行为特征。这样的研究方法可以让研究者感受到人们的行为背后的社会背景和文化背景；会让研究者从所涉及的人的角度来看待事物，听到人们用自己的语言和方式描述和解释事物，看到常态背景和时间下发生的行为、活动等。

5）投射法

投射法是通过观察受访者对一些刺激的表面反应，来探究隐藏在表面反应下的真实心理，以获得真实的情感、意图和动机。投射法的精髓就在于穿透人的心理防线，让真正的情感和态度浮现出来。调研中常用的投射技术有词语联想法、漫画测试法、句子和故事完形法等。

3. 定量调研方法

定量调研方法即从一个相对较大的样本或者人群中，以一种系统化、标准化的方式收集数据。定量调研方法包括询问法、定量的观察法和实验法三大类。

1）询问法

询问法是指市场调研人员利用事先准备好的标准化的、表现为结构化或者半结构化的问卷由被调查者回答，从而获得所需资料的一种调研方法。它是企业获取市场第一手资料常用的调研方法，在了解消费者的行为及态度方面比较常用。

询问法包括面谈调研法、电话调研法、邮寄调研法、在线调研法等。邮寄调研法和在线调研法均属于自我管理问卷调研法，即调查人员不在现场的一种调研方法。

（1）面谈调研法是指调研者通过与被调研者面对面访谈，由受访者现场填写问卷，获取信息资料的一种调研方法。面谈调研法又可以分为入户访谈法、街上拦截法和计算机辅助访谈法。①入户访谈法是指在被访者家中单独对被访者进行访问。②街上拦截法则是一种十分流行的询问调查方法，约占个人访谈总数的 1/3。这种调查方法相对来讲很简单，在超市等公共场合，购物者被当街拦截或在专门的访谈室中进行访谈。③计算机辅助访谈法是指在访问员对受访者进行访问的过程中借助计算机帮助选择问题并输入答案，在访问后计算机帮助整理并分析问卷的一种访谈方式。

（2）电话调研法是指通过电话向被调查者进行询问，以获取信息资料的一种调查方法。

（3）邮寄调研法是指将设计好的调查问卷通过邮政网络系统寄给被调查者，由被调查者按照要求填好后寄回的一种调研方法。

（4）在线调研法有 3 种形式。①通过设计网络问卷的方式，通过链接填写问卷等多种方式，邀请被调查对象填写网络问卷，形成调查数据。②可以通过设计问卷，采用电子邮件邮寄问卷方式，邀请被调研对象填写调查问卷，从而获取研究所需要的信息。③依托移动端App 软件的调研。随着移动互联网和移动终端设备的普及，各种用于市场调查的 App 应运而生，给调研提供了便利性，也丰富了调研渠道。

询问法的优点在于：①调查结果容易量化；②调查结果便于统计处理与分析；③如果实施得当，它是最快速有效收集数据的方法；④如果量表的信度和效度高，样本数量大，研究者可以收集到高质量的研究数据；⑤依托问卷的询问法对被调查者的干扰较小，可行性高。但

---

① 麦吉温. 市场调研实务：第 4 版［M］. 李桂华，等译. 北京：机械工业出版社，2017.

是询问法也存在一定的局限性，被调查对象由于受个人原因影响，在填写问卷或进行电话调查时，不一定提供最为真实的信息，会一定程度上影响调研的结果。问卷调查采用由用户自己填答问卷的方式，所以其调查结果的质量常常得不到保证，并且问卷调查的回收率难以保证。

2）定量的观察法

定量的观察法之一就是结构式观察。结构式观察是指事先制订好观察计划，并严格按照规定的内容和程序实施的观察。具体的方法：一类是现场观测，包括神秘顾客调查法和借助仪器的眼动追踪调查；另一类是电子观测，如通过 EPOS（电子销售时点信息系统）扫描仪记录、银行卡交易记录、网络跟踪的数据等。下面简要介绍神秘顾客调查法和眼动追踪调查。

（1）神秘顾客调查。这是指受过训练的观察者装作普通顾客去消费。"受访者"是被调查组织的一名工作人员。观察者进行消费购买活动，询问真正的消费者可能询问的问题。一旦神秘顾客调查行动完成，神秘顾客需要填写一份关于购买经历细节的事先已经拟好的问卷。这种方法在服务业得到更加广泛的应用。

营销实操

华天旗下老字号引入"神秘顾客调研"

北京华天饮食集团公司所属的庆丰包子铺、二友居、同和居、同春园、华天延吉餐厅等各大老字号引入了"神秘顾客"制度，该制度是北京华天集团与第三方专业公司合作的项目。由第三方专业公司对所属庆丰包子铺、二友居、同和居等品牌进行"背靠背"方式的暗查，从消费者的角度提出整改意见，以提升服务，提高菜品质量。

"神秘顾客"会在正常就餐后，给餐厅做一个包括环境、服务、餐具清洁等全方位的评价。每个评价都有具体分值，也事关每个餐厅月度、季度排名及奖惩。

从 2020 年 8 月开始，北京华天饮食集团公司开始将倡导节约纳入神秘顾客检查制度。评分细化到是否张贴，摆放了提倡节约的宣传品，点餐时是否有适量点餐提醒，剩餐是否打包提醒等。目前北京华天饮食集团公司所属各老字号餐厅通过门店宣传品、服务人员引导等途径大力倡导、宣传"节约光荣 浪费可耻"的健康消费理念。后厨通过提高食材利用率、提高能源使用率、降低污染率，引入厨余垃圾减量装置，打造"绿色环保"厨房；在前厅，则通过倡导适量点餐、剩餐打包，推出小份菜、半份菜，推行光盘奖励，打造"文明消费餐"。

【资料来源】王萍. 华天旗下老字号落实"神秘顾客"检查项目，评分关系餐厅排名［N/OL］.（2020-09-16）［2023-12-08］. https：//www. toutiao. com/article/6873030726774686215/？ log_ from＝e674c54240159_ 1659776859414.

（2）眼动追踪调查。根据 Wiki 百科的解释，眼动追踪技术是指通过测量眼睛的注视点的位置或者眼球相对头部的运动而实现对眼球运动的追踪。目的是监测用户在看特定目标时的眼睛运动和注视方向，过程中需要用到眼动仪和配套软件。在观察用户时，通过眼动仪来进行是一个较为有效的方式。它能够分析用户正在注视的内容，与产品交互的时候在注视什么、想要去做什么，以及最后的行为可能会是什么。具体到商业上，眼动仪会被用来对机场、商场等地

的导向标识加以设计，也会被更多地使用在游戏测试和视频浏览相关的测试当中①。

　　3）实验法

　　实验法是因果调研中使用的一种调研方法。它是指从影响调研对象的若干个因素中选择一个或几个因素作为实验因素，在控制其他因素均不变的条件下，观察实验因素的变化对调研对象的影响程度，为企业的营销决策提供参考依据。简要地说，就是改变自变量 A，看因变量 B 是否随之变化，若变化则说明 A 对 B 有影响。实验法在营销中的应用，主要表现在两个方面：一是解释变量之间的关系，即 A 是否对 B 有影响；二是分析这种关系变化的性质，看 A 变化后 B 是增加还是减少。

　　实验法可以分为实验室实验和实地实验。实验室实验是指按照一个理想的状态模拟成一个营销实验室，利用模拟实验室来研究有关的因果关系及其变化情况。实地实验是指在现实的营销环境中根据研究目的确定一个实验范围或总体，在尽可能控制其他变量的同时操纵自变量的变化，以观察和测量自变量对因变量的影响情况的研究方案。实验室实验是在人为环境下进行的实验，因此比较容易获得较高水平的内在有效性。实地实验比较容易保证实验的外在有效性②。

　　实验法应用时，通常会有以下几种实验设计。①无对比组的事前事后实验设计。这种实验设计，是在相似的市场中，实验前对实验组在正常情况下的数据进行测量，经过一定的实验期后，收集实验过程中产生的资料数据，通过对比实验组在实验前和实验后所要观察现象的变化，研究分析实验的效果，得出实验结论。②有对比组的事后实验设计。这种实验设计，是将实验组和对比组的观察对象在同一时间上进行对比。例如：为了测量移动广告对消费者产品购买意愿的影响，让实验组观看移动广告，对比组不观看移动广告，一段时间后，比较两组人员对产品购买意愿的差异。③有对比组的事前事后实验设计。在同一周期内，选择两组条件相似的研究对象，一组为实验组，另一组为对比组，对实验前后的观察数据进行处理，得出实验结果的设计③。

　　实验法具有资料客观、调查结果精确等优势，但也存在时间长、费用高的缺点；实验结果会受到实验室的市场条件与实际市场条件不完全相同等因素的影响。

营销展望

A/B 测试及其应用

　　A/B 测试是互联网产品和运营常用的增长工具之一。A/B 测试具体是指对不同策略进行对比实验，根据结果选择最优方案。其本质是分离式组间试验，也叫对照试验，自 2000 年谷歌工程师将这一方法应用在互联网产品以来，A/B 测试在国外越来越普及，已逐渐成为互联网产品运营精细度的重要体现。

　　在具体应用方法上，简单来说，A/B 测试在产品优化中应用就是在产品正式迭代发布之前，为同一个目标制定两个（或以上）方案，将一小部分用户流量分成几组，让用

---

　　① 用户体验研究院. 抓住用户的"眼球"｜眼动追踪在用户体验中的应用［EB/OL］.（2022-05-10）［2023-12-08］. https://mp.weixin.qq.com/s/FOqtc1xScsVJaNpnGofzEQ.

　　② 李桂华. 市场调研［M］. 天津：南开大学出版社，2016.

　　③ 杨凤荣. 市场调查方法与实务［M］. 2 版. 北京：科学出版社，2016.

户分别看到不同的方案设计，根据几组用户的真实数据反馈，科学地帮助产品进行决策。

A/B 测试被诸多企业采纳是因为其自身的特性——先验性、并行性和科学性。①先验性是指 A/B 测试的先验性试验体系属于预测型结论，与"后验"的归纳性结论差别巨大。同样是用数据统计与分析版本的好坏，以往的方式是先将版本发布，再通过数据验证效果；而 A/B 测试是通过科学的试验设计、采样样本代表性、流量分割与小流量测试等方式来获得具有代表性的试验结论，这样就可以用很少的样本量就能推广到全部流量。②并行性是指将两个或以上的方案同时在线试验，保证每个版本所处环境的一致性，便于更加科学客观地对比优劣。同时节省验证的时间，不必在验证完一个版本之后再测试另一个。③科学性强调的是流量分配的科学性。A/B 测试的正确做法，是尽可能将相似特征的用户均匀地分配到试验组中，确保每个组别的用户特征的相似性，从而避免出现数据偏差，使得试验的结果更有代表性。

A/B 测试是一项非常基础的工作，国外的谷歌、微软及国内的 BAT 和字节跳动等公司都离不开 A/B 测试的辅助。最新数据显示，字节跳动每天同时进行的 A/B 测试达到上万场，单日新增实验数量超过 1 500 个、服务于 400 多项大大小小的业务，截至 2021 年 3 月，累计做了 70 多万次实验。这项工具已经实现产品化，通过火山引擎向企业客户开放。其应用范围逐渐拓展，如产品命名、交互设计，更改一个字体、一个弹窗、界面大小，以及推荐算法、广告优化、用户增长、市场活动等可以用 A/B 测试。

当然，A/B 测试并不是万能的，它也有很多局限性，如提高商品推荐门槛、不推荐评分低的商品。如果做 A/B 测试，短期内交易量肯定会降低，但长期来看结论有可能逐渐反转，这是长周期影响和目标设定的问题。此外，独立的实验条件、统计置信度等问题都是做 A/B 测试需要考虑的。

企业应充分意识到 A/B 测试的优势和缺陷，针对目标选择适合的评估方法。例如：战略型决策，需要专家进行长期的思考；很多细节的决策，如果能做 A/B 测试，要尽量做 A/B 测试，并且要关注量化分析的执行能力，真正做到数据驱动科学决策。

【资料来源】任倩 . 字节跳动高速增长的秘密武器 A/B 测试正式公开 ［EB/OL］ . (2021-04-27) ［2023-12-08］ . https：//www. yicai. com/news/101034882. html.

6.3　问卷设计与抽样设计

问卷设计和抽样设计是市场调研中的两大技术，其运用的合理与否会直接影响最终调研结果的质量。

6.3.1　问卷设计

1. 问卷的基本结构

问卷的基本结构包括以下 4 个方面。

（1）开头部分。开头部分包括问候语、填表说明、问卷编号等。问候语也叫问卷说明，包括自我介绍、调查者代表的组织或机构、调查目的和意义、致谢等；填表说明包括填写调查表应该注意的事项、填写方法、交回问卷的时间要求等；问卷编号用来识别问卷、调查者以及被调查者的姓名和地址等，以便于校对检查、更正错误。

（2）甄别部分。甄别部分也叫过滤部分，即通过对被调查者进行过滤，筛选掉非目标对象，只对特定的被调查者进行调查。

（3）主体部分。主体部分是调查所要收集的主要信息，是问卷的主要部分，由一系列问题和答案组成。

（4）背景部分。有关被调查者的一些个人资料，通常置于问卷的最后，作为对被调查者进行分类比较的依据。

2. 问卷设计的基本程序

问卷设计是一项很重要的工作，要想提高设计水平，就必须按照一个符合逻辑的程序来进行，一般设计调查问卷必须按照下列程序来进行。

（1）事前准备。首先，要明确调研主题和需要的资料——初步确定问卷调查的范围；其次，确定调研所采用的方式和方法；最后，确定资料整理和分析的方法。

（2）问卷设计。①收集二手资料，可以通过已有的类似问题的研究帮助自己更好地设计；②进行试探性研究，了解受访者关心的问题，列入问题当中；③编写问卷题目。将调查内容分为若干题目，并详细列出问题，以免遗漏，同时考虑需要用什么样的方式来提问，并检查是否有前后矛盾、不适当的问题；④编排顺序。考虑逻辑性和难易程度对问卷进行顺序的编排，一般过滤性问题放在最前面，在过滤性问题后通常是较为简单有趣的热身问题，接下来步入正题，最后提问的是较复杂或难以回答的隐私问题。问卷设计流程如图6-2所示。

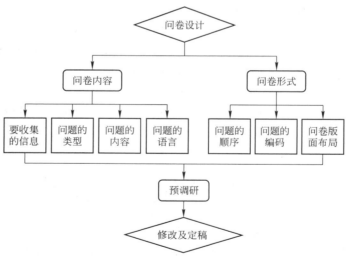

图6-2　问卷设计流程①

（3）事后检查。对设计好的问卷必须进行预调查，以便找出问卷的不足，及时进行修改。原则上预调查应该采取与最终访问相同的方式进行，比如访问是入户调查则预调查也应

---

①　刘杰克. 有效市场调研的三步曲［J］. 市场研究，2004（10）：12-13.

采用入户调查的方法。最后生成正式的问卷。

3. 设计问卷应该注意的问题

1）选择合适的问题回答形式

问题回答形式即考虑提问中是使用开放式还是封闭式的问题。开放式问题是指对所设计的问题没有提供具体的备选答案，被调查者可以完全自由地回答自己的想法。例如："您对网上购物有什么看法？""为什么您要购买小米电视？"

封闭式问题是指在设计调查问题的同时还设计了各种可能的答案，让被调查者从中选择自己认为合适的答案。提问方式有二项式问题、多项选择题和量表应答式问题（以量表形式设置的问题）。

2）问题的用词

（1）问题要具体明确。问题要具体明确，使被调研者清楚回答的范畴。例如："您对某综合电商平台的印象如何？"此问题就过于笼统，很难回答；可以具体地问："您认为某综合电商平台商品品种是否齐全，售后服务态度如何？"

（2）用词要通俗易懂。简单通俗的字词易于不同文化背景、不同阶层的消费者的理解和接受，也可以避免因理解错误而产生回答偏差。在问题中应该尽量少用专业词汇和字母缩写。例如："您认为该产品的 TM 是谁？"一般消费者不知道 TM 的意思，也就无从回答。

（3）语句应该尽量简短。过长和过于复杂的句子不仅理解困难，容易出错，而且思考和作答时间也较长，容易引起回答者的反感，应该尽量避免。

（4）一个提问应该只包括一个内容。例如："乘公共汽车上班和开私家车上班，哪一个更方便和经济？"这个问题就包括了方便和经济两个主题，但乘公交车上班经济但不方便，开私家车上班方便但不经济，被调查者通常不知该如何回答，应该分开提问。

（5）避免否定式的提问。例如："您不觉得手机的价格是您选择的一个很重要的因素吗？"这种提问方式与人们正常的习惯不相符，应改为肯定提问，即："手机的价格是您选择它的一个很重要的因素吗？"

（6）避免诱导式提问。这种提问中暗示被调查者该如何回答的线索，或调查者自身的某种观点，带有情绪色彩的字词。例如："许多人都喜欢刷短视频，您呢？""您不认为某品牌的家用电器质量有明显的提高吗？"

（7）避免提敏感性问题。这种被调查者不愿让调查者知道答案的问题如年龄、收入等应该放到最后，并注意提问的艺术性。

3）问题的次序安排

过滤性问题应该放在最前面；在得到合格的应答者后以一个能引起应答者感兴趣的问题开始；一般性问题放在问卷前面，需要思考的问题放在问卷中间，有关被调查者的个人资料放在问卷最后。

4）问卷的版面设计

避免版式看上去杂乱；给开放式问题足够的空间；同时问卷中的说明应当尽量用醒目的字体。

营销实操

如何设计问卷更有吸引力？

处于大数据背景下的信息时代，我们每天都能接收到大量信息，一份优质的问卷既能使被调查者认真仔细地答题，又能得到研究所需的内容，而且要有利于后续的数据分析。因此，在设计问卷时要考虑以下原则。

（1）目的性原则：紧密与调查主题相关。本质是在问卷设计环节，需要找出与"调查主题相关的要素"，根据主题，从实际出发拟题，问题目的明确，重点突出，没有可有可无的问题。

（2）一般性原则：问题设置是否具有普遍意义。例如：你认为哪种交通工具最安全：A 火车；B 飞机；C 宝马轿车；D 电动车。这里，C 选项的设计就不具有一般性，是错误的。

（3）逻辑性原则：有整体感，有逻辑性。结构合理、逻辑性强，问题排列应有一定的逻辑顺序，符合应答者的思维程序。一般是先易后难、先简后繁、先具体后抽象，从而使问卷成为一个相对完善的小系统。

（4）明确性原则：问题是否清晰、明确、完整。问卷应使回答者一目了然，且选项完整，符合应答者的理解能力和认识能力，避免使用专业术语，对敏感性问题采取一定的技巧调查，使问卷具有合理性和可答性，避免主观性和暗示性，以免答案失真，导致选择上困难及有效信息的流失。

（5）可接受性原则。在问卷的说明词中，应该将调查的目的和重要性明确告诉被试者，措辞要亲切、温和；提问要自然、礼貌，尽量通俗化、口语化，并且要避免一列令被调者难堪或反感的问题。

（6）效率原则：选择最简捷的询问方式。保证获得同样信息的前提下，应选择最简捷的询问方式，以节约调查成本。回答问卷的时间控制在 20 分钟左右，问卷中既不浪费一个问句，也不遗漏一个问句。

【资料来源】如何设计问卷更有吸引力？[EB/OL]．（2020-11-24）[2023-12-08]．https：//mp.weixin.qq.com/s/iEqIXyEeSXLwPoqmxy9_Rg.

6.3.2 抽样设计

要想知道一碗汤的味道，没有必要把一碗汤全部都喝完，只要舀一勺就可以了。在舀起一勺之前，我们还会把汤搅拌一下，让它更均匀。市场调研与尝汤的原理一样。对于绝大多数的市场调研而言，没有必要也不可能进行普查，只要抽取样本进行调研；而有效的、有代表性的调研就要保证样本能够"均匀"，也就是要足够随机，足够地具有代表性，这是抽样调查是否准确可靠的重要衡量标准。

1. 抽样设计的步骤

（1）界定调研总体。界定调研总体即清楚地说明调研对象的范围。例如：2022 年 6 月 A 市 18~35 岁的青年。

（2）选择资料收集的方法。资料收集究竟应该采取入户访谈、电话调查、街上拦截还是在线调查的方式，对抽样过程都会有不同的影响。

（3）选择抽样框。选择抽样框即确定能代表总体的抽取样本的名单。在实际调研中得到完整、准确的抽样框非常不容易。

（4）选择抽样方法。抽样方式可以分为非随机和随机抽样，具体又共有 8 种方法。

（5）决定样本大小。样本大小也就是样本所含个体数量的多少。样本的大小不仅影响自身的代表性，而且还影响调查的费用和人力的花费。确定样本大小一般要考虑精确度要求、客观条件的制约等。

（6）抽取样本收集资料。

（7）评估样本正误。评估样本正误即考察样本的代表性。如果代表性不足则要重新抽取。

2. 抽样设计的方法

可以选择的抽样方法分为两大类。随机抽样法是从抽样框中随机抽取一部分子体作为样本进行调查，然后根据样本信息推算市场总体情况的方法。而非随机抽样法是随机抽样法以外的抽样方法。

1）非随机抽样方法

具体又可以分为以下 4 个方面。

（1）便利抽样。便利抽样即选取偶然遇见的个案或利用自己身边和附近的人作为研究对象和样本，如"街头拦截法"就是一例。这种便利抽样好像有某种随机的味道，实际上不然，可能会缺乏代表性。

（2）判断抽样。判断抽样即研究者根据自己的主观判断去选定符合自己研究目的的样本。这种抽样方法受个人的主观影响比较大，研究人员如果判断不准，误差可能会很大。

（3）滚雪球法。滚雪球法即要求回答者提供附加回答者名单的抽样方法。当手头的样本十分有限，而回答者又能够提供对调查可能有用的别的回答者的名单时，这种方法可以让回答者的名单像雪球一样越滚越大。

（4）配额抽样。总体中一定有各个不同层次的样本，为了能够抽取到足够有代表性的样本，人为地规定各个层次应该抽取的数量，这种抽样方法就是配额抽样法。一般的步骤是：第一步，选定控制特性，即分组的标准；第二步，决定总体中控制特性的比例；第三步，决定从各层中抽取样本的数目；第四步，配额指派，即把各层要求的样本数量选出来。可以用判断抽样或便利抽样的方法，直到抽满配额为止。

2）随机抽样方法

随机抽样方法具体又可以分为以下 4 个方面。

（1）简单随机抽样法。简单随机抽样法是指完全排除任何主观有目的的选择，采用纯粹偶然的方法从总体中抽取样本。这种方法适用于总体单位数不太庞大以及总体分布比较均匀的情况。

（2）分层抽样法。先按某种划分标准将调查母体划分为若干层，再从各层中随机抽取一部分个体作为样本的方法。这种抽样方法的主要目的在于保证各层具有代表性的要素能被均匀地抽出。

（3）等距抽样法。即根据构成总体中个案的出现顺序，排列起来，每隔 K 个单位抽一个单位作为样本，如逢十抽一、每隔七户抽一户等。这种抽样方法工作量小，样本分布均匀，在实际中是广泛应用的一种抽样方法。

（4）整群抽样法。在实际工作中，当总体特别大时，有时不能一个一个地筛选，而需要整群整批地抽选，这时就会用到整群抽样法。例如：了解中学生的某种情况可以从几所中学任意抽取几个班级作为样本。

6.4　资料分析与结果沟通

通过市场调查实施阶段所获得的原始资料，还只是粗糙的，需要经过整理加工，才能进行分析研究并得出科学的结论。因此，资料整理和资料分析是营销调研过程中的一个必不可少的环节。

6.4.1　资料整理的目的

（1）使文字资料向机读数据文件转化，即将问卷中的文字信息转换成计算机能够识别的数字符号，以便于统计分析。

（2）对大量开放式问题的答案进行分组处理，以便于整理和分析汇总。

（3）以简明的方式将统计和汇总的结果表现出来，使得某一现象的发展清晰呈现出来。

6.4.2　资料整理的程序

对资料进行整理要经过如下步骤。

（1）问卷登记和检查。可按地区访问员等将资料进行登记分类，记录一个地区收回问卷数量、实发问卷数量等情况。对于收回问卷进行质量检查，剔除无效问卷如甄别部分要排除的对象、答案模糊不清、答案完全一致、不符合回答要求的问卷等，并对缺损数据的问卷进行处理。

（2）编码。编码是把原始资料转化成符号或数字的资料简化的过程。原始资料一般分为两类：数字信息和文字信息。编码主要是针对其中的文字信息而言的。例如：您从何渠道知道某某品牌手机的？①电视广告；②公交车站路牌广告；③报纸；④杂志；⑤朋友；⑥同事。可以直接按答案顺序分别赋以1～6的数字。

在编码过程中，编码人员必须编写一本编码书，说明每一个数码的意思，因为在整个市场调研中，会有大量的变量和数据资料，如果不制作一本手册，含义容易忘记。

（3）数据录入。接下来进行数据的输入工作，即将信息输入计算机的存储设备上的过程。

（4）对数据质量进行审核。在将数据输入之后，还要对数据质量进行审核，即检查数据录入的准确性；同时对缺损的数据进行处理。

6.4.3　资料分析

成功的研究者需要知道如何利用搜集的数据去解决疑难的营销问题，即明白分析什么，如何分析，如何解释结论，从而使研究有价值。

因此，在对调研资料进行系统整理的基础上，还必须对它们加以充分的分析。调研资料的分析包括统计分析和理论分析两部分。

统计分析的程序是首先列出初步的统计清单，然后运用各种计算机统计程序处理数据，然后分析输出的统计结果，再提出某些项目重新统计的要求，最后再分析输出结果，直到满意为止。统计分析过程中要用到很多统计方法，比较简单的有一些描述性的统计方法，如计算平均值、中位数和众数等反映集中均势指标的方法，标准差、方差、全距等反映离散程度指标的方法。此外，较为复杂的调研活动，可能还会用到相关分析、回归分析、方差分析、聚类分析等更加复杂的统计方法。

营销实操

剔除无效问卷的 5 种手段

对于调研者来说，最担忧的问题莫过于：数据回收上来了，数据不能用。数据的准确性和真实性都是调研工作的核心，是决定调研项目成败的关键。然而，水军刷题、机器脚本答题、访问员怠工、检查员造假等问题，往往会带来大量虚假错误数据，给调研结果带来极大的困扰。因此，回收的问卷要全部检查一遍，剔除无效的或不能接受的问卷。

无效问卷是指以下几种可能情况，①不完全的问卷，即有相当多的部分没有填写的问卷。②被调查者没有理解问卷内容而错答的，或者是没有按照指导语的要求来回答的问卷，如跳答的问题没有按要求去做等。③回答没有什么变化的问卷，如在5级态度量表中，不管正向还是反向的看法，填表人都选3（一般）的情况。④缺损的问卷，即有数页丢失或无法辨认的问卷。⑤在截止日期之后回收的问卷。⑥由不符合要求的人填写的问卷，如一项调查要求被调查者的年龄在25～55岁，那么在这个范围之外的人所填写的问卷都应视为无效问卷。⑦前后矛盾或有明显错误的问卷。例如：年龄为20岁，职业为退休人员；或者在职务一栏填写国家领导人等，不是以严肃态度填写的问卷。

剔除无效问卷的5种手段。①自动质量控制。可设置标准答案质控题或重复答案质控来进行质量控制，自动检验样本在答题过程是否认真答题，保证样本回收质量。②人工智能评分。用机器学习算法，对已回收答卷的质量和置信度自动打分，自动筛选出不合格的答卷。③第三方人工质控。第三方质控员可在线查看、审核、回访已回收的答案数据。④答案审核。调研平台随机抽取答卷，设置只审核重点问题，支持一键审核通过，提高人工审核效率。⑤生成问卷质量分析报告。调研平台自动输出问卷质控报告，多维度分析问卷质控质量。

【资料来源】剔除无效问卷的5种手段［EB/OL］.（2022-07-26）［2023-12-08］. https：//mp. weixin. qq. com/s/4IReXLdQVT9Iq7pClYOhLQ.

6.4.4 调研结果的沟通

调研结果的沟通是整个调研过程中的最后一个阶段，也是非常重要的一个阶段。

1. 调研报告的主要内容

调研报告没有一种固定的结构，一种建议性的结构是：标题、目录、摘要、调查概况、调查结果、结论建议、附录。

（1）标题。标题页也可能是报告的封面，一般的内容包括：调研的题目或标题；调研机构的名称；项目负责人的姓名及所属机构；报告完稿的日期。一般封面设计的整体风格应该是严肃、精致。

（2）目录。目录是报告中各项内容的完整一览表。

（3）摘要。摘要是对调查活动所获得的主要结果做概括性的说明，是调查报告极其重要的一部分。它应该简明扼要地说明调查的主要结果，一般最多不要超过报告内容的10%。

（4）调查概况。在调查概况中要交代调查背景、目标和方法。背景部分简单罗列调研委托所面临的问题；目标叙述调研目的；方法介绍资料来源和抽样程序。

（5）调查结果。调查结果构成调研报告的主体，提供调研人员收集到的所有相关事实和观点。具体包括数据、图表资料及相关文字说明、推论，以及对调研结果产生的原因分析等。

（6）结论建议。在这一部分，研究人员要说明调查获得哪些重要结论，根据调查的结论应该采取什么措施。有时也可以与调查结果合并到一起。

（7）附录。附录包括与调研直接相关的资料，如问卷、信息来源、统计方法等。

2. 调研报告中应该注意的问题

（1）篇幅不代表质量。调查报告中常见的一个错误观点是"报告越长，质量越高"。事实上，调研报告的价值不是用篇幅来衡量的，而是以质量、简洁与有效来衡量的。

（2）解释不充分。某些调研者在调研报告中只是简单地重复一些图表中的数字，而不进行任何解释性工作或解释得不够充分。

（3）偏离目标或脱离现实。调研报告中常见的另一个毛病是调研结果没有达到调研目标，或者提出了不现实的调研结论。

（4）过度使用定量技术。在调研报告中过多使用不易理解的统计技术会让人反而怀疑调研报告的合理性。使用定量技术的前提和基础必须是调研目标和方法的合理性。

（5）虚假的准确性。在一个相对小的样本中，把引用的统计数字保留到两位小数以上，常会造成对准确性的错觉。

（6）资料解释不准确。有时尽管调研报告对结论进行了解释，但解释不够准确，也会对营销策略的正确性产生影响，因此要想准确地解释问题，撰写者必须研究各种研究方法的局限性。

（7）虚张声势的图表。过于眼花缭乱的图表不仅毫无用处，而且会产生误导。

关 键 术 语

营销调研（市场调查/市场调研）、探索性调研、描述性调研、因果性调研、一手资料、二手资料、案头调研、定性调研方法、定量调研方法、观察法、焦点小组访谈法、深度访谈法、网络民族志、神秘顾客调查法、眼动追踪技术、实验法、随机抽样法、简单随机抽样法、分层抽样法、等距抽样法、整群抽样法、便利抽样法、配额抽样法、滚雪球抽样法

 知识巩固与理解

◯ 在线测试题

请扫描二维码进行自测。

自测题

◯ 思考题

1. 企业开展营销调研一般经历哪些主要步骤？
2. 营销调研的主要方法有哪些？
3. 二手资料的来源有哪些？
4. 询问法的优缺点。
5. 问卷的基本结构是什么？在问卷设计中应该注意哪些问题？
6. 抽样设计的主要方法有哪些？
7. 资料整理的基本步骤是什么？
8. 调研报告的主要内容都有哪些？

知识应用

◯ 案例分析

泡泡玛特在发展过程中是如何了解市场的？

泡泡玛特自从2016年进军潮流玩具后，其品牌认知度与销售额一路高歌猛进，2017年、2018年及2019年净利润分别为160万元、9 950万元、4.51亿元人民币，总毛利率高达65.8%。中国潮流玩具零售市场5个企业集中率$CR_5 = 22.8\%$，泡泡玛特销售额市场占有率第一（8.5%），目前是中国最大且增长最快的潮流玩具公司，其余市场头部玩家主要为跨国玩具制造公司。泡泡玛特作为整合平台的唯一参与者，覆盖全产业链，包括艺术家发掘、IP[①]运营、OEM生产、消费者触达及潮流玩具文化推广。其主要产品包括手办、盲盒、球形关节人偶（BJD）与衍生品。

1. 早期中庸之道

创立于2010年，泡泡玛特售卖各种官方授权的新奇玩具、文具与饰品，希望成为中国潮流杂货界的丝芙兰（全球美妆购物平台）。在5年内，从一家进入购物商场都困难的杂货铺做到有能力在北京金融购物中心开直营店的零售连锁。尽管如此，泡泡玛特仍然是一家缺乏显著差异的渠道商，代理着不具独家优势的品牌，利润单薄。敏锐的创始人发现，虽然顾客近在咫尺，却没有任何情感共鸣。消费者至多认可店里的商品，却不会对泡泡玛特的品牌产生任何依附。基于这样的认知，泡泡玛特决心要全力打造具有独特价值的强势品牌，成为在消费者眼中不可替代的品牌。

---

① IP全称是intellectual property，直译为知识产权。其意义在网络时代逐渐被泛化，成为包含人设、故事、情绪、意涵在内被高度提炼的符号。能否成为IP取决于它能否凭自身的吸引力，挣脱单一平台的束缚，在多个平台上获得流量，进行分发。

2. 觅得蓝海，构建情感共振

通过梳理分析当时门店的销售数据，泡泡玛特发现一个叫作 Sonny Angel 的玩具销量很高。进一步调研后了解到这个现象的驱动原因是新一代消费对"收集"的需求。同之前人们爱好收集邮票一样，年轻人将情感转嫁于艺术玩具上。不同于普通带有功能性的儿童玩具，这些手办融艺术和潮流为一体，具有艺术收藏和社交价值，因此它面对的消费者是一群18～35 岁、具有消费能力、能决定未来消费风向标的人。

除此之外，泡泡玛特还发现：在海外如日本、泰国、韩国等已经有成熟的潮流玩具经济，甚至很多中国玩家会专程去海外展会上搜罗潮玩。反观国内，潮流玩具产业是一片空白，无论百度百科还是天猫品类或主流社会，对该产业的认知基础为零。

2016 年，通过网上征求消费意愿获悉 Molly 公仔后，泡泡玛特团队直奔香港与 Molly 的设计师协商合作。Molly 于 2006 年由香港设计师王信明先生设计推出，初期并未大火，量产很少，仅在小范围粉丝圈子内流行；2016 年，被泡泡玛特买断成为自有 IP 之后，公司通过强营销种草、强渠道推广、多终端销售，辅之以 IP 运营优化产品，完成 Molly 从感知市场到引领市场的转变。此后，泡泡玛特陆续与 Fluffy House、妹头、Satyr 等知名 IP 进行战略合作。

和从动漫、电影、小说等 IP 衍生出来的周边玩具不同，泡泡玛特选择的潮流玩具没有立足于作品，原因在于：首先，Z 世代的偶像已经脱离旧日"艺人"打造模式，需要更快更迭、更垂直、更专属，也更能满足个人身份认同感；其次，这样的 IP 在时间成本极高的时代降低了粉丝了解 IP 的门槛，凭借抓人的艺术造型吸引粉丝，同时还可以根据自身需要，赋予它们情绪、性格，铸就情感共振点。

此时，泡泡玛特的 IP 已经形成了一套精神文化系统：将潮玩文化作为文化母体，将"玩心回归"永保童心作为价值观，用惊喜、快乐与期待作为情感内核，用零售娱乐化的方式将其承载在泡泡玛特的产品之上，走上了 IP 产品化之路，为艺术家赋能，为消费者筑梦。

经过观察消费者动向与喜好，泡泡玛特从一个没有消费者认同感的潮流杂货铺转型成打造年轻人痴迷的潮玩 IP 运营商，结合自身零售业积淀的能力，将之前难以商业化、规模化的艺术作品传递到购买者的手上，完全革新了与消费者的关系——从与消费者有距离的商品接力员变为情感共振的价值提供者。2017 年扭亏为盈，泡泡玛特自主开发产品收入为4586.4 万元，占比 29%，毛利远高于代理产品，费率从 2016 年显著下降。

3. 未雨绸缪：深耕垂直生态，蓄力常青企业

手握重磅 IP 的泡泡玛特深知自己虽然有一批潮玩粉丝，但在极速迭代的时期，必须时刻警惕 IP 和品牌老化。在 2017 年，仅 Molly 一个 IP 贡献了企业 89.4% 的收入，然而潮流类IP 生命周期短，头部 IP 交易量容易被稀释，泡泡玛特开始思考如何能延续 IP 和品牌的生命：想要永远和消费者一起站在前沿，就需要铸造自己的生态。

2016 年前，潮玩行业在中国从未被踏足，在充满可能性的同时也布满荆棘，泡泡玛特不仅需要打通全产业链，作为先驱者，面对产业链零基建也不得不这么做。从前端入口做潮玩展会、供应链工业设计开发、代加工、生产、自营渠道等全由泡泡玛特自己搭建。这些早期工作奠定了泡泡玛特在垂直行业的纵深度，使先驱没有成为先烈。

4. 布局强渠道

泡泡玛特 2016 年快速进入天猫、京东等电商平台，同时上线了葩趣社群 App（潮流文化分享、线上商城、二手交易、改娃等），该社群截至 2019 年底拥有 320 万注册用户，2021 年又进入微信生态，推出了泡泡玛特抽盒机小程序。该小程序上线前，时任公司首席技术官的邢宗宇曾经在线下的机器人商店站了整整 7 个小时，观察用户的消费行为。他发现对于用户来说，瞬间的惊喜感和喜悦非常重要。如何把这种体验复制到线上泡泡玛特抽盒机，是产品成败的关键。为此，泡泡玛特抽盒机做了一系列设计。小程序符合盲盒的特征且内嵌互动功能，创造了好玩、有趣的购物体验，从而增加了智能手机上盲盒的销售。线下也在逐步扩张，在重点都市商业圈部署 144 家零售店、825 家机器人店（自动贩卖机）、快闪店等。零售门店是确立市场地位及与粉丝互动联系的重要渠道，而机器人店起到了试探新店设立可行性的作用。除了利用各平台优势实现消费者全触达，泡泡玛特也通过自建平台进一步精准监测消费者动向，提升互动性、活跃度与品牌依附度。用户与用户之间沟通购买体验、比较收藏内容也为泡泡玛特提供了消费者最新关注点、满意度、需求等重要信息，将漏斗形价值创造模型转变为具有网络效应指数型价值增长。

5. 建立行业影响力，掌控头部资源

2017 年，在行业上游方面，毫无经验的泡泡玛特决定举办中国第一届潮流玩具展，邀请全球一线艺术家，获得的收益远超于售票获得的经济利益本身（2019 年展会收入 4552 万元），这个举动帮助泡泡玛特形成了消费者认知度，扩大了业内影响力，先发制人且最大限度地抢占了上游头部设计师资源以占领了行业制高点。在泡泡玛特体系里，结合渠道和平台反馈的数据与信息，艺术家能够针对目标人群精准设计出他们喜爱的形象。因此，数据赋能高频出新、出爆款。

【资料来源】殷凯伦. 曾经利润微薄，如今估值 70 亿美元，泡泡玛特是怎么做到的？[EB/OL].（2021-02-05）[2023-12-08]. https：//mp. weixin. qq. com/s/hxk8-t8GY6u1xl6QRHNktw.

[讨论题]

1. 泡泡玛特在业务发展过程中采用了哪些线下的调研方法？这些调研的作用是什么？
2. 泡泡玛特在业务发展过程中采用了哪些线上的调研方法？这些调研的作用是什么？
3. 结合本案例，请归纳泡泡玛特通过调研，了解了哪些对营销决策有价值的内容。

⟳营销辩论

在企业营销实践中，关于市场调研是否有用一直存在争议，无用论者认为消费者根本不知道想要什么，苹果公司创始人乔布斯曾公开宣称："苹果从不做市场调研，市场调研没有任何用处。"持调研有用论的认为市场调研的核心和本质是对顾客需求的准确洞察，主观臆断，拍脑袋决策无异于撞大运。

正方：企业制定营销战略与策略之前，必须做市场调研。

反方：企业制定营销战略与策略之前，无须做市场调研。

⟳角色模拟

1. 假如你是某调研公司的工作人员，在下面的调研中，你认为采用哪种调研方法更合适。

A. 了解消费者在线购买行为　　B. 消费者对某品牌若干平面广告的偏好

C. 某产品包装对产品销量的影响　　D. 对热播的某唱歌比赛中各个选手的人气调研

2. 如果你是学校后勤集团主管学生食堂工作的负责人，要了解学校各个食堂的学生满意度，试分别设计一份调研方案和一份调查问卷。

➲营销在线

1. 请登录 http：//survey. shangpu−china. com/yhdy/229945. html，阅读《2021 年中国有机食品市场消费者调研项目案例》，对该调研报告给予评价并指出给你带来的进一步思考。

2. 请浏览问卷星平台上一份有关新能源汽车市场的调查问卷：https：//www. wjx. cn/xz/96020056. aspx，根据问卷设计的相关知识，对该问卷进行评价并阐述理由。

➲拓展阅读

拓展阅读文献

第3篇 战略性营销

➡ 第7章

·+·

竞争性营销战略

学习目标

1. 了解竞争对手分析的步骤及主要内容。
2. 理解市场竞争者的 4 个层次。
3. 掌握处在不同市场地位的企业竞争性营销战略。

引导案例

民航与高铁

近年来，受互联网+运输服务深度融合、综合运输体系日趋健全特别是高铁成网运行、私家车保有量持续高位增长等因素影响，我国客运市场环境发生着日新月异的变化。

在不同运输方式的客运量市场份额变化情况中，2014—2020 年，公路客运占比逐步减小，铁路、民航、水运占比整体呈现上升态势。其中，民航旅客运输量占比从 2014 年 1.8%增长至 2020 年 4.3%，铁路旅客运输量占比从 11%增长至 23%。2010—2019 年十年间，高铁客运量/铁路客运量占比已从 8%爬升至 64.4%。高铁对民航而言，具备明显的替代及互补效应。

短期内，民航与铁路（以下简称"空铁"）的中转尚未实现无缝中转、行李直挂，但 A-viation 智能大数据实验室数据显示，空铁中转需求不容小觑。以 2021 年至今北京/上海两市机票会员为例，69%为空铁交叉会员，而交叉会员订单中约六成为高铁、动车、城际订单。

高铁借助其大运量、高速度、高密度、公交化的运输优势，之于民航的替代效应不容忽视。南京—武汉、长沙—深圳、西安—成都等线路高铁开通后，直接导致各航司航班取消，或者民航运力减少，票价降低。另外，部分航线市场规模与份额趋于稳定，民航与铁路并存。民航与高铁的竞争关系有望从单纯票价、频率的竞争转变为以提升服务水平、丰富产品类型为代表的差异化竞争。

未来民航航网与高铁路网或将实现全面打通，即大型机场与高铁无缝中转。高铁路网可主要服务于国内短途旅客运输，而枢纽机场的航空运输则侧重于国际运输及国内长途运输，两者紧密配合从而发挥各自运输优势，实现资源整合及双赢，拓展航空运输和铁路运输各自的辐射圈。节约社会资源的同时，也为旅客出行提供了极大的便利。

高铁路网越织越密，民航中转联网成为必然趋势，而未来民航与铁路的发展也将迎来从竞争到竞合的转变。民航与高铁两网融合过程中，空空、空铁联运的便捷性将帮助民航突破增量瓶颈，从而实现机场与机场之间客流量的高速增长。

【资料来源】陈皓姝．从竞争到竞合"十四五"民航与高铁两网融合展望［EB/OL］．（2021-10-15）［2023-12-08］．https：//m. traveldaily. cn/article/148509.

中国高铁与航空公司竞争的出现并非偶然。企业间的竞争边界绝大多数时候并非由个别企业决定，而是由产业发展阶段和竞争状况决定。近年来，市场竞争出现以下特点：一是各行业或专业领域内企业间的市场化竞争趋向明显，竞争程度日益加剧；二是市场竞争越来越表现为全方位的综合实力的竞争，即从原材料采购、产品研发制造至市场营销贯穿于以产品或服务为核心的企业运营过程的竞争；三是传统的行业界限变得模糊或被打破，出现跨行业寻求交叉优势的竞争；四是常常出现改变竞争格局的新替代品或新技术的竞争力量。

在本章中，我们将围绕竞争对手以及竞争性营销战略来展开分析与讨论。

7.1　竞争者分析

当今企业处在一个竞争十分激烈的环境中，新的竞争对手不断进入，行业内整合日益加剧。在这样一个瞬息万变的市场环境中，谁能掌握市场的先机，谁能及时把握竞争对手的动态，谁就在竞争中掌握了主动权。因此，对竞争对手进行信息收集与分析就显得尤其重要。

7.1.1　识别竞争对手

进行竞争分析的首要步骤就是界定"谁是企业的竞争对手"。一个企业识别其竞争对手看似非常容易，而事实上绝非如此简单。因为竞争的产业领域常常被跨越，竞争对手可能有明有暗，有远有近；有现实的，也有潜在的。竞争者的范围可能要比我们想象的宽广得多。

根据产品或服务的可替代程度，可以区分为4个层次的竞争者。

1. 从品牌竞争的角度识别竞争者

以相似价格向相同的目标顾客提供类似产品或服务的企业是最直接的竞争者，也是最容易被看到的，竞争是面对面、明显化的。例如：海信电视机可以很容易地认定TCL、创维、康佳等也向市场提供这类型产品的家电企业为其主要的竞争对手。

2. 从行业结构角度识别竞争者

那些制造相同产品或同类产品的公司，它们的目标市场可能与本公司不同，或者市场地位与实力不能相提并论，可能目前并不是本公司的主要竞争者。例如：奔驰、宝马、凯迪拉克、红旗、蔚来等都构成了奇瑞汽车的行业竞争者。

3. 从市场角度识别竞争者

这是指所有提供相同功能的产品或服务的公司的竞争，也称之为形式竞争者。例如：碳酸饮料、果汁饮料、矿泉水、茶饮料之间就存在着竞争，他们都可以满足顾客解渴的需求。

4. 一般竞争者

一般竞争者是指那些为争取同一笔消费资金而进行竞争的公司。由于消费者在一个特定的时期内手中的资金都是有限的，必须在某些商品的购买上做出取舍。因此，轿车厂商可能会将承办国外旅游的旅行社等视为竞争对手。

由此不难看出，企业除认清现实的竞争对手外，还需要警惕来自潜在对手的威胁，因为真正巨大的威胁经常会来自那些新出现的、潜在的竞争对手。因此，识别竞争对手不能只关注当前的、与本公司的经营运作最为相似的"近"的竞争者；否则，就会犯"竞争者近视症"，错失机会，甚至于自毁前程。

特别关注

满足顾客需求和竞争制胜对手的逻辑关系认知

市场需求是市场营销的前提和基准，这是基本共识。顾客有无持续、稳定、足量的产品或服务需求，可以说是一个行业能否存续、兴衰与否的基本前提条件。而在具体市场环境中，企业的生存与发展状况则主要取决于竞争状况。因此，竞争导向与顾客导向应该成为企业制定发展战略与营销策略的两个基准性导向目标。

在现实产业中，市场容量是有限的，如果该市场利润规模可观而且缺乏足够高的进入和退出门槛，该市场势必将形成激烈的竞争。在市场争夺战中，具备卓越品质的产品或服务并不一定就能赢得市场。因此，战略管理者和市场营销计划制定者们在深刻了解顾客需求的同时，更应该关注竞争，以寻求差别性的竞争优势。

市场竞争本质上就是一场争夺顾客心智位置的特殊战争。无论其手段为何，质量战、品牌战、价格战、广告战、渠道战……其战果或许表现为短期内销售额或市场份额的骤然增加，但企业能否在这场战争中最终胜出不仅取决于此，而在于企业能否真正超越对手，掳获顾客的"芳心"。

7.1.2　竞争者分析基本内容与步骤

"知彼知己，百战不殆"，企业要在如此激烈的竞争中生存和发展，就必须充分运用竞争情报系统，千方百计地了解竞争对手和竞争态势。例如：通用汽车、三星电子等许多大企业已将竞争对手分析置于重要的战略位置，设有专门的情报搜集分析机构。

著名的竞争战略专家迈克尔·波特为我们提供了一个系统的分析框架，如图7-1所示，分析内容主要包括关于自我和行业的基本假设、竞争对手的未来目标、竞争对手的当前战略及能力等。

关于竞争者分析，科特勒先生给我们提供了更为具体的分析步骤，结合波特竞争者分析理论，竞争者分析一般应有以下基本步骤。

1. 确认竞争对手

首先，根据行业和市场的标准识别确认主要的现实竞争对手和潜在的竞争对手。这是企业进行竞争者分析必须做出的首要判断。这一步极其关键，其辨识的竞争对手范围过大，就会增加企业成本，削弱对主要竞争对手的进攻或防御力量；若范围过小，则可能使企业受到未被监视竞争对手的突袭。

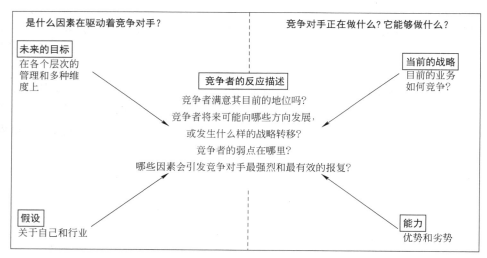

图7-1　迈克尔·波特的竞争者分析框架

2. 识别并判断竞争对手的目标

对手的目标决定着他们的行动。通过对竞争对手目标的分析，可以预测对手战略战术动态。竞争对手的未来目标广泛存在于企业各级管理层和营销战略等方面，重点体现在企业的获利能力、市场占有率、技术创新和服务领先等方面。例如：以扩大市场占有率为目标的企业会更加关注销售额快速增长的竞争对手；而以技术领先为目标的企业则会更加关注竞争对手的技术研发投入与进展等信息。竞争对手目标信息还可以从竞争对手的生产经营历史和高级管理层的经历与背景中获取。

3. 确认并判断竞争对手的战略

首先，要确认竞争对手奉行的是哪种战略导向：成本领先、差别化或专业化战略。然后，把有关的分析深入竞争对手的每个业务职能领域的战略中。竞争对手目前的战略可以依据它的言行来加以确认。一般而言，企业所推行的战略取决于竞争对手的目标和在市场中的位置。通过对竞争对手现行战略的确认和分析就可以了解竞争对手目前在做什么和将来能做什么。

4. 评估竞争对手的优势与劣势

正确评估竞争对手的优劣势是企业做到知己知彼、参与竞争的基础。竞争对手的实力取决于其拥有的资源和能力。企业的资源主要是指实物资源、人力资源、财务资源及无形资产等。获取竞争对手的资源及能力方面的信息一般可以通过两种途径：一是通过公开的信息渠道收集；二是直接对顾客进行调查获取信息。

根据获取信息并结合行业情况来分析预测竞争对手的优劣势，主要从以下几个方面分析与评估。

（1）占有率。一是市场占有率，它衡量竞争对手的市场地位和市场份额；二是心理占有率，这是指顾客在回答"举出这个行业中你首先想到的一家公司"问题时，提名竞争者的顾客在全部顾客中所占的百分比，它衡量竞争对手在消费者心目中的知晓程度；三是情感占有率，这是一个衡量消费者对竞争对手产品偏爱程度的指标，这是指在回答"举出你喜欢购买其产品的公司"问题时，提名竞争者的顾客在全部顾客中所占的百分比。

（2）财务状况。财务状况主要包括盈利能力分析、成长性分析和负债情况分析、成本分析等。

（3）其他方面。这主要分析竞争对手的产能利用率、创新能力、高层领导者信息等方面情况。

"知彼"的目的实际上还是为了更好地改善自己，提高自身的竞争力，所以在分析竞争对手特别是那些业界领袖的成功之处时，许多企业会以此作为标杆，加以学习。

5. 预测竞争对手的反应模式

公司的营销战略与营销行动必然会引起竞争对手的相应反应，公司只有事先较准确地估计竞争对手的反应，采取恰当措施，才可保证自身战略目标的顺利实现。竞争对手的反应模式受到行业竞争结构、竞争者目标与优劣势以及竞争者企业文化等因素影响。

一般而言，常见的竞争者反应类型可归纳为以下几种。

（1）从容型。竞争者反应不强烈或根本没有反应。因此，公司需要搞清楚竞争者反应不强烈的原因所在：是企业所需的资源实力有限，还是竞争者对经营前景和顾客忠诚度有高度自信，或仅仅是因为反应迟钝。

（2）选择型。竞争者可能只对某些攻击行为做出反应，而对其他攻击不予理会。例如：一些企业对竞争对手的产品新功能方面的攻击反应强烈，而对价格竞争态度冷淡。这说明竞争对手不愿意介入价格大战。

（3）凶狠型。这类公司对向其发动的任何攻击都会做出迅速而强烈的反应。这类公司一般都具有相当实力，强烈的反击会警示竞争对手不敢轻易攻击它。

（4）随机型。这类竞争者对受到的攻击的反应无法预见。许多小公司都是随机型竞争者，会根据具体情形和自身实力来随机决定其反击行动。

对竞争者进行客观的分析，并结合自身所处的市场地位，企业就可以制定相应的竞争性营销战略。

6. 选择对策

即根据竞争情境分析，是进攻还是回避。一般会综合考虑竞争者的强与弱、竞争者与本企业相似度的大与小、竞争者的表现良好还是具有破坏性、顾客价值分析、是否有未被占领的市场空间等因素来选择对策。

营销展望

平衡企业战略的竞争性与协作性

从战略的起源而言，战略源于战胜敌人的需要，而军事战略服务于战争目的。常见的观点认为"商场如战场"，如著名的日本商业战略家 Keniche Ohmae 在《战略家的思想》一书中阐述道：企业战略的唯一目的是让公司尽可能有效地获得超越竞争对手的可持续优势。博弈盛行导致严重内卷的竞争环境我们并不陌生，但商场终究不是战场，我们应以何种原则思考战略？

企业家们需要反思战略制定的底层逻辑：一种是基于丛林法则，在资源稀缺和有限的条件下，将自身利益最大化，打败敌人，扼杀竞争对手，争夺生存和发展权；另一种是基于生态共赢，通过相关利益人的相互协作，为客户创造更高价值，从而获取企业价值。

如何平衡企业战略的竞争性与协作性，更好地创造价值、获取价值？《道德经》中的一句话可以作为解答："昔之得一者：天得一以清，地得一以宁，神得一以灵，谷得一以盈，万物得一以生……"事物如果不持续生长必然走向终结，企业只有照顾到产业链所有利益相关方才能使产业更加兴旺。

从企业经营的实践而言，竞争对手的存在可以给企业带来以下好处：第一，市场中的需求会因为周期性、季节性或偶然原因而产生波动，竞争对手的存在能够吸收这部分波动，让企业充分利用自身的产能；第二，在监管机制较为成熟的地区，竞争对手的存在能够使企业减少触犯反垄断法的风险；第三，产品差异性增多，使消费者受益；第四，不论是竞争对手发布的广告还是开发的产品，都可以用来扩大产业影响，有利于增加市场总需求；第五，竞争对手能够分担市场开发和产品开发成本，包括引导顾客试用，击败替代品，促进基础设施建设等方面的投入。

因此，企业的责任不应局限于"打败对手"，更应通过创新、协作，从争夺社会资源的恶性竞争转为不断创造更多社会价值的良性共生，保证所有利益相关方的利益，从内卷到共同进化，创造一个可持续发展的生态共赢圈。

【资料来源】

［1］曹晓强．被"打败对手"困住的企业家，忽略了商业本质［EB/OL］．（2022-04-03）［2023-12-08］．https：//mp. weixin. qq. com/s/0DAh0maiEVeIk737szTBQQ.

［2］秦岭．没有竞争对手的明天会更好吗？［EB/OL］．（2019-06-18）［2023-12-08］．https：//mp. weixin. qq. com/s/dZtpF7_ 4jrreoaApxyL3Wg.

7.2 市场领先者战略

7.2.1 市场领导者角色界定

一般地，绝大多数的行业都有一个拥有最大市场份额的公司。这个公司通常在价格变化、新产品引进或开发、分销覆盖和促销强度上，对其他公司起着领导作用。它的统治地位在业内是被普遍认可的。该领先者常常成为竞争者模仿或挑战的对象。

在国内外各类市场中，我们常常会领略到这些市场领导者的风采，如在全球市场上的百度（中文搜索引擎）、特斯拉（电动汽车）、大疆（无人机）、三星（智能手机）、可口可乐公司（软饮料）、麦当劳公司（快餐食品）等及中国市场的抖音（短视频平台）、顺丰（快递）等。

市场领导者的经营处境并不因为暂时领先而轻松，除非它拥有法定的垄断权利。它必须时时保持警惕，因为其他竞争者会时时伺机向其挑战或者寻求并利用它的弱点。市场领导者在前进路上会很容易地错过良机而下降为第二位或第三位的公司。

7.2.2　市场领导者的营销战略

一般说来，处于领先地位的公司要继续保持第一位的优势，需要在以下三个方面进行努力。

1. 扩大总市场需求

市场领导者因为拥有最大的市场份额通常在总市场扩大时获益最多。总的来说，扩大总市场需求的有三种：发现新用户、开发新用途和更多使用该类产品。

（1）发现新用户。每类产品，尤其是新产品总有其吸引购买者的潜力。顾客也许根本不知道有这类产品，或者因为其价格、性能等因素而拒购。中国移动通信公司通过进一步细分市场，专门针对青年学生推出"动感地带"业务，因其时尚、实惠等因素而获得巨大成功。

（2）开发新用途。市场也可以通过发现和推广产品的新用途而扩大需求。如果口香糖制造厂商向各类宾馆、饭店推售口香糖作为顾客餐后赠品以清新口腔，必然会扩大口香糖的总体销量。据研究表明，绝大多数新工业产品的最初构思都来自顾客的建议。因此，公司的任务就是监测用户对产品的使用以开发新用途。例如：凡士林最初只不过是一种简单机器的润滑油，但若干年后，用户对该产品提出了许多新用途，包括用作皮肤软膏、痊愈剂和发蜡等。

（3）更多使用该类产品。另外一个扩大需求的策略是说服人们更多地使用该产品。可以通过增加使用频率、每次使用量、使用场所，及时更换超期产品等实现。例如：宝洁公司在产品说明或广告中说，海飞丝洗发精洗头的效果，每次用两份比一份更佳。又如：牙膏牙刷厂商宣传为了有效地保护牙齿，需要定期更换牙刷和每天多次刷牙等。此外，家用电器都是有使用寿命的，冰箱 10 年，洗衣机 8 年，超龄使用是有潜在安全危险的，因此要引导消费者及时更换超期产品。

2. 保护市场份额

市场领导者在想方设法扩大总市场需求时，还要时刻提防那些挑战者，注意保护自己的现有市场不受侵犯。比如：可口可乐与百事可乐时刻在相互高度关注；麦当劳时刻提防汉堡王；vivo 手机对荣耀 HONOR 手机、OPPO 手机、小米手机保持警觉。

市场领导者若要守住自己的市场地位，有两大战略选择。其一是持续创新。这也是最为根本的战略。创新是市场领先者维护霸主地位的核心能力，创新的文化理念、创新性的战略思维、创新性的产品与服务等都应该是在业内的引领者。其二是防御战略。随着竞争日益加剧，越来越多的企业决策者认识到竞争的残酷性和重要性，纷纷借助于成熟的军事理论进行企业竞争，事实证明效果显著。经菲利普·科特勒总结，一个处于领先地位的公司可以采用以下 6 种防御战略[①]。

（1）阵地防御。阵地防御最核心的思想是围绕企业现有的业务和产品建立牢固的防线，强化自己的形象，巩固市场地位。

（2）侧翼防御。市场领导者不仅应该保卫好它的领域，而且应该建立一些侧翼或前哨阵地，以保护一个薄弱的前哨阵地或作为在必要时可能进行反攻的出击基地。例如：推出一些子品牌或产品，保护主阵地。

---

① 科特勒, 凯勒 . 营销管理：第 15 版 ［M］. 何佳讯, 于洪彦, 牛永革, 等译 . 上海：格致出版社, 2016.

（3）先发制人的防御。这是比较积极的防御策略，是抢在竞争对手向公司发动进攻前，先向竞争对手发动进攻。在竞争对手进行攻击前就挫败它。先发制人的防御就好比用小量的预防措施来达到较大的治疗目的。

采用先发制人的防御有多种方法。可以在市场中开展游击战——在这里打击一个竞争对手，在那里打击另一个竞争对手——使每一个对手都惶惶不安。这种进攻式防御也可以确定一个宏大的市场包围范围，如精工公司所实行的在全世界分销 2 300 种手表品种的计划。

有时，先发制人的打击是在心理上展开的，而并不付诸实践。市场领导者发出市场信号，劝告竞争对手们不要进攻，可能这种威胁仅停留在口头上。有些市场领导者享有足够的市场资源和绝对的竞争能力，有时甚至可以引诱对方进行代价巨大的进攻，以消除威胁，坐收渔利。

（4）反击式防御。一个市场领导者在面临竞争对手的进攻，如大幅度削价、促销闪电战、产品改进或销售区被入侵时，不能保持被动。它的战略选择应该是主动反击，或正面回击进攻者的矛头，或向进攻者的侧翼包抄，或开展一个钳形运动去切断进攻者的队伍同其活动基地的联系。对待进攻的较好的反击并不是贸然出击，而是先稳住阵脚，找到对方的弱点——可对之进行有效反击的一个细分市场间隙。反击式防御的另一种方式极其类似中国古代"围魏救赵"之计。当一个市场领导者的领域受到攻击时，一个有效的反攻是侵入攻击者的主要地区，逼使其撤回某些部队以保卫其领地。

此外，市场领导者还有许多反击式防御方法：领导者压倒竞争者的方法是对脆弱的产品实行低价策略，它的损失从高毛利的产品收益中补回；领导者预先宣布该产品将升级，以使购买竞争者产品的顾客推迟购买，也许这个升级还未确定；领导者凭借自己的实力以影响立法者采用政治活动以禁止或削弱竞争。

（5）运动防御。运动防御使领导者把他的范围扩展到新的领域中去，而这些领域在将来可以成为防守和进攻的中心。他扩展到这些新领域的方法，主要是通过在两条战线上的创新活动进行的，即市场拓宽（如"石油公司"改为"能源公司"，含义是其目标市场拓展为石油、煤、原子能、水力发电等）和市场多样化（进入不相关行业）。这些措施可产生"战略深度"，使公司能够经受连续不断的攻击和发起报复性回击。

虽然，合理的市场拓宽是意义深远的。但应该注意的是，运动防御策略应遵循两个基本军事原则：一是目标原则，即追求一个清晰明确和可达成的目标；二是密集原则，即把你的力量集中在竞争对手的弱点上。

（6）收缩防御。一些市场领导者会认识到它们已不再能防守所有的领域，它们的力量因分散而太薄弱。针对竞争者的蚕食行动，有效的策略应是有计划收缩（战略撤退）。有计划收缩不是放弃市场，而是放弃较弱的领域而把力量重新分配到较强的领域中。

3. 扩大市场份额

另外一个重要的提高收益的方法便是进一步增加它们的市场份额。美国战略计划研究所"营销战略对利润的影响（PIMS）的研究"项目表明，以几百家企业单位为样本，考察与利润率有关的最重要变量。关键的变量仅有市场份额、产品质量等少数几项。这个报告发现盈利率（用税前投资报酬率来衡量）是随着相关的市场份额线性上升的。PIMS 的研究显示出：市场份额超过 40% 的企业将得到 30% 的平均投资报酬率，或者它的投资报酬率是市场份额在 10% 以下企业的 3 倍。恰如战略营销专家特劳特所提出的数一数二原则，在一个市场中只有抢得第一位、第二位的市场份额才有可能生存下去。

企业会竭尽所能提高自己产品的市场占有率，但企业的最终目标并非市场占有率，而是利润率。因此，公司切不可认为提高市场份额就会自动增加盈利，也不要以为市场份额越大越好。这主要是取决于公司提高市场份额所采取的策略。以较高的成本获得市场份额换取较低收入，得不偿失。

市场领导者固然风光，但追赶者车轮之前，岂容酣睡？攻城略地难，固守江山更难！市场领先者的生存压力可能更大。总之，深刻的市场洞察力、高瞻远瞩的战略预见力、如履薄冰的危机感和紧迫感、高度的动态适应性等，任何环节都不能因领先而疏忽。

7.3　市场挑战者和市场追随者战略

7.3.1　市场挑战者战略

1. 市场挑战者角色与地位

市场挑战者是指在行业中占有第二、第三甚至更低名次的企业。这些市场挑战者时常攻击市场领先者和其他竞争者，以夺取更多的市场份额。

市场挑战者战略主要是确定进攻对象、目标及选择适当的进攻策略。实施正确的战略使得许多挑战者收益丰厚，并可能成为新的市场领导者。例如：奇虎 360 的安全产品问世后一直扮演挑战者的角色，根据艾瑞咨询数据，截至 2021 年 6 月，360 PC 安全产品的市场渗透率为 97.60%，平均月活跃用户数保持在 4.79 亿以上，安全市场持续排名第一；韩国三星电子公司在 20 世纪主要时间里都是日本同行公司的模仿者与挑战者的角色，而今早已超越了那些竞争对手而成为很多细分市场的市场领导者。

2. 市场挑战者的挑战对象和目标

确定战略目标是企业的首要任务。大多数市场挑战者的战略目标是增加其市场份额。挑战者可以选择以下三类企业作为进攻对象，以实现其战略目标，获得收益。

（1）攻击市场领导者。这是一个既有高度风险但又具潜在高回报的战略。如果市场领导者不是一个"真正的领先者"，并且也没有为市场服务好，那么攻击它就会产生非常大的意义。因此，挑战者要能够提供品质、性能更优的产品或更好的服务，或者领导者的经营活动出现明显的失误和漏洞，挑战者方能主动发起进攻；否则，就会付出沉重代价。

（2）攻击与自己规模相仿的公司。选择那些规模相当但经营业务不良和财力拮据的公司作为攻击对象，或者是这些被攻击的公司产品过时，价格过高，或在某些方面顾客不满意。

（3）攻击本地区或在有限细分市场上的小公司。有一些规模较大的公司常常选择那些目前经营该项业务不良和财务拮据的小公司作为进攻对象，它们并非依靠争取竞争对手顾客的方法，而是依靠"大鱼吃小鱼"的方法来壮大自己。

3. 市场挑战者战略进攻形式

在清楚确定了竞争对手和目标后，科特勒先生借用军事术语归纳出 5 种形式的对竞争对手进行进攻的主要战略。

（1）正面进攻。进攻者发起正面进攻是指它集中兵力正面指向其对手的兵力。它向对手的实力发起攻击，而不是向它的弱点攻击。其结果取决于谁有最大的实力和持久力。在一个纯粹的正面进攻中，攻击者针对对手的产品、广告、价格等发起攻击。实力决定胜负。军事上，认为一个正面进攻要能成功占领或夺取一个"高地"，战斗火力的优势至少为 3∶1。如果进攻者的火力小于防守者或相差很多，则正面进攻就等于自杀行动。

（2）侧翼进攻。进攻者一般不会贸然选择正面攻击强大的对手，往往是选择它的侧翼和后方薄弱地带。现代进攻战的主要原则是"集中优势兵力打击对方弱点"。侧翼进攻在营销上具有十分重大的意义，特别是对那些拥有资源少于对手的攻击者具有较大的吸引力。如果不能用实力压倒对方，就可以采用避实就虚的战术来制胜。

侧翼进攻可以沿着两个战略角度（地理的和细分的）来选择。地理上的进攻是指进攻者在一定地理区域选择绩效水平不佳的对手的一些领域加以进攻。更为有效的侧翼战略是寻找未被市场领导者服务覆盖的市场需要。侧翼包抄在现代营销哲学上被成功诠释，营销的目的就是发现需要并满足需要。侧翼进攻成功的概率大大高于正面进攻。

（3）包围进攻。包围进攻战略也称为围堵进攻，它试图通过多方面的"闪电"进攻，深入对方的领域中去。包围进攻往往在几条战线上同时发动，迫使对方必须全方位防御。但是，包围进攻必须具备一定的前提条件，即进攻者比对手具有资源优势，能够完成和足够快地击破对方的抵抗意志。进攻者可以向市场提供比对手更多的产品和服务。

（4）绕道进攻。绕道进攻也称迂回进攻，是一种间接的进攻战略，它避开较直接地指向对方现行经营领域的竞争战斗，而是绕过对方的优势领域，攻击较容易进入的市场，以扩大自己的资源基础。推行这种战略的常见方法有：开发新产品以满足未被竞争对手满足的市场；采取多样化战略，经营无关联产品；用现有产品寻求进入新的地区市场；引进新技术以取代现有产品等。

（5）游击进攻。游击战包括对对手的不同领域进行小的、断断续续的攻击，其目的是骚扰对方和使它士气衰落，并最终获得永久的据点。这类战略的必要条件是对方的损失将不相称地大于自己。寻找这一目标的办法可以是：通过袭击它的供应线；通过地区性的进攻，消灭或造成对方部分兵力不相称的损失；使对方开展无益的进攻；使对方兵力分散过广；或至少耗竭它的士气和实体能量。

游击战常常是由较小的公司向较大的公司发起的。游击进攻的方法常包括有选择地减价、密集的促销和向对方发动相应的法律行动等。

7.3.2　市场追随者战略

1. 市场追随者市场地位与特征

许多在行业中居第二位、第三位及更靠后的公司常常将自己定位在市场追随者而不是市场挑战者。作为市场挑战者更具风险性，因为它面对的常常是市场领导者，领导者对夺走其顾客的做法决不会善罢甘休，何况领导者在一个全面的战役中往往可能有更好的持久力。如果挑战者的机会在于较低的价格、改进的服务或增加产品特点等方面，那么，领导者可以很快找到对策并瓦解这一攻击。除非挑战者能有绝对的制胜把握的攻击——产品有重大创新或分销方式的重大突破，否则攻击领导者，必然招致严重的报复性打击。

市场追随者也必须确定明确的战略。市场追随者必须知道如何保持现有的顾客和如何争取新顾客，从而获得一个相对满意的市场份额。市场追随者要避免与领导者正面冲突，却无法回避成为挑战者攻击的主要目标。因此，每一个追随者要在市场上立足，也必须努力营造自己的特色与优势，当新市场开辟时也需要选择迅速跟进。

2. 市场追随者的战略形式

追随者必须确定一条不致会引起竞争性报复的成长路线。追随战略大致可以分为三类。

（1）克隆者，即紧密跟随。克隆者模仿领导者的产品、分销渠道和广告等。紧跟者的产品和包装类似于领导者，但品牌名稍有区别。

（2）模仿者，也叫距离跟随。模仿者在某些事情上仿效领导者，但在包装、广告、价格等上又有所不同。领导者并不注意模仿者，而模仿者也不进攻领导者。

（3）改良者，也叫选择跟随，即对领导者产品进行调整或改良。有时候改良者会选择销售给其他不同市场，以避免与领导者的直接冲突。通过不断的学习并加以改进，许多改良者成长为将来的挑战者。

值得追随者注意的是，虽然追随者无须承担创新费用，但通常它不会比市场领导者挣得更多。也就是说，追随战略并非取得高报酬的有效途径。

在市场竞争中，市场领导者往往因其市场地位和份额而获利丰厚。但市场追随者也常常有着领导者之利及事半功倍的机会。在新技术新产品的研发上，往往是市场领导者投入最大，如果不能及时回报，反而会出现经营困难，常常是为后来者铺平了道路，为他人作了嫁衣。如果跟随者的模仿跟进能力强，照样可以后来居上。

广东步步高电子集团的创始人段永平就认为，企业在技术创新和开发推广新产品上，不一定第一个"吃螃蟹"，只要具备足够的跟进能力，完全可以达到低风险高获利的结果。

采用市场追随者战略，仅从企业战略制定的角度，无可厚非，但如果是假冒侵权，即完全复制领导者的产品、包装、品牌等，这不仅仅是欺骗消费者，而且也是违法行为，就必须有效遏制，严厉打击。

特别关注

打击侵权假冒，保障改善民生

知识产权保护工作关系高质量发展，只有严格保护知识产权，依法对侵权假冒的市场主体、不法分子予以严厉打击，才能提升供给体系质量，有力推动高质量发展。知识产权保护工作关系人民生活幸福，只有严格保护知识产权，净化消费市场、维护广大消费者权益，才能实现让人民群众买得放心、吃得安心、用得舒心。

近年来，各地区各有关部门不断强化知识产权保护，坚决打击侵权假冒违法犯罪行为。国家知识产权局公布的数据显示，2021 年，全国共查办侵权盗版案件 2 957 件，删除侵权盗版链接 119.7 万条。累计扣留进出口侵权嫌疑货物 7.92 万批，侦破侵权假冒犯罪案件 2.1 万起，抓获犯罪嫌疑人 3.8 万名，涉案总价值 95.3 亿元。

下一步，各地区各有关部门要按照党中央、国务院决策部署，持续加强对食品等重点产品、农村市场和电商平台等重点领域监管，紧紧围绕人民群众最关心的民生问题，集中整治侵权假冒行为；要进一步健全跨部门、跨领域、跨区域和线上线下协同联动监管机制，强化监管协作和联合执法，坚决克服地方保护主义；针对新业态新模式，要不断完善监管规定和方式，使市场主体在公平公正的环境中竞争发展。

【资料来源】打击侵权假冒 保障改善民生［EB/OL］．（2022-07-08）［2023-12-08］．https：//baijiahao. baidu. com/s？id=1737741252485695795&wfr=spider&for=pc.

需要重视的是，从国家和企业的长远发展而言，在经历了数十年的模仿之后，创新已经成为企业发展的必然趋势。一方面，简单的产品复制已经很难依托人口红利形成规模效益，没有技术壁垒的低附加值产品在产业链上逐渐被边缘，拥有技术专利的科技公司占据了利润大头；企业只有通过创新来占据新的市场机会，掌握技术壁垒，才能在国际分工中占据有利位置。另一方面，模仿容易形成同质化竞争，企业之间为了抢占市场，往往通过打价格战的形式进行内卷，最终市场只留下少数综合实力较强的企业，其余企业则被市场淘汰[①]。

7.4 市场利基者战略

7.4.1 市场利基者与利基市场

利基（niche）原意是指悬崖上的石缝，常常成为人们攀登山峰要借助的支点。20 世纪 80 年代，美国一些学者开始将这一词引入市场营销领域。利基市场是指在市场中通常被大企业所忽略的某些细分市场。

市场利基者也称为市场补缺者，是指选择某一小的细分市场或大公司无意或无暇顾及的细分市场上进行专业化经营并以此为经营战略的企业。

对于企业而言，理想的利基市场应具备以下主要特征：①具有足够的规模和购买力，能够盈利；②具备持续发展的潜力；③市场较小，差异性大，强大的竞争者无暇或无意服务该市场；④企业自身具备的能力和掌控的资源足以对该市场提供领先性优质产品或服务；⑤企业整体实力足以抵挡强大竞争者的进入等。

7.4.2 市场利基战略的内容与特点

利基战略是以专业化战略为基础的一种复合战略，目标是选择小的细分市场或大公司不感兴趣的市场，并凭借专业化优势来提供优质的产品或服务，从而在有限的目标市场上赢得丰厚的利润。

利基战略常常成为资源不足的中小企业的首选战略。例如：我国上海振华重工的港机（岸桥）产品已经连续 23 年成为世界第一，打破德日垄断，占据全球 80% 的市场。又如：奇安信科技集团股份有限公司专注于网络空间安全市场，向政府、企业用户提供新一代企业

---

① 嘉嘉. 从模仿到创新，中国企业开始走向（领跑）世界［EB/OL］．（2022-07-25）［2023-12-08］．https：//www. leiphone. com/category/industrynews/eVGmIRRZOJLSA8tF. html.

级网络安全产品和服务，在收入规模和产品覆盖度上均位居行业第一；2021 年，奇安信在"中国网安产业竞争力 50 强"榜单中排名第一，并被评为北京市第一批"隐形冠军"企业。

市场利基者的核心任务就是发现补缺市场、扩展补缺和保卫补缺市场，因为这是市场利基者的生存之本。对于已选择并实施利基市场战略的企业来说，如果要取得理想效果，还要从以下两个关键要素下功夫：一是巩固自己在利基市场的领先地位，多种途径构建进入壁垒；二是坚守企业既定的利基市场战略不动摇，长期建设。

当企业选中并占领一个利基市场后，必须要想方设法建立进入该市场的障碍（壁垒），以阻止竞争对手进入或模仿，从而削弱己方的竞争优势。这是实施利基战略的一个关键要素。构建壁垒的途径多种多样，因企业而异，如建设品牌优势、成本领先优势、控制关键资源及强化专利、技术诀窍等形成的技术壁垒等。万向集团从 1979 年开始做万向节，大约经过 20 年时间，其产品达到产量世界第一、质量最好、品牌过硬、性能价格比最佳。于是，在该利基市场上万向集团已经构成了极高的进入壁垒。对于第二个关键要素，企业家们更应保持清醒的头脑，多元化经营、大规模扩张未必能使企业做强。

在中国这个潜力巨大的市场上，市场机会很多，利润诱惑力极强。中国企业更需要有抗拒诱惑的定力，有所取有所舍，才能获得更好的回报；企图收揽不同市场全部利润的企业，最终的结局很有可能是一无所获。但是，并非市场利基者就不能进行多元化扩张，只是需要一定的前提、策略和技巧。前提是确保原细分市场实施利基战略的充足资源不受影响，同时具备了向新利基市场发动冲击的强大能力。要避免多方出击，集中资源开辟和保卫新的利基市场。如此，企业发展才能像中国革命一样从一个胜利走向另一个胜利。实践证明，采用利基战略的企业的成功扩张绝大部分符合了这些条件，如玻璃巨头福耀玻璃、拉链大王 YKK 等。

特别关注

"隐形冠军"企业蕴藏的八大特质

世界级管理大师、哈佛商学院访问教授赫尔曼·西蒙历经十多年的积累和探讨，向全球发布了"隐形冠军"这一概念，他说在可口可乐、微软、宝洁、GE 等知名大企业之外，全球最优秀企业更大量的是一些默默无闻、闷声发大财的行业冠军企业，在许许多多不知名行业中，这些中小企业在全球范围或某一区域市场占领了其所属市场 50% 的份额甚至更多，尤其突出的是这样的公司在经营水准、产品技术和创新能力方面都丝毫不弱于 500 强企业，甚至在某些方面更是独树一帜，建立了大企业无法奢求的竞争优势。

隐形冠军呈现出八大特质：①燃烧的雄心。有明确的目标，即在特定领域做第一。②高度专注。成为一个小市场的主宰者，而不是在大市场做一个凤尾的角色。③全球化：在多个国家从事生产经营活动。④创新。隐形冠军企业的研发投入是行业平均值的 2 倍，它们拥有的专利数量达到了行业平均值的 5 倍。⑤数字化。隐形冠军企业是产业数字化的主力。例如：长短期记忆神经网络（LSTM）支撑着苹果的 Siri 以及亚马逊的 Alexa 等人工智能系统，超过 30 亿部智能手机都使用了这个技术；苹果首席执行官蒂姆·库克表示："德国的隐形冠军具有顶尖实力，它们将技术细分到了极致，我们在德国足足有 767 家供应商。"但大众看不到它们，它们是隐形冠军。⑥商业生态系统。建立商业生态系统以更好地应对复杂性，与合作伙伴产出更复杂的技术产品，更好地满足客户需求。⑦可持续性。隐形冠军企业在可持续技术方面处于领先地位。⑧员工和领导者。员工资质优秀、干劲十足，具有极高的忠诚度。公司员工流动率非常低，仅为 2.7%。与此同时，隐形冠军企业的领导者也有着极强的能力和相对较长的任期，领导者的平均任期超过 20 年，遵循着长期取向的文化。上述①至④是隐形冠军成功之轮；⑤至⑦是随着外部环境的变化，隐形冠军新的驱动力；⑧则是隐形冠军成长的保障。

【资料来源】西蒙. 中国世纪的隐形冠军：挑战与机遇 [EB/OL] . （2022-08-12）[2023-12-08] . https://mp. weixin. qq. com/s/Ga6wtXSRKNUj6-VlxhyAow.

7.4.3　市场利基者专业化选择与角色定位

在市场补缺中的关键是专业化优势。科特勒先生归纳了市场补缺者所担任的角色[①]，如下所述。

（1）最终用户专家。公司专门为某一类型的最终使用顾客服务。例如：一家计算机软件公司专为金融机构服务。

（2）纵向专家。公司专门从事产品—分销价值链的某一个环节。例如：一个铜品公司可能集中于生产原铜、铜制零件或铜制成品。

（3）顾客规模专家。公司可集中力量，向小型、中型或大型的客户销售。许多补缺者专门为小客户服务，因为它们往往被大公司所忽视。

（4）特定顾客专家。公司把销售对象限定为一个或少数几个主要的顾客。许多公司把它们的全部产品出售给一个公司。

（5）地理区域专家。公司把销售只集中在某个地方、地区或世界的某一区域。

（6）产品或产品线专家。公司只生产一种产品线或产品。例如：一个公司专门为某知名品牌汽车生产商生产某一配件。

（7）产品特色专家。公司专业化于生产某一种产品或提供某特色服务。

（8）定制专家。公司按照每个客户的订单定制产品。

（9）质量/价格专家。公司选择在低档或高档的市场经营。

（10）服务专家。公司提供一种或多种其他公司所没有的服务。例如：某公司只为特定顾客提供高端个性化服装设计及手工缝制服务。

（11）渠道专家。公司只为一种分销渠道服务。例如：一家啤酒公司决定只生产超大容量的桶装啤酒，并只在酒吧出售。

利基者战略的主要风险是有利的补缺点可能会消失或遭到攻击。补缺者又往往是中小企业，因此奉行利基战略的企业必须连续不断地创造新的补缺市场。这就是为什么多种补缺比单一补缺受企业欢迎的原因。在两个或更多的补缺基点发挥实力后，公司就增加了生存机会。时至今日，利基战略已经为越来越多的中小企业所认可并成为其一种生存选择，也正是许多"隐形冠军"企业持续成长并基业长青的秘密法则。

---

① 科特勒，凯勒. 营销管理：第 15 版 [M] . 何佳讯，于洪彦，牛永革，等译. 上海：格致出版社，2016.

特别关注

做强企业——中国在行动

"专精特新"已经成为中国市场最热门的词汇之一。推动"专精特新"中小企业发展先后出现在"十四五"规划、中央政治局会议等高层文件和会议中。

(1)"专精特新"中小企业。这是指具有专业化、精细化、特色化、新颖化等特点的企业。它们多专注于产业链上某个环节，主营业务聚焦，同时具有较强大的创新能力、创新活力和抗风险能力。2012 年 4 月，国务院发布《国务院关于进一步支持小型微型企业健康发展的意见》，首次提出鼓励小型微型企业走"专精特新"和与大企业协作配套发展的道路，这也是国家层面首次为中小企业发展方向定调。此后，工信部、财政部等多个部门陆续出台了多个政策，引导、鼓励各地支持"专精特新"中小企业发展。

(2)专精特新"小巨人"企业。2018 年 11 月，《工业和信息化部办公厅关于开展专精特新"小巨人"企业培育工作的通知》明确了专精特新"小巨人"企业的概念，即"专精特新"中小企业中的佼佼者，是专注于细分市场、创新能力强、市场占有率高、掌握关键核心技术、质量效益优的排头兵企业。"小巨人"企业应该具备以下条件。①截至上年末的近 2 年主营业务收入或净利润的平均增长率达到 5%以上，企业资产负债率不高于 70%。②分类条件：营收在 1 亿元及以上，且近 2 年研发经费支出占营收比重不低于 3%；营收 5 000 万元至 1 亿元，且近 2 年研发经费支出占营收比重不低于 6%；营收不足 5 000 万元，同时满足近 2 年内新增股权融资额（实缴）8 000 万元以上，且研发投入经费 3 000 万元以上，研发人员占企业职工总数比例 50%以上。

(3)单项冠军企业。2016 年 3 月，工信部印发《制造业单项冠军企业培育提升专项行动实施方案》明确了单项冠军企业的条件：①坚持专业化发展。企业长期专注并深耕于产业链某一环节或某一产品领域，从事相关领域达 10 年及以上，属于新产品的应达到 3 年以上。②市场份额全球领先。企业申请产品的市场占有率位居全球前 3。③创新能力强。企业生产技术、工艺国际领先，重视研发投入，拥有核心自主知识产权，主导或参与制定相关领域技术标准。④质量效益高。企业申请产品质量精良，关键性能指标处于国际同类产品领先水平；经营业绩优秀，盈利能力超过行业企业的总体水平；重视并实施国际化经营和品牌战略，全球市场前景好，建立完善的品牌培育管理体系并取得良好成效。⑤具有独立法人资格，具有健全的财务、知识产权、技术标准、质量保证和安全生产等管理制度。

截至 2021 年底，全国已培育 848 家制造业单项冠军企业、8997 家专精特新"小巨人"企业、5 万多家专精特新企业。

【资料来源】

[1]关伟，周道许，梁春满，等.中国专精特新企业发展报告（2022）[M].北京：经济管理出版社，2022.

[2]我国已培育近 9000 家专精特新"小巨人"企业[EB/OL].（2022-09-09）[2023-12-08].https：//baijiahao.baidu.com/s? id = 1743447415153730320&wfr = spider&for = pc.

自测题

关 键 术 语

品牌竞争者、行业竞争者、形式竞争者、一般竞争者、竞争者近视症、市场领导者、市场挑战者、市场追随者、市场利基者

知识巩固与理解

⊃在线测试题

请扫描二维码进行自测。

⊃思考题

1. 如何识别、界定企业的竞争对手？
2. 竞争对手的存在可以给企业带来哪些好处？
3. 市场领先者常见的竞争性营销战略是什么？
4. 市场追随者有哪些类型？
5. 理想的利基市场的特征是什么？
6. 市场利基者的总体战略和主要任务是什么？
7. 试论述平衡顾客导向和竞争导向的必要性。

知 识 应 用

⊃案例分析

两轮电动车市场中雅迪和爱玛的较量

有关数据显示，两轮电动车在国内已经拥有超过 3 亿的稳定用户，今天走在中国任何一个城市，都可以随处看到两轮电动车的身影。目前国内公认的两家头部企业爱玛和雅迪不断上演"防御与进攻"之战，在战略和战术上步步升级，市场份额向二者集中；"草根"行业逐渐升级为资金、技术、研发较高的行业。

第一阶段（2012—2013 年）商战刚开始

2012 年，雅迪一改以往安居第二、跟在老大背后追随、模仿的策略，向行业第一的位置发起冲击。

这次进攻战，雅迪选择的是正面出击，希望趁爱玛没有强化第一的信息、领先的心智地位尚未稳固之时，通过在传播上的率先出击，抢占消费者心智，从而以心智份额带动市场份额的提升。进攻战以一条"中国电动车领军品牌"广告作为开始，主要的投入集中在广告投放上，一年上亿元的广告费用。到 2012 年底，雅迪的进攻获得显著成效。

然而，正面出击的进攻战是一场打投入、高风险的战争。防御者处在更占优势的战略地位，如果进攻者不是找到其强势伴生的弱势出击，那么除非以数倍于对方的兵力投入，否则很难取得成功。雅迪初期的成绩，很大部分原因是对手的成全：领导者没有反击。

当然，企业很难将自己的成功建立在对手长期不反应的基础上，2012 年底，爱玛加入商战。作为本来就站在山顶（心智制高点）的爱玛来说，最正确的战略形式就是防御战，正面封杀。爱玛同样启动对"领导者"的传播，投放广告"年销量率先突破 300 万辆，电动车

真正领导者"，配以上亿元的广告费用，无论是内容还是声量上都对雅迪形成压制。

随后雅迪迅速调整广告语为"全球电动车领导者"。但是，无论措辞如何提炼，雅迪也无法反驳对方"率先突破 300 万辆"的数据事实，在内容上缺乏证明自身领先的信任状。同时，虽然追加广告投入到 2 亿元，雅迪作为进攻者也无法达到：在声量上完全压制对手，从而通过传播实现反超的效果。

到 2013 年雅迪更换广告语，这场历时不到两年的进攻防御战告一段落，爱玛以更小的投入换来了更大的战果。第一场进攻没有全胜，但雅迪也获得了竞争带来的快速增长。第二场战役已然开始蓄势。

第二阶段（2013—2014 年）商战升级

2013 年，雅迪调整策略：聚焦单品，推出自主研发车型。这本是聚焦开创新品类，从狭窄的地点发起进攻，撕开爱玛防线的极佳出口。而开创新品类，重要的是在认知中让消费者认为这是新品类，这要求的不仅仅是外观上的不同，更需要通过外观、性能、人群等方面的差异化，形成真正认知中的新品类。然而，雅迪的新品除造型之外，没有形成产品真正功能、性能等方面实质的差异化，仍然停留在新产品、新概念层面。

雅迪新品推出不久，爱玛迅速跟进：推出同样设计感的产品，更重要的是，在电池等核心零部件上以更大的投入强化、升级。这仅仅是第一步，更精彩的是爱玛的全面布局：以电动车重要的分化指标为基准，规划产品系列。在所有车都要求的可靠性、耐用性基础上，有了长里程系列——"骑迹"，主打看重续航里程的平原市场；动力系列——"霸道"，主打看重爬坡性能的山区市场；等等。不仅雅迪，台铃、立马等以一个特性占据某个区域市场的品牌，也受到冲击。

2014 年，爱玛进一步拉开和对手的差距。但是，以全市场 3 000 万辆的规模来看，爱玛的市场主导性还不强，全面防御的网铺开却不结实，仍然存在被冲破的风险。

第三阶段（2015—2016 年）系统竞争拉开序幕

2015 年，雅迪选择"高端"的方向，向爱玛发起一场侧翼进攻战。爱玛作为销量最大的品牌，占据的必然是主流市场；雅迪主动收缩，只在"高端"市场竞争：不仅是价格，还有产品研发、产品结构、终端升级、推广方式等综合配称，以一个系统而不是一个单点向爱玛发起挑战。

刚开始，雅迪的打法看上去和第一场战役极度相似：一场传播上的争夺，投入巨额资金砸广告——"更高端的电动车"，在广告和终端升级的投入甚至相当于爱玛的 8 倍以上。但这次进攻，真正的威力是在整个战局部署上的完整性。除营销的巨大声量外，推出一系列自主研发高端车型，品质和技术水平都有明显提升。产品之外，终端店面形象也体现出突破传统的颜色、材质及设计思路。背后的系统支撑，让雅迪呈现出来的进攻方式产生了巨大威力。

一年的时间里，爱玛从产品、渠道、终端、传播上都针对对手出击点展开了阻击，却没有基于自身战略组织系统进行防御。雅迪步步紧逼，拉近了和爱玛的差距。

然而，这一场战役才刚刚开始，雅迪还远没到庆功的时候。系统的竞争，意味着长期不断的磨炼升级：将所有环节向着一个战略方向上提升，形成综合竞争力。2016 年开始，双方都面临更严峻的挑战。

雅迪 2015 年的巨大战果是巨大的代价换来的。虽然战略上，雅迪是"高端"的侧翼战，但是战术执行上，雅迪却选择了全面开战：产品，全线铺开；渠道，全面升级；市场，全国发力；推广，最强音量。所有这些，累计上十亿元的投入。在对手开始加大投入的情况下，雅迪是否能够保持全线开战的状态，如何巩固战果，是雅迪面临的权衡取舍。

对于爱玛来说，防御的压力也不断加大。"领导者"不仅是口号，不仅是销量领先，更意味着作为领导者在研发、制造、渠道、服务、营销等关键环节强化运营能力，领先对手，更引领行业进步。2016 年，爱玛的防御战刚刚开始，匹配行业第一位置的运营活动逐步推进。和国际顶级供应商合作：与奥迪的设计师共同开发新款车型，和摩托车供应商研究车架的稳固与舒适，与电池厂商合作研发推动电池的安全、性能升级。产品品质要求再升级：以企业实验室作为国家检测实验室，并不断引入欧盟标准、美国标准激励行业提升。

第四阶段（2017 年至今）行业老大之争延续

据《中国两轮电动车行业白皮书》显示，2021 年中国电动两轮车累计销量为 4 100 万辆，其中爱玛销量为 845 万台，而雅迪的销量则为 1 390 万辆，雅迪销量超爱玛 545 万辆，而在 2017 年雅迪首次逆袭爱玛时，据雅迪和爱玛的财报显示，两者的差距仅为 7 万辆。

在雅迪快速赶超爱玛的背后，是两者在营销战略、策略上的全方位竞争。

2017 年，雅迪成功上市后主动掀起价格战，逆袭而上超越爱玛，从此一发不可收拾。为了进一步拉开两者之间的差距，在 2020 年，雅迪再次掀起价格战。这一年，雅迪曾与拼多多联合举办了一场"品牌万人团"活动，其旗下两轮电动车价格最高降幅达到了 30%。经此一役后，雅迪在市场占有率上也反超了爱玛，并逐渐拉开了差距。2021 年，雅迪市场占有率已达 33.7%，爱玛的市场占有率为 19.5%，已落后前者近一个身位。

两轮电动车的盈利点不全在"卖车"上，其线下门店还要靠后续的返修、配件更换等服务获得利润；消费者也不仅需要通过线下渠道现场试车，后续验车、维修等也都在线下进行。在 2019 年新国标落地后，雅迪开启激进线下扩张，门店数量从 2019 年的 1.2 万家扩充至 2021 年的 28 000 家。雅迪的经销商数量也从 2017 年的 1 719 家扩充至 2021 年的 3 353 家。2021 年爱玛的经销商数量超过 200 家和门店数量超过 20 000+ 家，经销商数量增加很少，门店数量大增但仍不及雅迪。爱玛在成功上市获得资本加持后，目前渠道建设已初见成效，2022 上半年门店由 2021 年末的 20 000 余门店提升至 25 000 余家门店，雅迪和爱玛渠道之争的下半场似乎才刚拉开序幕。

而从营销宣传看，两者各显神通，内卷严重。先看雅迪，在 2014 年和 2016 年选择了两位知名度较高的明星代言，迅速打开国内市场，随后在 2019 年聘请范·迪赛尔作为代言人进军国际市场。另外，2018 年赞助世界杯，2020 年和 2021 年分别冠名《元气满满的哥哥》和《极限挑战》，聘请国际巨星担任代言人、赞助世界杯、植入热门综艺等均创行业营销先河。而爱玛花样更多，明星红人宣传、跨界联名、真人秀植入、社媒运营等招式频出，2021 年开启多样化广告投放，在线下全方位渗透消费者的出行场景，包括高铁广告、社区广告及地铁广告等；亮相综艺《极限挑战宝藏行》，现身央视《消费主张》等；并推出多个自有 IP 以此举办追星计划；在 2009 年起便深度绑定周杰伦，2021 爱玛首届超级宠粉节中"和杰伦一起看日出"活动总曝光 2.22 亿，让两轮电动车拥有社交属性，把骑行和文化与电动车结合，让更多年轻人参与其中、乐在其中。

从产品看，雅迪产能在 2019 年新国标出台后快速扩充，2019—2021 年产能分别为 800 万辆、1 500 万辆、1 700 万辆；而据爱玛财报显示，爱玛从 2018 年开始大力扩充产能，从 2018—2021 年产能从 480 万辆增至 850 万辆。爱玛上市后投资新项目，继续加码扩大产能。产能扩充作为雅迪和爱玛抢占市场的地基，那么产品高端化就是两者攻城的利器。在研发投入方面，据雅迪财报显示，2019—2022 上半年，其研发费用分别为 3.86 亿元、6.05 亿元、8.44 亿元、5.05 亿元，分别同比增长 31.33%、21.32%、69.04%、48.97%；同时设有 5 家技术研发中心、2 个 CNAS 实验室、1 家工业设计技术中心。据爱玛财报显示，2019—2021 年及 2022 上半年，其研发费用分别为 1.97 亿元、2.39 亿元、4.04 亿元、2.13 亿元，分别同比增长 26.56%、56.74%、39.50%、50.00%。在产品高端化方面，雅迪减少花色品种，车型不断往冠能、冠智、VFLY 等中高端系列集中，售价集中于 3 000～5 000 元。高端城市品牌 VFLY 的系列产品首发式全部在上海保时捷体验中心亮相。两轮电动车选择在豪车体验中心发布，高端的姿态可见一斑。新车的研发上，雅迪优选核心供应商，如锂电池的松下。爱玛则在稳定低端产品的同时，通过细分产品来满足年轻消费者的需求，更多的色系、价位的产品都从产品层面实践了"选爱玛，更时尚"的广告语，技术层面 2020 年爱玛的新车型推出了"指纹识别"等智能和科技成分；在锂电车方面，爱玛推出 AM1、E350 等在市场上广受好评的锂电车，重量降低至 40 千克，从用户体验层面打造年轻人更轻便、更高效的双轮电动车。

后记

爱玛在 2017 年被雅迪主动掀起的价格战掀翻，在接下来的几年里，雅迪早已积累磅礴大势，不管是渠道、营销、产能、高端产品，爱玛都略逊雅迪一筹。反观爱玛，2018 年、2019 年两次申请上市未果，2021 年 6 月终于 IPO（首次公开募股）成功，IPO 成功后的一系列动作彰显其欲在新一轮的增量周期中重新夺回行业第一的位置，爱玛的冲劲可见一斑。

2019 年 4 月 15 日，新《电动自行车安全技术规范》国家标准正式实施，随着三年过渡期结束，电动自行车市场增量空间几近见顶，产业链企业均面临存量搏杀挑战。

在这一轮新的厮杀中，还有小牛、新日、台铃等玩家在后方虎视眈眈，3 年后行业再次进入存量竞争时。"城头变幻大王旗"，雅迪和爱玛谁将成为"小电驴"新龙头，笑到最后？

【资料来源】

[1] 肖瑶. 电动车行业心智争夺战：爱玛 VS 雅迪 [EB/OL]. （2016-03-30）[2023-12-08]. http：//www. dingweililun. com/artcle/id/1064. html.

[2] 不二研究. 靠"小电驴"暴富，雅迪 VS 爱玛，谁是电动两轮车"新龙头"？[EB/OL]. （2022-08-31）[2023-12-08]. https：//baijiahao. baidu. com/s？id=1742663908505585237&wfr=spider&for=pc.

[3] 星影. 雅迪、爱玛之争，两轮电动车谁才是行业第一？[J/OL]. （2021-07-26）[2023-12-08]. https：//baijiahao. baidu. com/s？id=1706338184921276507&wfr=spider&for=pc.

[讨论题]

1. 作为市场挑战者雅迪在前三个阶段都采取了哪些竞争性营销战略？
2. 为什么爱玛在第二阶段很好地阻击了雅迪的挑战？
3. 雅迪若想保住市场领导者的地位，还需要采取哪些营销战略与策略？
4. 爱玛若想重新夺回行业第一的地位，需要采取哪些营销战略与策略？

⊃营销辩论

　　企业的成长与发展，究竟是模仿还是创新，一直以来都存有争议。有人说，模仿是最稳妥的创新，率先模仿就是创新；也有人说，自主创新才是企业可持续发展的必由之路。

　　正方：模仿是企业成长的捷径。

　　反方：自主创新才能使企业真正成长壮大。

⊃角色模拟

　　运用你所学的竞争性营销战略的理论分析我国 SUV 汽车市场的竞争状况。假定你是长城汽车公司负责哈弗品牌的运营与管理，针对当下国内市场竞争状况，检核并评判目前该品牌所采用的竞争性营销战略是否妥当，请给出分析思路。

⊃营销在线

　　观看：

　　1. 艾问传媒的《艾问人物》节目对奇虎 360 创始人周鸿祎的采访片段，见：https：//www. toutiao. com/video/6683791411302629896/？channel＝&source＝video.

　　2. 新浪财经的《至少一小时》节目对携程创始人的采访片段，见：https：//www. toutiao. com/video/6844408037113856515/？channel＝&source＝video.

　　思考：

　　1. 对奇虎 360 的周鸿祎有关竞争的观点给予评述。

　　2. 携程创始人梁建章在谈面对美团这样的企业竞争时，他认为携程有自己的优势，你能看出携程奉行的是哪种竞争性营销战略吗？采用该战略面临的挑战是什么？

⊃拓展阅读

拓展阅读文献

➡ 第8章

+·+

目标市场战略

学习目标

1. 了解市场细分、目标市场选择、定位的含义及联系。
2. 理解市场细分的一般方法和目标市场选择过程。
3. 掌握市场细分标准，有效细分准则和目标市场选择战略，定位的一般方法和策略。

引导案例

长城汽车的定位

2008 年的长城汽车，年销量不足 13 万辆，在中国自主车企中排名倒数第二，却同时经营着皮卡、轿车、SUV 和 MPV 等品类，拥有迪尔、赛铃和哈弗等 9 个品牌。然而，除了迪尔品牌在中国经济型皮卡市场处于领先地位，其余品牌都表现较差。里斯中国咨询公司在深入调研分析之后，建议长城汽车聚焦于 SUV 品类。理由是：第一，虽然长城在皮卡品类具有国内领先的地位，但当时中国皮卡细分市场容量小、增长缓慢，无法支撑长城汽车未来发展；第二，轿车细分市场竞争激烈，长城汽车没有占据先发优势，且当时资源有限，难以撼动领导者的地位；第三，当时 SUV 细分市场竞争者少，但 SUV 由于外观更为高大大气、离地间隙更大、给人更高的安全感和车内空间更大等原因，正越来越受到中国消费者的青睐，未来增长潜力巨大。基于以上考虑，长城汽车决定聚焦于 SUV 细分市场，集中全力打造哈弗品牌。

从目标市场来看，哈弗的目标顾客确定为已经成家、有小孩、事业正处于上升期的男性，他们购买哈弗汽车的主要目的是家用，如上下班、自驾游和接送小孩等。

在此基础上，长城汽车全力聚焦于 15 万元以下的经济型 SUV 市场，并提出"10 万至 15 万元，紧凑型尺寸"，这是经济型 SUV 销量最大的市场定位，也是哈弗品牌产品布局的主航道。在这个主航道上，哈弗逐渐形成 H6 与 H2 两个大单品。其中，哈弗 H6 迅速成为中国 SUV 市场上的明星产品，连续 80 多个月雄踞中国 SUV 销量排行榜冠军，被誉为"国民神车"。

【资料来源】里斯 A，里斯 L，张云 . 21 世纪的定位 [M] . 寿雯，译 . 北京：机械工业出版社，2019.

世界上任何一种产品的市场都由众多的买主构成，而这众多的买主由于消费心理、购买习惯等各方面的差别，对同一种产品的具体消费需求往往并不相同，甚至差异极大。这就决定了对于任何一个企业而言，都不可能满足全体买主对某种产品的需求；同时由于生产企业资源、设备和技术等方面的限制，也不可能满足全部顾客的不同需要。因此，就像长城汽车一样，一个企业要想在市场竞争中求得生存与发展，必须通过市场调研，将购买者细分为需求不同的若干群体，专注于满足全体买主中的某一类或某几类特定买主的需要，也就是必须做出"为谁的需要服务"的经营抉择，这种抉择就是目标市场的选择。企业需要为进入的细分市场确定差异化的定位，并努力使其定位进入与占据消费者心智。市场细分、目标市场选择和定位这三方面的内容被称为 STP 理论，也被视为市场营销战略。

8.1 市场细分

市场细分是企业选择目标市场的基础和前提。

8.1.1 市场细分概念的提出

市场细分是 20 世纪 50 年代中期由美国市场营销学家温德尔·史密斯（Wendell R. Smith）首先提出来的一个概念。它是企业营销思想的新发展，顺应了卖方市场向买方市场转变的这一新的市场形势，是企业经营贯彻市场导向这一营销观念的自然产物。

1. 市场细分概念内涵

市场细分，即营销者通过市场调研，根据整体市场上顾客需求的差异性，以影响顾客需求和欲望的某些因素为依据，把某一产品的市场整体划分为若干个消费者群的市场分类过程。需求特点相类似的消费者群就是一个细分市场，也称"子市场"或"亚市场"，不同细分市场的消费者对同一产品的需求与欲望存在着明显差别，而属同一细分市场的消费者，其需求与欲望则非常相似。以消费者对化妆品的需求为例，不同的消费者对化妆品有不同的需求：有的要求保湿，有的要求美白，有的要求除皱等。由此，化妆品的消费者就可以区分为若干类消费者群，化妆品市场也就被细分为若干个子市场。如果再考虑到儿童及成年女性与男性在化妆品性能等方面的不同需要，则化妆品市场又可以进一步细分为更多的市场。可见，市场细分不是通过产品分类来细分市场的，而是对同种产品需求各异的消费者进行分类，是识别具有不同要求或需求的购买者或用户群的活动。

一个市场之所以能细分成若干子市场，主要是因为消费者对同一产品消费需求的差异性。从需求状况角度考察，各种社会产品的市场可以分为两类：一类产品的市场叫作同质市场，另一类产品的市场叫作异质市场。同质市场是指消费者或用户对某一产品的需求、欲望、购买行为大致相同，同时对企业营销策略的反应也具有极为相似的一致性。例如：所有消费者对普通食盐、白糖和大米等的消费需求、消费习惯和购买行为的差异极小，普通食盐和大米的市场就是同质市场。在现实生活中，消费者的需求千差万别，因此绝大多数产品的市场都是异质市场，这种异质市场是指消费者或用户对某种产品的质料、特性、规格、档次、花色、款式、质量、价格、包装等方面的需要与欲望是不相同的，或者在购买行为、购买习惯等方面存在着差异性。正是这些差异使市场细分成为可能，所以市场细分，也可以描述为把一个异质市场划分为若干个相对来说是同质的细分市场的过程。

随着消费者需求的不断变化，同质市场的产品越来越少，特别是原来同质市场的典型产品现在已经开始向异质市场转化。例如：食用油市场在早些年一度是相对同质的市场，人们的需求只通过粮店一种渠道销售的散装油来满足；随着人们生活水平的日益提高，以及食用油厂商的不断创新，这个市场越来越成为异质市场，包括大豆油、菜籽油、玉米油、花生油、橄榄油等在内的各种食用油已经开始满足各种不同人群、不同烹饪场景的需求了。原来没有必要进行细分的市场，此时也需要进行细分。

2. 市场细分的层次

根据市场细分的程度不同，可以将市场细分划分为 4 个层次：大众化营销、细分营销、补缺营销、个别化营销。市场细分的可能水平如图 8-1 所示。

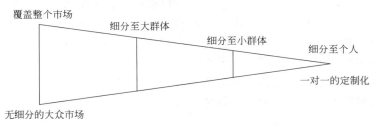

图 8-1　市场细分的可能水平①

严格地讲，大众化营销因其没有对市场进行细分不应被归入市场细分的层次中，但因为市场细分的产生过程经历了大众化营销，所以在讨论市场细分层次时，有必要先对其进行介绍。

1）大众化营销——完全不细分

在大众化营销中，企业将同一种产品大量生产、大量分销和大量促销给所有的买主。这一营销方式产生于 19 世纪末 20 世纪初。可口可乐公司曾经信奉这种战略，只生产一种容量为 6.5 盎司的包装、式样完全一样的可乐。

大众化营销的依据是它的成本最低，这又转化为较低的售价和较高的毛利，因此它能创造最大的潜在市场。但大众化营销成功实施的前提是消费者需求的一致性。然而在现实生活中，人们对各种产品在购买动机、偏好和习惯等各方面均存在着不同程度的差异，这种异质性与大众化营销的思路存在着巨大的矛盾。尤其是随着竞争的日益激烈、传播媒体和分销渠道的多元化，"用一种产品和服务使所有人都满意"的营销思维的生存空间越来越小。

2）细分营销——进行不同程度的细分

在 20 世纪 30 年代，随着经济危机的爆发，严重的产品过剩使得企业必须改变原有的大众化营销观念。与此同时，企业也认为自己没必要也不可能为每个个别的顾客提供个性化的产品或服务，因此对大众市场进行细分，把构成市场的大细分片独立出来。细分片是介于大众化营销和个体营销之间的中间群体，假设属于一个细分片的消费者群体有相同的需求和欲望。例如，汽车公司可以把整个市场划分为 4 个大细分片：寻求基本运输的汽车购买者、寻求高性能的汽车购买者、寻求舒适的汽车购买者和寻求安全驾驶的汽车购买者。

细分营销相对于大众化营销有几个优点：首先，公司能创造出针对目标受众的更适合他

---

① 李飞. 营销定位［M］. 北京：经济科学出版社，2013.

们的产品或服务；其次，选择分销渠道和传播渠道更有针对性；最后，公司将面临相对较少的竞争对手。

企业在运用细分标准进行市场细分时必须注意以下问题：一是市场细分的各项标准不是一成不变的，而是随着社会生产力及市场状况的变化而不断变化，如收入、城镇规模、购买动机等都是可变的；二是不同企业对同一个市场进行细分采用的标准未必相同，因为不同的企业对市场需求的认知往往存在差异，所采用的标准自然也会有区别；三是企业在进行市场细分时可采用一项标准，即单一变量因素细分，往往是将整个市场细分至大群体，也可采用多个变量因素组合进行市场细分。

3）补缺营销

顾名思义，补缺就是去满足被大的市场细分片忽视的，某些市场碎片中的客户需求。一般来说，这是一个小市场并且它的需求没有被服务好。营销者通常确定补缺市场的方法是把细分市场再细分，或确定一组有区别的为特定的利益组合在一起的少数人。例如：健身器械的细分营销一般能辨认出较大的群体如男性、女性，或者少年儿童、青年人、中年人、老年人等，而补缺营销则将细分市场再细分为子细分片，如将女性市场细分为喜好运动的女性、身材偏胖或偏瘦想通过健身塑形的女性等细分市场。

4）个别化营销——完全细分

个别化营销也被称为定制营销或一对一营销。它是市场细分的最后一个层次，其理论依据是几乎没有两个人对同一种产品的需求完全相同，因此细分必须到个人，即针对某一个客户的需求和欲望为其提供个性化的产品或服务，最大限度地满足每一个顾客的特定需求，体现对每一位顾客的关注。这样，企业就可能从根本上获取顾客，赢得竞争。这种个别化营销自古有之，例如：裁缝为每位消费者特制不同的服装；鞋匠为每个人特制不同的鞋等。现在的信息技术、人工智能、柔性制造技术的发展使更大范围内的个别化营销即大规模定制成为可能。

营销实操

上汽大通的大规模定制

随着数字化技术的发展，现在不仅鞋靴、服饰等可以在 Nike By You 这样的平台上定制，连汽车也可以定制了。作为汽车行业首家 C2B（customer to business）数字化新业态车企，上汽大通拉开了汽车 C2B 智能化大规模定制时代的序幕，革新了百年造车传统。

上汽大通是一家创新型、跨界型的汽车公司，覆盖了宽体轻客、SUV、MPV 和房车等多个细分市场，顾客个性化定制订单比例高达 40%。上汽大通在 2016 年奇点·创新者峰会上发布了"我行@MAXUS"平台，该数字化平台属于 C2B，是顾客参与、顾客定制的入口，向顾客揭开了造车的神秘面纱，实现了造车过程的全透明化，并充分与顾客沟通实现其对汽车产品的个性化需求。

作为首款 C2B 汽车 SUV D90，顾客可以选择是四驱还是两驱，顾客均可自行定制内饰的颜色、轮圈的造型、大灯的造型、车辆个性徽标等。不仅是 SUV D90，上汽大通旗下的其他产品，如轻客 V80、MPV G10 和大通房车等均可实现定制化、个性化生产。

这种以顾客为驱动的智能化大规模定制造车方式，以顾客需求为出发点，将"大规模造车"与"个性化"相融合。

由于上汽大通在发展中已经形成个性化、定制化和柔性化的造车优势，形成了430 种产品公告，配置组合超过 2 万种，理论上可以支撑 229 种车型的配置组合。

从生产什么消费者就得买什么，到消费者要什么就能给什么，上汽大通在研习C2B 智能定制模式数年后，成功地将其推向国际市场，成为个性时代下中国汽车品牌"海外发展模式创新"的新名片。目前上汽大通全系产品均可支持 C2B 大规模个性化智能定制。通过"蜘蛛定制"，上汽大通与消费者达成高效、精准的互动，大到发动机、变速器，小到座椅靠背的材质和颜色，都可以实现定制化匹配，打造符合应用场景、贴合用户使用习惯的专属产品。

【资料来源】

[1] 佚名. 不是乐视，不是特斯拉，真正将重塑汽车产业的，有可能会是它！[J].中国机电工业，2016（8）：76-77.

[2] 张雅静. 高端定制，用户至上！上汽大通在全球叫响"中国制造"[EB/OL].（2021-11-16）[2023-12-08]. 商用车新网，https：//mp. weixin. qq. com/s/yXgyoaF-YZDHG8rZUhDVcYA.

3. 市场细分的意义

市场细分的概念一经提出，就被企业家们广泛接受，被誉为具有创造性的新概念，是开展现代营销活动的新思路。实践证明，科学合理地细分市场，对企业通向经营成功之路具有重要意义。

（1）市场细分有利于企业分析、发掘新的市场机会，形成新的富有吸引力的目标市场。分析并把握营销机会是企业正确营销决策的起点。通过市场细分，企业可以有效地分析各个消费者群的需求以及满足程度，同时了解市场上的竞争状况，发现哪类消费需求已经满足，哪类满足不够，哪类尚无适销产品去满足；发现哪些细分市场竞争激烈，哪些较少竞争，哪些尚待开发，从而结合企业资源状况，抓住市场机会。

（2）市场细分有利于提高企业的竞争能力，取得良好经济效益。这是因为：首先，建立在市场细分基础上的企业营销，使企业专注于某一个或几个细分市场，避免了在整体市场上分散使用力量，从而使营销成本降低，竞争能力也会因此而得到提高；其次，在较小的细分市场即子市场上开展营销活动，市场调研的针对性较强，市场信息反馈较快，企业能够根据消费需求的特点及其变化及时调整各项营销策略，使产品保持适销对路，并迅速送达目标市场，扩大销售；最后，进行市场细分，易于看清楚每一个细分市场上各个竞争者的优势和弱点，有利于企业避实就虚地确立自己的目标市场，这也有利于增强竞争能力，提高经济效益。

（3）市场细分有利于满足不断变化的、千差万别的社会消费的需要。众多的企业在奉行市场细分化战略的过程中，总会不断地发现消费者潜在的、多样的需求，这就会逐一成为不同企业的一个又一个市场机会、形成新的目标市场。由此，新产品就会层出不穷，同类产品的花色品种就会丰富繁多，消费者或用户也就有可能在市场上购买到各自称心如意的商品。

（4）对于小型企业的生存与发展而言，细分市场更加重要。小企业各种资源与大企业相比都处于劣势，在整体市场或较大的细分市场上缺乏竞争能力；而通过市场细分，则往往能够发现大企业未曾顾及甚至不屑顾及的某些尚未满足的市场需求，从而能够在这些力所能及的较小或很小的细分市场上推出相宜的产品，取得好的经济效益。可见，深谙市场细分之道的一些小企业通过另辟蹊径，在竞争激烈的市场上照样也能生意兴隆。

8.1.2 市场细分程序与依据

1. 市场细分程序

美国市场学家麦卡锡（McCarthy）等学者提出了细分市场的一整套程序，这一程序包括7个步骤。

（1）选定产品市场范围。即确定进入什么行业，生产什么产品，不要以产品本身的特性来确定，而应该以顾客的需求来确定。如某房地产公司打算在郊区建造一幢简朴的住宅，看起来似乎购买或出租对象应该是低收入的家庭，但从市场需求的角度来看，高收入家庭在住腻了高楼大厦之后，为了追求乡间的清净，也可能是这幢住宅的租赁或购买者。

（2）列举潜在顾客的基本需求。通过调研了解潜在消费者对上述住宅的基本要求，可能包括安全、设计合理、工程质量高等。

（3）了解不同潜在用户的不同要求。对于列举出来的基本需求，不同顾客强调的侧重点可能会存在差异。例如：有的用户可能特别重视这处住宅交通的方便、附带设施的齐全；另外一类用户则对内部装修等有很高的要求。通过这种差异比较，不同的顾客群体即可初步被识别出来。

（4）抽掉潜在顾客的共同要求，而以特殊需求作为细分标准。上述所列购房者的共同需求固然重要，但不能作为市场细分的基础。例如：遮风挡雨、安全是每位购房者的要求，就不能作为细分市场的标准，因而应该剔除。

（5）细分市场。根据潜在顾客基本需求上的差异，将其划分为不同的群体或子市场，并赋予每一个子市场一定的名称。例如：把购房者分为新婚者、度假者、寻求"补偿消费"的年老者等多个子市场，并据此采用不同的营销策略。

（6）分析细分市场。进一步分析每一个细分市场的需求与购买行为特点，并分析其原因，以便在此基础上决定是否可以对这些细分出来的市场进行合并，或做进一步细分。

（7）估计每一个细分市场的规模。即在调查的基础上，估计每一个细分市场的顾客数量、购买频率、平均每次的购买数量等，并对细分市场上产品竞争状况及发展趋势做出分析。

2. 市场细分的依据

市场细分的基础是顾客需求的差异性，因此可以运用影响顾客需求和欲望的某些因素作为细分依据（也称细分指标、细分变量、细分标准）对市场进行细分。影响顾客需求的因素很多，而且对消费市场和产业市场的购买者而言又有所区别，现分述如下。

1）消费者市场细分依据

消费者市场细分依据主要有以下4个方面。

（1）按地理变量细分市场。考虑到处在不同地理环境下的消费者对同一类产品往往有不同的需求与偏好，因此早期的市场细分研究经常按照消费者所处的地理位置、自然环境等地理变量来细分市场。例如：根据国家、地区、城市规模、气候、人口密度、地形地貌等方面的差异将整体市场分为不同的细分市场。这种细分在食品、服装、家电等很多领域都有十分重要的意义。

尽管地理变量易于识别，是细分市场应考虑的重要因素，但许多营销实践表明，具有相同人口地理特征的消费群在面对相同的营销变量（如广告、促销、定价等）时反应并不一样。例如：在我国的一些大城市如上海，流动人口接近一千万，这些流动人口本身就构成一个很大的市场，很显然，这一市场有许多不同于常住人口市场的需求特点。所以，简单地以某一地理特征区分市场，不一定能真实地反映消费者的需求共性与差异，企业在选择目标市场时，还需结合其他细分变量进行综合考虑。

（2）按人口变量细分市场。这是指按人口统计变量，如年龄、性别、家庭规模、家庭生命周期、收入、职业、教育程度、宗教、种族、国籍等为基础细分市场。毫无疑问，消费者的需求、偏好与人口统计变量有着很密切的关系，而且人口统计变量比较容易衡量，有关数据相对容易获取，因此企业经常以它作为市场细分的重要依据。

（3）按心理变量细分市场。根据购买者所处的社会阶层、生活方式、个性特点等心理因素细分市场叫作心理细分。当人口和社会经济因素难以清楚地划分出细分市场时，结合考虑顾客心理因素如消费方式的特征等将会变得非常有效。例如：同样是购买西服，按照马斯洛的动机理论，有的消费者是从社会需要出发，追求价廉物美；有的消费者则是出于自我价值实现的需要，从而崇尚名牌高档商品。这时，企业在商品的设计、定价、陈列、促销手段等方面都应该有所区别，只有这样才能满足不同层次顾客的不同需求。

（4）按行为变量细分市场。根据购买者对产品的了解程度、态度、使用情况及反应等将他们划分成不同的群体，被称为行为细分。许多营销者认为，行为变量是构建细分市场的最佳起点，在关系营销下，行为变量的重要地位被进一步凸显出来。

第一，购买时机。根据消费者提出需要、购买和使用产品的不同时机，将他们划分成不同的群体。例如：游乐园可以根据不同季节、节假日游客的不同需求特点划分不同的细分市场并制定不同的营销策略；生产洗发水的企业，可以根据消费者在不同季节对洗发水需求的不同，将洗发水市场进一步细分，如在夏季推出添加清凉薄荷配方的洗发水。

第二，追求利益。利益细分是建立在因果关系变量而非描述性变量基础之上的一种市场细分方法。其基本思路是：消费者往往出于满足不同需要的动机，去购买不同的品牌，因此可以按照消费者追求的不同利益，将其划分为不同消费群体。例如：购买汽车，有的追求经济实惠、价格低廉，有的追求耐用可靠和使用维修的方便，还有的则偏向于拥有汽车显示出的社会地位等。

第三，使用者状况。根据使用者特征对市场进行细分。通常可分为经常使用者、首次使用者、潜在使用者、曾经使用者、从未使用者。大公司往往注重将潜在使用者变为经常使用者，较小的公司则注重于保持现有的经常使用者，并设法吸引使用竞争产品的顾客转而使用本公司产品。

第四，使用数量。根据消费者使用某一产品的数量大小细分市场，通常可分为大量使用者、中度使用者和轻度使用者。大量使用者人数可能并不很多，但他们的消费量在全部消费量中占很大的比重。管理学中的 20/80 原则在这里得到了充分的体现。

第五，品牌忠诚程度。企业还可以根据消费者对品牌的忠诚程度细分市场。根据忠诚程度可以将购买者分为坚定忠诚者、中度忠诚者和转移型忠诚者，其中坚定忠诚的顾客对企业的销售额和盈利水平至关重要。企业还可以将忠诚者分为态度忠诚和行为忠诚两个维度，据此依据重复购买的程度和积极购买的态度将忠诚分为 4 类：忠诚者、潜在的忠诚者、虚假的忠诚者和不忠诚者，针对不同忠诚程度的顾客，企业可以采取不同的营销策略。

第六，购买的准备阶段。消费者对各种信息的获取以及对各种产品的了解程度往往因人而异。有的消费者可能确有某种需要，但并不知道有产品能够满足其需要；还有的消费者虽已知道产品的存在，但对产品的功能、质量等还存在疑虑；另外一些消费者则可能正在考虑购买。针对处于不同购买阶段的消费群体，企业可以进行市场细分并采用不同的营销策略与其沟通，说服其购买。

2）产业市场细分依据

许多用来细分消费者市场的标准，同样可用于细分产业市场，如根据地理、追求的利益和使用率等变量加以细分。不过，与消费者购买的目的不同，产业用户的购买目的是再生产或再销售并从中获取利润，所以除运用前述消费者市场细分标准外，还可用一些新的标准来细分产业市场。组织市场的细分要素主要有五大类：人口变量、经营变量、采购方法、情境因素、个性特征，如表 8-1 所示。

表 8-1　产业市场的主要细分变量[①]

人口变量

☞行业：我们应把重点放在购买这种产品的哪些行业？

☞公司规模：我们应把重点放在多大规模的公司？

☞地址：我们应把重点放在哪些地区？

经营变量

☞技术：我们应重点关注哪些顾客重视的技术？

☞使用者/非使用者情况：我们应把重点放在大量、中度、少量使用者，还是非使用者？

☞顾客能力：我们应把重点放在需要很多服务的顾客，还是只需要很少服务的顾客？

采购方法

☞采购职能组织：我们应把重点放在采购组织高度集中的公司，还是采购组织高度分散的公司？

☞权力结构：我们应把重点放在工程主导的公司，还是财务主导的公司？

☞现有关系的性质：我们应把重点放在现在与我们有牢固关系的公司，还是追求最理想的公司？

☞总采购政策：我们应把重点放在乐于采用租赁、服务合同、系统采购的公司，还是秘密投标等贸易方式的公司？

☞购买标准：我们应把重点放在追求质量的公司、重视服务的公司，还是注重价格的公司？

情境因素

☞紧急：我们是否应把重点放在那些要求迅速和突然交货或提供服务的公司？

☞特别用途：我们是否应把重点放在那些其人员与价值观与本公司相似的公司？

☞订货量：我们应把重点放在大宗订货，还是少量订货？

个性特征

☞购销双方的相似点：我们是否应把重点放在那些其人员与价值观与本公司相似的公司？

☞对待风险的态度：我们应把重点放在敢于冒风险的顾客，还是避免冒风险的顾客？

☞忠诚度：我们是否应把重点放在那些对供应商非常忠诚的公司？

---

① 科特勒，凯勒．营销管理：第 15 版［M］．何佳讯，于洪彦，牛永革，等译．上海：格致出版社，2016.

下面以其中的几个变量为例进行简要说明。

（1）用户的行业类别。用户所属的行业不同，其需求有很大差异。营销人员可以用户行业为依据进行市场细分。例如：需要购买轮胎的不同行业对轮胎质量要求存在重大差别，飞机制造商所需轮胎的安全标准，比农用拖拉机生产商所需轮胎的安全标准要高得多。

（2）用户规模。企业可以根据用户规模大小来细分市场，并根据用户的规模不同，制订不同的企业的营销组合方案。例如：对于大客户，宜于直接联系，直接供应，在价格、信用等方面给予更多优惠；而对众多的小客户，则宜于使产品进入商业渠道，由批发商或零售商去组织供应。

（3）产品的最终用途。产品的最终用途也是产业市场细分标准之一。产业用户购买产品，一般都是供再加工之用，对所购产品通常都有特定的要求。例如：同是钢材用户，有的需要圆钢，有的需要带钢，有的需要普通钢材，有的需要硅钢、钨钢或其他特种钢，企业此时可根据用户要求，将要求大体相同的用户集合成群，并据此设计出不同的营销策略组合。

（4）用户的购买状况。根据产业用户的购买方式来细分市场。产业用户购买的主要方式包括直接重购、修正重购及新购。不同购买方式的采购程度、决策过程等不相同，因而可将整体市场细分为不同的子市场。

在表 8-1 中所列出的 5 类细分变量中，它们的重要性是不同的。其中，人口变量是最重要的，其次是经营变量，再次是采购方法、情境因素，最后是个性特征。因此，我们在细分产业市场时考虑各细分变量的先后顺序也应该有所不同。

8.1.3　市场细分的有效性

企业在细分时选用的细分标准越多，相应的子市场也就越多，每一个子市场的容量相应就越小；相反，选用的细分标准越少，子市场就越少，每一个子市场的容量则相对较大。如何寻找合适的细分标准，对市场进行有效细分，在营销实践中并非易事。一般而言，成功、有效的市场细分应遵循以下基本原则。

第一，可衡量性。指细分的市场是可以识别和衡量的，即细分出来的市场不仅范围明确，而且对其容量大小也能大致做出判断。有些细分变量，在实际中是很难测量的，以此为依据细分市场就不一定有意义。

第二，可进入性。指细分出来的市场应是企业营销活动能够抵达的，即是企业通过努力能够使产品进入并对顾客施加影响的市场。一方面，有关产品的信息能够通过一定媒体顺利传递给该市场的大多数消费者；另一方面，企业在一定时期内有可能将产品通过一定的分销渠道运送到该市场，否则该细分市场的价值就不大。

第三，差异性。指各细分市场的消费者对同一市场营销组合方案会有差异性反应；或者说对营销组合方案的变动，不同的细分市场会有不同的反应。如果不同细分市场顾客对产品需求差异不大，行为上的同质性远大于其异质性，此时企业就不必费力对市场进行细分。此外，对于细分出来的市场，企业应当分别制订出独立的营销方案。如果无法制订出这样的方案，或其中某几个细分市场对是否采用不同的营销方案不会有大的差异性反应，便不必进行市场细分。

第四，可盈利性（或称为需求足量性），即细分出来的市场，其容量或规模要大到足以使企业获利。进行市场细分时，企业必须考虑细分市场上顾客的数量，以及他们的购买能力和购买产品的频率。如果细分市场的规模过小，市场容量太小，细分工作烦琐，成本耗费大，获利小，就不值得去细分。

第五，可行动性，即企业是力所能及的。

8.2　目标市场选择与进入

市场细分的目的在于发现市场机会，即从一系列细分市场中，选择出最适合企业经营的市场。企业选出并决定为之服务的那些细分市场就是企业的目标市场，企业的一切营销活动都是围绕目标市场进行的。

8.2.1　细分市场评估

为了正确选择和确定目标市场，需要对细分市场进行评估。一般来讲，评估细分市场应该从以下几个方面进行。

1. 市场需求潜量分析

企业进入某一市场是期望能够有利可图，如果市场规模狭小或者趋于萎缩状态，企业进入后很可能难以获得发展。因此，对细分市场的评估首先要进行市场需求潜量分析，即潜在细分市场是否具有适当的规模和发展潜力。

通常，规模较大的细分市场更受企业青睐，因为大市场意味着销售量大，也更容易获得规模效益。但是，由于大量企业受其吸引，大细分市场中通常存在激烈竞争，要想在竞争中取得一席之地，需要投入大量的资源，这又是一些中小企业所难以承担的。同样，一些小的细分市场对于大企业而言可能因无法展开拳脚而不去开拓。因此，市场规模不是越大越好，而是要适当，这里的适当是相对于企业实力而言的。

除了静态考虑细分市场的规模，还要动态考虑细分市场的发展潜力，即市场增长率。相对于停滞不前或走下坡路的市场，处于发展中的不断增长的市场更被看好，而要判断市场的潜力，则需要企业综合考虑行业及相关的经济、技术、政治、社会等环境因素并具有敏锐的洞察力。

2. 结构吸引力分析

一个具有适度规模和良好潜力的细分市场，如果存在所需原材料被一家企业所垄断、退出壁垒很高、竞争者很容易进入等问题，想必它对企业的吸引力会大打折扣。对细分市场的评估除了考虑其规模和发展潜力，还要对其吸引力做出评价。波特认为有5种力量决定整个市场或其中任何一个细分市场长期的内在吸引力：同行业竞争者、潜在的新加入的竞争者、替代产品、购买者和供应商。细分市场的吸引力分析，就是对这5种威胁本企业长期赢利的主要因素做出评估。

（1）行业内部竞争，即细分市场内同行业之间是否存在激烈的竞争。如果某个细分市场存在为数众多的竞争者，或者竞争者的实力强大，或者竞争者的攻击意识强烈，这就意味着企业可能要面临价格战、广告战的威胁。为了在竞争中取得优势，企业可能还要不断推出新产品并投入大量的资金来坚守该细分市场；否则，该细分市场就可能会失去吸引力。

（2）潜在竞争对手的进入威胁，即新的竞争者能否轻易地进入该细分市场。如果细分市场的进入壁垒很低，而且原有企业对新进入者不会采取任何报复和阻拦措施，那么该细分市场就容易吸引新竞争者的加入。新竞争者加入越多，市场占有率的争夺就会越激烈，该市场的吸引力也就越低。

（3）替代产品的威胁，即细分市场上是否已经存在替代产品或者有潜在的替代产品。替代产品的威胁越大，细分市场内企业的价格和利润就越受限制，该细分市场的吸引力就会越低。

（4）顾客的议价能力，即顾客讨价还价的能力是否很强或正在增强。顾客的议价能力越强，对产品价格、质量和服务的要求就会越高，企业之间为了获得订单的争夺就会越激烈，细分市场的吸引力就越低。

（5）供应商的议价能力，即供应商的讨价还价能力是否很强或正在增强。如果供应商所提供的原材料没有替代品或替代品少，供应商集中少数几家或有组织，其议价能力就强，企业可能在价格、质量和服务等方面要受制于供应商，而这将直接威胁企业的盈利能力，细分市场的吸引力就会受到影响。

3. 市场机会及获利状况分析

（1）市场机会分析，即分析公司所拥有的资源条件和经营目标是否能够与细分市场的需求相吻合。首先，企业的任何活动都必须与企业的目标保持一致，如果某一细分市场的选择虽然能给企业带来短期的利益，但不利于企业长期目标的实现或者偏离企业的既定发展轨道或者对企业主要目标的完成带来影响，这时企业一定要慎重。细分市场的选择应服从于企业的长期目标和主要目标；其次，市场可能很有吸引力，但企业不具备在该细分市场获得成功所需要的资源和能力，如关键原材料的获得、生产、研发、营销和管理能力等，企业贸然进入可能会导致失败；最后，即使企业具备相关的资源和能力，如果和竞争对手相比没有优势，也很难在竞争中取胜。对市场机会的分析要综合考虑细分市场、企业自身和竞争对手三个方面。

（2）获利状况分析，即分析细分市场能给公司带来的利润。获利状况分析是对细分市场评估的最后一个环节，它是必不可少也是最为重要的。因为公司经营的目的最终要落在利润上，有了利润公司才能生存和发展，细分市场应能够使公司获得预期的或合理的利润。

营销实操

矩阵法选择目标市场

矩阵法选择目标市场首先要评估细分市场吸引力和企业竞争力。细分市场的吸引力和企业竞争力评估包括 5 个步骤：选定所涉及的因素；确定因素权重；细分市场或企业在各项因素上的打分；确定各因素分值；确定最终分值。表 8-2 和表 8-3 是对某一个细分市场的评估情况。

表8-2　细分市场吸引力评估

因素	权重 （对公司或企业）	分值（1～10） （某一特定细分市场）	因素总得分 （权重×分值）
销售增长潜力	20	8	160
潜在细分市场规模	20	6	120
利润潜力	20	8	160
竞争强度	20	6	120
法律与法规	10	7	70
入市与退市门槛	10	2	20
合计	100		650

表8-3　企业强项评估

因素	权重 （某一细分市场）	分值（1～10） （企业）	因素总得分 （权重×分值）
营销团队	25	9	225
服务质量	20	9	180
研发能力	15	4	60
成本控制能力	15	6	90
沟通能力	15	5	75
交付能力	10	3	30
合计	100		660

　　同样要对每个细分市场的吸引力和企业竞争力做出分析，然后将各个潜在的目标细分市场放进一个二维的矩阵中进行分析，见图8-2。一般说来，处于高/高、高/中和中/高单元格的细分市场，可能是优良的备选目标；处于低/低、低/中和中/低单元格的细分市场，则是较差的备选细分市场；处于对角线的低/高、中/中和高/低区域，则需要企业做进一步分析。

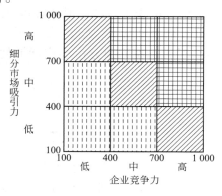

图8-2　细分市场吸引力-企业竞争力矩阵

【资料来源】麦克唐纳，邓巴.市场细分：如何发掘商业机会并从中获益［M］.李九翔，曾斐，张鹏，等译.北京：化学工业出版社，2020.

8.2.2 目标市场选择

1. 目标市场选择战略

概括起来，公司的目标市场选择战略可以分为如图 8-3 所示的三种形式①。

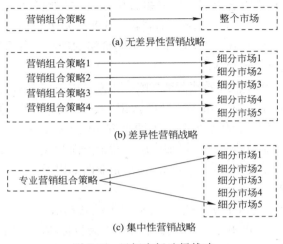

(a) 无差异性营销战略

(b) 差异性营销战略

(c) 集中性营销战略

图 8-3 目标市场选择战略

1）无差异性营销战略

如图 8-3（a）所示，无差异性营销战略着眼于消费者在需求上的共性，不对市场进行细分，用统一的营销组合来面对所有的购买者。20 世纪 60 年代以前的可口可乐采用的就是无差异性营销战略，它用单一的产品、标准的规格、统一的价格、相同的包装和商标、一致的广告来面向所有的顾客，吸引尽可能多的人购买。

无差异性营销战略最大的优点在于经济性好。首先，不对市场进行细分，可以节省营销调研、市场分析等方面的成本；其次，单一的产品可以取得大规模生产带来的成本方面的优势，也可节省产品设计及研发费用；最后，统一的营销组合可大大节省渠道、促销方面的费用。

虽然无差异性营销战略具有显著的优点，但真正能成功实施的企业并不多见，仅见于需求广泛、市场同质性高且能大量生产、大量销售的产品领域。随着市场竞争的激烈和消费者需求的日益多样化，大多数产品的无差异性营销战略无法取得成功。首先，消费者需求客观上千差万别并不断发生变化，一种产品长期为所有消费者和用户所接受非常罕见；其次，当众多企业如法炮制，都采用这一战略时，会造成市场竞争异常激烈，同时在一些小的细分市场上消费者需求却得不到满足，这对企业和消费者都是不利的；最后，易于受到竞争企业的攻击。当其他企业针对不同细分市场提供更有特色的产品或服务时，采用无差异营销战略的企业可能会发现自己的市场正在遭到蚕食但又无法有效地予以反击。正是由于这些原因，世界上一些曾经长期实行无差异营销战略的大企业最后也被迫改弦更张，转而实行差异性营销战略。被视为实行无差异营销典范的可口可乐公司，面对百事可乐等企业的强劲攻势，也不得不改变原来战略，一方面向非可乐饮料市场进军，另一方面针对顾客不同需要推出多种类

---

① 科特勒，阿姆斯特朗．市场营销：原理与实践：第 17 版［M］．楼尊，译．北京：中国人民大学出版社，2020.

型的可乐。

2）差异性营销战略

如图 8-3（b）所示，差异性营销战略是将整体市场划分为若干细分市场，然后根据企业的资源与营销实力从中选择所有或多个细分市场作为自己的目标市场，并为每个选定的细分市场制订不同的市场营销组合方案，同时多方位或全方位地分别开展针对性的营销活动。例如：智能手机生产企业针对不同年龄、不同收入水平，以及玩游戏、听音乐、拍照等不同利益追求的消费者推出不同款式、不同功能、不同价格的产品，并采用不同的方式来促销这些产品，就是采用的差异性营销战略。

和无差异性营销战略相比，差异性营销战略一方面可以更好地满足消费者的需求，提高整体销量；另一方面企业在多个细分市场上开展营销，一定程度上可以降低投资风险和经营风险。实行差异性营销战略的企业将会面临以下两个方面的劣势：一是由于企业生产多种产品，制定差异性的营销组合，不可避免地会增加生产和营销方面的成本；二是企业的资源分散在多个领域，很可能导致企业不能集中使用资源，甚至企业内部出现彼此争夺资源的现象。

3）集中性营销战略

如图 8-3（c）所示，集中性营销战略又称密集性营销战略。和前两种战略不同，集中性营销战略不是以整个市场也不是以多个细分市场作为目标市场，而是选择一个或少数几个细分市场，通过专业化生产和销售给这部分目标顾客提供更好的满足。实行集中性营销战略的公司不求四处出击，而求重点突破。与其在多个细分市场全线作战获得较低的市场份额，倒不如在一个或少数几个子市场占有较大份额。例如：某服装公司不是面向不同的消费群生产各种规格和款式的服装，而是专门为办公室女性职员生产职业女装。

集中性营销战略受到越来越多的企业尤其是中小企业的青睐。其原因在于受资金、能力、规模等因素的制约，一些企业可能无法在整个市场或多个细分市场上与大企业展开竞争。如果集中优势资源在大企业尚未顾及或尚未建立绝对优势的某个细分市场进行竞争，成功可能性更大。将资源集中于一个或少数几个细分市场使企业提高成功率的同时，也带来弊端：一是市场容量相对较小，企业的长远发展可能会受到限制；二是一旦强大的竞争对手介入、目标消费群购买力下降或兴趣转移、替代品出现等都会给企业带来极大威胁。

综上所述，三种目标市场战略在产品、市场、营销组合、经济性、风险等方面都存在差异。表 8-4 对此做了一个总结。

表 8-4　目标市场战略比较①

项目　　战略	无差异性营销战略	差异性营销战略	集中性营销战略
产品	单一产品	多样化产品	少数性质类同的产品
市场	整体市场	所有或多个细分市场	少数细分市场
营销组合	统一营销组合	差异、针对性营销组合	专业营销组合
经济性	经济性好	经济性差	经济性较好
风险	风险大	风险小	风险较大

① 杨洪涛. 市场营销：网络时代的超越竞争 ［M］. 3 版. 北京：机械工业出版社，2019.

营销展望

目标市场选择战略的新发展：小众营销战略

在当今供给趋向无限可能的情况下，消费者的各类原始需求几乎都能得到满足，此时派生性的超细分需求开始凸显。与之相应的是，拉住主流消费缰绳的商业巨头及其所代表的大众市场背后的规模经济优势正在逐渐消失，消费者的需求更为多元化、小众化，这使得企业在进行目标市场选择的时候，小众营销战略正在兴起。

小众营销战略的实施可分为以下7个步骤。

第一步，发现特定客群。举例而言，消费者在赠送礼物时总困扰于过于大众化的难题。香港网站Giftwell看到了这一特定客群的商机，搭建小众礼品平台，消费者可以在Giftwell平台上选择香港独特、精致的小众礼品送给亲朋好友。Giftwell发展迅猛，目前其品类已经涵盖食品、餐饮、水疗服务和定制旅游等。

第二步，快速连接。企业要充分利用移动互联网与特定人群连接，迅速与目标顾客形成可以产生持续交流与交易的社区。既可自建社区，也可利用第三方平台。

第三步，产品众创。通过各种手段将顾客从单纯的消费者（consumer）转变为生产消费者（prosumer）。众创可以有效地帮助企业在产品生产出来之前，测试到小众消费者的需求，提高消费者的参与感。

第四步，圈层推荐。圈层推荐可以与产品众创同时进行，也可以在产品众创之后。圈层推荐的核心目的在于最大化地实现小众产品对小众顾客群体的渗透率，使之高度认同、深度占有、具有高的净推荐值。圈层推荐是实现小众营销走向大众市场的一个过渡。

第五步，跨群扩散。通过关键意见领袖与天使用户等传播的涟漪效应，品牌与产品在不同的社群圈中扩散，帮助企业从小众营销走向大众营销。值得注意的是，并非所有的小众营销都需要走向大众营销。

第六步，分项衍生。无论企业有没有从小众营销走向大众营销，企业都要重视分项衍生。产品或服务对顾客的需求挖掘越深，就越窄众，就越需要通过想象力来增加分项产品的供给来扩大企业的供给规模，从而扩大企业的利润区。值得注意的是，若品类关联的范围过大，容易造成核心顾客心智的混乱，质疑品牌原有的价值观连接。

第七步，附加盈利。在连接和为小众群体提供产品或服务的基础上，通过分项衍生性的产品或者构建更广泛的生态圈来形成附加盈利。

【资料来源】曹虎，王赛，乔林，等. 数字时代的营销战略［M］. 北京：机械工业出版社，2017.

2. 影响目标市场选择的因素

前述三种目标市场选择战略各有利弊，企业到底应采取哪一种战略，应综合考虑企业、产品和市场等多方面因素予以决定。

（1）企业能力。不仅包括企业在研发、生产、财务方面的能力，还包括企业在分销、促销、管理等方面的能力。如果和竞争对手相比，企业能力强，可以考虑采用无差异性或差异性营销战略；反之，则应采用集中性营销战略。

（2）产品同质性。产品的同质性，即产品的相似程度，更多的是从消费者角度而言的。即使企业之间生产的产品客观上存在属性和品质上的差异，但消费者并不看重，认为他们在满足功能和情感利益方面没有差异，就认为该种产品的同质性高。例如：钢铁、天然气和电力等产品，这类产品适合采用无差异性营销战略；服装、化妆品、汽车和手机等大多数产品，由于在型号、式样、规格、款式等方面存在较大差别，消费者的选择性强，同质性较低，更适合于采用差异性营销战略或集中性营销战略。

（3）市场同质性。如果消费者的偏好是同质偏好，市场的同质性就高，企业可考虑采用无差异性营销战略；如果消费者的偏好是扩散或集群偏好，市场的同质性低，则适宜采用差异性营销战略或集中性营销战略。

（4）产品所处生命周期的不同阶段。一是投入期，一方面作为新产品，市场上竞争不激烈；另一方面，企业致力于满足消费者的基本需求，需求的差异性还没有集中展现，这时企业可以采用无差异性营销战略。二是成长期和成熟期，市场竞争激烈，消费者需求差异较大，适宜采用差异性营销战略或集中性营销战略。

（5）竞争者的目标市场战略。如果竞争者采用无差异性营销战略，为了避免直接对抗，企业可以采用差异性或集中性营销战略；如果竞争对手采用差异性营销战略，为了在竞争中获得优势，企业需要进行更深层次细分基础上的差异性营销战略或集中性营销战略。

8.2.3　目标市场进入

在目标市场选定以后，要进一步考虑制订市场进入计划、选择市场进入方式及市场进入时机。

1. 市场进入计划

企业应制订市场进入计划，包括进入细分市场的顺序和时间安排在内的长期发展计划，有计划地拓展细分市场。例如：百事可乐公司通过全盘计划向可口可乐公司发动进攻，首先向可口可乐公司的食品杂货市场进攻，接着向可口可乐公司的自动售货机市场进攻，然后再向可口可乐公司的快餐市场进攻。

在市场进入计划的制订和实施过程中企业应该注意以下几个方面：首先，即使企业选择了多个细分市场作为目标，但是为了降低风险，避免激烈的竞争，企业也最好逐步推进，即一次只进入一个细分市场；其次，企业应该对包含细分市场进入的时间和顺序安排在内的计划保密；最后，市场进入计划也就是细分市场进入的时间和顺序并不是一成不变的，而是要根据环境的变动、竞争对手的动向、企业自身能力的变化灵活地进行调整。

2. 市场进入方式

市场进入方式就是公司采用何种方式以保证产品或服务顺利地进入目标市场的决策。市场进入方式有以下三种[1]。

（1）依靠公司自身的力量进入。用这种方式意味着公司自己研究设计、制造并销售符合目标市场需要的产品。采用这种方式的优点是公司易于控制产品的生产能力和质量，有利于

---

[1]　宝利嘉顾问. 细分：从客户区隔中牟取利润. 北京：中国社会科学出版社，2003.

巩固其市场地位；缺点是需要时间较长，有可能会贻误进入市场的时机。

（2）并购。并购是企业进入选定目标市场最迅速的方式，可以使公司在较短的时间内获取相关资源并迅速提高竞争能力。当一个企业面临以下几种情况时，可以考虑以并购的方式进入：其一，当公司试图进入某个细分市场，但是关于这个市场的行业经验不足、竞争能力较弱时；其二，当公司瞄准某一细分市场时，虽然自身有能力打开这一市场，但是这需要一个较长的时间，而市场机会是稍纵即逝的，此时进入该市场的速度就成了决定成败的关键；其三，公司如果依靠自身的力量进入将面临较高的壁垒，如专利权、规模、原料等。

（3）合作。以合作的方式进入选定的目标市场一方面可以降低风险；另一方面可以优势互补，在技术上、资源上相互支援，发挥协作的作用。正由于上述明显优点，这种方式被众多公司广泛采用。

3. 市场进入时机

市场进入时机是指外界环境变化带来的适合本公司特点、便于发挥公司自身优势而进入目标市场的恰当的时间。市场进入时机的选择并非易事。对于一个公司来说，过早或者过晚地进入一个市场都可能意味着无利可图[①]。举例而言，某个市场刚刚开始发育、起飞，机会很多，但是同时"百废待兴"：交通、能源、金融方面的基础设施也不完善，人才缺乏，政策法律不稳定，风险较大。对于这样的市场，进入越早，成本越高。往往第一家进入新生市场的企业要付出很大的代价来了解有关法令，开发有关供货商，训练专业人员，探索各种营销方式、价格水平、广告方式的适用性等。这些企业花了很大代价取得的宝贵知识中有很大一部分是不能保密的，后来的"跟随者"可以不花一文，从观察第一家企业在目标市场所采取的产品、价格、促销、渠道实践学到进入该市场所需的有关知识。如果企业暂时不进入，等上三五年、十来年，等各方面条件都具备了，此时市场进入成本就会小得多。但是等待也自有其成本。很多时候，市场进入困难的早期，也正是进入市场壁垒最低的时期；等到市场发育成熟，竞争者都已站住了脚，进入壁垒建立起来之后，进入市场的"战略窗口"也关闭了，再进入就很不容易。

为了保证企业能在恰当的时机进入选定市场，需要在分析利润、寿命周期、竞争等因素的基础上寻找、分析、选择、利用市场时机，在利用的同时还要努力调控和创造市场时机。

营销实操

市场进入时机的选择

对于填补市场需求空白的新产品，在产品质量基本稳定、生产工艺基本完善、生产技术基本过关的前提下，应集中销售力量，瞄准已选定的目标市场，以最快的速度将产品投放上去。这样一来，公司就可以在销售时机上争取主动，走在竞争者的前面。

以换代的新产品取代老产品时，公司应在老产品处于销售旺季时导入换代产品，这时投入的数量较少，不会影响老产品的销量。在老产品趋于衰退而使盈利下降或可能发生亏损时，将新产品大批量投放市场，这样可以用新产品较多的收益来补偿老产

---

① 霍伦森. 国际市场营销学：第 7 版 ［M］. 张昊，梁晓宁，徐亮，等译. 北京：机械工业出版社，2019.

品的损失。如果在老产品尚未进入衰退期之前就大批量推出换代产品，必然会造成公司内部新老产品之间的竞争，影响原有老产品的销量，减少公司盈利。

发展系列产品的合适时机，最好是在基础产品在市场上已进入成熟阶段的时候。这是因为产品在成熟期用户最多，需求差异性表现明显，这时产品的新品种或新规格可以更好地满足用户的需求，产品的生命周期也可得到合理延长。

对某些季节性强的产品或生命周期短的产品（如时装、羽绒服和时令食品），更应加倍地重视进入市场的时机，以免失去机会造成损失。

【资料来源】宝利嘉顾问.细分：从客户区隔中牟取利润［M］.北京：中国社会科学出版社，2003.

8.2.4　目标市场选择的特殊考虑

在评估与选择细分市场时，企业还应该注意伦理道德及细分市场之间的关系。

1. 目标市场的道德选择

评估和选择细分市场时应注意商业道德和企业应负的社会责任。

随着社会的发展和消费者权益意识的日益增强，越来越多的企业意识到伦理道德对企业发展的重要性。目标市场的道德选择要求企业在选择目标市场和为目标市场提供信息、产品和服务的过程中，不能利用目标消费群体的弱点和劣势地位为企业赚取不义之财。例如，在美国有些企业故意选取缺乏辨别能力、易受蛊惑性宣传影响的儿童、内地居民、少数民族、低收入者及其他因缺乏购买力、商品知识、市场经验而处于劣势地位的顾客作为目标市场，向他们推销有潜在危害性的商品以获取不公正的利益，这种不道德的行为已遭到越来越多的社会公众的谴责。[1] 当然，并非所有的针对孩子、少数民族等特定目标市场的营销行为都受到批评。例如：高露洁公司的儿童高露洁牙膏和牙刷的设计就因其能使孩子们更喜欢刷牙而受到广泛的好评。所以，问题的关键并不在于你选择哪个或哪些细分市场，而在于你为这些目标市场提供什么样的产品或服务，以及如何提供。

2. 细分相互关系及超级细分

确定目标市场时应注意细分市场之间的关系，并在此基础上进行适当的联合和归并，这种由单个细分市场联合归并组成的细分市场称为超级细分市场[2]。

企业在多个细分市场中选择目标市场时，应注意细分市场在技术、生产、分销、促销、物流等方面存在的关系，因为这些关系的存在，两个以上的细分市场可能存在联合开发的机会，从而取得比单独开发每一个细分市场更低的成本。如图8-4所示，原来独立的12个细分市场，根据其相互之间的关系进行了联合和归并，重新组合为A、B、C、D、E共5个超级细分市场。企业为了在竞争中处于有利地位，明智的做法是选择E而不是单独选择并开发9、10、11、12这4个细分市场，从而实现范围经济。

---

① 科特勒，阿姆斯特朗.市场营销：原理与实践：第17版［M］.楼尊，译.北京：中国人民大学出版社，2020.
② 科特勒，凯勒.营销管理：第15版［M］.何佳讯，于洪彦，牛永革，等译.上海：格致出版社，2016.

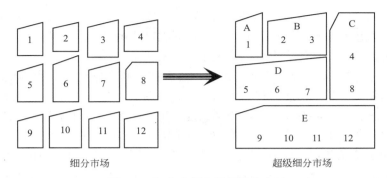

图 8-4　细分市场和超级细分市场

8.3　市场定位

随着众多品牌的不断涌现，市场争夺日益激烈，消费者也陷入了信息的"汪洋大海"之中，在越来越多的产品和品牌面前往往显得无所适从。与此同时，不少企业也因无法博得消费者的欢心而一筹莫展。怎样才能在竞争中脱颖而出呢？出路只有一条，就是要尽力追求与众不同以使消费者易于将其与其他品牌区分开，进而在心目中占有一定的位置。

8.3.1　定位的基本问题

定位是在目标市场确定后必须面对的问题，它和细分战略、目标市场选择战略构成了企业制定具体的营销策略的前提。我们首先来分析一下定位对企业究竟意味着什么。

1. 定位的内涵

1）定位的由来

"定位"是由美国的两位营销专家艾·里斯（Al Ries）和杰克·特劳特（Jack Trout）于 1972 年提出的，并于 1981 年出版了《定位》一书。他们对定位的解释是：定位起始于产品，如一件商品、一项服务、一家公司、一所机构，甚至是一个人。定位并不是要对产品本身做什么事，而是对潜在顾客的心理采取行动，把产品在潜在顾客的心中确定一个适当的位置。

随着市场的日益成熟和消费者观念的变化，有关定位的理论在实践中不断丰富和发展。1996 年特劳特和里夫金（Steve Rivkin）出版了《新定位》一书，再次强调："定位是对大脑的定位，而不是对产品的定位，市场营销的最终战场是大脑。"这就告诉人们定位需要由外向内看，即从传播对象（消费者）角度出发，要在传播对象（消费者）心目中占据一个有利位置。《新定位》在承袭原有理论的基础上，对定位理论做了进一步补充和完善，更加注重它在实践中的应用技巧。《新定位》的最大特点和突出贡献是对消费者心理的深切把握，作者指出营销的终极战场是消费者的心智，你知道得越多，定位战略就越有效。

进入 21 世纪，竞争在全球范围内愈演愈烈。每项新技术都以迅雷不及掩耳之势辐射到全球的每个角落，随之而来的变化既可能是摧毁一个企业，也可能给企业带来机遇。为此，特劳特和里夫金在 2011 年出版了《重新定位》一书，重新定位是应对 3C 时代——竞争（competition）、变化（change）和危机（crisis）的战略营销之道。重新定位是你如何调整认知，这些认知可以是关于你的，也可以是关于竞争对手的。

在 21 世纪，人类面临全新的机遇与挑战，超级技术和全球化成为影响全球商业的两大力量。超级技术催生了超级信息时代，也催生了超级新品。全球化对企业与品牌的聚焦程度提出了更高的要求，企业需要根据全球市场的规律进一步聚焦，同时需要发展适合全球市场的战略。基于此，艾·里斯、劳拉·里斯（Laura Ries）和张云在 2019 年出版的《21 世纪的定位》中提出了 7 条新定位原则：第一，打造全球品牌而非全国品牌；第二，互联网不仅仅是媒体、渠道，它本身就是一个新品类；第三，品类主导品牌；第四，视觉锤——文字不是全球化的，视觉才是全球化的；第五，20 世纪属于单一品牌，21 世纪属于多品牌；第六，公关而非广告；第七，难忘的口号——20 世纪用文字将定位植入心智，21 世纪用声音将定位植入心智。

"定位"概念一经推出，就得到了广泛认可，就连营销大师菲利普·科特勒也认为定位概念跳出了营销界一贯的思维模式，它被称为营销学中最有"革命性"的变化之一，实属当之无愧。

2）定位的含义

"定位"这个概念在相当长的时期内被当成一种信息沟通策略，强调不改变产品本身，改变的只是名称和沟通等要素。现在人们对定位的理解已经扩展到营销活动的各个层面，营销的诸多环节和职能都可能会影响特定产品或服务在顾客心目中的地位。根据这种认识上的变化，很多学者都从不同角度对定位予以阐释，内容大同小异，只是表达方式稍有不同而已。

综合现有文献，定位是指根据竞争者或其产品在市场上所处的位置，针对消费者或用户对某种特征、属性等的重视程度，强有力地塑造出本企业或本企业产品与众不同的、给人印象鲜明的个性或形象，并把这种形象生动地传递给顾客，从而使本企业或本企业产品在市场上确定适当的位置。简言之，定位是指如何让你在顾客心智中与众不同[①]。

可以从以下几个方面来更加深刻地理解定位。

（1）顾客导向性。定位并非在特定的目标市场上占据某个空间位置。实际上，它要占领的是消费者的心理位置，是对消费者的心智下功夫，是"攻心之战"。在这场战争中，取胜的关键是要在消费者心智上找到一个恰当的坐标位置。定位是一种撞击顾客心灵的战略，它要求企业必须首先去探求顾客的心理，去搞清楚他们的想法，再赋予能引起共鸣的企业或产品特色。

（2）差异性。在顾客心目中扩大与竞争者之间的差距，是企业定位战略成败的关键。在现代社会中顾客接收的信息过多过杂，不可能一一记住，只可能记住那些令他们感兴趣且又富有个性和特色的信息，排斥和遗忘其他信息。在购买决策中，面对众多质量趋同的不同品牌的商品，顾客最终的选择往往是那些在其潜意识中品牌印象最为深刻且多为第一印象的产品。企业定位时务必要针对目标顾客的需求，塑造鲜明个性，以在其心智中形成强烈的第一印象。这样，目标顾客就能在众多信息或产品之间有效区分、识别并牢牢记住本企业的品牌

---

① 里斯，特劳特 . 定位：争夺用户心智的战争［M］. 邓德隆，火华强，译 . 北京：机械工业出版社，2017.

和产品，从而对本企业的品牌和产品由高度认知进化到高度偏爱、信任、购买和习惯再购买。[①]

（3）可传达性，即易于通过各种媒介把定位信息准确无误又印象深刻地传达给顾客。传达市场定位可以通过这几种手段：视觉传达、听觉传达、触觉传达和嗅觉传达。如果能把以上几种手段综合起来运用，则效果更佳。

（4）动态性。企业在变化的环境中应摒弃过去传统的以静制动、以不变应万变的静态定位思想，对周围环境时刻保持高度的敏感，及时调整市场定位策略，或是开发产品的新性能来满足消费者的新需求，或是对原有的定位点偏移或扩大，以做到驾驭未来，而非经营过去。

2. 定位的三个层次

现代市场营销学中所描述的定位包括三个层次，即产品定位、品牌定位和企业定位。这三个层次相互制约、相互影响、相互促进，一荣俱荣、一损俱损。

1）产品定位

产品定位是让某个具体的产品在消费者心中留下深刻印象，每当消费者产生类似需求时就会联想到这种产品。产品定位是所有定位的基础和依托，因为顾客想要得到的某种利益，最终都是通过产品体现的，所以说如果产品本身所承载的内容无法取悦于消费者，其他的定位就无从谈起。

为了使产品取得强有力的市场地位，占据顾客的心，企业应该拓宽思路，围绕其产品的整体概念做文章，具体的不同点可以通过诸如技术、质量、安装、维护、包装、销售对象、销售渠道和售后服务等方面来体现。理论上讲，与其他同类产品的差异越多越好，但是在实践中并非一定要在多个方面同时表现出差别，有时候仅在一个方面有所不同就行了，如"高品质""技术领先"等。只是这种不同之处，应该独具匠心，并使之深深植入消费者的心中，成为他们的特定感觉和印象。

2）品牌定位

在当今社会，大多数产品都会与某个品牌紧密相连，顾客对你的产品认可，也就意味着认可了这个产品的品牌，基于此，人们往往将产品定位与品牌定位等同起来。事实上并非如此简单，二者还是有所差异的。当然，如果一种品牌只代表某一特定产品，那么产品定位与品牌定位几乎没有什么差别，好比一提起派克，人们就会联想到笔。但是如果一种品牌代表了若干产品，则产品定位与品牌定位就有所不同了。例如：一提起海尔这一品牌，很难让人明确地感知到你是在说电视机还是电冰箱，还是热水器或者其他什么产品。尽管品牌与产品并非一一对应，但人们的头脑中却有这样一个概念——海尔：中国最好的品牌之一，服务好。这就是品牌定位，它成功地赋予了人们某种具体的联想。

虽然品牌定位是以产品定位为基础，通过产品定位来实现，但是品牌已逐渐成为企业的一种无形资产，可以与产品相对脱离而单独显示其价值，甚至于品牌的价值比实物产品的价值还要高得多。作为一种无形资产，品牌可以转卖或授权许可使用，这样一来，不同企业生产的产品只要冠以同一品牌，就会在消费者心中拥有同样的地位。

基于品牌与产品的关系，企业可以对同一类产品实施不同品牌，不同品牌有不同的定位。例如：宝洁公司的洗发水就有若干个品牌，飘柔代表柔顺，海飞丝代表去屑，潘婷代表

---

① 万后芬，杜鹏，樊帅．市场营销教程［M］．4 版．北京：高等教育出版社，2018.

营养滋润等。企业也可以对众多产品采用同一品牌，使多种产品具有相同的品牌想象。

3）企业定位

企业定位处于定位阶梯的最高层。企业必须先定位他们的产品和品牌，然后才能在公众中树立企业美好的形象。而作为定位的最后一步，企业定位对前两步起着强化的作用。较高的企业定位可以确保产品定位和品牌定位，一旦企业获得较高的地位，其他各种地位也就会相应地得到持续巩固，还会使企业产生长期效益。

企业定位的内容和范围比前两者要广泛。一个良好的企业形象和较高社会地位不仅应得到消费者的认可，还应得到与企业有关的所有人员和机构的认可，包括供应商、批发商、零售商、风险投资者（股东）、金融家、政府、新闻媒体、经济分析员、产业界知名人士、有关专家等。几乎所有的环节——产品、生产、财务、推销、广告、价格、分销和公共关系等，都会对企业定位产生影响。甚至于企业领导人、高层管理者的形象也至关重要，如果他们被舆论界看好，就有助于确立其强有力的地位。强有力的领导地位还容易使企业领导人、高层管理者与金融机构建立联系，那些金融界人士总是喜欢支持有远见卓识、经营有方的企业家。

总之，市场定位的这三个层次是企业的整体经营活动，企业的所有部门及员工都必须服从市场定位战略并围绕它开展各项工作。

8.3.2 定位点的选取

根据市场定位的概念内涵，可以将定位点定义为企业选择、确定并提供给目标顾客的营销要素的某一特征，这一特征是目标顾客较为关注同时企业又具有的比较竞争优势。换言之，定位点就是基于顾客心智的差异化特征[1]，它包括属性定位点、利益定位点和价值定位点。

1. 属性定位点、利益定位点和价值定位点

1）属性定位点[2]

属性定位点是指能够给消费者产生利益的某种特征和效用。属性定位点选择的范围可以是营销组合要素的各个维度，只要能产生利益的方面都可以成为属性定位点的备选对象。营销组合要素的属性内容如表8-5所示。

表8-5　营销组合要素的属性内容

产品属性	服务属性	价格属性	渠道属性	沟通属性
特征，性能质量，一致性，耐用性，可靠性，可维修性，式样，设计	交货，安装，顾客培训，咨询服务，维修服务，其他服务	价格高低，价格变化，价格的持久性，价格的稳定性，促销酬宾	长度，宽度，广度，系统	信息内容，信息形式，沟通时间，沟通媒体

（1）产品属性定位点主要包括以下8个方面。

第一，特征：对产品基本功能给予补充的特点。大多数产品都具有不同的特征，其出发点是产品的基本功能，然后企业通过赋予新的特征以区别于其他竞争对手。例如：人们购买

---

① 李飞. 营销定位［M］. 北京：经济科学出版社，2013.

② 李飞. 品牌定位点的选择模型研究［J］. 商业经济与管理，2009，217（11）：72-80.

洗发水的初衷是干净卫生，保护头发，而宝洁公司的海飞丝洗发水在满足基本要求的同时，增加了去头屑的功能，使其产品竞争力得到提升。

第二，性能质量：产品首要特征的运行水平。用户在购买价值昂贵的产品时，都要比较不同品牌之间的性能质量。在产品性能好且价格未高出顾客所预期的范围时，顾客一般都愿意选择性能质量好而价格较高的产品。高质量一定要与目标市场的顾客需要相匹配，不可片面追求所谓的高质量，否则会费力不讨好。

第三，一致性：产品的设计和运行特点与预期标准的符合程度。顾客购买的产品实际功能或技术指标与企业所承诺的是一样的，这种产品的一致性质量就高。一旦企业许诺的功能无法实现就会引起消费者的不满，也降低了顾客对这种产品的认可度。

第四，耐用性：产品的预期使用寿命。一般而言，购买者愿意为耐用的产品支付高价。但这一点也会受到某些限制，如时尚产品和技术更新较快的产品，购买者就不会为耐用性而付出较高的代价。

第五，可靠性：衡量产品在一定时期内不会发生故障或无法工作的指标。购买者通常愿意为质量稳定可靠的产品支付高价格，他们希望以此避免因发生故障而形成的高维持费用。

第六，可维修性：当产品失灵或无法工作时，能易于修理。

第七，式样：产品给予购买者的视觉效果和感觉。有时候尽管产品的性能不是很好，但它具有独特的外形，依然能有顾客愿为其支付高价，如日产公司和马自达公司生产的赛车。式样可以创造出其他竞争对手无法模仿的产品特征。

第八，设计：一种整合的力量。以上所讲的 7 个方面从严格意义上讲都与设计密切相关。随着竞争的加剧，设计将成为公司实施产品差异化的有力武器，特别是在耐用消费品、服装业及零售业、商品包装工业等领域尤为重要。

（2）服务定位点主要包括以下 6 个方面。

第一，交货：如何将产品或服务送到顾客手中，包括送货的速度、准确性和对产品的保护程度。

第二，安装：将产品安放在指定位置使之正常运转。对于购买一些重型设备的用户及某些诸如空调、热水器等耐用消费品的消费者而言，这一点非常重要。

第三，顾客培训：对购买产品的用户进行培训，让他们能正确有效地使用所购产品，包括培训的方式、地点、时间以及连续性等。

第四，咨询服务：卖方向买方提供资料、给予指导等，如咨询的范围、咨询服务的方式、是否收费等。

第五，维修服务：向产品购买者提供的修理项目。通过建立服务计划来帮助购买公司产品的顾客正常使用，如修理的方便程度、修理的期限等。例如：汽车购买者对日后的汽车维修与保养服务就十分关注。

第六，其他服务：如担保、顾客会员俱乐部等也可以用来区分服务。例如：同样的冰箱，一家企业提供担保期限为 3 年，而另一家为 6 年，很明显，这种差异会影响到顾客的选择。

海尔提出"24 小时安装服务"服务定位点，以"通过努力尽量使用户的烦恼趋于零""用户永远是对的""星级服务思想""是销售信用，不是销售产品""优质的服务是公司持续发展的基础""交付优质的服务能够为公司带来更多的销售"等为服务观念，真正地体现了顾客导向，使用户在使用海尔产品时得到了全方位的满足。海尔的品牌形象也深入人心，赢得了消费者的信赖。

（3）价格定位点包括价格高低、价格变化、价格的持久性、价格的稳定性和促销酬宾等。例如：沃尔玛的价格定位点为"天天低价"。

（4）渠道定位点包括渠道的长度、宽度、广度和系统等。例如：早在互联网时代来临之前，戴尔就提出"直销"的渠道定位点，即渠道长度最短。

（5）沟通定位点包括信息内容、信息形式、沟通时间和沟通媒体等。例如：小米开创了"互联网手机"品类，小米与用户的沟通主要是通过互联网进行。

2）利益定位点[①]

利益定位点是指满足目标顾客差异化的效用需求，即给消费者带去的实际好处。利益定位点选择的内容可以是营销组合要素各个维度带来的功能利益和财务利益，结果利益和过程利益。4个营销组合要素的利益内容如表8-6所示。

表8-6　4个营销组合要素的利益内容

营销组合要素	顾客利益点		
	利益类别	结果利益	过程利益
1. 产品方面	功能利益	使用后的好处	使用过程的好处
	财务利益	省钱	节省维修和替代品费用
2. 价格方面	财务利益	省钱或增加价值	花了更少的钱
3. 渠道方面	功能利益	节省时间、精力、体力成本	便利、舒适
	财务利益	省钱	交通费、时间、学习费用节省
4. 沟通方面	功能利益	便利、心情好、有面子等	节省时间、精力、体力
	财务利益	省钱	节省信息搜寻和使用费用

例如：前面提到的海尔的服务属性定位点为"24小时安装服务"，其相应的利益定位点为"便利购买与使用"；沃尔玛的价格属性定位点为"天天低价"，其相应的利益定位点为"为您节省每一分钱"；戴尔的渠道属性定位点为"直销"，其相应的利益定位点为顾客能够通过戴尔官方网站与电话订购，十分便利，由于省去了中间环节所以能帮顾客省钱；小米的沟通定位点为通过互联网与用户双向沟通，其相应的利益定位点为"带给用户高度参与感"。

3）价值定位点

价值定位点是指能够使消费者产生精神层面的感受或共鸣。米尔顿·罗克奇（Milton Rokeach）认为，个人价值可分为终极价值与工具价值。终极价值是指人们渴望实现的最终状态，工具价值是指人们为实现终极价值的理想行为规范。两者分别包括18项内容，这些都是价值定位点的备选内容，如表8-7所示[②]。

① 李飞. 营销定位［M］. 北京：经济科学出版社，2013.
② ROKEACH M. The nature of human values［M］. New York：The free press，1973.

表 8-7　终极价值与工具价值

终极价值	工具价值
舒适的生活，刺激的生活，成就感，和平的世界，美丽的世界，平等，家庭安全，自由，幸福，无内心冲突，成熟的爱，国家安全，快乐，互相帮助，自尊，社会认同，真正的友谊，智慧	雄心勃勃，心胸开阔，有能力，愉快的，整洁的，努力的，宽恕的，乐于助人，诚实的，创造力，想象力，独立的，理智的，逻辑性，有感情，孝顺，懂礼节，责任感，自制力

　　例如：体育品牌安踏选择的工具价值定位点为"努力的"，对应的终极价值定位点为"成就感"，提出的品牌口号为"永不止步"；苹果选择的工具价值定位点为"创造力、想象力"，其拍摄的"非同凡想"系列广告广受赞誉；泰昌足浴盆选择的工具价值定位点为"孝顺"，其对应的终极价值是"家庭幸福"，提出的品牌口号为"为天下父母洗脚"；哈雷摩托选择的工具价值是"独立的"，对应的终极价值为"自由"，典型的哈雷车主形象是不受拘束、追求独立自由的骑士。

2. 定位点选择的方法

1）定位点选择的顺序

　　属性定位点、利益定位点和价值定位点，三者的一般逻辑关系为：产品、价格、渠道和沟通等方面的属性决定了其能给顾客提供的利益，利益又能进一步满足顾客更高层次的价值追求。然而，从属性定位点出发违背了以顾客为中心、从顾客需求出发的营销观念。

　　奈威尔（Newell）和西蒙（Simon）率先提出手段-目的链理论，该理论后经由古特曼（Gutman）等学者完善与发展[1]。手段-目的链理论认为，顾客在购买产品或服务的出发点是实现一定的精神价值，为了实现这一价值需要取得一定的利益，为了实现这一利益需要购买一定的产品或服务的属性，这与三者的一般逻辑关系完全相反。然而，企业一般也不应该首先选择差异化的价值定位点。从前面对价值定位的分析可看出，顾客的价值追求往往存在共性，像"幸福家庭"这样的价值定位点较难实现差异化。价值定位点是满足目标顾客的精神感受，这个感受必须通过利益来体现，因此在定位点的选择过程中，选择利益定位点应该在价值定位点之前。

　　综上所述，定位点的选择顺序是：首先选择利益定位点；其次选择价值定位点；最后选择属性定位点。

　　例如：佳洁士儿童防蛀牙膏选择的利益定位点为："防止蛀牙、孩子健康"。在确定价值定位点时通过调研发现，其目标顾客——家庭主妇们之所以购买防蛀牙膏，是实现"好妈妈"这一工具价值。虽然价值定位点与利益定位点并非直接的因果关系，但是两者有一定的逻辑关系。利益定位点能实现顾客什么样的价值追求，需要企业通过广告、公关等方式向顾客传播；属性定位点与利益定位点则有密切的因果关系，即为了实现"防止蛀牙"这一利益定位点，该牙膏含有氟化物成分。

2）定位点存在的必要性

　　从定位的角度而言，属性定位点、利益定位点和价值定位点都应该存在，只是在向目标

---

　　①　GUTMAN J. A means-end chain model based on consumer categorization processes［J］. Journal of marketing, 1982, 46（2）：60-72.

顾客传播时未必都展示出来。

第一，利益定位点必须存在。因为企业首先需要选择差异化的利益定位点，所以利益定位必须存在。定位的目的是实现差异化，如果利益定位点的表达已经很好地实现了差异化，则价值定位点与属性定位点就不一定存在。

第二，当利益定位点无法实现差异化时，价值定位点必须存在。例如：随着竞争对手的模仿，"防止蛀牙"这一利益定位点已不再能够实现差异化，因此佳洁士儿童牙膏进一步选择了"好妈妈"这一价值定位点。

第三，当差异化的利益定位点与价值定位点都不足以让消费者相信时，属性定位点必须存在。商家宣传的给消费者的实际利益或精神价值没有说服力时，就要通过属性定位提供依据来加以佐证。

3）定位点选择的数量

每个层面的定位点的数量并非越多越好。例如：如果一款牙膏同时选择 4 个利益定位点，既能防止蛀牙又能美白牙齿，既能清新口气又能防止牙龈出血，定位点数量太多，太多的"差异化"定位点会让消费者感到困惑，不知道该品牌独一无二的地方到底是什么，这违背了定位的精髓。一般而言，每个层面的定位点选择 1～2 个：1 个作为主要定位点；当主要定位点无法实现差异化时，可以根据需要再补充 1 个定位点。

4）定位点选择的标准

定位点的选择标准主要包括重要性、独特性、优越性、可沟通性、难模仿性、可支付性、盈利性[1]。

①重要性：对于目标顾客而言，该差异化的定位点非常有价值。例如：新加坡的威斯汀·史丹佛酒店选择的定位点为"世界上最高的酒店"。这一定位点确实很突出，但大部分顾客入住酒店追求的价值主要是"舒适"，一家酒店是否是世界上最高可能不太重要。②独特性：竞争对手不能够提供或者公司与竞争对手相比具有明显的优势。例如：世界领先的运动压缩衣品牌 2XU 的独特定位点是"加速运动后恢复"，能让身体在高强度运动之后尽快地恢复（推荐在睡觉时也穿着），以最短时间重新投入回工作学习中去，这一独特的定位点广受运动爱好者的欢迎。③优越性：要取得同等利益，该差别比其他方式都要优越。④可沟通性：受众能了解到、感知到这种差别。⑤难模仿性：该差别不会被竞争对手轻易模仿。⑥可支付性：购买者有能力支付这种差别。⑦盈利性：公司推出这种差别是有利可图的。

8.3.3　定位战略的制定方法

1. 定性方法

定位战略制定的定性方法有以下三种。

（1）将品牌或产品或企业视为有生命的个体：要求受访者说出一个人或动物的名字，以此来形象地表述他们对被研究的产品或品牌的看法。

（2）角色扮演：要求受访者想象另一个人或者某个研究对象的角色和行为。

（3）友好的火星人：访谈者扮演一个最近刚从太空登陆的外星人，请求小组成员对某个特定产品进行说明，并告知该如何使用。

---

① 科特勒，阿姆斯特朗. 市场营销：原理与实践：第 17 版 ［M］. 楼尊，译. 北京：中国人民大学出版社，2020.

具体方式有联想技巧、概念图板、图片放映、卡通和补充故事和产品感知图等。

2. 定量方法

1）属性/利益描绘法

属性/利益描绘法一般使用问卷调查法，调查受访者对品牌、产品和企业形象等的评价，较普遍采用的量表为 5 级或 7 级语义差异量表。以商店形象为例，该方法有三个步骤：第一步是识别决定商店形象的重要属性或利益；第二步是发展一个两端由反义词组成的 5 级或 7 级量表，测量每一个现实中商店属性或利益在受访者心中的表现水平以及对理想商店的期望值；第三步是请受访者运用量表确定某一家商店及其与之竞争的商店和理想商店在每一个属性或利益上的表现或期望。属性/利益法描绘的商店形象如图 8-5 所示。

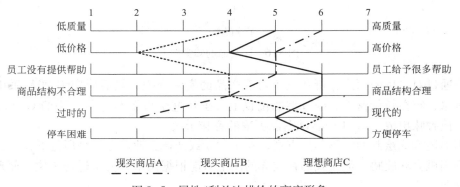

图 8-5　属性/利益法描绘的商店形象

由图 8-5 可知，对于理想商店 C，消费者最看重的是员工给予很多帮助、商品结构合理及方便停车；对于现实商店 A，消费者认为最突出的特点是高质量的，但是过时的；现实商店 B 是一家主营廉价商品的现代感较强的低端商店。相比而言，现实商店 A 和现实商店 B 与消费者理想中的商店形象都有一定的差距。需要说明的是，上述的几家商店面向的目标市场应该是一致的，且调查应该在限定的目标消费人群中进行才有意义。该方法对现有市场定位的检核和未来市场定位的确定都有一定的参考价值。

2）二维认知图

认知图也称为知觉图，作为产品/品牌定位常用的方法，它是消费者对某种产品、品牌、公司或者其他事物在两个或多个维度上认知的形象描绘。

常见的知觉图都是平面的，即在 X、Y 两个轴上将消费者最关注的两种特征以明确的坐标值标定出来，从而进行比较。可以通过一个例题来说明用认知图定位的过程。

例如：某个食品公司要对自己生产的 H 产品进行定位，已知在确定的目标市场上消费者最看重口味和营养，已有 A、B、C、D、E、F、G 这 7 种同类产品在这个市场上，它们各自在顾客心中的形象如图 8-6 所示。问 H 产品如何定位？

具体做法如下：①通过调查，选择某种产品消费者最关心的两种主要特征作为两个坐标轴；②在每一坐标轴的两端表示该特征的程度；③将竞争对手的现有情况标注在图上；④对比处在不同位置上的其他产品的顾客偏爱度，以确定本企业产品的位置。

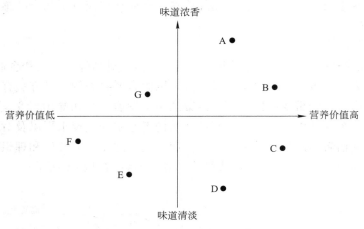

图8-6　H产品的知觉图①

假定通过对市场的深入分析及竞争对手产品的实际表现，最后决定H产品采用找空档的定位策略，定在较低营养、浓香型的位置上。虽然这个位置与竞争对手的G产品营养含量相近，但香味更浓，即H产品试图以更浓的香味示人。

采用上述方式绘制的图形形象直观，易于判断或选择企业产品品牌所处的位置，便于企业分析营销机会和威胁。但是我们在这样的图上只能根据两个特征来进行定位，而现实远比这个要复杂。

3）多维认知图

在同一个目标市场中，竞争情形可能非常复杂和激烈，不同的企业为了赢得顾客的青睐，同时又避免与竞争对手的相互残杀，一般会在把准顾客脉的前提下，赋予产品或品牌丰富多彩的形象，这样仅用两个特征来分析竞争情况及顾客的偏好就有失偏颇。因子分析法、多维尺度法、判别分析及对应分析等多元统计分析方法可以帮我们解决这个问题。

上述分析方法可以将多维空间的研究对象简化到低维空间进行定位、分析和归类，同时又保留对象间原始关系。其特点是将消费者对品牌的心理感受以点的形式反映在多维空间上，不同品牌感觉的差异程度则通过点与点之间的距离来体现。空间轴代表消费者得以形成对品牌的感觉或偏好的各种因素或变量。多维认知图绘制的一般步骤是提出问题，获得分析数据，选择一种分析方法，决定维度的数量，给维度做标签及解释空间图的构造，评价模型的可靠性及正确性。②

如图8-7所示，假定运用多维尺度法得出了一个包含3种利益特征、10个品牌的牙膏市场的认知图。图中带有箭头的线分别代表防蛀牙、去污和牙齿增白3个利益点。线的方向代表顾客偏好，线的大小表示偏好程度的大小。

图8-7传递出以下信息：①预防蛀牙功能强的品牌有Aqua-Fresh、Crest、Colgate、Aim；而Ultra brite、Close-up和Pepsodent则使牙齿增白；以去污能力著称的当属Dentagard。②上面三组内部的品牌间由于位置相近，即特征相似，因此竞争也会更激烈。而

①　傅浙铭，张多中．营销八段：市场定位方略［M］．广州：广东经济出版社，1999.

②　具体方法及应用可参见营销调研方面的书。

Close-up 和 Aqua-Fresh 相距最远，它们彼此之间几乎构不成什么竞争威胁。③图中存在一个空档，即同时具有预防蛀牙和去污能力的产品或品牌，这预示着一个潜在的机会，一个新进入者的定位很可能就选择在此。

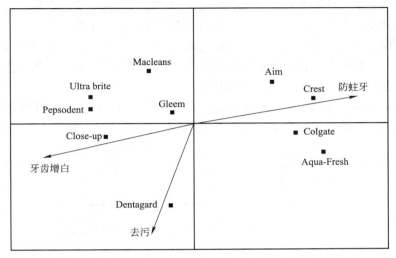

图 8-7　一个牙膏市场的认知定位图①

总之，通过多维的定位图可以了解消费者的倾向，了解品牌间的竞争强度，从而有助于企业全面把握整个市场的竞争态势，以选择更为合适的定位战略。

4）定位钻石模型

清华大学李飞教授对定位进行了一系列研究。2004 年，李飞等提出了市场定位综合模型②；2006 年出版了《钻石图定位法》一书，对原有模型进行了修订，因其形状类似于钻石的一张八角的平面图，故命名为"市场定位钻石模型"③。定位钻石模型的核心思想如图 8-8 所示，具体包括三个步骤。

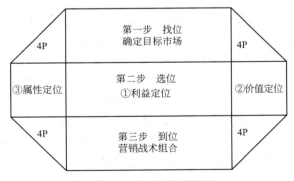

图 8-8　定位钻石模型

①　马尔霍特拉．市场营销研究：应用导向：第 5 版［M］．涂平，译．北京：电子工业出版社，2009.
②　李飞，刘茜．市场定位战略的综合模型研究［J］．南开管理评论，2004，7（5）：39-43.
③　李飞．钻石图定位法［M］．北京：经济科学出版社，2006.

第一步为找位。在市场研究的基础上，找到目标市场（目标顾客群），并了解他们在产品、价格、渠道和沟通等方面的需求特征。

第二步为选位。细分目标顾客利益并找出他们最为关注的若干利益点，通过分析竞争对手确定自身具有竞争优势的利益定位点，再根据利益定位点确定价值定位点与属性定位点。

第三步为到位。通过进行营销组合要素的组合实现已经确定的定位。

定位钻石模型把定位的前提、定位点的选取及定位的具体实施融合在一起，即找位是基础，选位是核心，到位是保证。定位钻石模型中的各个要素相互影响、相互依赖，它们必须保持方向的一致性，这是营销成功的重要基础。

以海尔冰箱为例，可以为之绘制定位钻石模型如图 8-9 所示①。（应用定位钻石模型对企业或品牌进行定位的更多案例请参考李飞于 2008 年出版的《定位案例》一书）。

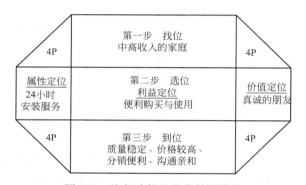

图 8-9　海尔冰箱的定位钻石模型

8.3.4　定位策略

因为定位是要与竞争对手区分开，因此企业的定位都是相对于竞争态势而制定的。主要的策略有避强定位、迎头定位和重新定位。

1. 避强定位

这是避开强有力的竞争对手，另辟蹊径，与对手错位竞争的方式。其优点是能够迅速在市场上站稳脚跟，并能在消费者或用户心目中迅速树立起一种形象。这种定位方式市场风险较少，成功率较高，常常为多数企业所采用。

避强定位可以用以下方式来实现：其一，在消费者心目中加强和提高自己现在的定位，像安飞士（Avis）在汽车出租业中位居第二位，它就强调这一点："我们是第二，所以我们更努力"，给人感觉诚实、值得信赖；其二，寻找尚未被占据并为消费者所重视的定位，即"找空档"，继而填补上；其三，有意识地避免和对手的正面交锋，退出与强大对手相同的市场范围或类似的市场形象。例如：就所提供的物质利益而言，麦当劳和肯德基几乎没有区别，但它们却各自拥有忠实的消费群；麦当劳额外提供了"快乐"的价值，而肯德基则更注重"口味"，具有不同心理侧重点的消费者则分别对号入座。

2. 迎头定位

这是一种与市场上占据支配地位的即最强的竞争对手"对着干"的定位方式。迎头定

① 李飞，刘茜. 市场定位战略的综合模型研究［J］. 南开管理评论，2004，7（5）：39-43.

位常被视为一种危险的战术，但也有一些企业认为这是一种更能激励自己奋发上进的可行的定位尝试，一旦成功就会取得巨大的市场优势。在国外这类事例屡见不鲜，如可口可乐和百事可乐之间持续不断的争斗等。实行迎头定位必须知己知彼，尤其应清醒估计自己的实力，否则很可能是以卵击石，败下阵来。要想获得成功，后进入者必须具备下列条件：一是市场容量足够大；二是此时的市场定位与企业实力相称；三是本企业在资源方面优于先进入市场的竞争对手。

3. 重新定位

重新定位也被称之为"再定位"，通常是指对销路不畅或形象不够有力的产品进行的二次定位。这种定位旨在摆脱困境，重新获得增长与活力。重新定位同样适用于品牌定位和企业定位。定位很难做到一劳永逸，重新定位在现实中甚至比首次定位更普遍。一般说来，重新定位大致有 4 个原因。

（1）产品原定位是错误的。新产品从上市之初就在市场上反应冷淡，销售效果不尽如人意，需要重新审视定位策略，进行产品再定位。

（2）产品原定位招致攻击。竞争对手推出一个新品牌，把它定位于本企业产品的旁边，侵占了本企业产品的一部分市场，使本企业产品的市场占有率下降，这种情况下也要求企业对目前的定位和自己的实力进行审视评估，当感到无力回天时，就要进行产品再定位。

（3）目标消费者的偏好发生变化。他们原本喜欢本企业的产品，现在却移情别恋，喜欢上其他企业的产品，市场对本企业的产品需求减少，这种市场情况下也要求企业进行产品再定位。例如：随着消费者偏好的变化，中国的经典运动鞋品牌飞跃一度因为品牌形象老化而失去了市场；后来飞跃重新定位为国民潮牌，聘请法国著名设计师操刀重塑，邀请各国明星穿着并在网上大肆宣传，频繁亮相国际时尚界各类活动。如今飞跃品牌重塑辉煌，价格与销量均大幅提升。

（4）企业营销目标或目标市场发生变化。例如：年轻人成为快餐消费的生力军，麦当劳一改几十年不变的"迎合妈妈和小孩"的快乐形象，变成年轻化、时尚化的嘻哈形象，其所有的品牌主题都围绕着"酷""自己做主""我行我素"等年轻人推崇的理念，"我就喜欢"的广告语牢牢地抓住了年轻人的心。

另外，重新定位是一项复杂而系统的工作，也是一件充满风险的工作。因为消费者是有感情、有情绪的，一个形象、一种认识一旦形成，就会存留很长时间，想改变它，就不得不付出很大的代价。即便最后可能"变脸"成功，但在这期间消费者对你产品形象的认识有可能变得混乱而迷茫，企业需付出巨大的努力说服消费者，使新的定位在消费者心中逐渐明朗而清晰。所以，任何企业要进行重新定位，都要慎而行之。

营销实操

定位中的 6 种陷阱

杰克·特劳特和史蒂夫·里夫金在《新定位》一书中总结了许多失败项目中最主要的 6 种陷阱。

第一，不够显而易见，即对最显而易见的看法熟视无睹。一般来说，公司内最明显的观念往往对客户也是印象最深刻的，所以定位就是在公司内部和客户群体中寻找最明显的想法。

第二，执着于未来。能够看到未来固然是个好现象，但是对于定位来说，将今天的工作做得出色才是当务之急。只要现在做得好，自然会增加未来发展的机会与资本。

第三，矫揉造作。定位最主要的目标就是让客户理解公司及其产品的内涵，并使这种内涵与客户的需求相一致，它所要做的最基本的工作就是要客户理解和认同。简单清楚、直截了当的用语，能让客户一下子就了解公司所要传达的理念。华而不实的文字游戏反而让客户一头雾水，抓不到重点，这样就偏离了定位的本意。

第四，个人英雄主义。某些员工为了争取上级的重视，将个人的利益作为决策的优先标准，而把公司的利益放在第二位。显然，这样不利于定位决策。定位思维要想成功，必须"由外而内"，以市场为基础。

第五，紧盯短期收益。定位是一个长期的过程，需要公司投入时间与资本。如果公司一味盯着短期收益的数字不放，定位不会成功。

第六，盲目改进。营销人员通常会热衷于改变眼前的状况，以表现自己。但是，定位必须以客户的看法为基准；不断地任意更改，只会使客户越来越困惑，导致定位混乱。

【资料来源】特劳特，里夫金. 新定位［M］. 邓德隆，火华强，译. 北京：机械工业出版社，2019.

关 键 术 语

市场细分、目标市场、定位、大众化营销、细分营销、补缺营销、个别化（定制/一对一）营销、地理细分、人口细分、心理细分、行为细分、无差异性营销战略、差异性营销战略、集中性营销战略、产品定位、品牌定位、企业定位、认知图

知 识 巩 固 与 理 解

⊃在线测试题

请扫描二维码进行自测。

⊃思考题

1. 消费者市场细分的依据有哪些？
2. 产业市场细分的依据有哪些？
3. 有效市场细分应遵循哪些准则？
4. 不同的企业在进行市场细分时，是否会采用相同的变量？
5. 目标市场营销战略有哪几种类型？各自的适用条件是什么？
6. 影响目标市场选择的因素是什么？
7. 何谓定位？其意义何在？
8. 简述属性定位、利益定位、价值定位的关系。
9. 简述定位点选取的标准。
10. 企业或品牌在何种情况下需进行重新定位？
11. 如何用认知图进行定位？

自测题

知识应用

➲案例分析

褚橙

褚橙是中国传奇企业家褚时健创立的品牌。2002 年，褚时健开始种植褚橙。在 2012 年中国电商发展如火如荼之际，褚时健与本来生活网合作，开始了褚橙的电商营销之路，从此一炮打响。目前，褚橙年销量超过万吨，销售额超过 2 亿元。

"十年磨一剑"，从褚时健开始种植橙子到褚橙走红全国用了 10 年时间。褚时健一开始就提出要做中国最好的橙子，瞄准了中高端水果市场。很多顾客第一次买褚橙是尝鲜，但再次购买主要是送礼，因此褚橙主要是一种"礼品橙"，其目标市场是大中城市的白领。

褚橙口感独特，不只是甜，而是甜中带酸，是"1∶24 的黄金酸甜比"，橙子只有吸收到足够多的阳光，才能为自身累积到足够多的糖分和甜度，从而形成这一最适合于中国人口感的酸甜比。为什么强调"甜中带酸"？因为这像极了人生的味道。顾客由"褚橙"的品牌名称很容易联想到褚时健传奇的人生经历：成为"中国烟王"——从巅峰跌落—没有放弃努力—东山再起。顾客在认识褚橙时，诠释的心理路径为：褚时健故事 = 励志 = 褚橙。

具体的营销策略表现为以下 4 个方面。

(1) 褚橙口感独特，吃过不忘；甜而不腻，更适合中国人口感；果肉细腻、脆甜无渣；皮薄汁多，富含维生素 C。褚橙包装荣获全球工业设计顶级奖项——红点视觉设计大奖，轻轻向外抽拉包装盒，橙子就会自动升起，这不仅极大地便利了橙子的取出，也暗示了人生的起起落落。褚橙的包装盒上印有"我很好，你也保重"，所以适合送礼。

(2) 褚橙结合使用反向定价法与认知价值定价法进行定价。价格等级为：褚橙限量珍品 5 kg，188 元；特级果 XL 型 5 kg，168 元；优级果 L 型 5kg，148 元；一级果 M 型 5 kg，128 元。褚橙折扣最高的零售价，比市场上的传统优质甜橙也要高 30% 至 50%。

(3) 褚时健一开始就提出要使用短渠道模式，省去中间批发商的环节，直接面对零售商。在云南本地市场做出业绩之后，为了进一步扩大销量，褚橙开始和电商"本来生活网"合作，两者相互成就，褚橙开始卖向全国。后来，褚橙也进军天猫等网络平台，真正在全国大卖。

(4) 褚橙的广告语为："人生总有起落，精神终可传承（橙）"。褚时健精神影响巨大，包括王石、柳传志等著名企业家以及韩寒、胡德夫、吴晓波、老狼等各界名人都纷纷为褚橙站台，口碑传播的涟漪效应使褚橙名满天下，褚橙也被亲切地称为"励志橙"。

【资料来源】

[1] 张小军，熊玥伽．褚橙方法［M］．南京：江苏凤凰科学技术出版社，2015.

[2] 周桦．褚时健传［M］．北京：中信出版社，2016.

［讨论题］

1. 请指出褚橙的利益定位、价值定位和属性定位。
2. 请运用定位钻石模型对褚橙的营销战略与策略进行解读。

⊃营销辩论

随着营销者采用越来越多的精细化市场细分方案，有一些人声称大众化营销已经死亡，其他人则反击，认为总会有大品牌采用这种营销方案来针对大众市场。

正方：大众营销已经死亡。

反方：大众营销仍然是建立盈利品牌的有效方法。

⊃角色模拟

1. 请去传统汽车品牌 4S 店，如奔驰、宝马、大众和丰田的 4S 店体验，并去中国造车新势力的体验店，如蔚来、理想、小鹏和威马的体验中心体验一下，从定位的角度进行对比分析两者的不同之处。

2. 假定你是某公司的市场部经理，公司市场拓展能力较强，研发能力稍逊一筹，其现有的主导产品是打印机、扫描仪等计算机外设。公司下一步计划进入多功能一体机（集打印、传真、扫描等为一体）市场，请你在了解多功能一体机市场行情的基础上为公司选择目标市场。

⊃营销在线

请阅读长城汽车实施定位战略的系列文章：

起底长城"神车"
哈弗 H6 诞生记

长城汽车从营收 80 亿元
逆袭到净利 100 亿元，
仅仅因为最淳朴的聚焦？

长城汽车 80 亿元
到 1000 亿元的
7 个战略要点

并讨论：

第一，为什么长城汽车当时要聚焦于 SUV 品类？

第二，长城汽车是如何应用定位理论打造"国民神车"哈弗 H6 的？

第三，长城汽车为何要向高端 SUV 进行升级？又是如何打造高端 SUV 品牌 WEY 的？

第四，请总结长城定位战略实施的成功之处？

⊃拓展阅读

拓展阅读文献

第 9 章

战略性品牌管理

学习目标

1. 了解品牌资产的内涵和两类品牌资产测量方法。
2. 理解品牌与商标的区别与联系，品牌资产创建和管理的核心内容。
3. 掌握以顾客为导向的品牌资产核心思想，以及各种品牌战略与策略的特点与适用情形。

引导案例

安踏打造全品类品牌矩阵

安踏体育用品集团有限公司（以下简称"安踏"）2021年财报显示：2021年营业收入493.3亿元，同比增长38.9%；实现利润109.9亿元，同比增长20.1%；国内运动鞋服市场占有率达16.2%，超越阿迪达斯的14.8%，与耐克的差距进一步缩小，连续十年稳居中国体育用品行业第一地位。品牌战略规划和实施是安踏集团取得骄人战绩的成功要素之一。

2009年，安踏集团收购意大利知名时尚运动服饰品牌斐乐在中国大陆市场的商标使用权和专营权，正式开启多品牌之路；2015年，安踏收购英国时尚运动鞋服品牌斯潘迪；2016年，安踏与迪桑特日本子公司 Descente Global Retail Limited 及 ITOCHU Corporation 子公司伊藤忠成立合资公司，经营滑雪、训练、跑步等高性能体育用品；2017年，安踏与可隆体育成立合资公司，经营高端户外体育用品；同年，安踏收购香港儿童服饰品牌小笑牛（KingKow）100%股权及相关商标拥有权。2019年，安踏联合方源资本、露露乐蒙创始人 Chip Wilson 组成投资者财团，收购芬兰体育装备行业巨头亚玛芬体育，开始布局冰雪运动领域、积累海外市场品牌运营经验及整合国际供应链资源。亚玛芬体育旗下拥有国际知名品牌萨洛蒙、始祖鸟、威尔胜、阿托米克、壁克峰等，产品线涵盖网球、高尔夫、高山滑雪、滑板等多种运动项目。

多年来，安踏集团通过收购、并购等方式逐渐实现了消费者全覆盖和渠道全覆盖格局。如今，安踏集团形成三大增长曲线：以安踏品牌为代表，用科技引领"大众专业运动"定位的创新增长曲线；以斐乐品牌为代表，引领行业增长的高品质、高速度增长曲线；以迪桑特、可隆体育和亚玛芬体育等品牌为代表，专注高端消费需求的高潜力增长曲线。三条曲线并驾齐驱，推动安踏集团实现长足发展。

此外，安踏除了打造全场景、全品类体育运动品牌矩阵，还推出多款颇受消费者欢迎的跨界联名产品。2014 年，安踏与 NBA 合作推出安踏 NBA 联名产品。2015 年，安踏与奥地利水晶产品制造和品牌运营商施华洛世奇跨界合作，推出基于安踏双承缓震科技和呼吸网 3.0 科技的"水晶跑鞋"。2020 年 12 月，安踏与国际知名球鞋设计师 Salehe Bembury 合作，以"自然很巢"为创意点，推出"安踏巢鞋"联名产品。为迎合"Z 世代"多元化、个性化、高品质的消费需求，安踏与可口可乐、史努比、雪碧、龙珠超、漫威、卫龙、哆啦 A 梦、花木兰等知名 IP 和品牌合作，推出众多特色联名产品。安踏还紧跟"新国潮"，开发出万物、乘风破浪、棕生欢喜、武道、天工开物、虎虎生风等"国风"IP 系列产品，丰富了消费者体验，进一步提升了年轻消费群体对安踏品牌的关注度。

【资料来源】

［1］裴瑾，张景云．安踏：体育营销的品牌乾坤［J］．企业管理，2022（8）：54-57.

［2］薛志伟．安踏集团上半年业绩创新高：多品牌战略成发展新引擎［EB/OL］．（2022-09-09）［2023-12-08］．https：//baijiahao. baidu. com/s？id＝1743443993735035567&wfr＝spider&for＝pc.

当今世界，品牌作为企业的无形资产之一，给消费者、企业乃至社会带来的影响已经引起越来越多的企业关注。正如安踏董事局主席丁世忠所说，"做品牌是当年我们做的最正确、最果断的战略选择"。至于该选择怎样的品牌战略，以及如何使品牌资产保值增值则成为本章讨论的核心内容。

9.1　战略品牌管理的基本概念与流程

为了更好地创建品牌并对其进行有效管理，有必要明了其中的基本概念。

9.1.1　品牌的基本认知

1. 品牌的概念

关于品牌的定义有很多种，美国市场营销学会所给的品牌定义为：品牌是一种名称、术语、标记、符号或设计，或是它们的组合运用，其目的是借以辨认某个销售者或某群销售者的产品或服务，并使之与竞争对手的产品或服务区别开。按照这个定义，品牌是一个集合概念，由品牌名称和品牌标志两部分构成。品牌名称是可以用语言表达的，如海尔、舒肤佳等；品牌标志则是不能发声但可以识别的部分，如符号、图案或色彩，像耐克的一勾造型，宝马的蓝白两色相间的螺旋桨图案等。

在现代营销中，品牌已不再仅仅是一个标记，品牌所代表的内容已远远超出了"与其他企业产品相区别"的这个层面。从本质上说，品牌是向市场传递某种信息，一个品牌丰富的内涵可以从以下 6 个方面体现。

第一，属性。品牌最基本的含义就是代表特定的商品属性，如性能精良、昂贵等。第二，利益。顾客购买商品的实质是购买某种利益，这就需要属性转化为顾客所追求的利益，如"耐用"属性可转化为功能性利益，而"昂贵"的属性则可转化为情感性利益；第三，价值。品牌能够传递企业的某些价值感。营销人员必须分辨出对这些价值感兴趣的顾客群体，赋予精神层面的意义，如使用该品牌的产品会让人羡慕、受人尊重等。第四，文化。品牌附加或象征的特定文化，如传递品牌蕴含的企业文化或者国家文化。第五，个性。品牌也代表一定的个性，即与别人不一样的地方。不同的品牌会使人们产生不同的品牌个性联想。第六，用户。品牌暗示了购买或使用产品的消费者类型。

通过对品牌含义的进一步认识，可以更加清晰地感受到品牌的确是个复杂的符号；这6个层面的含义逐步深化，属性意义会随着时间的推移、技术的进步而发生改变，品牌最持久的含义是其体现的利益、价值、文化和个性。一个品牌让消费者感知的内涵越丰富，则越有价值。因此，企业必须注重挖掘品牌特性的深度层次。

2. 品牌的价值体现

对于企业而言，品牌已成为一种无形资产，享有盛誉的品牌可为企业带来巨大的竞争优势。第一，可节省营销费用。一个强有力的品牌（强势品牌）代表高的品牌知晓度和忠诚度，这比较容易吸引新顾客和保持老顾客，从而降低营销费用。第二，在与中间商谈判时处于有利地位。强势品牌可以有效增强制造商与中间商的讨价还价能力。第三，可为产品制定比竞争者高的价格。在市场激烈竞争的条件下，强势品牌代表了更高的认知质量，消费者乐意为此多付出代价，这也为企业对抗价格竞争提供了有效手段。第四，能很容易地进行品牌扩展。采用现有的知名品牌，利用其知名度和美誉度，推出新产品，可有效降低风险，节约新产品投入市场成本，缩短新产品市场扩散的时间。第五，有助于企业抵御竞争者的攻击，保持竞争优势。新产品一推出市场，如果畅销，很容易被竞争者模仿，但品牌忠诚是竞争者通过模仿无法达到的，当市场趋向成熟、市场份额相对稳定时，品牌忠诚是抵御同行竞争者攻击的最有力的武器，另外，品牌忠诚也为其他企业进入构筑壁垒。因此，从某种程度上说，品牌可以看成企业保持竞争优势的一种强有力工具。

品牌除了能给企业带来巨大竞争优势，对消费者也具有特殊意义。第一，保护消费者利益。品牌指明了一种产品的来源或生产者，出现问题时便于索赔和更换。第二，如果消费者对某一品牌有一定的了解，在他们选择产品时就不必再多做思考或是分析相关信息，从而在一定程度上简化了购买决策过程。第三，品牌能够降低购买产品时的风险，消费者在购买和使用一种产品时，可能会考虑到不同类型的风险，如功能上、身体上、财务上、心理上、时间上的风险等，而品牌是一种重要的应付风险的手段。相对来讲，知名品牌往往代表了一类产品的质量档次，代表了企业的信誉。因此，选择信誉好的品牌可以帮助消费者降低精神风险和金钱风险。第四，品牌是一种自我表达的手段，品牌在消费者心目中树立的某种形象，反映了某种价值观念或者特点，成为消费者与别人甚至与他们自己交流信息的一种手段，它们能帮助人们认识自我，并借助它们向别人传达这种对自我的认知。

3. 品牌与商标、产品的区别与联系

（1）品牌与商标。二者都是用以识别不同生产经营者的不同种类、不同产品的名称及其标志。但在企业的营销实践中，品牌和商标并不完全等同。品牌（包括品牌名称和品牌标志）或品牌的一部分经向政府有关部门注册登记后，获得专用权，受到法律保护，就称为注册商标（Register，®）。所以，商标是一个法律名词。

根据品牌和商标的内涵，可以说，品牌是掌握在消费者手中，而商标是掌握在企业手中。市场不认可，品牌就仅仅是一个名称、标识而已；市场认可，品牌才有价值。商标则是无论市场是否认可，企业都有权力将品牌或品牌的一部分去向政府有关部门申请注册登记，获批后受到法律保护。当然，一个有价值的品牌成为注册商标后有助于知识产权的保护。

（2）品牌与产品。从定义上看，产品指的是市场上任何可以让人注意、获取、使用或能够满足某种消费需求和欲望的东西。广义的产品可以指实体产品、服务、商店、人（如政治人物、演员、体育运动员）、组织（政府机构、营利组织、非营利组织）、思想；而品牌的含义更加广泛，它具有产品所没有的多维度的满足消费者的利益，如附着在产品、服务、符号、体验之上的无形的、情感的、有象征意义的内容[①]。从二者的关系看，品牌是最具经济价值的无形资产，产品是无形资产升值的根基，没有好产品的品牌就没有了根基，没有好品牌的产品就没有了可持续升值的无形资产，那就是典型的卖一个算一个的"买卖"而已。简言之，品牌与产品有关，但是作为无形资产，本身也具有价值。

4. 品牌层次

品牌一般可分为产品品牌、企业品牌、区域品牌、集群品牌和国家品牌。

（1）产品品牌有两层含义。其一是指产品的名称、术语、标记、符号、设计等方面的组合体；二是代表有关产品的一系列附加值，包含功能和心理两方面的利益点和产品所能代表的效用、功能、品位、形式、价格、便利、服务等属性。

（2）企业品牌则是企业名称、标识等品牌化。企业品牌传达的是企业的经营理念、企业文化、企业价值观念及对消费者的态度等。

（3）区域品牌，统称以地理区域命名的公共品牌化活动。"区域"是包含目的地、城市、地区、国家等在内的所有地方的总称。

（4）集群品牌是一个集群区分于其他集群的名称和标志。集群品牌名称一般都是"地名+特色产业名"或"区域+特色产业名"。如"景德镇瓷器""中关村高新技术"，可以把集群品牌理解为集群整体的品牌。

（5）国家品牌代表的是一个国家在国民（尤其是外国国民）心目中的总体形象。

特别关注

为什么你有好产品却做不成好品牌？

很多企业手握高质量的产品，却没有能够做成响亮的品牌。原因很多，其中一个重要原因是有些企业不了解品牌的本质，混淆了产品与品牌，用做产品的思维做品牌。还有的企业把商标和品牌相混淆，认为产品注册了商标就有了品牌，剩下的事情就是好好做产品。其实，产品只是品牌的基础，但产品不等于品牌，因此产品的质量管理不等于品牌管理；同样，商标和品牌虽然使用同一个名称，但商标也不等于品牌。所以，做品牌首先就要搞清楚产品、商标和品牌的本质区别。

约翰·塞尔（John R. Searle）认为世界上存在三种"客观事实"或"客观实在"：第一种客观事实是不依赖于人们主观意志而存在的"物质实在"；第二种客观事实是"制度性实在"，即由国家意志如法律造就的事实；第三种客观事实是"心理实在"，即大众共同认可和秉持的一种观念，其无须法律和国家意志认可。

---

① 凯勒，斯瓦米纳坦. 战略品牌管理：第5版［M］. 何云，吴水龙，译. 北京：中国人民大学出版社，2020.

借用三种"客观实在"，我们就可以很好地区别产品、商标和品牌的本质：产品是物质实在，商标是制度实在，品牌是心理实在。所以，产品是一个物理问题，商标是一个法律问题，而品牌是一个心理问题。一个好产品要变成好品牌，企业需要把物质实在转变成消费者的心理实在。《奥美的观点》一书曾指出品牌与产品的区别："产品是工厂所生产的东西，品牌是消费者购买的东西"，而消费者之所以能够购买某个品牌，是因为品牌已经变成了他的心理实在或心理事实。同样，商标要变成品牌，企业也需要把制度性实在转变为消费者的心理实在。曾经为推进名牌战略的实施、规范"中国名牌"的评价工作，原国家质量监督检验检疫总局推出过《中国名牌产品评价管理办法》，但是靠法律或行政力量评选出来的所谓名牌终究只是制度性实在，不是心理实在，与品牌的本质不符。国家市场监管总局从 2019 年开始取消所有的著名商标、知名品牌的评比。企业做得好，消费者的口碑就是最好的红榜。只有在市场中由消费者货币"选票"承认的品牌才是消费者的心理实在。

品牌作为一种"心理实在"究竟是什么？其实就是在消费者心中扎下根的有关某个品牌的认知或观念。一方面，它是一种认知或观念，即消费者认为这个品牌有什么价值或利益，这种认知或观念被称作"品牌知识"；另一方面，这种品牌知识不是一般观念，而是深植于消费者内心的观念，乃至形成了一种执念。

当我们理解了品牌的本质，就知道为什么有些企业手握好产品却做不出好品牌。因为他们只是全神贯注于做一个物质实在，而忽视了做消费者的心理实在；只从质量标准的视角把做品牌看作一个科学问题，忽略了品牌管理更多的是一个人性和文化的问题。不从理论上弄清楚品牌是个啥，盲目地进行品牌管理，当然不会有成效。

【资料来源】

［1］王新新 . 为什么你有好产品却做不成好品牌？［EB/OL］.（2021-04-20）［2023-12-08］. https：//mp. weixin. qq. com/s/qn5XUdpwiN1KjB1eIWgPGg.

［2］王砾尧 . 所有涉及"著名商标"评比的政府行为一律取消［EB/OL］.（2019-01-24）［2023-12-08］. http：//www. cfgw. net. cn/2019-01-24 /content_ 24743953. htm.

5. 品牌资产

品牌作为一种无形资产虽然已成为一种共识，但是不同的学者出于不同的目的，从不同的角度对其做了不同的解读。1989 年法科（Farquhar）指出品牌资产是与没有品牌的产品相比，品牌给产品带来的超越其使用价值的附加价值或附加利益。美国市场营销科学研究院（MSI）在 1990 年将品牌资产定义为品牌的顾客、渠道成员、母公司等对品牌的联想和行为，这些联想和行为使产品可以获得比在没有品牌名称的条件下更多的销售额和利润，同时赋予品牌超过竞争者强大、持久和差别化的竞争优势。品牌管理的著名学者大卫·艾克（Aaker）于 1991 年指出品牌资产是与品牌、品牌名称和品牌标识等相关的一系列资产或负债，它们可以增加或减少通过产品或服务给企业或顾客的价值。另一位战略品牌管理专家凯勒（Keller）1993 年则更加明确地指出品牌之所以对企业和经销商等有价值，根本原因在于品牌对顾客有价值。后来又将基于顾客的品牌资产正式定义为顾客品牌知识所导致的顾客对营销活动的差异化反应。当某个品牌被消费者识别出来后（相比无品牌），消费者会更加偏爱该品牌的产品时，该品牌就拥有积极的基于顾客的品牌资产[①]。科特勒、凯勒和切尔内夫联合撰写的《营销管理》（第 16 版）则将品牌资产描述为品牌的货币价值，它反映了品牌所有权为公司带来的估值溢价，即品牌资产包括品牌在生命周期内产生的总财务回报的净现值；同时，他们又将基于顾客的品牌资产视为品牌力，它反映了品牌影响消费者关于品牌的思考、感受和行为方式的程度[②]。

从以上对品牌资产的界定，无外乎两种方式：一种是从消费者层面分析消费者对品牌的认知、态度、知识、行为等；另一种是从企业层面分析品牌带来的溢价、超额市场份额和销售收入及超额股东价值等。由此可见，品牌资产是一个连接过去和未来的概念，反映企业过去营销努力的沉淀，同时又预示品牌未来的收益能力。从营销的角度，着重讨论基于顾客的品牌资产。

9.1.2　战略品牌管理及流程

在市场竞争越发激烈、传播媒体碎片化、消费者有更多选择权也更加挑剔的大环境下，品牌的角色越来越重要，它不仅关系到某个产品或某产品系列或组合的业绩，也关系到企业长期发展的问题，如一个企业的产品品牌与外部企业的品牌要不要建立起关联以及如何建立关联，企业成长过程中是否需要并购其他企业的品牌等都事关企业大局。因此，与品牌相关的决策应具有全局性的战略地位，品牌管理应转变为战略品牌管理[③]，即从战略层面考量品牌建设。因此，战略品牌管理就是创建、评估及管理品牌资产的营销规划和活动的设计与执行。

根据上述定义，战略品牌管理的流程包括三大步骤。

第一，创建品牌资产。这包括两方面：其一是识别和确立品牌定位和价值，即要明确品牌代表什么，以及相较于竞争对手应该如何定位；其二是设计并执行品牌营销活动，包括选择品牌元素、整合品牌营销活动和利用次级联想。

第二，评估和诠释品牌绩效，即设计和执行品牌资产评估系统，包括品牌审计、品牌跟踪和品牌资产管理系统。品牌审计是对品牌的全面考察，用来评估品牌的健康状况，并从公司和消费者两个视角揭示品牌资产的来源。进行品牌审计，主要是为制定战略性品牌决策提供依据。品牌跟踪则是品牌管理的例行工作，根据品牌审计的结果确定几个关键方面，采用定量方法，有重点地从消费者那里长期地、有规律地收集信息。追踪调研为品牌管理者提供连续的基础信息，为其制定短期战术性决策提供依据。品牌资产管理系统则是一整套有关品牌规划、建立、运营、评估、报告、制度安排的体系，为企业决策提供有关品牌的及时、准确、可行的信息。

第三，提升和维系品牌资产。即如何使品牌资产保值增值。一要考虑某个品牌资产的价值提升，如现有品牌资产的强化、遇到问题的品牌是否需要激活等长期品牌资产管理问题；二要从企业发展的角度出发来做出一系列的品牌战略与策略选择，如品牌组合和品牌架构的

①　凯勒，斯瓦米纳坦．战略品牌管理：第 5 版［M］．何云，吴水龙，译．北京：中国人民大学出版社，2020.

②　科特勒，凯勒，切尔内夫．营销管理：第 16 版［M］．陆雄文，蒋青云，赵伟韬，等译．北京：中信出版集团，2022.

③　何佳迅．战略品牌管理：企业与顾客协同战略［M］．北京：中国人民大学出版社，2021.

确定，新产品的品牌选择等；三要考虑跨区域、不同细分市场的品牌资产管理，如品牌国际化的问题等。

9.2　品牌资产创建与测量

9.2.1　品牌资产创建

品牌资产创建是战略品牌管理的首要任务，包括识别和确立品牌定位、选择品牌元素，设计全方位的品牌营销活动和利用次级品牌联想。

1. 识别和确立品牌定位

随着社交媒体的蓬勃发展，信息愈加透明，新技术的不断涌现导致产品生命周期普遍缩短。在这样的大趋势下，品牌需要具有动态性，而不变的是品牌独有的特质和行为规则，即品牌存在的根本理由[①]，也可以说是品牌箴言。品牌定位是让消费者感知与众不同，在传递这个"差异化"之前，企业内部首先需要明确品牌箴言，它是对品牌核心和灵魂的表达[②]，是品牌的终极追求，是一个品牌营销传播活动的原点，即企业的一切价值活动都要围绕品牌箴言而展开，是对品牌箴言的体现与演绎，并丰富和强化品牌箴言。品牌定位描述一个品牌如何在特定的市场有效地和竞争对手进行竞争。在许多情况下，单个品牌可以横跨多个品类，从而具有不同（但是相关的）的定位。简言之，品牌定位应体现品牌核心价值并彰显独特性。例如：老板电器的品牌箴言是"创造人类对厨房生活的一切美好向往"，而其品牌定位体现在不同产品上则采用了不同的表达，老板油烟机 CXW-200-27A3——挥手智控大吸力，让油烟无处可逃；老板燃气灶 JZ（Y/T/R）-9G53——紫焰强火，燃出大厨好味道；老板蒸箱 ZQB350-S271A——不冷凝，不滴水，蒸出地道中国味。这三种定位将产品给消费者带去的独特利益彰显出来，同时又万变不离其宗，都与老板品牌箴言的核心思想相契合。

2. 选择品牌元素

品牌元素是识别和区分品牌的工具，一般包括品牌名称、品牌标识和符号、形象代表和口号等。

（1）品牌名称是最核心的品牌元素。它要容易发音，在不同的语言环境中应该没有歧义，甚至有的品牌名称可以引发对产品或品牌特质的联想。很多企业在给品牌命名时会煞费苦心，如"抖音"这一名字是综合了 A/B 测试和人为判断的结果，虽然"抖音"这个名字在测试结果中排名第二，但大家觉得这个名字更符合认知，更能体现它的形态，所以还是选了它。换言之，"抖音"这一名字，综合了数据驱动和人为思考的共同决策。

（2）品牌标识和符号，作为视觉元素，在建立品牌认知方面也起到非常重要的作用。

---

①　科特勒，卡塔加雅，塞蒂亚万，等．营销革命 4.0：从传统到数字［M］．王赛，译．北京：机械工业出版社，2018.

②　科特勒，凯勒，切尔内夫．营销管理：第 16 版［M］．陆雄文，蒋青云，赵伟韬，等译．北京：中信出版集团，2022.

它更容易辨认、识别和记忆。标识可以是以文字变体方式书写的品牌名称，也可以是一个具象或抽象的图案，或者是二者的结合。具象或抽象的图案也被称为符号，如腾讯的企鹅、天猫的猫、京东的小狗、苏宁易购的狮子、百度的熊、携程的海豚、美团外卖的袋鼠等。中国的互联网公司喜欢用动物做标识，其主要原因是小动物形象活灵活现，容易让人产生亲近感；不同的动物有其独有的特质，从某种程度上也暗喻了这些公司的文化理念。

（3）品牌形象代表可以理解为一种特殊的品牌符号，这对品牌的宣传推广有重要意义，往往会出现在广告和包装上。它可以是现实中的名人、普通人，如农夫山泉《最后一公里》广告，讲述的是在西藏的一位普通员工——多吉送水的故事：多吉每次都要翻山越岭甚至经历恶劣天气，才能把水最终送到客户手里，但他一直坚守如一，因为在他看来农夫山泉的品质不仅在工厂，也在他的手里。该广告虽朴实无华但却具有直击人心灵的力量。这个广告让农夫山泉"大自然的搬运工"这一主题更加深入人心。也有很多企业会选择名人做代言，其目的也是希望提升品牌知名度，产生爱屋及乌的营销效果。但是，名人代言是一把双刃剑，所以需慎重选择。品牌形象代表也可以是虚拟的人物、动物等，比如早已尽人皆知的米其林轮胎先生。目前越来越多的企业开始为自己的品牌量身定制一个形象代表，或者将原有的品牌标识升级为形象代表，这个品牌形象代表不仅可以将品牌符号化、提高品牌辨识度、加强品牌记忆，还可以通过赋予其人格化特征，提升好感度、嫁接品牌文化，也能提供更多营销抓手，成为与消费者深度沟通交流的利器。当在品牌宣传及商业活动中的所用的海报、视频、发布会上等，用该形象做主角，可以快速缩短消费者与品牌间的距离；由该形象衍生出的品牌故事、表情包、文创产品、交互游戏等又可以深化消费者对品牌的理解。当其传递的精神与消费者同频共振时，便能占据消费者心智，最终激发消费者行动，实现商业变现。

（4）品牌口号是用来传递有关品牌的描述性或说服性信息的短语[1]。它也是品牌宣传的重要方式，可以加深消费者对品牌的认识和了解。例如：知乎的口号"有问题，就会有答案"，彰显了一个中文互联网高质量的问答社区和创作者聚集的原创内容平台的品牌定位；格力在其品牌发展的 5.0 时代，将口号设定为"让世界爱上中国造"，传递了服务全世界的雄心和实力。

3. 设计全方位的品牌营销活动

品牌不是空中楼阁、无本之木，因此品牌资产的创建不仅仅需要围绕品牌本身做文章，还需要其他营销策略的配合，即整合营销战略与策略，并将产品、服务、渠道、定价、传播等营销策略有机配合，采取协调一致的营销活动，而且企业内部对品牌建设要达成共识，有共同的目标和行为。只有这样，才能为品牌建设和发展奠定坚实的根基。

4. 利用次级品牌联想

将品牌与那些可以把意义传递到消费者记忆中的其他信息联系起来，采用借力的方式，形成消费者品牌知识的次级来源，从而助推品牌资产的建立，所以也有人将这种方式称为利用次级品牌联想，或者发挥品牌杠杆的作用[2]。通常可以借助的次级联想包括其他品牌、地点、事件、人物。

---

① 凯勒，斯瓦米纳坦. 战略品牌管理：第 5 版［M］. 何云，吴水龙，译. 北京：中国人民大学出版社，2020.

② 王海中. 品牌管理［M］. 2 版. 北京：清华大学出版社，2021.

（1）其他品牌。主要是通过一定的品牌战略与策略实现。其一，将品牌与公司品牌建立关联。即让公司品牌为品牌背书，通过子品牌或者直接用公司品牌作为新产品的品牌，例如：君乐宝集团的一些婴幼儿配方奶粉，就采用了君乐宝+优萃、君乐宝+至臻、君乐宝+诠适爱等子品牌的形式；美的集团的多个系列的不同产品均使用公司品牌"美的"。其二，品牌延伸。新产品沿用已成功的品牌。其三，品牌联合，是指两个或两个以上的现有品牌用在同一个产品上。例如：手机品牌和运营商品牌联合出现在某款手机上。其四，成分品牌，是品牌联合的一种特殊形式。最终产品质量和功能的提高往往取决于其中的一个关键零部件或某种材料，这种对整个产品质量和功能起关键作用的零部件或材料称为"关键要素"，将这个关键要素品牌化，即成分品牌。最终产品中的成分要素如果具有品牌，会让消费者由此推断最终产品具有高品质，提升消费者对最终产品的信任感。例如：户外运动服装品牌加上采用了戈尔特斯（CORE-TEX）防水面料来提升消费者的品牌联想。

（2）地点。主要是指原产地、其他地理区域和分销渠道。一些国家或地区因擅长某个品类的产品而著称，如瑞士手表、法国香水，所以产品在标注自己的品牌基础上，将"在哪里制造（made in）"也表达出来。还可以与某个区域联想建立关联，在我国有专门的地理标志产品保护规定，其中明确指出地理标志产品，是指产自特定地域所具有的质量、声誉或其他特性本质上取决于该产地的自然因素和人文因素，经审核批准以地理名称进行命名的产品。使用地理标志产品专用标志必须依照规定经注册登记，并接受监督管理。例如：五常大米就是地理标志产品，相关产品的企业可以依法使用自身品牌加上"五常大米"的"官方身份证"，常看到的"乔家大院五常大米""陆家围子五常大米""柴火大院五常大米"等就是采用的这种方式。由此可见，将原产地标识出来会引发对品牌的积极联想。再有一种就是选择在哪里销售，也会对品牌产生影响，因为消费者会根据商品的销售商来推断产品品质。因此，企业选择分销商时要考虑到对品牌的影响，特别是高档品牌更要谨慎行之。

（3）事件。即通过赞助文化、体育或其他活动，做慈善以及利用第三方认证（如有公信力的机构进行的评选活动、权威机构出具的检验证书等）提高品牌知名度、美誉度。

（4）人物。通过名人、新型的社交媒体影响者及企业员工的形象、行为来投射到品牌上。一直以来名人代言的做法比较常见。在社交媒体盛行的今天，需要特别关注活跃在社交媒体上对品牌、产品发表各种观点同时又有人数不等的关注者的人，这些人统称为影响者，他们可能是名人，也可能是普通人（草根影响者），其影响力不可小觑。企业所有员工从某种意义上来讲都是该企业品牌的代言人，他们的言行举止会影响到人们对品牌的看法，所以品牌建设不仅仅是对外，也需要内部化。

9.2.2　品牌资产测量

弄清楚品牌资产的来源，才能提出有针对性的品牌资产保值增值的建议。因此，品牌资产测量虽然有不同的导向，但是从营销的职责而言，更加偏向于研究基于顾客心智的品牌资产。这里介绍几种有代表性的品牌资产测量模型。

1. 阿克的品牌资产模型

阿克（David A. Aaker）1991 年在其著名的《管理品牌资产》一书中提出了品牌资产的

5种构成要素：品牌知名度（brand awareness）、感知质量（perceived quality）、品牌联想（brand associations）、品牌忠诚度（brand loyalty）及其他专有资产。这5种要素整合起来就是通常所说的"阿克模型"，如图9-1所示。

图9-1 阿克的品牌资产五星模型

其中，品牌知名度是指消费者对一个品牌的记忆程度；感知质量是指消费者对某一品牌在品质上的整体印象，包括功能、特点、可信赖度、耐用度、服务度、效用评价、商品品质的外观等；品牌联想是透过品牌而产生的所有联想，是对产品特征、消费者利益、使用场合、产地、人物、个性等的描述；品牌忠诚度是指在购买决策中多次表现出来的对某个品牌有偏向性的（而非随意的）行为反应，也是消费者对某种品牌的心理决策和评估过程；其他专有资产是指品牌有何商标、专利等知识产权，品牌所有者拥有哪些能带来经济利益的资源，如客户资源、管理制度、企业文化等。

阿克的品牌资产模型并不是定量模型，而是一个高水平、高质量的简洁定性模型，他准确把握了品牌资产的关键。阿克基于实践的理论洞察，做出了两个基本贡献：一是正确地反映了品牌资产主要来自消费者（占全部要素的4/5）；二是在一群可能相关的概念和要素中，提炼并首次凸显了"感知质量""品牌联想""品牌忠诚度"及其对品牌资产的贡献。2014年，阿克在《品牌大师》的新著中，将初始提出的品牌资产要素从5个减少到3个，即把品牌（资产）价值的来源简化集中在品牌知名度、品牌联想（将感知质量合并于此）和品牌忠诚度这三个方面[①]。

2. 凯勒的品牌共鸣金字塔模型

凯勒延续以往其基于消费者的立场，提出了"理性路径"和"感性路径"两条路径，通过"双管齐下"，自下而上分4个阶梯创建品牌的逻辑方法。只有达到金字塔顶部时，才能产生具有深远价值的品牌资产。品牌共鸣金字塔模型如图9-2所示。

模型中的品牌显著度指的是品牌能否很容易被消费者认出来，是否经常被消费者在生活中提及，当购买同类产品时，消费者会第一个想到此品牌还是别的品牌等；品牌功效是指产品或服务在多大程度上能满足顾客需求；品牌形象则描述产品或服务的外在特性，也包括品牌试图满足顾客的心理或社会需求的方式，即更多地指向品牌的无形元素，如用户形象、购买和使用情境、品牌个性和价值、品牌历史、传承和体验；品牌判断聚焦于顾客对品牌的个人观点和评价，如对品牌质量、品牌信誉、是否将品牌纳入购买的考虑，以及品牌相较于竞争对手所具备的独特之处等；品牌感觉则是顾客对品牌有关情感上的反应；品牌共鸣描述了顾客与品牌之间的关系，以及他们认为自己与品牌"同步"的程度。

凯勒的品牌共鸣金字塔模型综合了以前的创建品牌的各种观点和众多方案，形成了一个清晰的结构和逻辑。随着数字化时代的到来，这个模型自下而上的严谨逻辑受到了冲击和挑

① 卢泰宏. 品牌思想简史 [M]. 北京：机械工业出版社，2020.

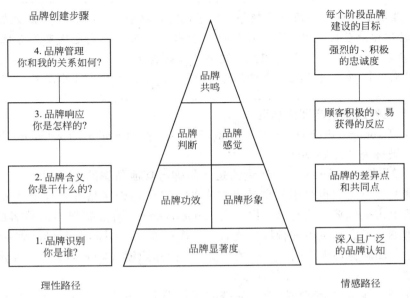

图 9-2　品牌共鸣金字塔模型

战。因为一些新的品牌并非按照这个逻辑而诞生，甚至反其道行之：首先获得了品牌粉丝和他们的共鸣，然后自上而下地充实和夯实品牌的基础。

营销展望

数字化时代创建品牌的路径

数字时代品牌建立的新流程可表达为"4C on digital"。第一步，建立连接（connection），以提高搜索可达度/网上曝光频率；第二步，创造粉丝平台（community），通过构建品牌社群，培育品牌核心粉丝和粉丝群；第三步，自媒体传播（communication），实现个性化数字传播；第四步，内容营销（content），创造品牌活力和品牌契合。

数字化时代创建品牌的路径，出现了逻辑的改变：从自下而上到自上而下；从理性主导到感性为先，这两个改变都指向感性品牌化的趋势。所谓"感性品牌化"趋势，是指在理性和感性这两种品牌建立的驱动力量中，过去尽管在某些品类品牌（如化妆品、酒、饮料等）中感性驱动的分量相当重，但理性驱动长期起到主导作用。数字品牌化的新规则则在一般意义上将"理性主导"拉向"感性-视觉至上"，主张更多地运用和发挥情感的力量，注重更强大的品牌视觉冲击，主张品牌联想视频化等。这已经形成了数字化时代品牌化的一个重要趋势。

（1）从共鸣模型到粉丝模型。凯勒的品牌共鸣金字塔模型描述了品牌建立的过程，这是一个自下而上的过程，最后达到"品牌共鸣"。数字化品牌情境中出现了相反的情况：先有少数忠诚粉丝的品牌共鸣，再影响造就更多的粉丝，在体验中产生对品牌的情感和认知，这是一个自上而下的推进过程，称为粉丝模型。

　　（2）理性主导到感性为先的趋势。数字化时代以来，品牌的感性驱动力在不断上升。对于数字化原住民（20世纪90年代以后出生）而言，更是热衷于感性驱动，以致"品牌卖萌""潮品牌"等得以广受追捧，大行其道。

　　【资料来源】卢泰宏. 品牌思想简史［M］. 北京：机械工业出版社，2020.

3. 扬罗必凯的品牌资产评估模型

　　扬罗必凯（Young & Rubicam）的品牌资产评估模型（brand asset valuator，BAV）包括4个组成部分，被称为"品牌支柱"。

　　支柱1：差异性（difference）。测量的是该品牌与其他品牌的不同程度。它是一个品牌从文化层面捕获注意力，也是引发消费者好奇心，以及是否将品牌举荐给他人的强大驱动力，并在定价上占据优势。支柱2：相关性（relevance）。测量品牌与消费者的适合程度，以及将该品牌纳入考虑和试用的程度。支柱3：尊重度（esteem）。测量品牌受重视及受尊重的程度。它与品牌兑现承诺的程度有关。支柱4：知识度（knowledge）。测量消费者对品牌的理解深度——包括正面和负面的信息。

　　差异性和相关性这两个支柱反映了品牌的成长潜力，也就是品牌强度（brand vitality）；尊重度和知识度这两个支柱反映了品牌的现实力量，也就是品牌地位（brand stature）。通过检核各支柱之间的关系可以揭示有关品牌现在和未来的状况。

　　从品牌强度的两个支柱而言，当差异性大于相关性时，意味着品牌以其独有的特质引人注目；若差异性小于相关性，则表示品牌只能算是一个大众化品牌，价格或购买的便利性是购买的主导因素；如果差异性与相关性都具有优势，那么品牌就有充分的潜力去实现增长。

　　从品牌地位的两个支柱来看，当尊重度大于知识度时，意味着消费者对品牌的喜爱度大于品牌的知名度；若尊重度小于知识度，则表示品牌知名度大于受欢迎的程度；如果尊重度与知识度都具有优势，那么品牌因其领导力而闻名。

　　将4个支柱都纳入考虑范畴，则产生了BAV力量方格。力量方格描述了品牌发展的各个阶段，每个阶段都有自己典型的支柱方式，如图9-3所示，图中的D代表差异性；R代表相关性；E代表尊重度；K代表知识度。BAV模型不仅测量了品牌的当前表现，也对品牌的未来发展潜力进行了预测。营销者可以通过这种方法，更好地理解产生顶级品牌的驱动力以及品牌在广阔的品牌世界中的适应能力[①]。

　　新的/未聚焦的品牌，其首要任务是发展相关的差异性，尽快建立知名度并产生更多的交易；利基/潜力品牌，表示在一个窄众的市场上已经建立起一定的优势，或者一个品牌正处于低盈利、高潜力的状态；领导品牌具有全方位的优势，处于高盈利、高潜力状态；大众品牌是目前状态尚可，但发展潜力不足；受到侵蚀的品牌则面临很严峻的挑战。

4. 凯度（Kantar）的品牌动力模型

　　品牌动力模型如图9-4所示，是建立在凯度的"MDF框架"（meaningfully different framework）之上的品牌资产测量系统，展示了品牌现有的资产和增长机会。该模型认为有意义的、差异的和突出的这三种不同类型的品牌联想对建立顾客购买品牌的倾向十分关键。

---

　　① 凯勒，斯瓦米纳坦. 战略品牌管理：第5版［M］. 何云，吴水龙，译. 北京：中国人民大学出版社，2020.

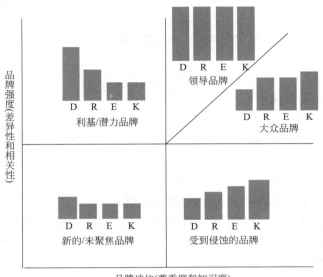

图 9-3　BAV 力量方格

而拥有这三种品牌联想的品牌，其成功会反映在势力、溢价和潜力这三个结果评价指标中。该模型将品牌资产来源和品牌的市场绩效连接起来。

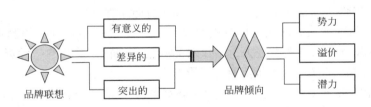

图 9-4　品牌动力模型

图 9-4 中，"有意义的"指的是消费者觉得品牌具有亲和力，或认为其能够满足自己的需要；"差异的"表示品牌具有与其他品牌不同的特色，或者在所属类别中引领潮流；"突出的"则意味着一想到要购买某个类别的产品时，某个品牌自然而然地迅速出现在消费者的脑海中。结果指标中的"势力"指的就是品牌数量份额的预测；"溢价"代表品牌相对品类平均价格能够获得的议价能力；"潜力"则预示着品牌市场份额增长的可能性。

根据品牌动力模型，品牌在市场上行动的合理程度和市场上存在的竞争会决定品牌倾向最终会多大程度上被转换成销售额[①]。

9.2.3　实践中的品牌估价方法

品牌估价实际上就是估算品牌价值。品牌价值也称品牌货币价值（monetary brand val-

---

① 科特勒，凯勒 . 营销管理：第 15 版［M］. 何佳讯，于洪彦，牛永革，等译 . 上海：格致出版社，2016.

ue），按照国际标准化组织《品牌评估——品牌货币价值评估要求》给出的定义，它是以可转让的货币单位表示的品牌经济价值。对品牌资产进行估价的意义主要体现在进行兼并和收购、品牌授权、募集资金、品牌战略制定、内部资源分配等方面，可以根据品牌估价来做出相关的决策。

在实践中，有代表性的几家公司的品牌估价方法如下。

1. Interbrand 的品牌估价方法

Interbrand（英图博略）是全球最大的综合性品牌咨询公司，其品牌估价的方法是以未来收益为基础评价品牌资产。估值包括财务分析、品牌作用分析和品牌强度分析这三个关键部分。

具体步骤是：①财务分析，即测量投资者的经济利润。在这里的经济利润是指品牌税后营业利润减去用于产生品牌收入和利润的资本花费。②测量购买决策中相对于其他因素（如购买驱动因素包含价格、便利性或产品特性等），归功于品牌的部分，利用品牌作用指数（RBI）将其量化为百分比。在评价过程中，计算该百分比主要是根据实际情况，选择第一手资料研究、品牌在行业中的历史角色定位、专家评审小组评审这三种方式之一。③将品牌化产品或服务的经济利润乘上品牌作用指数，即得到品牌的收益。④确定品牌强度。品牌强度是测量品牌确保未来预期收益交付的能力。品牌强度分析是基于 Interbrand 所评定的 10个可以左右品牌成长的因素来进行的，其中内部因素包括清晰度、承诺、品牌保护性和响应能力；外部因素包括真实性、相关性、差异性、一致性、知名度和契合度。通过对比同行业世界顶级品牌的表现，评价特定品牌的表现。⑤将品牌强度转化为贴现率，计算未来品牌收益的净现值，即按照品牌贴现率进行贴现，所得数值即品牌价值。

Interbrand 的品牌评估方法最终体现的是从财务视角进行品牌价值的测量，但是计算过程中也将消费者和竞争因素考虑进去，不仅对品牌的特许转让、并购、投资等有重要的参考价值，也对企业的品牌战略规划和管理有指导意义。

Interbrand 根据以上品牌估值的方法，每年发布《全球最佳品牌百强榜》等品牌报告。入选 Interbrand《全球最佳品牌百强榜》是有门槛的，它要求该品牌至少具备以下条件：经营范围必须覆盖至少全球三大洲；必须广泛涉足新兴的发展中国家和地区；至少 30% 的收入是在品牌所属国之外取得的；从长期来看，是盈利的；相关的财务数据是公开的。虽然我国的品牌近几年有了突飞猛进的发展，但是总体而言国际化程度尚有待提高，因此进入该榜单的中国品牌很少。2014 年首次入榜的中国品牌华为近几年连续入榜；联想曾在 2015 年上榜，2018 年已跌出榜单；2022 年小米首次入榜。

2. Brand Z 的品牌估价方法

Brand Z 品牌评估方法强调品牌价值是企业价值的一部分，采用"经济用途法"评估品牌价值。其评估模型可表达为：

$$品牌价值 = 品牌财务价值 \times 品牌贡献$$

其中：品牌财务价值是归属于特定品牌的公司利润×品牌倍数，品牌倍数是将未来收益前景评估为当前收益倍数的组成部分，参考了股票市场的市盈率倍数；品牌贡献则为按百分比评估品牌的财务价值在多大程度上归功于品牌自身的力量，它代表着消费者选择某一特定品牌的倾向。正如前面的品牌动力模型中所提出的，有意义、差异化、突出性的品牌联想是促进购买或让消费者支付溢价的动因所在。

　　此评估方法以凯度（Kantar）建立的品牌资产数据库作为支撑。凯度 Brand Z™ 是全球最大的品牌价值评估平台，该平台自 1998 年以来已经在全球 51 个市场上调查了 400 多万名消费者，涉及 1.9 万个品牌①，品牌信息主要通过在线和面谈形式访谈消费者而获得。凯度 Brand Z™ 每年也会发布《Brand Z 最具价值全球品牌 100 强》以及一些国家的品牌排行报告。

　　在《2022 年 Brand Z 最具价值全球品牌 100 强》中，中国有 14 个品牌上榜，腾讯和阿里巴巴跻身前 10 名。

特别关注

2022 年凯度 Brand Z™ 最具价值全球品牌排行榜概要和建议

　　1. 排行概要

　　①2022 年排名前十的品牌是苹果、谷歌、亚马逊、微软、腾讯、麦当劳、Visa、Facebook、阿里巴巴、路易威登。②该报告首次编制了凯度 Brand Z™ 品牌可持续性指标，中国消费者对可持续性发展的关注度快速上升，目前排名全球第二，仅次于美洲。③2022 年有 14 个中国品牌进入了 Brand Z™ 全球 100 强榜单，分别是腾讯、阿里巴巴、茅台、美团、抖音/TikTok、京东、中国工商银行、海尔、华为、平安、快手、中国移动、友邦保险和小米。④尽管面临着疫情反复的挑战，中国品牌依然坚韧，表现出强大的品牌实力。腾讯和阿里巴巴再次名列全球十强，分别位于第五和第九。美国主导着媒体和娱乐领域，只有来自中国的微信和抖音/TikTok 能与之分庭抗礼。海尔持续建设物联网生态品牌新范式，品牌价值实现了 33% 的强势增长。

　　2. 品牌发展建议

　　凯度集团大中华区 CEO 暨 Brand Z™ 全球主席王幸给出了如下品牌发展建议。

　　①搭乘可持续快车。追求可持续发展已成为全球大势，在这个领域表现出色的品牌也能实现更快的价值增长。品牌需要找到与自己相关的可持续发展话题，与消费者建立有意义的连接。②夯实硬核价值。品牌需要建立自己的差异化，并且围绕这一特点持续营销，创新感是建立品牌差异性的重要因素。③扩圈打造生态。品牌扩张到多个品类或多个市场能够增强风险抵御能力，专注于中国市场的品牌可以抓住新生的细分需求和行业赛道发展，也可以建立或加入共享的生态系统。④五感（视觉、听觉、嗅觉、触觉、味觉）协同营销。品牌需要通过多个渠道展开消费者沟通，但不同触点间的投放必须实现协同。营销活动效果的 55% 由内容质量决定，而内容力决定品牌资产。

　　【资料来源】苹果重新成为凯度 Brand Z™ 最具价值全球品牌，腾讯阿里继续名列十强［EB/OL］.（2022－06－15）［2023－12－08］. https：//mp. weixin. qq. com/s/2bISG5 QiCxQ79W2gx9NQpw.

---

① 资料来源：https：//mp. weixin. qq. com/s/2bISG5QiCxQ79W2gx9NQpw，2022－6－15.

3. Brand Finance 的品牌估价方法

Brand Finance（英国品牌金融咨询公司）是全球性的独立第三方品牌价值评估和咨询机构。其采用的品牌估计方式是特许权费节省法（royalty relief），即假设品牌所属公司在不拥有该品牌商标的情况下，需要向第三方支付的商标特许权费用。公司拥有该品牌，实际上就是节省下这笔费用，这也是品牌价值所在。

其评估步骤如下。①基于一系列属性诸如情感联结、财务绩效、可持续性指数及其他指标来计算品牌强度。②确定每个行业的特许权使用费范围，反映品牌对购买决策的重要性。这一步通过审核来自 Brand Finance 的许可协议数据库及其他在线数据库中的可比较许可协议来完成，通过将品牌强度指数和特许费率范围结合，以获得该品牌的特许权费率。③通过估算某一品牌在母公司收入中所占的比例来初步预估品牌未来收益，再根据历史收益、预期资产分析和经济成长率对收益进行进一步的预测，得到品牌未来收益。④品牌未来收益乘以适用的特许权费率，再贴现算出未来全部"税后特许权费用"的净现值，即品牌现在的价值[①]。

该方法最大特色是品牌评级。品牌评级由品牌强度指数（BSI）推导而来，BSI 可体现对比其竞争对手的品牌投入、资产累计和未来潜力，并由 D 到 AAA 进行评级。

Brand Finance 最重要的报告为每年发布的《全球品牌价值 500 强排名》。此外，Brand Finance 还会发布聚焦某一主题的评估报告或研究报告，内容涵盖互联网、金融、娱乐、电子、消费品等不同产业领域的品牌排行，其结果主要发布在公司官方网站上，以供市场参考。

营销展望

生态品牌：与时代共振的引领型品牌范式

商业世界正以难以想象的速度进行重构，这对于企业来说不仅是从产品、组织、技术到文化等多种创新在内的复杂经济系统工程，也是在全球商业大格局下重建需求、商业模式、价值逻辑的新定义。同时，智能经济通过对用户海量数据的实时捕捉和分析，让定制化、可持续迭代的解决方案成为可能。用户的需求能够真正得到满足，用户也成为"产消者"，得以在推动产品、服务的创新上扮演更积极的角色。这些都驱使着企业在智能经济背景下重新定义它与用户、合作伙伴乃至整个社会的关系。

这种新型的关系，以一种全新的品牌范式来概括，即"生态品牌"。所谓生态品牌，是指一种通过与用户、合作伙伴联合共创，不断提供无界且持续迭代的整体价值体验，最终实现终身用户及生态各方共赢共生、为社会创造价值循环的新品牌范式。它是一种能够打破传统行业/品类壁垒、有效促成动态多边合作的模式，也是一种要求企业"整合并管理自己并不拥有的资源"的思维革新。

2021 年，凯度、牛津大学赛德商学院、《哈佛商业评论》中文版一起合作，共同制定并全球首发《生态品牌认证体系》，从"共同进化""价值循环"和"品牌理想"

[①] Brand Finance 的品牌估值方法和步骤，来自其官网的描述：https://brandfinance.com/insights/methodology-brands-annual-rankings.

三大视角及其下属的五个核心维度（用户体验交互、开放协同共创、终身用户价值、共赢增值效用、社会价值贡献）和 16 项评估细则出发，评估品牌在生态品牌转型与打造过程中的成效和进化阶段。

结合大量的申报案例发现，不论从用户角度还是生态合作方角度来看，生态品牌在广度、深度、高度上均能给品牌建设者以启发，体现出领先优势。①生态品牌通过深入的交互，挖掘用户个性化需求，创造和迭代更优质的体验，与用户建立更深的情感连接，从而激发更主动、高频、高质量的用户共创。②生态品牌更加聚焦于培养始终对生态保持高黏性的终身用户，并为他们提供全周期的产品、服务和解决方案。终身用户在生态中拥有高体验度、高共创度、高推荐度和高关联购买，他们能够与品牌持续保持相互创造价值的关系，达成更深层的信赖。③生态建设不止于产业链上下游的业务延伸，更是深度融合跨行业、跨领域合作伙伴的资源和能力。通过打破数据、技术、资源的孤岛，生态品牌能够为企业带来更强大的落地能力，实现提质增效、迭代创新、共赢增长。④生态品牌着眼于与生态合作方相互赋能、共赢共进，创造生态的长期整体价值，实现高质量、可持续的增长，进而为提升社会的整体价值做出贡献。

【资料来源】生态品牌：与时代共振的引领型品牌范式［EB/OL］.（2022-09-07）［2023-12-08］. https：//mp. weixin. qq. com/s/njdsfpkqKxZ9pnwtUHThWg.

9.3　品牌化战略决策与长期品牌管理

从企业发展的角度而言，要维系和提升品牌资产，就必须对已创建的每一个品牌资产进行持续管理；同时，也需要根据企业的目标和总体战略对品牌规划进行通盘考虑，制定与之匹配的品牌战略与策略。

9.3.1　可供选择的品牌战略与策略

科学合理地制定品牌战略与策略是品牌运营的核心内容，品牌战略与策略的选择实际上就是品牌决策过程。一般而言，品牌决策主要包括品牌化决策、品牌持有者决策、品牌名称决策、新产品品牌决策。其中可供选择的品牌战略与策略如图 9-5 所示。

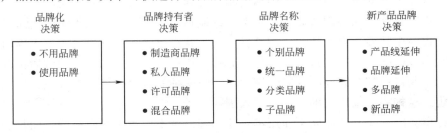

图 9-5　可供选择的品牌战略与策略

1. 品牌化决策

企业决定是否给产品起名字、设计标志的活动就是企业的品牌化决策。产品要不要品牌，主要是根据产品的特点和权衡使用品牌对促进产品销售的作用大小确定的。若作用很小，甚至使用品牌所开支的费用超过可能的收益，可以不使用品牌。一般而言，在以下几种情况下企业可以不使用品牌：未经加工的原料产品、农产品，如煤、木材、大米、玉米等；商品本身并不具有因制造者不同而形成不同质量特点的商品，如电力、天然气等；生产简单、选择性不大、价格低廉、消费者在购买习惯上不是认品牌购买的小商品，如纽扣、缝纫线、鞋垫等；临时性或一次性生产的商品。

随着人们对品牌内涵理解的不断深入，传统上不用品牌的商品纷纷品牌化，以更好地突出自己的特征，形成品牌偏好。像粮食、食用油、鸡蛋、肉制品、水果等过去不使用品牌的商品，现在也被冠以品牌出售，如"七河源"小麦粉、"鲁花"花生油、"德青源"鸡蛋、"精气神"黑猪肉等，这样做的目的自然是获得品牌化的好处。即便一些产品不使用品牌，但是越来越多的生产上述产品的企业会将企业进行品牌化，打造公司品牌。

2. 品牌持有者决策

企业在决定对产品使用品牌后可有以下几种选择。

（1）制造商品牌，即制造商使用本企业自己的品牌。国内外市场上的商品绝大多数都会使用制造商品牌。制造商使用自己的品牌，好处是可以建立自己的信誉。制造商拥有的注册商标是工业产权，可以租借、转让、买卖，其价值由商标、品牌信誉的大小而定。企业使用制造商品牌，还可以和购买者建立密切的关系。品牌本身作为无形资产，也具有价值，这样做有利于企业提升产品的附加价值和获利能力，也有助于企业的可持续发展。

（2）私人品牌，即制造商以中间商品牌或特许品牌将产品或服务推入市场。一方面，制造商决定采用中间商品牌主要基于以下几点考虑：制造商要在一个不了解本企业产品的新市场上推销产品；本企业的商誉远不及中间商的商誉；本企业品牌的价值小，设计、制作、广告宣传、注册等费用较高，企业难以承受。还有一点不容忽视的是，在某些情况下，分销渠道是一种稀缺的资源，若制造商品牌影响力偏弱但又急欲进入一个新的市场，则只能委曲求全，用中间商的品牌。另一方面，中间商使用自己的品牌，虽然会增加投资和费用，承担一定风险，但仍有很多利益：中间商因制造商减少宣传费则可获得较为便宜的进货价格；可以树立自己的信誉，有利于扩大销售；可以不受货源限制，加强对制造商的产品价格控制。所以在国内外市场上，私人品牌呈迅速发展的态势，并经常和制造商品牌展开激烈的竞争。例如：山姆会员店的 MM 即 Member´sMark，是其自有品牌；良食记和唯本生活则分别是物美集团食品和生活用品的自有品牌。

（3）混合品牌，即制造商品牌和中间商品牌混合使用。混合品牌常见的有三种形式：其一，为求既扩大销路又保持制造商的品牌影响，制造商在部分产品上使用自己的品牌销售，部分产品出售给中间商，由中间商使用其自己的品牌进行销售；其二，为进入新市场，制造商先让中间商以中间商品牌销售产品，待产品打开销路有了一定的市场地位后再改用制造商品牌；其三，制造商和中间商品牌同时使用，兼收两种品牌单独使用的优点，增加信誉，促进产品销售，这种混合策略有助于产品进入国际市场。

（4）许可品牌，即制造商既不使用本企业品牌，也不使用中间商品牌，而是经过授权许可使用生产同类产品在市场上有一定名望和声誉的其他制造商品牌。例如：我国市场上出售的可口可乐饮料就是很典型的许可品牌实例；韩国的现代、大宇等汽车品牌在进入美国市场时也曾采用过美国汽车品牌。

3. 品牌名称决策

如果企业决定打造自己的品牌，就需要考虑所有的产品使用一个或几个品牌，还是不同产品分别使用不同品牌的问题，这就是品牌名称决策。在这个问题上，大致有以下 4 种决策模式。

（1）个别品牌策略，也称为品牌家族策略，即企业决定不同的产品使用不同的品牌。采用个别品牌名称为每种产品寻求不同的市场定位，有利于增加销售额和对抗竞争对手，还可以分散风险，企业的整个声誉不致因某种产品表现不佳而受到影响。例如：联合利华公司的产品品牌有清扬、金纺、多芬、夏士莲、立顿、旁氏、凡士林、舒耐和路雪等；我国的五粮液集团使用了五粮液、五粮春、五粮醇、尖庄等品牌。个别品牌策略的好处是有利于突出特点，品牌各自发展，互不影响，分散产品营销的市场风险；但是会增加品牌设计和品牌宣传方面的投入，品牌传播成本高。

（2）统一品牌策略，也称为家族品牌策略，即企业的所有产品都使用同一个品牌，它可能是企业品牌也可能是享有盛誉的主打（旗舰）品牌。例如：康师傅公司主要生产方便面、饮料和饼干，均采用康师傅品牌；美的公司的冰箱、洗衣机、电视机、空调、净水机、微波炉等均采用美的品牌。统一品牌策略可以壮大企业声势，有利于新产品进入市场和节约成本，但是也存在一损俱损的风险。

（3）分类品牌策略，即各大类产品分别使用统一品牌。企业使用这种策略是为了区分不同大类的产品，一个产品大类下的产品再使用统一品牌，以便在不同大类产品领域中树立各自的品牌形象。

（4）子品牌策略，即它是介于统一品牌和个别品牌之间的一种品牌策略。品牌名称是公司名称或旗舰品牌+个别品牌。企业决定其不同的产品分别采用不同的品牌名称，但在品牌名称之前加上公司或旗舰品牌的名称。这里的旗舰品牌源自旗舰产品。旗舰产品对消费者而言是最能代表或体现整个品牌的产品，它通常是品牌获得声誉的第一个产品，一个被广泛接受的产品，或者一个备受推崇或屡获殊荣的产品[①]。企业多把此种策略用于新产品的开发，在新产品的品牌名称上加上企业或旗舰品牌名称，可以使新产品享受已有的声誉，而采用不同的产品品牌名称，又可使各种新产品突出自己的特色。例如：联想的笔记本电脑，就有联想 YOGA、联想小新、联想拯救者等品牌。采用子品牌策略应注意的是：子品牌与为其背书的公司或旗舰品牌要目标市场协调，品牌形象协同；同时也要考虑到子品牌与公司或旗舰品牌紧密联系在一起，可能在消费者心中产生固化的印象，新经营领域开发会受到一定的限制，而且品牌传播效率相比统一品牌要低。

4. 新产品品牌决策

公司在推出新产品时可供选择的品牌策略总体上有 4 种，如图 9-6 所示[②]。其中新品牌策略又可以分为以下几种。

---

① 科特勒，凯勒，切尔内夫 . 营销管理：第 16 版［M］. 陆雄文，蒋青云，赵伟韬，等译 . 北京：中信出版集团，2022.

② 科特勒，阿姆斯特朗 . 市场营销：原理与实践：第 17 版［M］. 楼尊，译 . 北京：中国人民大学出版社，2020.

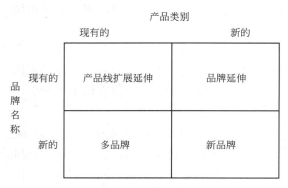

图 9-6　新产品品牌策略选择

（1）产品线扩展策略。产品线扩展是指企业现有的产品线使用同一品牌，当增加该产品线的产品项目时，仍沿用原有的品牌。这种新产品往往都是现有产品的局部改进，如增加新的功能、包装、式样和风格等。通常厂家会在这些商品的包装上标明不同的规格、不同的功能特色或不同的使用者。例如：波司登羽绒服，每年都会推出不同的款式，但是都沿用了波司登这个品牌。产品线扩展的原因是多方面的，如可以充分利用过剩的生产能力，满足新的消费者的需要，填补市场的空隙，与竞争者推出的新产品竞争，或为了得到更多的货架位置。虽然产品线扩展可以带来上述好处，但是也应注意到：随着产品线的不断加长，品牌原有的个性和形象会淡化，消费者认识和选择的难度会增加；有时新产品销售数量不足，难以冲抵它们的开发和促销成本；如果消费者未能在心目中区别出各种产品时，会造成同一种产品线中新老产品自相残杀的局面。

（2）品牌延伸策略。品牌延伸是指将一个现有的品牌名称使用到一个新类别的产品上。例如：丰田汽车公司使用丰田品牌还推出了摩托车、铲雪车、海上发动机等多个类别产品。品牌延伸并非只借用表面上的品牌名称，而是对整个品牌资产的策略性使用。随着全球经济一体化进程的加速，市场竞争愈加激烈，厂商之间的同类产品在性能、质量、价格等方面强调差异化变得越来越困难，厂商的有形营销威力大大减弱，品牌资源的独占性使得品牌成为厂商之间竞争力较量的一个重要筹码，使用新品牌或延伸旧品牌成了企业推出新产品时必须面对的品牌决策。品牌延伸是实现品牌无形资产转移、发展的有效途径，一方面在新产品上实现了品牌资产的转移，另一方面又以新产品形象延续了品牌寿命，成为企业的现实选择。

毋庸置疑，品牌延伸会给企业带来一系列好处：首先，它可以加快新产品的定位，保证新产品投资决策的快捷准确；其次，有助于减少新产品的市场风险；再次，有助于强化品牌效应，增加品牌这一无形资产的经济价值；最后，能够增强核心品牌的形象。

品牌延伸并不是百利而无一害的灵丹妙药，稍有不慎就会掉入以下陷阱。其一，损害原有品牌形象。如果运用不当的品牌延伸，原有强势品牌所代表的形象信息就会被弱化。其二，有悖消费心理。如"999"原是胃药中的著名品牌，延伸到啤酒上消费者就难以接受。这类不当的品牌延伸，不但没有什么成效，还会影响原有强势品牌在消费者心目中的特定心理定位。其三，容易形成此消彼长的"跷跷板"现象。当延伸品牌的产品在市场竞争中处于绝对优势时，消费者就会把原强势品牌的心理定位转移到延伸品牌上，无形中削弱了原强势品牌的优势。这种原强势品牌和延伸品牌竞争态势此消彼长的变化，即为"跷跷板"现象。其四，株连效应。将强势品牌名冠于别的产品上，如果不同种类新产品在质量、档次上与原品牌产品相差悬殊，不仅损害了延伸品牌产品，还会株连原强势品牌。

综上所述，决策得当，品牌延伸是馅饼；不得当，品牌延伸是陷阱。为了降低决策风险，品牌延伸应遵循以下决策原则：有共同的主要成分、相同的服务系统、技术专业的连接、彼此共享的利益点和相似的使用者形象。

（3）多品牌策略。在相同产品类别中引进多个品牌的策略称为多品牌策略。例如：宝洁公司生产的洗发液产品就有多个品牌，如飘柔、海飞丝、潘婷、沙萱和伊卡璐等。证券投资者往往同时投资多种股票，为了减少风险、增加赢利机会，投资者必须不断优化股票组合。同样，一个企业建立品牌组合，实施多品牌策略也是基于同样的考虑，这种品牌组合的各个品牌形象相互之间是既有差别又有联系的，组合的概念蕴含着整体大于个别的意义。多品牌策略有助于企业培植、覆盖市场，限制竞争对手和有力地回应零售商的挑战，但它也存在着自身竞争和促销费用较高的风险。

（4）新品牌策略。为不同种类的新产品设计新品牌的策略称为新品牌策略。当企业在推出新类别的产品时，发现原有的品牌名不适合于它或者担心影响原品牌的形象，可选择设计一个新品牌。例如：阿里巴巴集团不断开拓新业务，总体上是采用新品牌策略，最初是专注于国内批发贸易（B2B）的"阿里巴巴"中国交易市场（现称"1688.com"），随之是消费者对消费者（C2C）电子商务网站"淘宝"和面向品牌与零售商的第三方商业平台（B2C）淘宝商城（现称"天猫"）相继上线；然后又推出专注于限时促销的销售和营销平台"聚划算"，与商业伙伴共同创立物流品牌"菜鸟网络"，推出企业级智能移动办公平台"钉钉"，以及新零售业务（线上线下融合 online-to-offline，O2O）生鲜食品及日用品零售连锁品牌"盒马鲜生"等。

9.3.2　品牌架构战略

企业在不断成长的过程中，其业务都会纵向深入或横向扩展。特别是在数字经济时代，企业的发展逻辑发生改变，"连接"成为扩宽业务的基础，很多企业的业务范围越来越多元化，跨界融合发展逐渐成为一种趋势。随着企业的产品、服务的增多，企业必须考虑如下诸多问题：总体上需要多少个品牌，每一个业务需要多少个品牌，每一个品牌可以涵盖多少个业务？是以业务为主线来统一品牌，还是以品牌为主线来整合业务，还是采用混合的模式？集团层面品牌、业务层面品牌、产品层面品牌之间是什么关系，又如何清晰表现它们的关系？自有品牌与外部品牌是否要建立关联？这些问题归结起来就是确定品牌架构战略。所谓品牌架构战略，是指界定公司的品牌与产品的关系、各个品牌的角色以及它们之间关系的品牌系统管理战略[①]。下面从以下几方面来探讨品牌架构战略的设计。

1. 品牌数量

这里需要引出一个新的概念，即品牌组合，它指的是公司为一个特定的品类或细分市场所提供的品牌线和所有品牌的集合。

品牌并不是越多越好，品牌的建设、管理都需要资源投入和相对应的能力匹配。一家企业品牌数量的多少不仅仅取决于企业自身，更取决于包括消费者（客户）在内的利益相关体的需求和认知。同一品类中品牌过多会让人眼花缭乱分不清产品之间的差异，需要的花费也会比较高，品牌宣传的难度也加大；若花色品种很多，品牌过少就难以凸显产品的差异。设计品牌组合的原则应该是最大化市场覆盖，最小化品牌之间的重叠。最优品牌组合的标志是，组合中的每个品牌与其他品牌联合实现资产最大化。

---

① 蒋廉雄，朱辉煌，何云，等. 品牌架构战略研究回顾与展望［J］. 外国经济与管理，2020，42（10）：49-61.

2. 内部品牌之间的关系

确定内部品牌之间的关系，首先要明确品牌架构的层级，从顶端到底部可以分为集团/公司品牌、产业/业务品牌和产品品牌。集团/公司品牌是企业大品牌体系的最高层级，承载整体品牌体系的核心价值和品牌文化，对外传达的是公司整体品牌形象；产业/业务品牌位于品牌体系的第二层级，重点在于厘清各业务板块关系，既承担各业务板块的定位与品牌形象传达，又是若干产品品牌有机联结和特定联想的集合。产品品牌是品牌体系的最低层级，是与消费者直接沟通的主要界面，需要突出更加具体的特点。

三个层级的品牌是否建立关联，可做出以下选择。

当集团/公司品牌的品牌联想和核心价值与其产业/业务、产品的目标客户的品牌认同及购买驱动力几乎一致，则集团/公司品牌几乎可以直接用作产业/业务品牌和产品品牌，即采用统一品牌（家族品牌）策略。例如：西门子公司，其业务涉及数字化工业、智能基础设施、家用电器、交通、医疗、金融服务等多个领域，既面向组织用户，也面向最终消费者。但是在公司"勇担责任、追求卓越、矢志创新"价值观驱动下形成的公司形象与其产品或服务的"优质、领先、可信赖"等品牌联想一脉相承。

当集团/公司品牌与产业/业务、产品品牌目标客户的品牌认同驱动力不兼容或者相悖，或者品牌的气质和个性有较大的冲突时，则集团品牌和业务、产品品牌之间就不要建立关联，即采用个别品牌策略。例如：华润集团业务涵盖大消费、综合能源、城市建设运营、大健康、产业金融、科技及新兴产业六大领域，下设 26 个业务单元（子公司），子公司名称中都有"华润"，华润并没有刻意打造产业/业务品牌；以大消费板块下的华润啤酒有限公司为例，啤酒的同质化程度很高，华润啤酒的雪花、花脸、喜力（收购品牌）、马尔斯绿、匠心营造、黑狮等品牌都围绕"价值观、生活方式"等该类产品品牌认同的驱动力塑造自己的特点，而华润集团的"实力雄厚、社会责任"对提升华润啤酒旗下的产品品牌资产的助力极其有限，故在产品包装和传播中，华润集团品牌与啤酒业务的产品品牌没有捆绑在一起。

当集团/公司的品牌联想与下属业务和产品的行业属性不冲突，而且集团/公司的部分品牌联想能有效驱动顾客对下属业务和产品产生认同，但业务和产品本身又需要突出个性时，则可以采用子品牌的形式。例如：君乐宝集团的一些婴幼儿配方奶粉就采用了君乐宝+优萃、君乐宝+至臻、君乐宝+乐纯、君乐宝+小小鲁班等子品牌形式；酸奶系列则有君乐宝+涨芝士啦、君乐宝+简醇、君乐宝+开啡尔、君乐宝+慢醇等子品牌。所有产品品牌都与君乐宝的"创新，让生活更美好"品牌理念相契合，同时又突出了不同产品的特点，如浓郁有营养的"涨芝士啦"酸奶，0 添加蔗糖的"简醇"酸奶。

多元化集团的品牌架构决策的核心原则就是各个层级品牌联想尤其是核心价值之间的兼容性，以及集团品牌联想与产业和产品的属性是否吻合。除此之外，在多元化集团实际的品牌架构决策中，往往要综合考虑众多因素后再做出科学决策，这些因素如集团整体的品牌战略目标、产业和产品的竞争格局、竞争品牌的品牌战略、企业对产业和产品的战略预期等。

3. 内部品牌与外部品牌之间的关系

内部品牌与外部品牌之间的关系主要考虑的是自有品牌与外部品牌的联合问题。

1）联合品牌及优缺点

联合品牌，也称为合作品牌或品牌联合，是两个或更多的品牌在一个产品上联合起来。

每个品牌都期望另一个品牌能强化整体的形象或提高顾客的购买意愿。需要注意的是，两个品牌如果只是共同做促销宣传，则不能称为联合品牌。

联名推出新品的做法为越来越多的企业所运用，如曾经的索尼和爱立信推出的联名手机，光明植噢力携手 TCROSS 交茶点奶茶推出全新糙米植物饮品奶茶系列。近些年跨界联名更是备受推崇，如光明和大白兔联名推出益生菌奶球；继 2020 年底所推出的 M4 Competition x KITH 联名限量车之后，宝马 M 部门（BMW M GmbH）再度与美国潮流品牌 KITH 携手合作，打造全球仅限 7 辆的"i4 M50 by KITH"，通过定制化的专属涂装与内装设计，让带有 M 性能血脉的纯电宝马展现与众不同的潮流风格；GUCCI 与阿迪达斯的多个联名款产品，从服装、鞋履到配饰，甚至双方还合作推出了一个联名款标识。

联合品牌的主要优点如下。第一，提高知名度。适当的曝光和引发话题，能让用户持续地关注，让品牌有更好的传播度，也能让用户对品牌有更多的了解。第二，营造新鲜感，增加销量。通过两个品牌的用户群体的差异性和互补性，免费交换用户，从而收获成交量和销量，用户也可以在这个过程中体验到新鲜感。第三，增加品牌单位价值，丰富产品线，削弱消费者审美疲劳，打破品牌调性的固有认知。联合品牌模式是技术成本最低的产品创新和研究，对于想要降低研发成本的品牌来说也不失为一种开发新品的方式。

联合品牌也存在一定的风险。联合品牌具有很强的利益相关性：如果品牌运营得当，可以达到双赢的效果；如果运营不当，合作伙伴的一方或双方就可能遭受恶果。

2）成分品牌（要素品牌）

联合品牌的另一种特殊形式是要素品牌，即把应用在 B2B 领域的关键要素产品引入最终消费品市场，并为要素打造品牌，即为"要素品牌战略"。

例如：很多品牌计算机都使用了英特尔（Intel）的处理器，其计算机上除了标注自己的品牌，也会有"Intel Inside"的标识，以此吸引消费者购买含有英特尔公司处理器的计算机。类似的还有一些饮料、牛奶等包装采用了利乐无菌包装材料，其包装上印有利乐 Tetra Pak 字样或标识，让消费者认为采用利乐无菌包装材料更加可靠。通过标注成分品牌，有助于实现差异化和提供重要的质量信号。

对于生产零部件或提供原材料的制造商而言，打造要素品牌也有重要意义。例如：英特尔公司曾在 1991 年 6 月发起了"Intel inside"的品牌推广运动，该项目是在授权的计算机制造商的系统上粘贴注册的英特尔公司商标和 Intel inside 标识。"Intel Inside"战略对整个产业的品牌管理和营销产生了巨大的影响，也因此铸就了 400 亿美元左右的品牌价值；在 2022 年 Interbrand 全球品牌 100 强中名列第 19 位。"Intel Inside"战略改变了计算机行业的格局，使英特尔不至于受到大型计算机公司的制约，从而维护自己的上游优势地位，使处理器而不是计算机的品牌成为消费者的关注对象，英特尔取得了"挟天子（消费者）以令诸侯（计算机公司）"的地位。

并不是所有零部件制造商或原材料供应商都能采用要素品牌战略，品牌战略的实施需要具备以下条件：第一，成分或要素高度差异化且能为客户创造可持续价值；第二，成分或要素对最终产品的性能起关键性作用，如高性能汽车中使用的布雷博刹车或者高级比赛用自行车上使用的禧玛诺齿轮传动装置等；第三，下游公司也支持要素生产商在要素品牌化方面所做的努力；第四，最终产品本身追求很高的品牌价值，并能因此使其产品实现差异化，如重型施工设备使用的珀金斯柴油发动机，美国 3M 公司的视觉丽反光材料和思高洁纺织用保护涂料[1]。

总之，联合品牌是一种有效的管理品牌资产的方法，是企业获得竞争力的法宝之一。对于品牌企业来说，如何有效地识别品牌联合的机会、与谁联合、选择何种具体的联合策略是一项关键的任务。

9.3.3　长期品牌管理

长期品牌管理就是持续不断地进行品牌维护与创新。主要包括三方面内容：品牌强化、品牌激活和品牌架构优化。

1. 品牌强化

品牌强化，即维护和巩固品牌意义的一致性[2]。首先，需要进一步确认品牌代表的品类或产品、其核心价值和满足的需求是否与现有的顾客追求相吻合；其次，要考虑如何使产品更出众，应该给消费者留下哪些更加积极的品牌联想。

2. 品牌激活

曾经辉煌的品牌也可能衰落，因此企业需要决定是否启动品牌重塑，即激活品牌。品牌不再受欢迎甚至惨遭冷落，其主要原因是消费者需求、竞争对手、技术或其他环境因素的改变。当品牌原有的特色不足以打动受众时，品牌也必须谋求改变。

要激活品牌，首先要了解品牌资产的初始来源因素是否需要调整；其次要检核原有的定位是否合理，是维持还是创建新的定位。创建新的定位实际上就是品牌重新定位。

3. 品牌架构优化

随着时间的推移，内外部环境的变化，企业也要随之评估现有品牌架构的合理性，以做出相应的调整。具体策略有主要包括品牌架构的加法策略、减法策略和内部品牌关系优化[3]。

（1）加法策略是指企业增加新的业务领域，或者在现有业务领域增加新的花色品种时会增加一个全新的品牌，也可能是用公司品牌或者现有的产品品牌延伸或扩展至新的业务领域或者新的产品项目上。加法策略从本质上讲就是前面谈到的新产品品牌决策。

（2）减法策略主要是产品品牌削减。产品品牌削减就是减少原有品牌组合中的产品品牌数量。近几年可口可乐、耐克、联合利华、宝洁、资生堂等大公司都在做"品牌瘦身"。例如：可口可乐削减旗下一半品牌，专注于可口可乐和"零度"可口可乐等的细分市场；联合利华通过内部审计，发现 90% 以上的利润都是由集团的 400 个品牌创造的，而其他 1 200 个品牌大多处于亏损或薄利状态，于是从 1999 年起，联合利华开始在全球实施剥离战略，退出非主营业务，仅保留 1/4 品牌；宝洁公司 2014 年开始砍掉了集团旗下 100 个品牌，依然没有达到集团认为的合理状态，2017 年开始再次继续缩减品牌总数，从 200 多个减少到 65 个左右，以实现增长的目的。削减产品品牌的主要原因是品牌老

---

①　科特勒，弗沃德. 要素品牌战略［M］. 李戎，译. 上海：复旦大学出版社，2015.

②　何佳讯. 战略品牌管理：企业与顾客协同战略［M］. 北京：中国人民大学出版社，2021.

③　王海忠. 品牌管理［M］. 2 版. 北京：清华大学出版社，2021.

化，业绩不理想，希望通过削减品牌减少成本开支，集中资源发展核心品牌，提高效益。

（3）内部品牌关系优化，即通过审核家族品牌策略和子品牌策略的合理性，来优化内部品牌关系。例如：海尔集团，早期在业务不断拓展时所有产品都采用了公司品牌"海尔"，后来为了区分产品的差异性也曾用过子品牌策略，像海尔"探路者"彩电、海尔"大力神"冷柜、海尔"大王子"、海尔"小王子"和海尔"小小神童"洗衣机等。但是除了"小小神童"这个子品牌为市场所熟知，其他子品牌大多没有让消费者感受到差异性。随着海尔的国际化程度加深及战略和业务的调整，海尔调整了原来的子品牌战略，将品牌体系独树一帜地分为三大类：家用电器品牌、场景品牌和生态品牌。家用电器品牌包括海尔、卡萨帝、Leader、GE Appliances、Fisher & Paykel、AQUA、Candy 等；场景品牌为"三翼鸟"；生态品牌则包括卡奥斯 COSMOPlat（工业互联网平台）、大健康生态品牌盈康一生等①。以家用电器的品牌为例，海尔品牌主打性价比，卡萨帝为高端品牌，Leader（统帅）则是年轻人专属的潮流家电。

总之，品牌管理是个系统工程，需要内外兼修来持之以恒地进行品牌建设。

营销实操

打造强势品牌的要点

（1）以正确的方式理解品牌含义，并提供适当的产品或服务。

（2）正确定位品牌。

（3）对选定的利益点进行高效传递。

（4）充分利用全部的品牌元素。

（5）采用整合营销传播方式并保持传播的一致性。

（6）评估顾客的价值感知并制定相应的价格策略。

（7）建立信誉，创建恰当的品牌个性和品牌形象。

（8）保持品牌创新和相关性。

（9）从战略的高度设计、实施品牌架构战略。

（10）采用品牌资产管理系统以确保营销活动能够正确地反映品牌资产状况。

【资料来源】凯勒.战略品牌管理：第 5 版［M］.何云，吴水龙，译.北京：中国人民大学出版社，2020.

关 键 术 语

品牌、商标、品牌资产、战略品牌管理、产品品牌、公司品牌、区域品牌、集群品牌、国家品牌、品牌元素、品牌价值、制造商品牌、私人品牌、许可品牌、个别品牌、统一（家族）品牌、分类品牌、子品牌、品牌延伸、多品牌、品牌架构、品牌组合、品牌强化、品牌激活

---

① 海尔集团官网，https://www.haier.com/haier-ecosystem.

知识巩固与理解

⊃在线测试题

请扫描二维码进行自测。

自测题

⊃思考题

1. 简述品牌与商标、产品的联系与区别。
2. 简述战略品牌管理的流程。
3. 品牌元素包括哪些内容？
4. 如何利用次级品牌联想创建品牌资产？
5. 简述阿克的品牌资产模型。
6. 简述凯勒的品牌共鸣金字塔模型及应用价值。
7. 简述扬罗必凯的品牌资产模型和 BAV 力量方格的核心思想。
8. 简述凯度的品牌动力模型。
9. 比较 Interbrand、BrandZ 和 Brand Finance 三种品牌估价方法。
10. 企业何时会采用私人品牌策略？
11. 比较个别品牌和家族品牌的不同点。
12. 品牌延伸策略及其适用条件。
13. 为什么现在很多企业喜欢采用合作品牌策略？
14. 简述要素品牌策略实施的条件。
15. 何时需要进行品牌激活？
16. 品牌架构战略要解决哪些问题？

知识应用

⊃案例分析

李宁公司品牌成长中的惑与解

1. 基本背景

创业初始，年轻的李宁和他的伙伴们坚信，"中国人能创造优异的运动成绩，也能够创造优秀的运动品牌。"这一时期，李宁的广告语是"中国新一代的希望"，开始"农村包围城市"，调整产品定位之后，李宁公司推出了"步步为赢"的广告语。

从 1997 年开始，李宁公司根据对中国体育用品市场需求的分析，认识到在青年人中蕴藏着巨大的消费潜力，体育产品消费主力是 15～25 岁的消费群体，决心将品牌设计风格从单一的大众化塑造成"时尚年轻、具有个性的城市品牌"。这一时期的李宁公司认为"开发决定市场"，在加大产品设计开发投入的同时，放弃了价位较低的市场。一方面，依托佛山设计开发中心进行产品设计、开发上的调整，在设计上寻求突破，提高产品的技术含量；另一方面，一改以往农村包围城市的做法，转而走城市化道路，投入相当比例的资金在全国主要城市建立品牌专卖店，并启用瞿颖、邵兵等作为形象代言人，体现其时尚、年轻的内涵，以此推广品牌的新形象。这一时期，李宁公司相继使用"把精彩留给自己""我运动我存在"和"季风新运动"作为其广告语。

2000 年，李宁公司在悉尼奥运会前推出的广告以世界冠军、体操运动员李小鹏为主角，配以广告语"出色源自本色"。2001 年，李宁公司推出李宁高尔夫系列产品，希望由此塑造高端市场的品牌形象。同年，李宁公司协同广告公司赴巴黎拍摄广告片，画面是身穿李宁体操服的法国少女体操运动员，广告语为"运动之美，世界共享"。

随着李宁品牌知名度的提高，李宁公司也经历了前所未有的困惑。其一，来自调研公司的报告。2001 年 6 月，李宁公司委托一家知名调研公司对其品牌各个方面的指标进行一次全面的调查，调研结果让李宁公司喜忧参半。①李宁公司实际消费群的特征是：在 15～45 岁等距离分布的基础上，以 24～35 岁为主；二级城市、中等收入、大众化而非专业运动消费。而李宁公司拟定的目标消费群的特征是：14～28 岁学生为主、大中城市、喜好运动、崇尚新潮时尚和国际流行趋势。②消费者对李宁牌品牌属性的认知是亲和的、民族的、体育的、荣誉的，并非李宁公司自 1997 年以来所努力塑造的年轻的、时尚的。调查还显示大多数消费者认为李宁是第一代言人。③对比耐克等品牌的品牌知名度和品牌忠诚度，李宁品牌忠诚度很高（56%，高于耐克的 36.8%），但人群年龄偏大，收入偏低，且很大一部分现有消费群体的理想品牌是耐克。其二，来自李宁公司内部的反映。李宁公司新任市场部经理来自某著名外资企业，在广泛听取前市场部工作人员和公司其他员工意见的基础上，他召集市场部工作人员对上述情况进行了深入的分析，总结出李宁公司在品牌管理上的问题：①对李宁牌核心价值的认识，不仅消费者非常模糊，李宁公司内部员工也没有明确而统一的印象。②在品牌整合传播方面也存在着问题。由于品牌定位不清，李宁公司在产品设计、赞助活动、形象及产品广告、开店风格乃至形象代言人的选择上都存在传达信息不统一、不连续的问题，使消费者对李宁的印象凌乱，品牌形象不一致。③李宁牌虽然号称运动品牌，但产品更像有运动感觉的休闲产品，没有真正吸引到那些视运动为消费的"重度体育消费人群"。④产品线过宽，且未按国际惯例将产品按运动特性细分，未针对细分市场设计产品。其三，来自消费者的反馈。李宁公司从消费者中得到的反馈信息主要是李宁牌无法像耐克、阿迪达斯那样给人带来鲜明的联想。在许多消费者心中，耐克像一个百岁老人，品牌个性却是时尚的，是直面挑战和富有进攻性的，让人联想到竞争的快感、一流运动员和体育爱好者；阿迪达斯像一个成熟敬业的中年人，具有诚实、严肃、团队合作的品牌个性，带给人的感觉是追求卓越表现、积极参与和情感投入；李宁则像一个 10 岁的孩子，像一个好朋友，是具有民族荣誉感的中国体育品牌，但个性十分模糊。

2. "一切皆有可能"的出台及战略谋划

国际体育产品市场发生了重大变化，体育用品休闲化和休闲用品运动化的趋势非常明显。此外，中国体育用品消费依然远未成熟，大多数人购买体育用品并不仅仅是为了运动的需要，超过 40% 中国人的购买行为还是功利性购买行为。

李宁公司为此继续改变其广告宣传语。

一个个普通的男孩、女孩，出现在很平常的马路、天桥、空地、天台、胡同，没有专业的运动场地，没有观众，没有喝彩，他们正在跑步、踢足球、打篮球、打羽毛球……一切看似平常……他们都身着李宁服装，眼神里流露出对运动无尽的专注与陶醉——他们好像已经忘记了周围的一切。小院里晾着衣服，他们站在两边打网球；胡同中的铁门上画上一个白圈，就成了投篮板；屋子里，一个孩子以一个标准的投篮动作干脆利索地关了灯钮……最后，画外音响起："只要你想，一切皆有可能。"

这是李宁公司2003年新的广告片呈现的情景。与它以前推出的广告主题（"我运动我存在""运动之美，世界共享""出色源自本色"）相比，有人认为"一切皆有可能！"（Anything is possible!）给李宁品牌的定位精准得多。在年轻、充满活力的人面前，外界的限制都形同乌有，一切都刚刚开始，一切都可以从无到有，"一切皆有可能"。它以生动可感的画面，向观众强烈地暗示一种价值承诺：拥有李宁牌产品，不仅仅是拥有一种生活用品，更是拥有一种生活质量，一种人生境界。

从"一切皆有可能"开始，李宁逐渐发展成长为中国体育用品行业本土企业的领导者，然而，当市场领导者就要有时刻被竞争者超越的心理准备。前面是耐克和阿迪达斯两大国际巨头，后面是不懈追赶的安踏、特步等中国本土企业的挑战者，李宁公司当初建立并倚重的中高端市场定位空间遭到了前所未有的挤压。"如果我没钱，就去买便宜些的安踏；如果我有钱，为什么不去买国际品牌耐克和阿迪达斯？"于是，这个左右逢源同时又备受"夹板气"的市场空当已经不像一个空档，以"市场夹缝"形容恐怕更为恰当，腹背受敌的李宁公司承受着巨大的竞争压力。

市场压力是一方面，然而更多的是亟待把握的市场机遇。统计数据表明，每年中国中学生、大学生购买运动鞋的支出，与美国中学生、大学生的支出相当。中国以90后为代表的年轻消费群体正在成长起来，作为体育用品品牌，抢占这部分潜力巨大的消费市场对于李宁公司来说，具有非同一般的意义。

李宁公司不断受到"品牌标识抄袭耐克、品牌口号抄袭阿迪达斯"的质疑和诟病。在北京奥运会上惊鸿般掠过天空之后，李宁必须乘势追击，利用奥运营销的余热让自己的品牌在国内市场占有更大的份额，进而拓展国际市场。李宁公司2009年年报显示，其全年营业收入为人民币83.87亿元，而阿迪达斯在中国内地市场的销售额约为人民币70亿元。李宁公司在中国内地市场已经站稳了脚跟，此时正是进行国际化运营的大好时机。对于李宁公司抄袭的质疑，也许中国消费者并不在意，但是国外消费者是否会接受这个"抄袭版"的中国制造呢？

在李宁公司十年的战略规划中，2009—2013年为国际化准备阶段；2014—2018年为全面国际化阶段，目标是进入世界体育品牌前五名和成为中国体育品牌第一名。然而，李宁公司的海外贡献度还不到2%（按照通用的"国际化"标准，海外市场对公司业务的贡献度应达到20%以上）。

在这样的背景下，李宁公司再次做出了换标决策。

3. 2010年的再次变脸

李宁公司CEO张志勇承认，此次对品牌定位做出大幅度改变也是出于国际化运营的考虑："先打造国际品牌，再开拓国际市场。这种做法与某些企业的低价倾销方式不同，我们希望先提升品牌的附加值。"

2010年6月30日，李宁公司启用新标识、新品牌口号，用"让改变发生"代替了过去中国消费者所熟知的"一切皆有可能"，新的品牌口号英文是"Make The Change"，这是李宁公司品牌重塑的一部分。

李宁品牌重塑的其他具体内容包括：新的品牌定位——"让真正爱运动的人更真实地体验真实的运动"；新的品牌特质——"灵敏、平衡、耐力、精准"。与之相适应的是，李宁公司的产品设计、内部组织架构、渠道等相应调整。李宁品牌重塑之后，产品价格有所提升，并正式在一线城市与耐克等国际品牌展开正面争夺。李宁公司 CEO 张志勇表示，品牌重塑后，将一改过去 35～40 岁的消费者占李宁品牌消费群的市场份额超过 50% 的情况。

"90 后李宁"，这一白色标牌醒目地树立在位于北京通州的李宁园区新闻发布会现场门口，这是"李宁"新的品牌重塑广告主题。2010 年是李宁公司成立 20 周年，这个广告主题也代表了一家本土历史最悠久、市场份额最高的体育用品企业，渴望更年轻、更时尚的自我定位。张志勇解释，李宁做出如此改变的原因在于"中国消费者变化太快"，其他促使品牌重塑的动力包括：对未来劳动力上升的判断预估、希望消费者尤其是年轻消费者在对李宁品牌印象增加"酷""时尚""国际感"等特质。

4. 换标之后

为了配合"品牌重塑计划"，李宁公司选择频繁在各种媒体播出以 90 后为主题的广告，以贴近年轻消费群体。但这也引发了 70 后和 80 后消费者的失落，不少人因此号称抵制李宁。

李宁在其做大做强的道路上面临着重重困难。据李宁公司公告显示：李宁 2012 年鞋、服装的订单金额均为双位数下降，其中服装产品的年跌幅超过 20%，2012 年亏损 19.79 亿元。和业绩同步下滑的还有李宁门店的数量，截至报告期末李宁牌常规店、旗舰店、工厂店及折扣店的店铺总数为 6 434 家，较 2011 年报告期末净减少 1 821 家，跌幅达到 22.06%，平均每天关店 5 家；同时，在大陆 5 家赴港上市的体育用品公司中，李宁的净利润已掉至队尾。

事实上，李宁公司一直在寻找自救的方式，2012 年 10 月 10 日，李宁公司与 NBA 热火队球星德维恩·韦德签订合同，并共同宣布创立全新运动服鞋品牌——韦德品牌，以此作为公司推动全球篮球战略的核心。全新核心签名产品线被命名为"韦德之道"，韦德会在 NBA 的比赛中穿着这款融入其标志性风格特点并极具艺术感的专业篮球鞋。10 月 20 日、21 日，"韦德之道"中国特别版分别在北京、上海旗舰店限量发售，22 日开始在网上商城向全球发售。

据悉，这款"韦德之道"篮球鞋是近年来李宁公司科技含量最高的篮球鞋，全掌碳板，成本高昂。限量发售球鞋仅有 60 双，不同于普通市售版，套装售价为 1 010 元。

李宁砸一亿美元签约韦德，的确给李宁带来了人气。2013 年 8 月 20 日零点，在全国各地有一大批鞋迷忍着睡意，不停刷新着李宁官方商城的页面。按照李宁之前的宣传，零点一到，李宁将在自己的官方商城首发 NBA 巨星韦德签名鞋"韦德之道"的"警告"版本。零点一到，这些苦等已久的鞋迷却发现，李宁官方商城并未放出此前宣传中提到的"警告"版本球鞋，相关的发售页面一直处于缺货的状态。由于鞋迷们不断刷新，李宁官方商城一度出现崩溃的情况。

尽管如此，2015 年 3 月 19 日，李宁公司公布 2014 年财报，公司营业收入按年同比增长 16%，达到 67.3 亿元，但权益持有人却大亏 7.8 亿元，2013 年同期该数据为亏损约 3.9 亿元，这与近两年持续上位的安踏形成鲜明的对比。据安踏发布的 2014 年业绩，安踏净利润约 17 亿元，同比增长 29.3%。

在多家运动品牌业绩持续回暖的同时，作为国内运动品牌骄傲的李宁公司业绩却未止跌，亏损依然。

5. 李宁回归

2014 年底，创始人李宁回归，担任 CEO。将公司口号由"Make The Change"改回"一切皆有可能"，确立"提供李宁品牌体验价值"的目标，公司由体育装备提供商转型为"互联网+运动生活体验提供商"；开通微博，与消费者密切互动，试图增强用户黏性。

李宁仍旧是一个运动品牌，但加入了潮流、时尚和科技的元素。尤其是文化元素的注入，使得时尚有了厚实的传统文化基础。与人工智能结合，推出智能跑鞋，与运动 App 结合，人们在运动时就可以记录自己最真实的数据。富有科技感的跑鞋，受到人们的追捧。

除此之外，李宁公司不断强化零售运营结构，提升商品规划、产品研发、货品销售组合、店面销售、尾货处理、现金回流等 6 个方面的零售运营能力。尤其是完善精准快速的供应机制，建立以消费者需求为导向的单店订货模式，细化品类店的运营服务标准，升级智能化店务管理系统；自主举办了"3+1"街头篮球赛，聚集热爱篮球的年轻人并传播李宁的体育精神。与韦德合作、与《中国有嘻哈》冠军 GAI 合作、与红旗汽车合作，时尚潮流与中国文化的灵魂让李宁品牌形象越发年轻化、国际化。

2016 年初，李宁集团的财报显示，集团在 2015 年扭亏为盈，自 2011 年以来首次实现盈利，以 78 亿元的营收位于本土运动品牌第二位。

6. 发力童装市场

2016 下半年，公司开始对原有李宁童装品牌李宁 KIDS 重新规划未来发展策略，组建独立的童装事业部，推出全新的李宁 YOUNG。李宁 YOUNG 是李宁集团品牌策略的重要部分，李宁公司童装事业部总经理胡南表示，集团希望借助李宁品牌的专业优势和市场影响力，满足更广泛年龄段运动人群的需求，有针对性地为青少年人群提供更加专业、更符合青少年群体需求的运动装备选择，进一步提升李宁品牌的竞争优势。

李宁提出"天生爱动"的概念。品牌的宗旨在于通过适当放手、探索儿童成长的无限可能，发掘孩子真正的潜能。李宁 YOUNG 产品主要针对 3～14 岁儿童，在保留原有李宁 KIDS 的基础上，全新李宁 YOUNG 突出"运动传承、中国骄傲、舒适安全、时尚炫彩"的概念，保证品牌整体延续性。在产品方面，李宁 YOUNG 产品类别主要包括跑步训练、篮球足球、运动生活三大类。

在营销方面，李宁童装重点打造亲子概念。为了配合李宁 YOUNG 品牌的推出，"李宁中国十公里路跑联赛"专门设置亲子跑赛事，充分整合集团内部资源，形成品牌赛事联动。韦德系列中也增加了童装，这与李宁集团的核心品类基本保持一致。例如：篮球系列里的 WADE 款亲子装，既有运动的传承，也突出全家齐上阵，营造出良好的运动氛围。

2017 年被业界称为童装市场爆发元年，伴随着经济转型消费升级的大趋势，童装市场也迎来新一轮调整，此时李宁推出全新童装品牌李宁 YOUNG，正好赶上童装市场新的爆发增长点。如何在利用李宁整体品牌价值和资源的同时，精准把握未来童装市场的发展趋势，迎合新一代消费者需求，将是李宁公司发力运动童装市场的关键。李宁公司在 2017 年 6 月 29 日正式成为 NBA 火箭队官方合作伙伴，双方表示将进行深度的青少年篮球培训及训练营合作。这给李宁童装在篮球领域提供了丰富的营销资源和想象空间。

7. 与韦德开展更加深入的合作

韦德在 2012 年结束了与耐克旗下的子品牌 Air Jordan 的合作关系，转而与李宁签下 10 年 1 亿美元的代言合同，开始打造以自己命名的品牌。2018 年，韦德宣布与李宁签下终身合同。2019 年夏，韦德宣布退役，年底他在社交媒体上正式官宣勇士队全明星后卫德安吉洛·拉塞尔成为韦德之道代言人，拉塞尔成为韦德退役之后韦德之道签下的第一位 NBA 全明星代言人。

韦德之道经过 6 年的耕耘，已经日趋成熟，除正代鞋之外还延伸出很多销量不错的支线鞋款。在整个李宁的销售体系中，韦德之道系列有着举足轻重的影响。

李宁与韦德的合作从最初共同推出篮球鞋，目前已发展为除了童装之外的四大系列，即韦德之道系列、韦德高端系列、韦德系列服装和韦德系列运动鞋。其中既有专业运动鞋、运动服，也有偏时尚的运动服装（如风衣、卫衣等）、运动鞋及运动配件。

8. 亮相时装周

时装周一直以来为时尚界所推崇，世界四大时装周基本上揭示和决定了当年及次年的世界服装流行趋势。曾有运动品牌登上时装周的 T 台并取得成功，例如：此前 PUMA 联手 Rihanna 在纽约公园大道军械库（park armory）展示的 Fenty X Puma 系列获得了一致好评，依靠时尚起死回生的 PUMA 也让李宁看到了时尚所带来的价值。

从 2017 年 9 月开始，天猫国潮行动就开始酝酿中国品牌的独立营销 IP。天猫携手美国设计师协会（CFDA）及迅驰时尚在 2018 年纽约时装周上专门为中国品牌打造专属节日"天猫中国日（Tmall China Day）"。天猫中国日是中国品牌第一次以"国家日"的名义集体亮相国际时装周舞台，中国日呈现的品牌则体现了中国设计的品质和代表性。

李宁先生在解释与天猫合作的原因时表示，"电商已经不再纯粹是卖货的平台，更多地起到了媒体的作用，让更多的用户通过天猫平台更快、更直观地能看到李宁在纽约秀台上想传播给整个世界的态度和心智；同时从营销对应零售的角度，用户也能享受到边看边买的迅捷体验。"

2018 年 2 月 7 日上午，中国体育品牌李宁在 2018 纽约秋冬时装周上主题为"悟道"的时装秀正式拉开序幕。秀场上亮相的中国李宁限量卫衣、悟道系列球鞋、蝴蝶 2018NYFW 等一系列单品，均承载着独到的中国元素，同时又洋溢着时下流行的潮流气息。大写汉字、高冷脸模特、复古的设计……扑面而来的中国风使人为之一振。秀场内惊叹声、拍摄声此起彼伏，这场秀瞬间刷爆社交媒体，各种赞扬、询价、求购的评论迅速涌向了李宁的官方微博和微信公众号。

大秀后的三天，李宁官微相继发布了时装周备受瞩目的几款商品，并提供了官方商城与天猫的购买链接。紧接着，官微又发布了采访设计师的小视频，与网友们分享设计的灵感与理念，均得到 20 万以上的观看点击量。

9. 联名产品频频亮相

2019 年，李宁继续强调将专业运动与时尚潮流和创意文化有机融合，让李宁品牌突破传统，为消费者提供更多的消费选择和更精准的消费体验。集团通过亮相国际时装周及跨界联名合作等进一步扩大消费者群体，提升品牌力与产品力。

日本作为亚洲潮流文化中心，每年会吸引全球的潮流爱好者慕名前来。atmos con 每年由 atmos 举办，是日本最为顶级的球鞋展。2019 年 3 月李宁参与日本 atmos con 展，借此正式登陆日本市场。李宁本次还作为 atmos 首次联名的中国品牌，打造推出 LI-NING x atmos 联名鞋款盘古 TITAN。LI-NING x atmos 联名鞋款盘古 TITAN，以中国李宁 2019 秋冬纽约时装周发布的全新鞋款盘古为原型，该鞋款以中国西部徒步圣地——被誉为"香格里拉之魂"的稻城亚丁为设计灵感，以户外徒步鞋为设计框架，大胆地融合解构手法和复杂多层的设计语言，诠释对"地球上最后一片净土"的致敬。自登陆日本市场后，盘古 TITAN 受到众多日本年轻球鞋爱好者的追捧。

联名鞋款共有"蓝色"和"红色"两款配色。"红色"款采用丝绸材质的中国红呈现，在设计中加入"灯笼""麻将"印花，形似古代"门环"的金属扣等中国传统元素；"蓝色"款采用代表日本制工艺的丹宁材质以靛蓝色呈现；联名 Logo 采用电绣与皮料搭配手工马克线工艺，鞋子后跟提带处绣有鞋码织唛等贴心设计，给予鞋款更多细节和设计语言。

除了 LI-NING x atmos 联名鞋款盘古 TITAN，李宁还展出 2019 秋冬及 2020 春夏一众人气鞋款，向世界的球鞋爱好者展示了代表中国的运动潮流设计实力，用出色的产品力进一步拥抱日本及国际市场。为了配合年轻时尚策略，2019 年李宁品牌还分别与红旗汽车、洛杉矶潮牌 X-Large、涂鸦品牌 OG Slick、健身品牌 CHISELED、德邦快递、迪士尼都推出过联名产品。2019 年底，李宁品牌的股价整体呈稳步增长状态，品牌市值也达到新高。李宁品牌成为 MSCI AC 亚太指数中表现最好的股票，品牌在全球服装类股票中排名第一。

10. 新进展

2020 年是李宁品牌成立 30 周年。自 2020 年 1 月起，李宁品牌与享誉世界的艺术文化机构——巴黎蓬皮杜艺术中心展开为期三年的合作。2020 年 1 月 18 日，李宁 2020 秋冬系列大秀亮相巴黎蓬皮杜艺术中心。大秀中，与功夫巨星成龙合作，推出的成龙功夫系列服饰备受关注。同年的 2 月 27 日，李宁公司宣布新生代实力派唱作人华晨宇成为李宁运动时尚产品代言人。其官方微博表示："这里是一个充满温暖与能量的大家庭，这里有千万和你一样热爱中国文化的年轻人，他们拥有对音乐与运动的追求和执着，充满了无限的好奇心与想象力。我们一起，让未来一切皆有可能！"相较于李宁品牌的纯运动路线，"李宁运动时尚"产品线更多的是聚焦于打造中国原创运动潮流概念。

在面对记者提出的问题："许多消费者已经开始把李宁看作一个潮牌了，你怎么看？爆款策略是李宁未来会长期使用的一个品牌策略吗？"李宁回答道："我们是一个运动品牌，只不过是运动品牌中比较潮的，但潮牌本身不是李宁的发展方向。潮牌潮起潮落的速度太快了。"

在谈及未来品牌战略时，李宁表示："未来，从集团层面来说会考虑发展成为一个多品类、多品牌的一个品牌，但还是李宁品牌，而不是收购一个其他什么品牌进来。我们的目标就是成为一个在全球市场有竞争力的中国品牌，并且是一个商业品牌，而不是一个荣誉品牌。所谓商业品牌，就是一定有销售量，有规模，有受众群体。我们未来除了把中国市场做好，也会考虑做海外市场。现在我们的产品在东南亚和亚洲其他国家的销售反响都不错。未来，如果我们自己的能力成熟了，能够应对市场变化和机会，也会逐步扩大市场。李宁的目标是成为中国第一，甚至是亚洲第一的运动品牌。"

【资料来源】

［1］李宁公司［EB/OL］. https：//wiki. mbalib. com/wiki/%E6%9D%8E%E5%AE%81%E5%85%AC%E5%8F%B8.

［2］陈曾义. 童装市场爆发元年 李宁推出全新李宁 YOUNG 发力运动童装市场［EB/O L］.（2017-07-01）［2023-12-08］. https：//mp. weixin. qq. com/s/fbpU3OHBBHcSBKsY-xlWeA.

［3］专访李宁：潮牌不是我们的方向［EB/OL］.（2019-03-08）［2023-12-08］. https：//baijiahao. baidu. com/s？id=1627442644750739588&wfr=spider&for=pc.

[讨论题]

1. 李宁 2010 年换标、改变广告口号，其目的是什么？为什么受到那么多的非议？

2. 请分析一下李宁品牌元素的内容并对其相关的做法给予评价。

3. 李宁目前采用了哪些品牌战略与策略？并给出你的看法。

4. 分别登录李宁、安踏公司官网，结合案例中有关品牌的描述，比较两家公司在品牌战略与策略上的不同。

⊃营销辩论

初创企业是先做销量还是先做品牌，一直以来都存在争议，有人认为"企业规模不大，那种烧钱做品牌的方式不适用，要先把销量快速做起来。""做品牌太虚，还是先把业绩做起来最实在。"也有人认为"品牌是产品销售的有力支撑，而且品牌还能提升产品的附加价值。"

正方：初创企业不需要做品牌建设。

反方：初创企业需要做品牌建设。

⊃角色模拟

某汽车公司一直以 A 品牌推出高档商务用车，现准备进入家用经济型轿车领域。公司两位经理就拟推出新产品的品牌问题争论不休，经验丰富同时也是公司元老的王经理主张使用 A 品牌，新进的李经理主张使用新品牌，如果你是李经理，你将如何说服王经理？

⊃营销在线

请登录农夫山泉官网 https：//www. nongfuspring. com/，从品牌资产创建、提升等视角对其采用的战略与策略进行分析评价。

⊃拓展阅读

拓展阅读文献

第4篇 营销策略

➡ **第10章**

·—·

产品策略

学习目标

1. 了解产品的整体概念、营销意义以及包装、标签和担保策略。
2. 理解新产品开发过程及新产品采用与扩散过程。
3. 掌握产品生命周期不同阶段的特点和相应的营销策略及产品组合策略。

引导案例

腾讯的产品力

从 QQ 到微信再到腾讯会议，腾讯开发了多款国民级的产品。凭借强大的产品力，腾讯成为世界互联网企业中的佼佼者。其"小步快跑，试错迭代"的产品开发机制，"别让我思考"的极简主义理念，"变成白痴级用户"的用户驱动战略，都成为企业学习的样板。

2020 年 9 月 10 日，腾讯全球数字生态大会·未来经济峰会上，腾讯公司高级执行副总裁汤道生将腾讯的产品力界定为：理解行业关键环节，围绕场景痛点提供切实有效的解决方案，帮助客户打造敏捷易用的产品。例如：2020 年的疫情使得在线会议需求猛增，腾讯会议 8 天内扩容 10 万台云主机，100 万核的计算资源，基于原有 API 能力为不同的场景打造云上会议，这也是 2020 年新冠病毒疫情席卷全球，不少企业发展受到影响，但腾讯财报依旧亮眼的原因。

以月活（月度活跃用户数）过 10 亿的微信为例，腾讯副总裁、微信创始人张小龙认为，之所以取得今天的成绩，是因为他有原动力，或者说坚持了初心：坚持做一个好的、与时俱进的工具。坚持做最好的工具，张小龙始终强调"好产品应该用完即走""以客户为中心、谨慎地商业化"等核心理念；面对相互冲突的用户需求如何做取舍，是以"用户体验是否能变得更好"为标准，而不是追求利益最大化。作为一个月活过 10 亿的超现象级应用，微信在商业上有无限可能，但在商业开拓上微信显得十分"克制而又谨慎"。例如：微信限制好友数不能超过 5 000 人、红包最大不能超过 200 元，没有任何用户有特权。就这样，微信一直坚持底线，做一个可以陪伴人很多年的工具，在用户看来，这个工具就像他的一个老朋友。那什么是"与时俱进"呢？最初张小龙就觉得，如果不把微信定位为一种生活方式，只是一个通信工具，那就会过于片面，它应该紧随时代的潮流，甚至引导时代的潮流。现在我们看到，群聊、朋友圈、红包、公众号、小程序等，微信已经从很多方面融入大家的生活中。

腾讯公司董事会主席兼首席执行官马化腾认为，其实抓住机遇只是一个开始，对于互联网企业来说，产品才是王道。但这是一条孤独之路，你往往需要用最笨的方法才能最快地跑完全程。要像"小白"用户那样思考并每天高频使用产品，不断发现不足，发现一个解决一个，就会引发口碑效应。腾讯是如何让产品人获取用户的反馈的？在腾讯，有一个"10/100/1 000 法则"：产品经理每个月必须做 10 个用户调查，关注 100 个用户博客，收集反馈1 000 个用户体验。他们必须每天都到各个产品论坛去"潜水"。不仅如此，他们还要去搜索微博、博客、RSS 订阅，做产品的人就要主动追出来，去查、去搜，然后主动和用户接触、解决。

腾讯的产品力，既来源于对未来的一种洞察，更来源于对顾客需求的执着。什么是好的产品？如何开发一款好的产品？产品进入市场以后销售额和利润会经历怎样的变化，如何采取相应的营销策略。这些都将是本章重点讨论的内容。

【资料来源】

［1］陈睿雅．腾讯的产品力：从 QQ 到微信，这些基因没有变 ［EB/OL］．（2020-10-08）［2023-12-08］．https：//baijiahao.baidu.com/s? id=1679960952953621822&wfr= spider&for=pc.

［2］彭耀．升维：争夺产品认知高地的战争 ［M］．北京：机械工业出版社，2018.

［3］汤道生．腾讯的三个核心任务是洞察力、产品力、组织力 ［EB/OL］．（2020-09-10）［2023-12-08］．https：//3w.huanqiu.com/a/c36dc8/3zpGCALVrYM? agt=29.

产品是企业从事生产经营活动直接而有效的物质成果。在市场营销活动中，企业满足顾客需要是通过一定的产品来实现的，企业和市场的关系是通过产品来连接的；产品也是买卖双方从事市场交易活动的物质基础。因此，产品是市场营销组合（由产品、定价、分销和营销沟通这 4 种策略构成，简称 4P）中最重要的因素。任何企业的市场营销活动总是首先从确定向目标市场提供什么产品开始的，然后才会涉及定价、促销、分销等方面的决策。因此，产品策略是制定市场营销组合策略的基础。

10.1　产品的整体概念

一提到产品，人们会本能地将产品和有形的实体联系起来，但是无论是从营销的角度还是从消费者购买产品的角度，产品都有了更深刻的内涵。

10.1.1　产品整体概念

什么是产品？可能在你脑海中浮现的是诸如书、杯子、彩电这样的实体产品，事实上，电影、旅行、理发是产品，彩电的安装、维修也是产品。可以看出，市场营销学对产品的理解要宽泛得多，物质实体是产品，无形服务是产品，随同物质实体一同出售的附加服务也是产品。用一句话来概括，市场营销学中所说的产品是指人们通过购买（或租赁）所获得的需要的满足，包括一切能满足顾客某种需求的物质产品和非物质形态的服务。

广义的产品概念引申出产品的整体概念。对于产品整体概念的理解，有三层次说和五层次说。

三层次说的产品整体概念包括核心顾客价值、实体产品和扩展产品，如图 10-1 所示。

五层次说的产品整体概念在三层次说的基础上进行了细化和拓展，包括核心产品、基本产品、期望产品、附加产品和潜在产品，如图 10-2 所示。

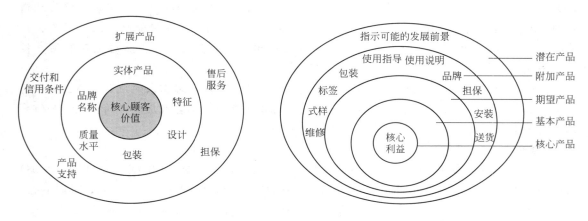

图 10-1　产品整体概念的三层次说　　　　　图 10-2　产品整体概念的五层次说

核心产品，是指消费者购买产品所要获得的核心利益（基本效用或利益）。例如：你买书是为了获得知识和信息。可见，核心产品是满足消费者需要最基本的层次，因而市场营销人员应该首先着眼于产品给顾客能带来什么样的实际利益。

基本产品，是指核心利益借以实现的形式。例如：书是由纸张、文字、图表等构成的。

期望产品，是指购买者在购买该产品时期望能得到的产品的一系列属性和条件。例如：当你买到一本到处都是错别字、体系混乱、语言不通顺的书时，你会非常失望。失望的原因在于它没有满足你的期望。根据赫兹伯格双因素理论，由于一般情况下产品都能满足消费者的最低期望，因此期望产品的提供并不能使顾客感到满意。但是，如果企业不能提供期望产品，则顾客会感到不满。因此，期望产品的提供是使顾客满意的前提。

附加产品，是指顾客购买基本产品和期望产品时所能获得的各种附加利益的总和。随着消费者需求的变化及市场竞争的激烈，越来越多的企业意识到只有向顾客提供具有更多实际利益、能更好地满足其需要的附加产品才能在竞争中获胜。例如：顾客购买纸面教材，除关注书的内容外，可能还会考虑纸张和印刷质量、封面设计、编排体例、出版社和作者的知名度等。越来越多的出版商在提供纸面教材本身的同时，还会提供配套课件、习题等。

潜在产品，是指具有一种潜在状态的产品。潜在产品虽然现在还不能实现，但随着科技的发展及厂商的努力，未来有可能实现。它向消费者展示了产品的未来发展前景。例如：随着智能移动通信设备的成熟完善，电子阅读越来越普遍，很多图书出版商除了提供传统的纸质版，还提供电子书，迎合消费者阅读习惯的改变。

产品整体概念对营销的意义，主要体现在以下几点：①消费者基本利益是核心；②拓宽了发展新产品的领域；③产品的差异性和特色是市场竞争的重要内容；④把握产品的核心利益内容可以衍生出一系列有形产品；⑤产品各层次需合理匹配，单一要素不足以赢得消费者；⑥在基本利益有保证的前提下，市场竞争更多地体现在其他层级上。

　　企业若对产品整体概念没有充分的认识，就不能真正贯彻现代营销观念。以 2020 年 8 月推出的海尔空调除菌舱系列新品为例，该系列产品包括洗空气空调、舒适风 Pro 空调、森林风中央空调等，可满足用户在各种场景下对健康空气的需求。新品的发布表明海尔从对空调功能点的关注上升至对空气的全方位管理，关注的视野从产品本身延伸至整个家庭空间，于是"自清洁""分区风""内外循环""空气生态""定制空气"等技术应运而生。用海尔自己的方式表述就是，经历了一个"从空调制造商到空气制造商"转型的过程。当人类的脚步已经迈入物联网时代，空调调节温度的初始功能早已无法满足人们更高层次的生活需求，大幅突破传统产品边界，向更高层次产品延伸，已势在必行。

10.1.2　包装策略、标签策略与担保策略

1. 包装策略

1）包装的含义

　　包装是指设计并生产容器或包扎物的一系列活动。从字面来看，包装既是名词又是动词，它既指容器或包扎物，又指制作容器或包扎物的过程。在这里，包装更多的是指前者。

　　产品包装按其在流通过程中作用的不同，可以分为运输包装和销售包装。运输包装又称外包装或大包装，主要用于保护产品品质安全和数量完整；销售包装又称内包装或小包装，它随同产品进入零售环节，与消费者直接接触。销售包装实际上是零售包装，因此，销售包装不仅要保护产品，而且更重要的是要美化和宣传商品，便于陈列展销，吸引顾客，方便消费者认识、选购、携带和使用。在市场竞争日益激烈的今天，厂商竞相以日新月异的包装作为吸引消费者的手段，借以达到开创市场、拓宽销路的目的。近些年来，随着超级市场的发展，销售包装的发展趋势为：小包装大量增加，透明包装日益发展，金属和玻璃容器趋向安全轻便，贴体包装、真空包装的应用范围越来越广泛，包装容器器材的造型结构美观、多样、科学，包装画面更加讲究宣传效果等。但是也要防止过度包装，企业不能为了追求高额利润，设计和使用过度包装，将包装成本附加到消费者身上。过度包装既造成资源浪费和环境污染，又损害了消费者的合法权益。

2）包装的作用

　　包装作为商品的重要组成部分，其营销作用主要表现在以下几方面。第一，保护商品。包装最直接的作用就是保护产品在流通和储存过程中不受自然环境和外力的影响，以保护产品的使用价值。例如：防止产品的渗漏、损耗、散落、收缩、变质等。第二，提高储运效率。一方面包装能对小件产品起到集中的作用，另一方面包装上附着的有关产品的标记，便于装卸、搬运和堆码，有利于简化产品的交接手续，从而使工作效率得到提高。第三，促进产品销售，即产品包装具有识别和促销的作用。优良的包装，往往扮演着"无声的推销员"的角色。它可以使产品引起消费者的关注，从而激发其购买欲望，所以说包装能收到广告宣传的效果。第四，增加企业收入。精美的包装，不仅可以使好的产品与好的包装相得益彰，而且能够抬高产品的身价，使消费者或用户愿意出较高的价格购买，从而使企业增加销售收入。例如：我国东北的人参，过去只用 10 千克装的木箱包装出口，自改用精巧的小包装后，

售价平均提高 30%。

3）具体的包装策略

可供企业选择的包装策略主要有以下几种。

（1）类似包装策略。企业对其生产的产品采用相同的图案、近似的色彩、相同的包装材料和相同的造型进行包装，便于顾客识别出本企业产品。对于忠实于本企业的顾客，类似包装无疑具有促销的作用，企业还可因此而节省包装的设计、制作费用。但类似包装策略只能适宜于质量相同的产品，对于品种差异大、质量水平悬殊的产品则不宜采用。

（2）等级包装策略。该策略是指企业对自己生产经营的不同质量等级的产品分别设计和使用不同的包装。例如：对高档产品采用精致包装，对低档产品采用简略包装，这种做法适应不同需求层次消费者的购买心理，便于消费者识别、选购商品，从而有利于全面扩大销售。

（3）分类包装策略。该策略根据消费者购买目的的不同，可以对同一种产品采用不同的包装。例如：购买商品是用作礼品馈赠亲友，则用精致包装；若是购买者自己使用，就可以用简单包装。

（4）配套包装策略。根据消费者的消费习惯，将数种有关联的产品配套包装、成套供应，便于消费者购买、使用和携带，同时还可扩大产品的销售。在配套包装产品中如加进某种新产品，可使消费者不知不觉地习惯使用新产品，有利于新产品的上市和普及。

（5）再使用包装策略。该策略是指包装内的产品使用完后，包装物还有其他的用途。例如：各种形状的香水瓶可作装饰物，精美的食品盒可作容器等。这种包装策略可使消费者感到一物多用而引起其购买欲望，而且包装物的重复使用也起到了对产品的广告宣传作用。使用该策略时应避免因成本加大引起商品价格过高而影响产品的销售，而且必须符合法律规定。

（6）附赠品包装策略。该策略是在商品包装物中附赠奖券或实物，或包装本身可以换取礼品，吸引顾客重复购买的做法。例如：盒装方便面中附赠榨菜。

2. 标签策略

标签是指附着或系挂在商品销售包装上的文字、图形及印制的说明等。标签中载有许多信息，可以用来识别、检验内装商品，同时也可以起到促销作用。通常，商品标签主要包括制造者或销售者的名称和地址、商品名称、商标、成分、品质特点、包装内商品数量、使用方法及用量、编号、贮藏应注意的事项、质检号、生产日期和有效期等内容。企业在设计包装标签时，有以下几点需要特别注意：其一，要将顾客特别关心的内容，如有效期、成分、使用方法等在显要位置明确标示；其二，在语言种类和表述上要符合目标顾客的阅读习惯；其三，要符合相关法律法规的要求。

标签标注不规范是很多企业容易踩到的地雷。以食品标签为例，为了确保消费者的食用安全，食品标签的所有内容不得以错误的、引起误解的、欺骗性的方式描述或介绍食品，也不得以直接或间接暗示性的语言、图形、符号导致消费者将食品或食品的某一性质与另一产品混淆。例如：生产麻婆豆腐料理用调味酱的某公司就因将产品中"麻婆豆腐汤"标注字号比"料理用调味酱"字号大，且颜色不一致，违反了《食品安全国家标准　预包装食品标签通则》（GB 7718—2011）的相关规定；生产的麻婆豆腐料理用调味酱配料表中未标注配料辣椒酱、酱油、I+G（5′-呈味核苷酸二钠）、食用盐的行为，违反了《中华人民共和国食品安全法》的相关规定，被罚款 46 万元[①]。

3. 担保策略

产品担保是指卖方向买方提供的对产品质量的承诺，即保证消费者对购买本企业产品的期望效用的实现。如果发现产品的功效达不到规定的要求，买方有权要求退换或卖方负责修理。产品担保往往是受到政府强制的行为，但从营销角度而言担保也是一种促销工具，它可使买方消除承担产品质量风险的顾虑，增强对产品的信心，从而产生购买行为。产品担保的内容会因企业、产品、市场的差异而有所不同，但通常应包括以下内容：产品的基本效用，对产品进行维修的方法和地点，对产品零部件的保证期限等。这些保证可以包含在广告里，也可以包含在产品的担保书里。保证条款的陈述应该十分清晰并且没有漏洞，使顾客感到简单易行。

企业为消费者提供良好的担保不仅能达到良好的促销效果，也是现代企业竞争的一个强有力的工具。例如：某家不知名的公司开发了一种清洁剂，其声称可以去掉地毯上最顽固的污渍。那么，一个"如不满意，就可退款"的保证就可以给买主在购买此产品时增加信心。

产品担保策略包括最低担保策略和附加担保策略。最低担保策略是指对目标市场提供法律所要求的最低限度的产品担保。附加担保策略是指企业除提供最低担保，还额外提供更为苛刻的担保条件，让消费者的利益得到更大程度的保护。在竞争激烈的市场中，提供额外担保可以吸引更多的顾客。例如：伊莱克斯最初进入中国市场时就是通过额外担保策略，提供比竞争对手更长的担保期，从而在竞争激烈的中国家电市场取得一席之地。

10.2　产品生命周期与营销策略

企业不能期望其产品永远畅销，因为一种产品在市场上的销售情况和获利能力并不是一成不变的，而会随着时间的推移发生变化。产品如同生物的生命历程一样，会经历诞生、成长、成熟和衰退的过程。不同时期则需要采用不同的营销策略，促其成长，延缓其衰退。

10.2.1　产品生命周期理论

1. 产品生命周期（product life cycle）的含义

产品生命周期是指产品从进入市场开始，直到被市场淘汰为止所经历的全部时间。这里的产品生命是指产品的市场生命、经济生命，而不是使用生命、物质生命。

如图 10-3 所示[②]，按照销售额和利润随时间的变化形态，产品生命周期可以表示为一条近似 S 形的曲线。介绍期，也叫投入期或导入期，此阶段产品销售额缓慢增长，利润为

---

① 因为标签标注不规范：被罚款 46 万［EB/OL］.（2019-06-12）［2023-12-08］. https：//mp.weixin.qq.com/s/_TbV8QEn1GJxKYVH758Azg.

② 科特勒，凯勒 . 营销管理：第 15 版［M］. 何佳迅，于洪彦，牛永革，等译 . 上海：格致出版社，2016.

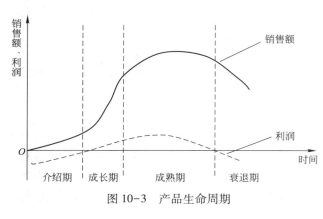

图 10-3　产品生命周期

负；成长期，销售额和利润均快速增长；成熟期，销售额和利润均经历先缓慢增长然后缓慢下降的历程；衰退期，销售额快速下降，利润为负。

常用的判断产品所处生命周期阶段的方法有两种。第一种方法称为计算判断法，是以销售增长率为标准。销售增长率是销售量与基准期销售量之比，为了在计算时消除长期变动趋势以外的种种变化因素的影响，通常取年销售增长率。根据国外的经验，增长率小于 10% 为投入期，超过 10% 则进入成长期，成熟期的销售增长率在 0.1%～10% 之间，衰退期则呈负增长，即增长率为负数[①]。第二种方法称为经验对比法，此法是和较早投入市场的同类产品作对比，以判断产品处于生命周期的哪个阶段，并根据已掌握的信息，预测各阶段的延续时间与增长速度。需要说明的是：S 形的产品生命周期曲线是一条理想曲线，现实中由于产业政策、经济发展状况、技术变革及各种随机因素的影响，企业要严格确定产品究竟处于生命周期的哪个阶段是相当困难的。

2. 产品种类、产品品种和产品品牌的生命周期

不同产品的产品生命周期有很大差别，即使是同类产品，不同的品种及不同的生产厂家，其生命周期也有明显的不同。可见，产品生命周期和产品所属的范围有直接的关系。根据产品范围的大小，产品生命周期可根据产品种类（如冰箱）、产品品种（也称产品形式，如 T 形门冰箱和对开门冰箱等）和产品品牌（如美的对开门冰箱）这三种进行不同的生命周期的划分。产品种类具有最长的生命周期，有许多产品种类已经成为公众的必需品，其成熟期可以无期限地延续下去，如食盐、汽车等。产品品种比产品种类更能准确地体现典型的产品生命周期历程。例如：手动打字机经历了介绍期、成长期、成熟期之后，由于计算机的普及而进入衰退期，退出市场。产品品牌可以有短的或长的产品生命周期。例如：宝洁针对中国市场开发的润妍洗发水昙花一现；面向全球市场的飘柔洗发水却经久不衰。

3. 产品生命周期的其他形态

图 10-3 所示的产品生命周期曲线是一条经验的、统计的曲线。现实中产品生命周期具有多种形态。图 10-4 表示了产品生命周期的 6 种常见形态[②]：（a）这种产品刚进入市场不久，就被市场淘汰。（b）未进入成熟期就被市场淘汰。（c）产品初次进入市场销售量就迅速增长，之后一直维持在某一较高水平上。（d）小厨房用具常具有此特点。例如：电动刀在首次引入时销售量增长迅速，然后跌落到"僵化"的水平，这个水平因不断有晚期采用者首次购买产品和早期采用者更新产品而得以维持。（e）常用来说明新药品的销售。制药公司积极促销其新药品，从而产生了第一个循环；然后销售量下降，于是公司发动第二次促销活动，这就产生了第二个循环。（f）这是基于发现了新的产品属性并用以推广。例如：尼

①　熊国钺，元明顺，吴泗宗 . 市场营销学［M］. 5 版 . 北京：清华大学出版社，2017.

②　科特勒，凯勒 . 营销管理：第 15 版［M］. 何佳讯，于洪彦，牛永革，等译 . 上海：格致出版社，2016.

龙因为许多新的用途——降落伞、袜子、衬衫、地毯等——被一个接一个地发现，使产品销售量不断达到新的高潮。

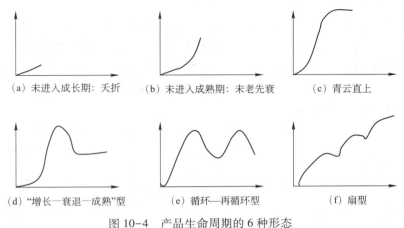

(a) 未进入成长期：夭折　　　(b) 未进入成熟期：未老先衰　　　(c) 青云直上

(d) "增长—衰退—成熟"型　　　(e) 循环—再循环型　　　(f) 扇型

图 10-4　产品生命周期的 6 种形态

10.2.2　产品生命周期各阶段的特点及营销策略

1. 介绍期的特点及营销策略

介绍期的特点主要体现在以下几个方面：由于产品刚刚进入市场，生产工艺不稳定，性能不完善，成本较高；新产品的价格制定通常比较困难；分销网络不健全；由于顾客对产品不了解，销售量小，同时为了提高销量，企业的促销费用偏高，所以在介绍期企业利润为负。

根据上述特点，介绍期的营销目标是创造产品知名度并增加试用。一般有 4 种可供选择的策略。

（1）快速撇脂策略，即以高价格和高促销水平的方式推出新产品。公司采用高价格是为了在每单位销售中尽可能获取更多的毛利。高促销水平的促销活动是为了加快市场渗透率。采用这一策略的假设条件是：潜在市场中大部分人还没有意识到该产品，目标顾客对高价格能够接受，公司面临着潜在的竞争威胁并想建立品牌偏好。

（2）缓慢撇脂策略，即以高价格和低促销水平方式推出新产品。推行高价格是为了从每单位销售中获得尽可能多的毛利，而推行低水平促销是为了获取大量利润。采用这一策略的假设条件是：大多数目标顾客已知晓这种产品且愿出高价，潜在对手的竞争威胁不大。

（3）快速渗透策略，即以低价格和高促销水平的方式推出新产品，期望能给公司带来最快的市场渗透和最高的市场份额。采用这一策略的假设条件是：市场容量很大，市场对该产品不知晓，大多数购买者对价格敏感，潜在竞争很激烈，随着生产规模的扩大和制造经验的积累，企业的单位制造成本会下降。

（4）缓慢渗透策略。公司可降低其促销成本以实现较多的净利润。公司确信市场需求的价格弹性很高而促销弹性很小。采用这一策略的假设条件是：市场规模大，市场上该产品的知名度较高，市场对价格相当敏感，有一些潜在的竞争。

2. 成长期的特点及营销策略

成长期的特点主要体现在以下几个方面：产品已为顾客所了解和熟悉，生产工艺稳定，因此成本降低，销量迅速增长；市场竞争加剧，价格趋于下降；分销网络比较健全；促销费用总额因为竞争和市场扩张的需要稳中有升，但单位促销费用大大降低。销售额的增长和成本的降低给企业带来的利润呈快速增长的态势。

根据以上特点，成长期营销策略的目标是最大限度地占有市场份额。具体来说，可采取以下营销策略：改进产品质量和增加新产品的特色及式样；增加新样式和侧翼产品；加强促销，促销策略的重心应从建立产品知名度转移到树立产品形象，主要目标是建立品牌偏好；巩固原有渠道，增加新的销售渠道，开拓新的市场；选择适当的时机调整价格，以争取更多顾客。

3. 成熟期的特点及营销策略

成熟期可以分为成长成熟期、稳定成熟期和衰退成熟期。在成长成熟期，各销售渠道基本呈饱和状态，增长率缓慢上升，还有少数后续的购买者继续进入市场。在稳定成熟期，由于市场饱和、消费平稳、产品销售稳定，销售增长率一般只与购买者人数成比例，如无新购买者则增长率停滞或下降。在衰退成熟期，销售水平显著下降，原有用户的兴趣已开始转向其他产品和替代品；全行业产品出现过剩，竞争加剧，一些缺乏竞争能力的企业将渐渐被取代，新加入的竞争者较少；竞争者之间各有自己特定的目标顾客，市场份额变动不大，突破比较困难。

成熟期总体的营销目标是在保卫市场份额的同时最大化利润。一般有三种可供选择的策略：营销组合改良、市场改良、产品改良。其中：营销组合改良是指通过改变定价、销售渠道及促销方式来延长产品成熟期；市场改良策略也称为市场多元化策略，即通过转变非使用者、进入新的细分市场、争取竞争对手的顾客、提高使用频率、增加每个场合的使用量、寻求新用途等途径来开发新市场，寻求新用户；产品改良策略是指改进产品的品质或服务后再投放市场。

4. 衰退期的特点及营销策略

衰退期的特点主要体现在以下几个方面：经过成熟期的激烈竞争，产品价格已降至最低水平；由于竞争性新产品的出现，消费者的偏好已发生转移，销售量迅速下降；价格和销量的降低导致利润也快速下降，很多企业已退出市场。

根据以上特点，衰退期的营销目标是削减开支并榨取品牌收益。可以采用以下几种营销策略。①继续策略。企业不主动放弃该产品，而是继续留在市场上直至完全衰竭为止。采取这种策略的企业必须具有较强的竞争能力，同时也会面临较大的风险。②集中策略。企业把资源集中使用在最有利的细分市场、最有效的销售渠道和最易销售的品种、款式上。③榨取策略。此策略就是大大降低销售费用。虽然销售量有可能迅速下降，但是可以增加眼前利润。④放弃策略。企业对衰落比较迅速的产品，当机立断，停止该产品的经营，退出市场。企业要决定停止经营衰退期的产品时，须慎重权衡是立即停产还是逐步停产，并处理好善后事宜，从而使企业平稳地转向新产品经营。

特别关注

创新——产品生命周期的增长引擎

纵观产品生命周期的整个历程，如何从艰难的导入期进入成长期，如何保证成长期获得理想的市场份额，如何在成熟期突围？企业找到增长引擎至关重要。创新是增长最有希望的方向，创新赋能产品，跨过失速点，重启增长引擎，才能够避免被市场淘汰的命运。启动增长引擎的三大创新模式如下。

颠覆式创新：这种创新是原理上、逻辑上和模式上的创新。可以由点到线，构建新的价值链；再由线到面，创造新的市场。360 的免费杀毒模式破坏了旧的"卖软件赚钱"的安全市场格局，通过"杀毒"这一前端产品控制用户，将卡巴斯基、瑞星等老牌玩家淘汰出局。淘宝的免费模式、小米的互联网手机模式，都是通过改变游戏规则来颠覆旧市场。颠覆式创新多发生在企业初创及成长期，然而对于想在衰退期力挽狂澜的大企业来说，颠覆性创新却尤其艰难。这是因为对企业的长期主营业务太过依赖，形成思维定式，使得历史上的成功成为其包袱，在创新时尾大不掉，最终难以扭转颓势。

边缘式创新：《失控》作者凯文·凯利认为，你如果想和巨头竞争，不要迎头而上，而应该找到一个新的角度，去边缘市场，只有在那里你才有不对称优势。这就是在巨人"淘宝"面前，拼多多的成功逻辑：瞄准边缘的下沉市场。这也是快手崛起的逻辑；航拍无人机几年前还十分边缘化，现在却为大疆带来了机会。边缘式创新既是导入期初创公司在巨头间生存的法宝，也是成熟期大公司扩充产品组合的机遇。

微创新：其本质是聚焦单一要素，进行无限优化放大，做到极致。你的产品可以不完美，但是你只要能打动用户心里最甜的那个点，把一个问题解决好，有时候就能四两拨千斤。这种单点突破就叫微创新。PayPal 原本是提供整合型金融服务的系统，却因为系统内电子邮件付款的小功能吸引了用户，专注开发这一功能后，PayPal 果然大受欢迎。微创新可以是成长期企业抢占市场的破局之举，也可成为重启增长引擎的有效尝试。对于大部分行业来讲，如何让自己产品的触手抵达用户那些隐秘而又细小的需求，才是当下发展的主要方向。

【资料来源】孙芊羽. 从苹果中年危机看：产品生命周期下的增长引擎 ［EB/OL］.（2019 – 11 – 02）［2023 – 12 – 08］. CUHKREIC, https：//mp. weixin. qq. com/s/N4MWcCcNQL00RSxsg8SGzQ.

10.3　新产品开发

人类社会发展的车轮已把我们推向了一个高速创新的时代。科学技术的飞速发展，经济全球化步伐的加快，市场竞争日益激烈，世界市场机会在不断变化，导致产品生命周期越来越短。在 20 世纪中期，一代产品通常意味 20 年左右的时间；而到 90 年代，一代产品的概念不超过 7 年。生命周期最短的是计算机行业产品，根据摩尔定律，计算机芯片的处理速度每 18 个月就要提高一倍，而芯片的价格却以每年 25% 的速度下降。这一切迫使企业为了生存，就必须不断开发新产品以迎合市场需求的快速变化。产品创新已成为企业经营的常态。

10.3.1　新产品的含义

市场营销意义上的新产品含义更加宽泛，只要产品在功能和（或）形态上发生改变，与原来的产品产生差异，甚至只是产品从原有市场进入新的市场，都可视为新产品。从消费者角度看，新产品是指进入市场给消费者提供新的利益或新的效用而被消费者认可的产品。具体而言，包括以下 6 种基本类型。

（1）全新产品，是指应用新原理、新技术、新材料，具有新结构、新功能的产品。该新产品能开创全新的市场。

（2）改进型新产品，是指在原有老产品的基础上进行改进，使产品在结构、功能、品质、花色、款式及包装上具有新的特点和新的突破。

（3）模仿型新产品，是指企业对国内外市场上已有的产品进行模仿生产，成为本企业的新产品。

（4）系列型新产品，是指在原有的产品大类中开发出新的品种、花色、规格等，从而与企业原有产品形成系列。系列型新产品也称为现有产品的增补产品。

（5）降低成本型新产品，是指以较低的成本提供同样性能的新产品，主要是指企业利用新科技，改进生产工艺或提高生产效率，削减原产品的成本，但保持原有功能不变的新产品。

（6）重新定位型新产品，是指企业的老产品进入新的市场而被称为该市场的新产品。

在现实中，真正的全新产品即突破性的创新产品少之又少，更多的是在现有产品的基础上进行的改良和持续不断的创新，渐进式创新是最为常见的产品创新形式。

10.3.2　新产品开发的流程

一个完整的新产品开发流程要经历 8 个阶段：构思产生、构思筛选、概念发展和测试、营销规划、商业分析、产品实体开发、试销、商业化[①]。

（1）构思产生。进行新产品构思是新产品开发的首要阶段，构思是创造性思维，是对新产品进行设想或创意。一个好的新产品构思是新产品开发成功的关键。企业通常可从企业内部和企业外部寻找新产品构思的来源。公司内部人员包括研究开发人员、市场营销人员、高层管理者及其他部门人员，这些人员对公司提供的产品有更多的了解与关注，因而往往能针对产品的优缺点提出改进或创新产品的构思。企业可寻找的外部构思来源有顾客、中间商、竞争对手、企业外的研究和发明人员、咨询公司、营销调研公司等。

特别关注

顾客参与——小米手机的新产品开发

北京小米科技公司于 2010 年组建。小米 M1 于 2011 年 8 月发布，主要针对手机发烧友，是世界上首款双核 1.5 G Hz 的智能手机。小米手机 2015 年全球市场份额排名第五，

---

① 科特勒，阿姆斯特朗. 市场营销：原理与实践：第 17 版 [M]. 楼尊，译. 北京：中国人民大学出版社，2020.

占 4.9%；2021 年小米全球市场份额排名第 3，市场份额达到了 14.1%。小米取得的成绩，与其一直以来重视顾客深入参与新产品开发密不可分。

小米公司颠覆传统的新产品开发流程，让顾客深入参与到产品研发过程中。首先，开放顾客参与节点。除了工程代码编写部分，其他的产品需求、测试和发布，都开放给顾客参与。其次，设计和顾客互动的方式。小米专门设计了"橙色星期五"的互联网开发模式，核心是研发团队在论坛和顾客互动，系统每周更新。

在小米手机新功能开发之前会通过论坛提前向用户透露一些想法，或者在正式版本发布前一两周，让用户投票选择需要什么样的产品。在小米手机的研发过程中，不断有发烧友在小米论坛上呼唤：小米手机应该提供自由刷机系统功能。小米手机尊重用户的需求，在最终版本中为用户提供了自由更换系统的功能。一开始，MIUI 系统采用的是安卓原生的输入法，过了一段时间，许多用户投票决定，他们更喜欢搜狗输入法，小米手机将其更换为搜狗输入法。半年之后，由用户自主发起第二轮投票，大多数用户支持不放置任何输入法，由他们自己选择装什么样的输入法。于是，小米手机干脆不装任何输入法！这波最初由小米论坛产品研发阶段积累起来的"发烧友"后来成为小米手机最忠实的核心用户，成为帮助小米手机开展口碑传播的意见领袖。这几乎是最低成本的推广方式。

小米手机也采取了与传统手机公司截然不同的研发组织结构，将手机研发拆解成许多功能模块，每个模块都由几个研发工程师负责，这些工程师通过小米论坛、微博等方式直接与粉丝互动，从消费者那里获得反馈信息，对产品快速做出改进。整个小米公司的研发部门并没有所谓的研发经理之类的职位，只有研发小组，同时营销人才和产品经理被整合到一个团队。

【资料来源】

[1] 范海涛. 一往无前 [M]. 北京：中信出版社，2020.

[2] 黎万强. 参与感：小米口碑营销内部手册 [M]. 杭州：浙江大学出版社，2014.

（2）构思筛选。构思筛选是采用适当的评价系统及科学的评价方法对各种构思进行分析比较，从中把潜在盈利大的新产品构思挑选出来的一个过滤过程。新产品构思可通过如表 10-1 所示的新产品构思评审表进行，根据得分判定该产品构思等级是差、较好，还是好，淘汰等级为差或者最低合格线以下的产品构思。

表 10-1　新产品构思评审表

产品成功的必要条件	权重（A）	公司能力水平（B）											得分（A）×（B）
		0.0	0.1	0.2	0.3	0.4	0.5	0.6	0.7	0.8	0.9	1.0	
公司形象	0.15							√					0.090
促销能力	0.30										√		0.270
分销网络	0.15								√				0.105
研发能力	0.15							√					0.090

续表

产品成功的必要条件	权重（A）	公司能力水平（B）											得分（A）×（B）
		0.0	0.1	0.2	0.3	0.4	0.5	0.6	0.7	0.8	0.9	1.0	
财务状况	0.10										√		0.090
生产水平	0.10									√			0.080
采购供应	0.05										√		0.045
总计	1.00												0.770

注：评分等级：0.00～0.40 为差；0.41～0.75 为较好；0.76～1.00 为好。最低合格定值为 0.70。

（3）概念的发展和测试。概念是企业从消费者的角度对产品构思进行的详尽描述，即将新产品构思具体化，描述出产品的性能、具体用途、形状、优点、外形、价格、名称、提供给消费者的利益等，让消费者能一目了然地识别出新产品的特征。一个产品构思可以转化为许多不同的产品概念。例如：有一家大型食品加工厂获得一个新产品构思，即生产粉末状牛奶添加剂，以增加牛奶的营养价值和口味。这仅仅是一个构思，现从以下三个方面加以具体化：第一，谁使用这一产品（可以以婴儿、儿童、少年、青年、中年或老年人为目标消费者）？第二，该产品所提供的主要利益是什么（可以是口味、营养、提神或能量等）？第三，该产品在什么场合下使用（早餐、早餐后、中餐、晚餐、临睡前等）？由以上三个方面进行不同的组合就可以形成许多不同的产品概念：概念 1，"即食早餐饮料"，专为想迅速取得营养早餐而不必自己烹制的成年人制作的饮料；概念 2，"美味小吃饮料"，供儿童作午餐点心饮用；概念 3，"健身滋补饮料"，供老年人晚上临睡时饮用[①]。

（4）营销规划。对已经形成的新产品概念制定营销规划是新产品开发过程的一个重要阶段。该计划将在以后的开发阶段中不断完善。营销规划包括三个部分：第一部分是描述目标市场的规模、结构和消费者行为，新产品在目标市场上的定位，市场占有率及前几年的销售额和利润目标等；第二部分是对新产品的价格策略、分销策略和第一年的营销预算进行规划；第三部分是描述预期的长期销售量和利润目标，以及不同时期的营销组合。

（5）商业分析。商业分析的主要内容是对新产品概念进行财务方面的分析，即估计销售量、成本和利润，判断它是否满足企业开发新产品的目标。

（6）产品实体开发。产品实体开发主要解决产品构思能否转化为在技术上和商业上可行的产品这一问题。它是通过对新产品实体的设计、试制、测试和鉴定来完成的。根据美国科学基金会调查，新产品开发过程中的产品实体开发阶段所需的投资和时间分别占总开发费用的 30%、总时间的 40%，且技术要求很高，是最具挑战性的一个阶段。

（7）试销。试销是对新产品的全面检验，可为新产品是否上市提供全面、系统的决策依据，也为新产品的改进和市场营销策略的完善提供启示。新产品试销的第一步是对试销市场的选择，所选择的试销市场在广告、分销、竞争和产品使用等方面要尽可能地接近新产品最终要进入的目标市场。第二步是对试销技术的选择，常用的消费品试销技术有销售波测试、模拟测试、控制性试销及试验市场试销。产业用品常用的试销方法是产品使用测试，或通过商业展览会介绍新产品。第三步是对新产品试销过程进行控制，对促销宣传效果、试销成

① 科特勒，凯勒. 营销管理：第 15 版［M］. 何佳讯，于洪彦，牛永革，等译. 上海：格致出版社，2016.

本、试销计划的目标和试销时间的控制是试销人员必须把握的重点。第四步是对试销信息资料的收集和分析，如消费者的试用率与重购率，竞争者对新产品的反应，消费者对新产品性能、包装、价格、分销渠道、促销发生等的反应。

（8）商业化。在新产品商业化阶段，企业必须制订详细的新产品上市的营销计划，包括营销组合策略、营销预算、营销活动的组织和控制等。

营销展望

精益创业理念下的新产品开发

常规的新产品开发从调研到设计到开发再到正式进入市场，是一个漫长的过程。硅谷创业家 Eric Rise 在其著作《精益创业》一书中提出了"精益创业"的理念，其核心思想是：开发产品时先做出一个简单的原型——最小化可行产品（minimum viable product，MVP），然后通过测试并收集用户的反馈，快速迭代，不断修正产品，最终适应市场的需求。例如：如果你希望做一个图片分享网站，那么作为产品原型，MVP 仅仅包含最基础的功能，或许就是一个提交图片的按钮及图片的展示。以 MVP 进行小样调研，快速进入市场、接触客户并得到反馈。通过反馈不断修改原型并不断迭代，最终完成正式版的开发，这样可极大减少试错成本。

三个主要工具是："最小可用品""客户反馈""快速迭代"。

"最小可用品"是指将创业者或者新产品的创意用最简洁的方式开发出来，可以是产品界面，也可以是能够交互操作的胚胎原型。它的好处是能够直观地被客户感知到，有助于激发客户的意见。通常，最小可用品有 4 个特点：体现项目创意，能够测试和演示，功能极简，开发成本最低甚至是零成本。

"客户反馈"是指通过直接或间接的方式，从最终用户那里获取针对该产品的意见。通过客户反馈渠道了解关键信息，包括：客户对产品的整体感觉、客户并不喜欢/并不需要的功能点、客户认为需要添加的新功能点、客户认为某些功能点应该改变的实现方式等。获得客户反馈的方式主要是现场使用、实地观察。

"快速迭代"是指针对客户反馈意见以最快的速度进行调整，融合到新的版本中。对于互联网时代而言，客户需求快速变化，速度比质量更重要。因此，不追求产品一次性满足客户的所有需求，而是通过一次又一次的迭代不断让产品的功能丰满。

【资料来源】

［1］莱斯.精益创业［M］.吴彤，译.北京：中信出版社，2012.
［2］莱斯.精益创业 2.0［M］.陈毅平，译.北京：中信出版社，2020.

从新产品开发流程可以看出，新产品的成功开发离不开研发部门和营销部门的有效协调和整合。现实中很多企业尤其是崇尚技术导向的公司负责人，倾向于认为新产品开发是研发部门的事，结果是开发人员闭门造车，脱离了市场需求，导致新产品开发失败。因此，营销人员的有效参与是提升新产品开发成功率的保证。那么，营销人员在新产品开发过程中可以发挥的作用概括如下。

（1）在构思产生阶段，大约 90% 的构思都是企业相关人员通过与顾客交谈或者顾客的投诉、抱怨产生的。营销人员无疑是接触顾客最多且距离顾客最近的人。搜集整理顾客、竞争对手、市场环境等方面的信息及其趋势，形成相应的意见或建议，就是该阶段营销人员的主要任务。

（2）在构思筛选阶段，营销人员要进行市场调查，走访用户，分析评估市场的潜在机会。

（3）产品概念就是要用营销的术语来阐述产品构思，因此，在概念形成和测试阶段需要营销人员厘清一些重要的问题：该种产品的目标客户是谁？他们的购买行为特点是什么？这种产品能给消费者带来何种利益和价值？在何种场合或时机使用？使用数量和频率如何？竞争品和替代品是什么？

（4）营销规划阶段，营销人员要着手制订该种产品投放市场的粗略计划。

（5）商业分析阶段，企业需要对新产品进行经济效益分析，前提是销售预测，营销人员承担工作的重要性不言而喻。

（6）产品实体开发阶段，营销人员必须深入特定消费者，沟通不同阶段的产品实体，还需要着手产品品牌、包装、标签等附加产品的设计和开发。

（7）试销阶段，营销人员要制定试销策略，密切观察消费者在认知、试用、期望及实际效果等方面的反应，并就产品的附加和延伸层次进行细化。

（8）商业化阶段，市场进入时机的选择、市场营销策略的制定更是离不开营销人员的努力。

10.3.3　新产品的市场扩散

新产品的市场扩散是指一个新观念从它的发明创造开始到最终的用户或采用者的传播过程。新产品市场扩散速度快慢主要取决于新产品特征和目标市场消费者的购买行为。

1. 新产品特征与市场扩散

新产品的市场扩散速度受新产品自身特征的影响较大。①相对优点。和市场上同类产品相比，在属性、功能上优点越多，能给消费者带来新的利益或更好地满足消费者的需求，就越容易被市场接受。②适应性。新产品和消费者的价值观、审美、偏好等越一致，越容易被市场接受。③简易性。新产品结构越简单，操作越容易，就越有利于其市场扩散。④明确性。新产品的优点越容易被消费者观察，越容易被销售人员示范，就越有利于其市场扩散。纳米杯的市场扩散速度不如保温杯，原因之一在于其明确性不够。

2. 目标市场消费者的购买行为与市场扩散

消费者采用新产品的程序和对新产品的反应差异对市场扩散的速度产生影响。

（1）消费者采用新产品的程序与市场扩散。消费者对新产品的采用并不是一蹴而就的，而是要经历一个过程，市场营销学者将这个过程划分为5个阶段：认知—兴趣—评价—试用—正式采用。也就是说，消费者对新产品的采用一般要经历获得新产品信息（认知）、寻找有关资料进行分析研究（兴趣）、权衡利弊对新产品的吸引力做出判断（评价）、小规模试验（试用）、完全接受新产品（正式采用）等5个阶段。新产品的市场扩散要遵循消费者采用新产品的心理和行为规律，不能急于求成。

（2）消费者对新产品的反应差异与市场扩散。由于价值观、社会地位、收入水平、个性等因素的不同，在新产品的市场扩散过程中，不同顾客的反应差异很大。美国社会学家E. M. 罗杰斯根据客户采用新产品的速度对他们进行了分类，称之为罗杰斯模型。创新采纳时间如图10-5所示。

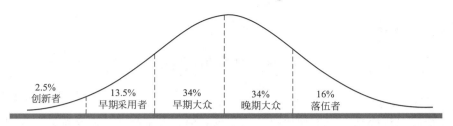

图 10-5　创新采纳时间

新产品一投入市场，最先购买的通常是技术爱好者，他们具有冒险精神、有主见、社会地位高、经济相对宽裕，被称为创新者，即前 2.5% 的采用者；接下来购买的是对新事物比较敏感、经济状况良好、往往扮演着意见领袖的消费者，他们被称作早期购买者，是创新者之后的 13.5% 的采用者；然后加入购买者行列的是那些深思熟虑的实用主义者，虽然不甘落后于潮流，但由于收入所限而对购买新产品持谨慎态度，他们被称为早期大众，是早期采用者之后的 34%；再接下来是对新事物持怀疑态度的晚期大众，他们厌恶风险，对价格敏感，一般在产品成熟期才加入购买，是早期大众之后的 34% 的采用者；最后加入的是思想非常保守、对新产品持反对态度的那一部分落后的购买者，是最后的 16% 的采用者①。顾客对新产品反应差异的存在为企业在新产品扩散不同阶段进行目标市场选择和营销策略制定提供了一种思路。

特别关注

如何提高新产品开发的成功率？

科特勒教授在《营销管理》一书中提供的一项资料认为，新产品开发的成功率情况分别为：消费品 40%，产业用品 20%，服务业 18%（包括金融产品创新）。Buzzell 和 Nourse 的研究结论认为，在进入市场之前失败的新产品中有 80% 的错误出在营销方面。

为使新产品开发减少风险而获得成功，企业应遵循以下几项基本原则。第一，进行市场调查研究，掌握顾客尚未满足的需求和市场规模，以便有针对性地开发顾客实际需要的产品。第二，顾客参与，随着市场竞争的日益激烈，企业产品创新活动也逐渐由封闭走向了开放。顾客作为终端用户，是企业最重要的外部创新资源之一。与顾客合作开发新产品，能够快速响应市场变化与顾客需求，提高产品开发成功的概率。第三，新产品开发要符合国家政策，适应国内外目标市场的国情、消费习惯、社会心理、产品价值观等，这样才能加速新产品在市场上的扩散。第四，新产品要适应科学技术发展的趋势。第五，开发新产品应考虑结构相似、工艺相近的原则。开发与原产品的原理、结构相似及制造工艺相近的新产品，其研制开发费用和生产成本低，并且可在较短时间内开发出新产品投放市场，增强企业竞争能力，取得事半功倍的效果。第六，要有创新精神，不断降低买方成本，提高买方效益。

【资料来源】张洁，廖貅武. 虚拟社区中顾客参与、知识共享与新产品开发绩效 [J]. 管理评论，2020，(4)：117-131.

---

① 罗杰斯. 创新的扩散：第 5 版 [M]. 唐兴通，郑常青，张延臣，等译. 北京：电子工业出版社，2016.

10.4　产品组合

　　企业在成长过程中都会面临增加产品的花色品种或者拓展新的产品领域，这时会面临要进行产品组合的问题。

10.4.1　产品组合及其相关概念

　　产品组合是指一个企业生产经营的全部产品的有机构成和量的比例关系。如图 10-6 所示，产品组合由各种各样的产品线组成，每条产品线又由许多产品项目构成。产品线是指密切相关的满足同类需求的一组产品，产品项目则指企业在其产品目录上列出的每一个产品。

	深度			
	产品项目			
产品线A	A₁ A₂ A₃ A₄			
产品线B	B₁ B₂			
产品线C	C₁ C₂ C₃			
产品线D	D₁ D₂ D₃ D₄ D₅			
产品线E	E₁			

产品组合的宽度：5；产品组合的长度：15；产品组合的平均深度：3

图 10-6　产品组合示意图

　　产品组合包含 4 个因素：宽度、长度、深度和关联性。产品组合的宽度是指一个企业拥有多少条不同的产品线，产品线越多，说明该企业的产品组合的宽度越广。产品组合的长度是指产品组合中产品项目的总数。产品组合的深度是指每条产品线上的产品项目数。通过计算平均每一条产品线中的产品项目数，即产品组合的长度除以宽度，可得出企业产品组合的平均深度。产品组合的关联性是指每条产品线之间在目标顾客、生产工艺、分销渠道以及其他方面相互关联的程度。

　　产品组合的宽度、长度、深度及关联性与企业的发展有密切的关系。拓宽产品组合宽度可以有效分散投资风险；拓展产品组合的长度和深度，增加产品项目，可以更好地满足消费者的多样化需求，提高销量；增强产品组合的关联性，如生产电冰箱的企业同时生产空调，首先由于生产工艺方面的关联可以有效地降低生产成本，其次由于目标顾客方面的关联可以加强企业的市场地位，最后由于分销渠道及促销方面的关联可以有效地降低营销成本。当然，产品组合 4 个要素的调整要取得上述利益，企业必须考虑自身能力、市场需求和竞争状况。

10.4.2　产品线决策

　　产品线是决定产品组合的宽度、长度、深度及关联性的基本因素，产品组合的优化是通过及时调整产品线来实现的。

1. 对现有产品线的分析与评价

　　对现有产品线的分析与评价，可以了解产品线的销售额和利润，以及产品线和竞争对手的对比情况。

（1）产品线的销售额和利润。即了解产品线上的每一个产品项目对总销售额和利润所做贡献的百分比。如图 10-7 展示了一条有 5 个产品项目的产品线的销售额和利润情况。其中：产品项目 1 的贡献（对销售额和利润的贡献）分别是 50% 和 30%，产品项目 2 的贡献分别是 30% 和 30%，产品项目 3 的贡献分别是 10% 和 20%，产品项目 4 的贡献分别是 5% 和 15%，产品项目 5 的贡献百分比分别是 5% 和 5%。产品项目 1 和 2 贡献了总销售额的 80% 和总利润的 60%，如果这两个项目突然受到竞争者的打击，产品线的销售额和利润就会急剧下降，意味着产品线脆弱，公司必须小心监视并保护好这些项目。产品项目 5 仅分别贡献了销售额和利润的 5%，如确无发展前景，可以考虑从产品线上撤除①。

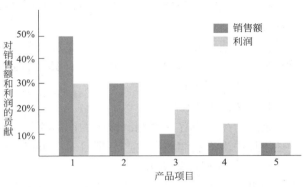

图 10-7 不同产品项目的销售额和利润贡献

（2）产品线和竞争对手的对比情况。即将产品线中各产品项目与竞争对手的同类产品做对比分析，从而全面衡量各产品项目的市场地位。通过产品线市场轮廓分析，企业应重点发展和竞争对手相比确有优势及竞争对手还没有生产但存在大量尚未满足的需求且企业有能力生产的产品项目。

2. 产品线延伸决策

每个企业的产品线都有特定的市场定位，如果企业通过全部或部分地改变原有产品的市场定位来增加其产品线长度就叫产品线延伸。具体而言，企业可以向下延伸、向上延伸或双向延伸。

（1）向下延伸。在高档产品线中增加低档产品项目。例如：精工和西铁城的手表在亚洲市场最初定位在高价市场，随后则延伸至低档市场——如精工在亚洲市场上推出了阿尔巴牌手表，而西铁城则推出了艾得克牌。公司可能出于如下原因而向下延伸其产品线：公司在高档产品市场上受到攻击，决定以拓展低档产品市场作为反击；公司发现高档产品市场增长缓慢；公司最初步入高档市场是为了树立质量形象，然后再向下延伸以扩大市场占有率；公司增加低档的产品项目是为了填补市场空隙。值得注意的是，该策略使用不慎可能会损害高档产品的声誉。

（2）向上延伸。在低档产品线中增加高档产品项目。采用此策略的企业可能是被高档产品较高的增长率和较高的利润率所吸引，或是为了重新进行产品线定位。由于改变产品在顾客心目中的地位是相当困难的，采用此策略的企业应在技术、营销能力等方面确已具备足够条件。例如：我国的乳制品企业，大多都在供应大众牛奶的基础上推出了高端产品，像三元公司的极致牛奶、蒙牛的特仑苏牛奶、伊利的金典牛奶等。

（3）双向延伸。定位于市场中端的产品线同时增加高档和低档产品项目。例如：丰田公司对其产品线采取了双向延伸的策略，在其中档产品卡罗纳的基础上，为高档市场增加了佳美牌，为低档市场增加了小明星牌，还为豪华汽车市场推出了凌志牌。

———————————

① 科特勒，凯勒．营销管理：第 15 版［M］．何佳讯，于洪彦，牛永革，等译．上海：格致出版社，2016.

3. 产品线填充决策

产品线填充决策是在现有产品线的范围内增加一些产品项目。采取产品线填充决策有这样几个动机：获取增量利润；满足那些经常抱怨由于产品线不足而使销售额下降的经销商；充分利用剩余的生产能力；争取成为领先的产品线齐全的公司；设法填补市场空隙，防止竞争者的侵入。

在产品线填充决策过程中，应该注意两个方面：其一，每一个产品项目必须具备显著差异，否则可能导致新旧产品自相残杀；其二，企业一定要从市场需求而不是从填补"产品空白点"出发增加产品项目。

4. 产品线削减决策

企业产品线中存在使利润减少的产品项目或缺乏使所有项目都达到期望数量的生产能力而必须集中生产利润较高的产品项目时，可以考虑进行产品线削减。

5. 产品线现代化决策

如果企业生产方式已经落后或者产品跟不上现代顾客需求的潮流，就必须实施产品线现代化决策，将现代科学技术应用于生产经营过程。产品线现代化有两种方式可以选择：逐步进行和一步到位。前者对原产品造成的冲击小，还可以节省资金，但容易给竞争者以可乘之机；而后者正好相反。因此，企业必须选择改进产品的最佳时机，使之不至于过早（这会使现有产品线的销售受到不良影响），也不至于过迟（在竞争者为较先进的产品树立了强有力的声誉之后）。

6. 产品线特色决策

企业通常会选择一个或数个产品项目作为产品线的特色进行特别推荐。一种方式是通过降价促销产品线上一些较低级的产品来制造销售声势，以吸引消费者光顾，并顺便购买其他产品。另一种方式是以较高级的产品项目来提高整个产品线的水准。例如：人头马推出价格比正常的 XO 要高十几倍的路易十三来提高整条产品线的地位。

10.4.3　产品组合的动态平衡

在了解了产品组合的构成及产品线决策后，将产品组合置于动态环境中，通过判断各产品项目或产品线的发展趋势和潜力，来确定企业未来的投资和发展方向，做出投资开发、加强、保持或是剔除某些产品项目或产品线的决策，从而实现产品组合的动态平衡。

产品组合是否健全、平衡可运用许多方法分析，常用的方法有 ABC 分析法、波士顿矩阵分析法、通用电器公司法、产品获利能力评价法及临界收益评价法。现以波士顿矩阵分析法为例加以说明。

波士顿矩阵分析法是 20 世纪 70 年代初由美国波士顿咨询公司（BCG）首先创立的，简称为 BCG 方法。该方法认为，在企业的产品结构中，各种产品是相互联系的一个总体，并不是孤立存在的个体。如图 10-8 所示[①]，企业可以根据每一种产品的销售增长率和相对市场占有率（相对市场占有率是指本企业产品的市场占有率与其最大竞争对手的市场占有率之比，反映本企业产品在市场上的竞争地位）将产品分为 4 类，并根据各种产品的特性制定不同的策略。

---

① 科特勒，阿姆斯特朗. 市场营销：原理与实践：第 17 版［M］. 楼尊，译. 北京：中国人民大学出版社，2020.

（1）问题类产品。销售增长率高但相对市场占有率低的产品。这类产品仅仅维持现有的占有率就需要大量资金，如果企业要提高其占有率，将需要更巨额的资金。因此，企业必须谨慎考虑，分析该产品的市场前景及销售增长率高的原因，以决定是否值得花费更多的资金以提高其市场地位。问题类产品既有向明星类产品转化的可能，也随时存在夭折的危险。

图 10-8 波士顿矩阵分析法

（2）明星类产品。销售增长率和相对市场占有率均高的产品。尽管这类产品销售量迅速增长，但花费很高，并不能为企业创造很多利润。因此，企业应采取积极发展的方针，如改进或稳定产品质量和功能、降低成本、加强售后服务等使其尽快转化为金牛类产品。

（3）金牛类产品。销售增长率低但市场占有率高的产品。这类产品的投入少，生产成本较低，销售费用相对减少，能为企业创造丰厚的利润。企业应重点保护，加强管理，设法延长其生命周期，防止其过早衰老。

（4）瘦狗类产品。销售增长率和相对市场占有率均低的产品。企业投入多，产出少，利润显著下降，故称瘦狗产品。产品既无市场发展前途又无销售潜力。对于这类产品，企业要认真分析，若市场不可能再恢复，要尽快收割或撤退。

综上所述，企业对目前的产品组合经过波士顿矩阵分析后，可采用如下 4 种策略加以调整。其一，发展策略。投入资金，以提高产品的相对市场占有率。这种策略特别适用于明星类产品及某些有发展前途的问题类产品。其二，维持策略。指保持原有的资金投入规模，以维持产品的相对市场占有率。这种策略适用于金牛类产品，特别是其中确有发展前景的大金牛类产品。其三，收缩策略。减少投资，减少促销费用，以求短期内获取尽可能多的利润。这种策略特别适用于弱小的金牛类产品以及下一步计划放弃的问题类产品和瘦狗类产品。其四，放弃策略。清理、变卖现存产品，不再生产，并把各种资源用于其他效益较好的产品。这种策略适用于没有发展前途的或者妨碍企业增加盈利的某些问题类产品或瘦狗类产品。

值得说明的是：产品组合动态平衡的形成需要综合性地研究企业资源和市场环境可能发生的变化，各产品项目或产品线的销售增长率、利润率、市场占有率将会发生的变化，以及这些变化对企业总利润率所起的影响。波士顿矩阵分析法为分析产品组合的动态优化提供了一个角度和思路，但它只能作为企业营销决策的参考，不能直接作为决策依据。

综上所述，产品是企业和市场的联结点，也是企业满足顾客需求的承载体。企业应以产品整体为基础开展营销活动，不断开发新产品，注重产品生命周期管理，优化产品组合结构，以更好地满足市场需求，在激烈竞争中取得优势。

▶ 关 键 术 语

产品、产品整体概念、包装、标签、担保、产品生命周期、新产品、新产品市场扩散、产品组合、产品组合的宽度、产品组合的长度、产品组合的深度、产品组合的关联性、产品线、产品线延伸、产品线填充、产品项目

知识巩固与理解

➲在线测试题

请扫描二维码进行自测。

自测题

➲思考题

1. 简述产品整体概念及营销意义。
2. 简述包装策略。
3. 标签应该包括哪些内容？
4. 简述担保及其作用。
5. 何谓产品生命周期？不同阶段特点其营销目标和营销策略各是什么？
6. 产品组合的宽度、长度、深度和关联性如何理解？
7. 什么是新产品？新产品有哪些基本类型？
8. 简述新产品的开发流程及营销人员在新产品开发中的作用。
9. 新产品的哪些特征会影响新产品的市场扩散速度？
10. 简述罗杰斯模型。
11. 产品线涉及哪些决策？
12. 产品线延伸决策需要考虑哪些因素？
13. 概括描述波士顿矩阵及应用策略。

知识应用

➲案例分析

三只松鼠的产品策略

2012年2月16日，5名创业初始团队以互联网技术为依托，在安徽芜湖创建了三只松鼠品牌，开创了食品产品的新型零售模式。短短5年时间，三只松鼠从默默无闻的小企业变为了众人皆知的淘品牌，成为中国销售规模最大的食品电商企业。2016年，三只松鼠积极布局线下业务：一是自营的投食店；二是借助阿里巴巴的零售通进驻到万千社区小店中。如今，三只松鼠已经成为年销售额超过100亿元的全渠道领先休闲食品品牌。

1. 三只松鼠的产品理念

三只松鼠对产品的理念有几个关键词：风味、趣味、鲜味。对风味的理解就是：产品应该具有一定的独特性，以区别于同类型其他产品并能够实时地进行调整。谈到趣味，除了好吃，零食已经是一种乐趣，能够带给人们愉悦，还具备社交属性。零食不只是食品那么简单，还是日常生活不可或缺的一种情感的表达。鲜味对产品来说也非常重要，对于很多产品，三只松鼠的保质期会缩短为三个月，同时保证消费者收到的产品都是20天内生产出来的。

2. 三只松鼠的产品设计

80后90后作为消费的主力军，在零食的选择上除了满足味蕾的需求，对情感化的需求更需要关注。而三只松鼠通过产品将两种需求融合，严格控制产品的新鲜程度，保证食品的口感与味道，通过客服提供个性化服务，与消费者达到高度情感沟通。

为了保证顾客购买产品所获得的核心利益，产品全部精选自原产地农场和本地特产，严防质量问题。

三只松鼠在包装策略中不断地挖掘消费者在购买及食用产品整个过程中的痛点，产品的包装不但精美，同时从消费者的角度出发，寻找到产品和消费者的共鸣。基于用户在吃坚果时，果壳很难剥开的场景，三只松鼠在出售坚果的包装内送一个小型的特制的铁钳子，帮助消费者轻易把果壳夹碎，使消费者食用更加便利。消费者经常都会出现吃完坚果弄脏手的场景，三只松鼠的包装内都附赠湿纸巾，供消费者擦手。基于用户在食用袋装产品中一次吃不完最后密封不当导致食品受潮的场景，早期三只松鼠都会在包装里赠送一个夹子，可以帮助消费者密封没吃完的产品。后来经过技术的不断改进，三只松鼠选用了带有封闭条的包装袋，这样就更方便消费者密封食品。基于用户吃完坚果后果壳到处都是的场景，"三只松鼠"最初是在包装袋内赠送垃圾袋，改进之后，在包装内放入一个可以折叠的纸质垃圾盒。

为了增强消费者的感知度和认可度，三只松鼠将产品品类与拟人化的 IP 形象相结合。每一只松鼠都代表一种类型的人，同时也代表一个类型的产品。"松鼠小酷"冷静理智、个性沉稳的特点代表坚果品类；"松鼠小贱"热情单纯、乐观随性的特点代表零食品类；"松鼠小美"优雅温柔、外柔内刚的特点代表花茶品类。

三只松鼠从产品包装、漫画形象到企业客服等处处都体现出青春活力、萌萌的氛围，尤其是可爱的松鼠漫画形象更是让年轻的消费者倍感亲切。"三只松鼠"的包装箱以原木色为主色调，并印有松鼠的笑脸，箱子下角还配有"主人，快抱我回家！"的对话框。打开包装箱，里面每一袋食品都用牛皮纸袋独立包装，而且不同的食品，其包装袋上的松鼠漫画形象也不同。打开"三只松鼠"的天猫旗舰店，通过阿里旺旺与其客服对话时，客服都是以"鼠某某"命名，他们会亲切地称呼每位消费者为"主人"，问候语非常暖心。每位客服以萌鼠自居，运用个性化的网络语言，将传统的卖家与买家的关系转化为宠物与主人的关系，这样有趣的购物体验是每位年轻的 80 后 90 后消费者无法抗拒的。

产品不是静态的，是可以和消费者沟通、产生感情交流的，这是培养消费者消费习惯与品牌习惯的基础，三只松鼠将此理念很好地应用在产品的开发和包装设计中。

3. 三只松鼠的新产品

三只松鼠在新产品上做了如下尝试。其一，以微创工艺实现新产品。在配方应用、包装工艺、标签及口味升级等方面做微创处理，形成新卖点，实现新内容。例如：白桃枣的风味创新，每日坚果的干湿分离包装，猫粮品牌养了个毛孩的配方升级、定量包装等。其二，以供应链技术实现新产品。直发模式缩短销售链路实现销售期缩短，冷链供给等进行产品端的功能创新，如推出下订单后现做现发的 15 天短保产品等。其三，以跨界工艺应用实现新产品。将一种工艺或者一种配方应用到新的领域，实现新的产品。例如：将罐头工艺用到甜品上的"奶奶甜"；新品牌铁功基，把鸭血、鸡肝等很多之前未被工业化的食材进行了工业化，让用户吃到货真料足的鸭血粉丝汤、淮南牛肉汤等。其四，以基础研究的核心技术实现新产品。例如：面向健身人群的"酸 pro"，通过把发酵工艺做到常温食品上，用两年时间研发出不仅是通常的低脂低卡、高蛋白的鸡胸肉、牛肉，更是通过发酵工艺使得肉质更安全，吸收更容易。

4. 三只松鼠的品类拓展

2015 年之前，三只松鼠都是以坚果为主要产品。三只松鼠通过对数据的分析，发现坚果类增幅趋于平缓，但与坚果类相关的果干类和肉脯类的交易指数攀升速度很快，并且它们的受众十分相似，市场前景看好。于是，三只松鼠开始延伸其产品线，增加产品品类，尝试向全品类发展。

2015 年，三只松鼠旗舰店销售的产品除了主打的坚果和干果类目，还囊括松鼠小贱和松鼠小美频道的休闲零食和花茶类产品。三只松鼠还陆续推出了云果园、发现好零食等多个频道，覆盖休闲零食品类超过 200 多种。除了国内零食，三只松鼠还悄然上线了跨境电商 App "松鼠海购"，为国内消费者提供独家进口的日本、韩国、西班牙、加拿大、泰国、印度尼西亚、马来西亚、美国、英国、意大利、德国等国家及地区的零食。

2019 年上半年，三只松鼠完成了从坚果品牌到全品类零食品牌的历史性转变，构建了以坚果、果干、面包烘焙、肉制品为核心品类的休闲食品产品体系。

2020 年，三只松鼠挖掘新品类市场机会，设立铁功基、小鹿蓝蓝、养了个毛孩及喜小雀这 4 家全资子公司，切入方便速食、婴童食品、宠物食品和定制喜礼业务，依托三只松鼠强大供应链能力及影响力开拓新兴市场。

【资料来源】

[1] 秉君. "三只松鼠"坚果品牌的场景营销策略分析［EB/OL］. 秉能咨询，https：//mp. weixin. qq. com/s/5f4QrjVJlrRh63QLBQkOaw，2020-04-01.

[2] 三只松鼠新股研究：进击的休闲食品领军企业［EB/OL］. 国金证券研究所，http：//finance. sina. com. cn/stock/relnews/cn/2019-07-08/doc-ihytcerm2045430. shtml，2019-07-08.

[3] 章燎原. 三只松鼠：从单品牌到多品牌［EB/OL］.（2020-09-13）［2023-12-08］. https：//mp. weixin. qq. com/s/46OofGRxtcvbMUj9qSgkQA.

［讨论题］

1. 从产品整体概念角度分析三只松鼠是如何满足消费者需求的？

2. 从新产品类型角度分析三只松鼠在新产品方面做的尝试。

3. 登录三只松鼠官网 http：//www. 3songshu. com/，结合案例材料，列出三只松鼠的产品组合，分析其长度、宽度和关联性。

4. 你对三只松鼠试水宠物市场的做法怎么看？结合课程所学给出评价及建议。

⊃营销辩论

随着产品生命周期的普遍缩短，产品研发速度要加快，研发费用开支越来越高。一些人认为，企业开发新产品，就要多做加法，如增加花色品种，添加新功能；另一些人认为目前的产品，特别是家用电器、手机等产品，说明书上列出的很多功能消费者大多不会使用，所以新产品开发设计，要学会做减法。

正方：新产品开发要做加法。

反方：新产品开发要做减法。

⊃角色模拟

杨经理是刚成立的新产品开发项目的负责人，他所领导的新产品开发团队中既有研发人员也有营销人员。在召开的两次新产品开发研讨会中，他发现研发人员主要关心的是技术的可行性和功能效果，而营销人员主要关注的是消费者的需求及如何满足消费者的偏好。讨论中经常产生冲突，营销人员指责研发人员对市场变化的反应太慢，研发人员指责营销人员不懂技术，只会被市场牵着鼻子走。如果你是杨经理，你将如何协调团队中的研发人员和营销人员以提高新产品开发成功率？

⊃营销在线

　　登录老板电器官网 https：//www.robam.com/，浏览产品中心，列出其产品组合，分析产品组合的宽度、长度和关联性。此外，利用百度搜索或社交媒体平台查找资料，围绕其产品组合中的一款产品，从产品整体概念角度对其进行分析。

⊃拓展阅读

拓展阅读文献

➡ 第 11 章

‧+‧

服 务 策 略

学习目标

1. 了解服务的特点和产品支持服务决策。
2. 理解服务利润链的核心思想。
3. 掌握服务质量模型、服务补救的要点。

引导案例

服务成为华为的"硬实力"

"温度服务"一直是华为多年来坚持打造的差异化服务能力。相较于销售过程，服务更是与用户建立长期沟通的触点，这点在用户换机周期长达 30 个月之后尤为重要。2021 年 3 月 16 日至 6 月 16 日期间，华为推出新一轮"服务感恩回馈季"活动，具体分为三个层面。第一，直击"保修期之外"服务需求的痛点。华为此次活动提供"官方备件价格的八折优惠"，覆盖了大陆地区指定型号的智能手机、笔记本、平板、智能穿戴产品。除了线下渠道的华为客户服务中心，用户还可选择线上预约、寄修等方式。第二，续航能力是影响用户智能终端体验的刚需，但往往更换成本高。华为此次针对手机、平板产品推出了"79/99 元换电池优惠活动"，相比之前有较高用户口碑的"电池一口价"的优惠力度更大。第三，免费服务包，包括免费消毒、免费清洁、免费检测，解决了疫情期间用户对智能设备的高频清洁与日常检测需求，传递出华为以用户为中心的"温度服务"。除此之外，每个月定期举行"华为服务日"活动，为华为用户提供免费贴膜、保外维修免人工费、华为配件 9 折优惠购买，多元化知识大讲堂等活动。

华为在服务体系与能力上也不断创新，华为客户服务中心（北京盈科中心）于 2020 年 11 月正式开业，这是华为全球首家新模式客户服务中心。其特点如下。一是效率突破。华为客户服务中心相比其他服务门店维修和咨询的平均时长缩短 40%，用户平均等待时间节省超 6 分钟。二是安心维修。为了最大限度地打消用户"维修不透明，莫名被宰一刀"的顾虑，华为客户服务中心为用户提供了与工程师的"面对面"沟通与维修模式，用户可以直观地看到自己设备维修的全过程，并且随时可与专业工程师沟通设备情况，讨论合适的维修方案，获得专业的维修建议；同时，设备维修所需要的费用、相关配件的信息和价格都可以随时在华为官网查询。三是温暖服务。针对用户在服务过程中的移动办公需求，华为客户服务中心提供了类似星巴克的高脚桌椅，提供计算机和手机充电、免费 WiFi，以及免费的现磨咖啡和茶点。用户还可以用华为智慧屏看大片，用华为 VR 玩游戏，带上华为 Freebuds 耳机听歌。如果你想体验一下华为的多产业终端协同体验，就会有专业的服务人员全程进行产品介绍和场景化演示，甚至通过 DIY 工坊只需要 30 秒就能拿到一个"独一无二"的手机保护壳。

正是在服务上的追求与创新，华为用户的服务满意度高达 99%。截至 2022 年底，华为授权服务中心超过 3 000 家，授权店超过 1 万家。华为服务在中国市场的城市覆盖率已超过 97%，极大提升了用户日常服务场景的服务覆盖率与便捷性。

【资料来源】宿艺. 中国用户换机周期高达 30 个月，华为服务成为"硬实力"［EB/OL］.（2021-03-29）［2023-12-08］. 壹观察，https：//mp. weixin. qq. com/s/kq6NQam-svGjXA1 uyB49Hg.

随着经济的不断发展，在服务上的创新和质量提升不仅仅对身处服务行业的企业至关重要，对生产制造企业也同样重要。华为这样的通信设备制造商已经走向在通信网络、IT、智能终端和云服务等领域为客户提供有竞争力、安全可信赖的产品、解决方案与服务的服务型制造商。这也是很多传统生产制造商转型发展的必由之路。因此，本章将重点讨论服务的特点、服务质量管理和有关的服务决策。

11.1　服务与服务利润链

11.1.1　服务的概念与特点

1. 服务的概念

美国市场营销协会最早提出了服务的概念：服务是用于出售或同产品连在一起出售的活动、利益或满足感。科特勒则进一步明确，一项服务是一方能够向另一方提供的、基本上无形的任何活动或作业，结果不会导致任何所有权的发生，而且服务可能与某种有形产品联系在一起，也可能毫无关联[①]。

此外，服务的概念也存在广义和狭义之分。广义的服务是指人类社会各个领域具备服务特征的行为或活动，如社会组织的公益活动等；狭义的服务是指服务企业提供的服务型产品或制造型企业提供实物产品所附加的服务内容。这里，讨论的是狭义的服务。

2. 服务供应物的分类

按照服务在供应物中所占的比例，可以划分为 5 种类型。①纯有形产品。如食盐、肥皂盒等，几乎不用提供服务。②有形产品附带服务，如手机、计算机等。人们除了关注其实体，还会考虑保修期限、零部件更换的便利性等服务内容。③混合供应物，如到餐厅吃饭，

---

① 科特勒，凯勒. 营销管理：第 15 版［M］. 何佳讯，于洪彦，牛永革，等译. 上海：格致出版社，2016.

食物和服务所占比例大致相当。④服务为主附带产品，如乘坐飞机，主要提供的是服务，但是也会附加提供一些食品。⑤纯服务，如月嫂、医疗诊断等。

对以上供应物的质量评估也分为三种类型。其一是搜寻质量，即顾客在采购前就能评估，如服装、家具；其二是体验质量，即顾客在购买后才能做出评价，如美容美发；其三是信用质量，是指顾客即使在消费后也难以做出评价，如汽车维修、医疗诊断。不同类型供应物的质量评估难易度如图 11-1 所示①。

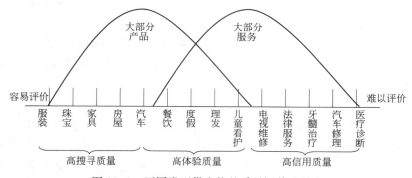

图 11-1　不同类型供应物的质量评估难易度

3. 服务的特点

（1）无形性。服务的无形性是服务最基本的特征。首先，服务是区别于有形实物的一种绩效或行动，是对无形需求的一种满足。其次，人们无法通过触摸和观看来感知。服务在顾客购买之前是看不到、尝不到、摸不着、听不见的。例如：做美容的人在购买美容服务之前，并不能看到结果。为了减少不确定性，购买者会寻找表明服务质量的标志。通过他们自己所观察的地点、人员、价格、设备和宣传材料，得出有关服务质量的判断。

针对服务的无形性，企业往往需要通过提供有形证据或展示来使服务有形化，即通过实体环境、信息沟通、价格策略等增加用户对服务的认知和信赖。实体环境包括空气的质量、噪声、气氛、整洁度等周围因素，建筑、结构、颜色、造型、风格等美学因素，陈设、标识等功能因素，以及在服务场所内一切参与及影响服务生产的人（包括服务员工和其他出现于服务场所的人士）等社会因素。信息沟通是沟通信息来自企业本身及其他引人注意的地方，如宣传资料和企业、产品、品牌标识等，也可以通过价格这个信号来传递服务质量的高低。

（2）不可分性。不可分性也被称为过程性。服务的不可分性，意味着服务与其提供者是不可分的，无论提供者是人员还是机器。如果服务是由人员提供的，那么人员就是服务的一部分。由于在服务的生产过程中，顾客也在场，服务的生产过程和消费过程是同步的，因此这种"服务提供者—顾客互动"的关系构成了服务营销的特征。服务提供者和顾客都会影响服务的结果。

服务的不可分性使服务企业面临如下挑战：服务场所辐射范围有限，致使服务规模难以扩大；服务需求与供给较难一致，致使难以避免顾客排队等待和难以充分利用服务企业资源；服务质量取决于顾客对服务企业的整体感知，如果企业在某一方面或环节出现纰漏就会

---

① 泽丝曼尔，比特纳，格兰姆勒. 服务营销：第 7 版［M］. 张金成，白长虹，杜建刚，等译. 北京：机械工业出版社，2022.

全盘皆输；服务失误难以隐藏；不恰当的顾客参与会影响服务质量和效率，进而提高服务企业成本。

　　企业可以采取以下对策来应对这些挑战：一是增设服务网点，以提升服务能力和扩大服务规模；二是通过告知、预定、分时段收费等方法，以均衡服务需求；三是改进排队方式和缓解顾客排队不愉快情绪，以挽留顾客；四是加强员工培训和设施管理，以在最大程度上减少服务失误；五是清除或遮蔽污浊环境，防止其对顾客产生负面影响；六是防止顾客不当参与；七是注重服务补救①。

　　（3）可变性。可变性也被称为异质性。服务的可变性是指服务的质量取决于提供服务的人员、时间、地点和方式。例如：同样前台的不同工作人员，也可能呈现不同的工作状态，有人礼貌周到，微笑服务，有人面无表情。即便是同一个人提供同样的服务，因为时间、地点、环境与心态的变化，其服务的效果也很难完全一致。

　　面对服务的可变性，总体策略就是提升质量控制水平。具体措施为：构建专业的培训体系；在整个组织内部使服务实施过程标准化；追踪顾客满意度等。

　　（4）易逝性。服务的易逝性，表明服务是不能储存的。服务无法像有形产品一样先生产出来，经过储存以备出售。正是因为服务的不可分性、无形性决定了它的易逝性。当需求变动时，服务的易逝性可能是一个严重的问题。很多服务的使用价值，如不及时加以利用，就会"过期作废"。例如：火车、轮船、飞机上的空座位，酒店中的空房间，均为不可补偿的损失②。

　　鉴于服务的易逝性，企业需要谋求需求与服务生产的匹配。在需求方面，可以差别定价，培植非高峰需求，在高峰时提供补充服务，采用预约制度等；在供给方面，可以在需求高峰时聘用兼职人员，启动高峰时更高效的服务程序，鼓励顾客参与部分工作，实施共享服务。

11.1.2　服务利润链

　　在服务生产和消费的过程中，顾客总是要和员工打交道。提供一次让顾客满意的服务，在一定程度上取决于直接与顾客接触的一线人员的专业素质和后台人员的支持性工作。因此，服务企业要想取得成功，对顾客和员工的双重关心是非常重要的。它们将企业的利润和顾客的满意联系在一起，这就是"服务利润链"。

　　服务利润链模型（如图 11-2 所示）于 1994 年由詹姆斯·赫斯克特教授等 5 位哈佛商学院教授组成的服务管理课题组提出，其传达的主要思想是：企业的利润和增长由顾客的忠诚度决定；客户忠诚度（重复购买和举荐他人）是靠顾客满意度取得的，企业提供的服务价值（服务内容加过程）决定了顾客满意度；企业内部员工的满意度和忠诚度决定了服务价值；企业高质量的人力资源政策决定了内部员工的满意度和忠诚度及生产效率。

　　该模型明确指出了顾客忠诚与企业盈利、销售增长之间的关系，提出了"公司内部服务质量"的概念，揭示了企业、员工、顾客之间的关系对企业发展的意义。第一，企业需

---

① 张圣亮，凌娟. 基于不可分割性的服务营销策略探讨［J］. 价值工程，2010，29（13）：10-12.

② 吴健安，聂元昆. 市场营销学［M］. 6 版. 北京：高等教育出版社，2016.

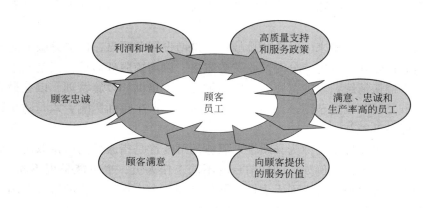

图 11-2　服务利润链模型

要制定高质量的服务政策，并在员工具体的服务过程中给予支持，包括提供专业的培训、良好的工作环境、完善的服务管理体系，使员工不断提升自身的服务质量。第二，企业需要像对待顾客那样对待员工，使员工感到满意、感到自己有价值、感到他们的需求能够得到重视，这样不仅会提高员工的生产效率，还能使员工更积极、更努力地为公司的目标服务，而且会帮助企业培养良好的氛围和文化。第三，通过服务好员工，使员工满意和忠诚，并且不断提高生产效率，能够为顾客提供更高的服务价值，提高服务的满意水平，增加顾客的黏性，从而为企业创造更大的价值。第四，顾客满意就是消费者根据其需要或期望是否被满足而对产品或服务进行的评价。顾客的满意能够帮助企业获取更高的顾客忠诚度，为企业获取利润做积极准备。第五，顾客忠诚是顾客对企业、品牌形成的信任、承诺、情感维系和情感依赖，是在企业与顾客长期互惠的基础上，顾客长期、反复购买和使用企业的服务所形成的。通过顾客忠诚，企业能进一步获得顾客的认同，在使用和推广企业的服务中创造利润。第六，利润和销售增长都是企业主要的财务指标。企业通过对员工和顾客提供满意的服务，实现员工和顾客满意、忠诚，从而创造良好的利润来源及销售的持续增长。

11.2　服务质量管理

　　服务相比于有形产品，其质量更加难以评估，它要求具有较高的体验质量和信用质量，顾客购买服务面临更大的风险。当他们在做出购买决定时，会呈现以下特点：其一，通常依靠口碑而非广告；其二，更倾向于通过价格、人员和实体设施来判断服务质量；其三，在满意之后，会高度忠诚于该服务的提供者；其四，由于转换成本高，顾客存在惰性，这使得从竞争对手那里抢生意变得更加困难[①]。

　　因此，若要获得顾客的满意，就需要加强服务质量管理。

　　①　科特勒，凯勒，切尔内夫 . 营销管理：第 16 版 ［M］. 陆雄文，蒋青云，赵伟韬，等译 . 北京：中信出版集团，2022.

11.2.1　服务质量差距模型

潘拉索拉曼（Parasuraman）、泽丝曼尔（Zeithaml）和贝利（Berry）通过研究，于 1985 年提出了著名的服务质量差距模型。该模型提供了一个分析服务质量问题产生原因的工具和思路，如图 11-3 所示①。差距 1 至差距 4 都是由服务供应商引起的，故被视为供应商差距②；差距 5 是从顾客的角度来考量的，也被称为顾客差距。

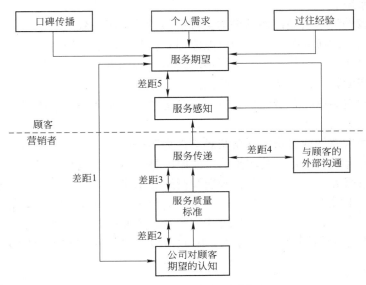

图 11-3　服务质量差距模型

1. 差距 1：顾客期望的服务与公司对顾客期望的认知不一致

差距 1 也被称为倾听差距。其产生的可能原因可以归纳为：对市场研究和需求分析的信息不准确；对顾客期望的解释信息不准确；没有做服务需求分析；从企业与顾客联系的层次向管理者传递的信息失真或丧失；臃肿的组织层次阻碍或改变了在顾客联系中所产生的信息；服务补救不充分等。

消除差距 1 的主要思路和措施是：建立企业市场需求和调研部门或机制；建立或改进内部沟通机制；在服务失败时采取恰当的补救措施。

2. 差距 2：服务质量标准与公司对顾客期望的认知不一致

差距 2 也被称为服务设计和标准差距。其产生的可能原因是：服务设计模糊，缺乏系统性；缺乏顾客驱动的标准，服务计划管理混乱；无明确的服务目标等。

消除差距 2 的主要思路和措施是：提升制定服务标准的计划部门的工作水平；建立服务标准协调机制，吸收标准制定者、质量控制者和一线员工共同参与；重新审视管理者对顾客预期的理解正确度。

---

① PARASURAMAN A，ZEITHAML V A，BERRY L L. A Conceptual model of service quality and its implications for future research［J］. Journal of marketing，1985，49（4）：41-50.

② 泽丝曼尔，比特纳，格兰姆勒. 服务营销：第 7 版［M］. 张金成，白长虹，杜建刚，等译. 北京：机械工业出版社，2022.

3. 差距 3：实际提供的服务与服务质量标准不一致

差距 3 也被称为绩效差距或执行差距。其产生的可能原因是：服务过程管理混乱；内部营销不充分或根本不开展内部营销；技术和系统没有按照标准为工作提供便利；标准太复杂或太苛刻；员工对标准有不同意见；标准与现有的企业文化发生冲突。

消除差距 3 的主要思路和措施是：检查服务标准是否与企业激励与监督政策在内的企业文化一致；提升企业运营管理水平，加强员工服务培训的强度与力度；检查并改进企业服务支撑技术和服务系统。

4. 差距 4：营销沟通所做出的承诺与实际提供的服务不一致

差距 4 也被称为沟通差距。产生的可能原因是：营销沟通计划与服务过程不统一；服务与其他营销策略之间缺乏协作；营销沟通活动提出一些标准，但组织却不能按照这些标准完成工作；有故意夸大其词，承诺太多的倾向。

消除差距 4 的主要思路和措施是：建立服务运营、传递和外部市场相互沟通的企业协调机制，改善营销沟通质量。

5. 差距 5：顾客感知或经历的服务与顾客期望不一致

差距 5 也被称为顾客差距。其产生的可能原因是：不了解顾客期望，未选择正确的服务设计和标准，未按服务标准提供服务，未能履行服务承诺，等。

消除差距 5 的主要思路和措施是：一方面，管理顾客的服务期望，要充分认识到服务期望源于口碑传播、个人需求、顾客自身过往的经验及企业的对外传播；另一方面，因为差距 1 至差距 4 都可能成为导致差距 5 的原因，因此可以通过缩小或弥补差距 1、2、3、4 来缩小、消除差距 5。

特别关注

智能客服上线，商家别当"甩手掌柜"

"您好，我是智能客服，请说语音指令。"近年来，随着互联网和人工智能技术的发展，越来越多的企业开始使用智能客服取代人工客服。然而，不少消费者对此很不适应："智能客服总不能理解我的问题""我陷入了找人工客服，再跳转回初始页面的反复循环中"。

答非所问、僵硬死板、不会变通、设置复杂……智能客服的问题具有普遍性。江苏省消保委 2021 年 9 月发布的《数字化背景下客户服务便利度消费调查报告》表明，超五成受访者遇到过客服交流障碍，其中 71.2% 表示智能客服不能听懂要求，23.6% 反映无法找到人工客服或遭遇踢皮球，问题得不到解决。

客服是一个有温度的工作岗位，不能完全交给冷冰冰的智能程序。诚然，智能客服能筛选掉大部分基础性问题，缩短响应时间，在某些场景下提升了消费者体验，也降低了企业运营成本。然而，消费者需求千差万别，很难做到整齐划一。指望用简单化、标准化、程式化的智能客服解决所有问题，最终可能使商家成为"甩手掌柜"，消费者的问题却难以解决。

企业不能只顾降成本、提效率，而忽视了消费者的便利度、满意度。有些企业隐藏客服按钮、取消人工客服等行为，在某些程度上侵害了消费者的知情权和监督批评权。

人工客服不能缺位，智能客服不能完全取代人工客服，人机互助、共存才是未来客服的发展趋势。科技应用与提升服务质量、降低运营成本、提高管理效率本不矛盾。智能客服的设计应从不同用户的实际需要出发，提升客服系统应变能力。不少客服电话语音系统层层分级、选项繁多，很多年轻人操作都要保持高度集中的注意力，老年群体操作更是难上加难，客服设计增加适老化选项迫在眉睫。在优化智能客服设计的同时，还应保留相应比例的人工客服，通过人工客服弥补智能客服的不足，并保证人工客服转接渠道通畅。针对某些特殊领域、特殊群体，企业更应该做到人工客服"一键转接"。

同时，相关部门还应加强对客服行业的管理。随着客户服务多样化、复杂化，亟待建立具体的客户服务行业标准，包括客户服务时长、智能客服优化标准、人工客服设置及服务流程、消费高峰的客服处置等内容。还可以将智能客服纳入消费者满意度评价体系，作为相关企业的考核标准，提升和改善消费体验。

客服体系不是成本"包袱"而是服务"窗口"，反映着企业的竞争力。客服更有温度，才能提升消费者的满意度。

【资料来源】林丽鹏. 智能客服上线，商家别当"甩手掌柜"［EB/OL］.（2021-09-03）［2023-12-08］. https：// mp. weixin. qq. com/s/SEftE9SyQoh6WHGLzyvLWw.

11.2.2 服务质量测量模型

1. 服务质量的维度

顾客感知服务质量并非单一的维度，1985 年 PZB 通过研究，提出了服务质量的 5 个维度。具体包括：①可靠性，准确可靠地执行所承诺服务的能力；②响应性，对顾客及时提供便捷服务的自发性；③保障性，服务人员的知识和谦恭态度，以及其能使顾客信任的能力；④移情性，给予顾客的关心和个性化的服务；⑤有形性，服务设施、设备、材料、场所展示、服务人员的形象与仪表等。

2. 服务质量测量模型

在上述 5 维度的基础上，1988 年 PZB 提出了用于服务质量测量的 SERVQUAL 模型。该模型是目前公认的、用于评估各种服务质量的经典模型。它采用包括 22 个问项的问卷对服务质量进行测评，顾客需要填写两次问卷：第一次测量的是顾客在接受服务之前对服务质量的期望水平，即期望质量；第二次测量的是顾客在接受服务之后实际感知的服务质量。期望评分与感知评分的差值就是对每一个服务质量评价问项的测度。SERVQUAL 模型的测量题项如表 11-1 所示[1]。

表 11-1 SERVQUAL 模型的测量题项

维度	问项
可靠性	当企业承诺了在某个时间内做到某事，它应该说到做到
	当顾客遇到问题时，企业管理者应该帮助顾客解决问题
	企业应该自始至终提供良好的服务
	企业应在承诺的时间内提供服务
	企业应该告知顾客开始提供服务的时间

---

① 王永贵. 服务营销［M］. 2 版. 北京：清华大学出版社，2023.

续表

维度	问项
响应性	顾客期望企业员工提供迅速及时的服务
	企业员工应该总是乐于帮助顾客
	企业员工无论多忙都应该及时回应顾客的要求
	企业应该传达提供服务的时间信息
保障性	企业员工的行为举止应该是值得信赖的
	企业应该是顾客可以信赖的
	企业员工应该始终热情地对待顾客
	企业员工应该具有足够的专业知识回答顾客的问题
移情性	企业应该对顾客给予个别的关照
	企业员工应该对每个顾客给予个别的关注
	企业应该了解顾客的需要
	企业的营业时间应该使顾客感到方便
	企业应该了解员工的需要
有形性	企业应该有现代化的设备
	企业的有形设施外观应该吸引人
	企业员工应该穿着得体、整洁干净
	与服务有关的资料应该齐全

通过该模型收集到的数据有多种用途：①确定各服务属性在顾客期望和顾客感知之间的平均差距分；②在5个维度上分别评估企业的服务质量；③在一段时间内追踪在单个服务属性或各个维度上顾客期望和顾客感知的变化；④比较企业和竞争对手的服务质量；⑤识别在评价企业服务绩效时存在巨大差异的顾客细分[①]。

营销实操

在线服务质量测量模型

皮尔西在回顾服务质量相关研究的基础上，提炼出了9个维度28个问项的在线购物网站服务质量测量量表，如表11-2所示。该测量量表提供了一个快速的、易于使用的测评工具，并在实践中得到了广泛应用。

---

① 泽丝曼尔，比特纳，格兰姆勒. 服务营销：第7版［M］. 张金成，白长虹，杜建刚，等译. 北京：机械工业出版社，2022.

表 11-2　在线服务质量测量的题项①

维度	测量问项
网站	该网站的价格清晰易懂
	该网站的内容简洁明了
	该网站让我提前知道了运费
	该网站不会浪费我的时间
	当我在这个网站上购物时，我知道所有的选项是什么
	该网站有一个亲和的界面
	该网站有一个有用的搜索功能
	该网站给了我足够的信息，方便我识别店铺
信任	我觉得向这个网站提供可信的信息很安全
	我觉得我的隐私和个人信息在这个网站受到保护
	我很清楚从网站上买什么
顾客服务	这个网站的售后服务是卓越的
	产品按承诺的时间完成交货
	在该网站上完成一笔交易是方便和快捷的
信息	在这个网站上跟踪购买商品的物流和交付是很容易的
	该网站帮助我了解产品
	该网站让我在搜索期间了解产品的可用性
	产品交付时我会收到通知
易于联系	网站上显示联系方式，以便我可以沟通
	电话会被随时接听
没有广告	在我的邮件列表中，没有收到他们的垃圾邮件
	没有弹出式的广告
个性化	该网站可以很好地猜测我可能会喜欢什么样的东西
	在该网站上定制是容易的
企业形象	该企业有一个知名的名字
	该网站符合这家企业的形象
产品范围	在该网站上容易找到一些产品
	该网站上有一些我在商店里找不到的东西

11.3　服务补救管理

　　任何一个企业在提供服务时都不可能万无一失，服务失败是不可避免的。要想留住顾客，企业必须知晓服务失败的原因、顾客的所思所想所为，并采取行之有效的服务补救策略。

---

① 王永贵. 服务营销［M］. 2 版. 北京：清华大学出版社，2023.

11.3.1　顾客对服务失败的反应

当企业在服务过程中出现失败或失误时，顾客会出现不同的反应，如图11-4所示。有的顾客会采取公开形式的行动，如向服务供应商、第三方（如消费者协会、在线评论网站、用户社区、平台运营方等）抱怨甚至投诉，或者诉诸法律维权，有的顾客采取的是私人形式的行动，如向周围的人抱怨，传播负面口碑，或者转换服务供应商，也有的人维持现状，不采取任何行动。在现实中，顾客在服务失败或失误后产生了不满情绪，可能会采取一种或一种以上的方式来进行抱怨。这里需要特别注意的是，顾客向服务供应商抱怨是对企业最为有利的抱怨形式，它可以引起企业的警觉，帮助其纠偏。如果顾客向第三方或者周围的人进行抱怨，会产生负面的口碑效应，特别是在网络时代，传播速度快且传播范围广，很可能造成潜在顾客的流失，对企业尤为不利，所以企业必须重视顾客的抱怨。

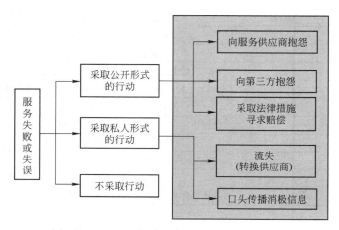

图 11-4　顾客对服务失败或失误的反应类型

11.3.2　服务补救

1. 服务补救及作用

关于服务补救，有一种观点认为，它是在对顾客提供服务出现失败或失误的情况下，对顾客的不满和抱怨当即做出的补救性反应。而 Tax 和 Brown 则认为，服务补救是一种管理过程，它首先要发现服务失败或失误，分析失败或失误原因，然后在定量分析的基础上对服务失败或失误进行评估并采取恰当的管理措施予以解决。第一种观点强调的是服务失败或失误后企业采取的措施；第二种观点将服务补救看成一个过程，即服务补救应该贯穿于服务前、中、后的整个过程。过程视角的服务补救定义对于服务实践更有意义。

由此，服务补救的特点可概括为实时性、主动性、全过程和全员性。实时性指的是进行服务补救要及时，在服务出现问题时应立即对问题进行解决；主动性指的是服务人员需要主动解决在服务中出现的问题，而不是等到顾客提出服务的问题才去解决；全过程指的是服务补救可以发生在服务提供前、服务提供中、服务提供后的全过程中；服务补救的全员性指的是企业全体人员都有责任对服务中出现的问题进行补救，体现全员服务。

企业在对顾客提供服务出现失败或错误的情况下，对顾客的不满和抱怨做出补救性反应，其目的就是通过这种反应重新建立顾客满意和忠诚。

国外一项研究表明：如果遇到问题投诉，且问题得到满意解决，那些投诉者的 41% 会继续从同一家服务供应商处购买服务，而没有投诉的顾客留在原服务商那里的只有 29%，如图 11-5 所示，所以服务补救很有必要①。如果把问题解决的时间也考虑进去，即问题能够被迅速而有效地解决，往往能够留住 95% 的顾客，甚至因此有的顾客会更加忠诚。

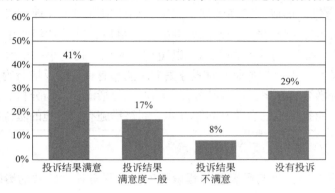

图 11-5　不高兴顾客再次购买的意愿

2. 建立服务补救系统

因为服务失败或失误在所难免，而服务补救对留住顾客又有积极作用，所以企业需要建立有效的服务补救机制或系统。

一般而言，服务补救应遵循以下几个要点：发现并改正服务失败或失误是服务提供者无法推卸的责任；要使得顾客能够轻松、容易地进行抱怨；服务提供者要在解决服务失败或失误的过程中，时刻让顾客了解进展情况；要主动解决服务失误问题，不要等顾客提出来再被动地去解决；出现失误，要立即对顾客做出赔偿；关心服务失误对顾客精神上造成的伤害；道歉是必要的，但在很多情况下是远远不够的；建立有效的服务补救系统，要授权员工解决服务失败或失误。

有效服务补救系统的构成要素如图 11-6 所示。

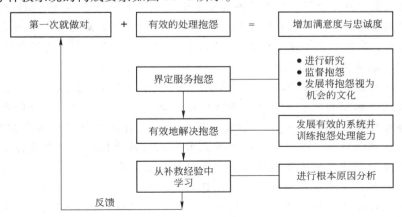

图 11-6　有效服务补救系统的构成要素

---

① 泽丝曼尔，比特纳，格兰姆勒 . 服务营销：第 7 版［M］. 张金成，白长虹，杜建刚，等译. 北京：机械工业出版社，2022.

第一次服务就准确无误，让顾客满意，这是企业服务的追求和目标。如果未能第一次做对，就要追求二次成功，即有效处理顾客抱怨，从而提升顾客满意度和忠诚度。为了有效处理抱怨，企业需要建立健全一整套服务补救系统。首先，识别和明确可能出现的服务抱怨。这需要进行事先调研分析、总结归纳，并以此为基础，对可能出现的抱怨进行动态跟踪；同时，企业内部应达成共识，将抱怨视为机会，鼓励从抱怨中得到对企业服务有价值的信息。其次，有效地处理抱怨。形成一系列的规章制度，如处理流程、处理方式、奖惩机制等，并对企业的员工进行培训，提高员工的抱怨处理能力。最后，从补救经验中学习。对每一次的服务补救进行总结，分析服务失败的原因，以免重蹈覆辙，提高第一次服务的成功率。

有效的服务补救系统不仅使企业面对服务失败时能够有良好的反应行为，而且能逐渐形成预应行为，即服务补救要有预案。服务补救预案的形成包括潜在差错分析、设计补救方案、预防服务差错的措施、纠错措施的启动时间和方式、纠错措施有效实施的基础准备等相关内容。

特别关注

事前补救类型与顾客参与程度相匹配对服务补救绩效的影响

企业为了避免顾客流失，在服务失败或失误发生后往往开展及时有效的服务补救。然而，当服务失误发生时，顾客并不一定会对企业提出抱怨，更多顾客会选择保持"沉默"。如果顾客不对企业提出抱怨，企业就无法有效地进行补救及挽留顾客。相反，这些沉默顾客往往会通过负面传播口碑、向第三方机构投诉等方式，来宣泄对服务失败或失误的不满。这种"沉默顾客效应"无疑会在无形之中损害企业形象，进而导致企业丧失现有及潜在顾客，对服务企业极为不利。

刘凤军等人通过实验研究发现，低顾客参与程度与预防性服务补救（在服务和服务失败或失误发生前，企业主动提供预防性补救信息，影响顾客认知意识，激发其心理防御机制，进而削弱顾客在服务失败或失误发生时负面情绪的评价趋势）相匹配、高顾客参与程度与服务承诺（一种企业以公开或隐含、有宣传或无宣传的方式承诺让其顾客满意和开心的政策性服务承诺，包含服务质量承诺和补偿承诺两个方面）相匹配，可以通过降低相对剥夺感，有效提升补救绩效。同时，研究验证了低顾客参与程度与预防性服务补救相匹配、高顾客参与程度与服务承诺相匹配时，可以提升顾客购买意愿。

该研究对服务实践给出以下启示。

首先，企业应了解传统即时补救的局限性，事前补救可以在适宜的情景中发挥提高顾客补救满意感知的效果。同时，事前补救还有效打破了企业无法知晓和补救那些经历了服务失败或失误但并未抱怨顾客的尴尬局面，有效挽留了这些未抱怨的顾客，避免了其传播负面口碑、向第三方投诉等危害企业利益的行为。企业获得这部分潜在顾客的忠诚度对企业在当下激烈的市场竞争中取胜至关重要。

其次，企业在实施事前补救时应该注意顾客参与程度的调节作用，根据不同的顾客参与程度或行业选择契合的事前补救措施，否则不但达不到良好的补救效果，还会适得其反，影响顾客购买企业服务。针对顾客参与程度高的服务行业，应选择服务承诺与之匹配；而针对顾客参与程度低的服务或行业，应选择预防性服务补救与之匹配。

这样不仅可以使补救绩效达到最大化，还可以促进顾客对服务本身的购买意愿。同时，企业还应了解顾客相对剥夺感的中介作用。企业可以将流程监控、预案制定、服务补救、危机管理等管理流程透明化，以此降低顾客相对剥夺感，使顾客感到被极大的尊重，进而使其更加信任企业，更容易达到较高满意度。

最后，企业采取各种补救措施的最终目的是修复受损的顾客信任、提高顾客满意度以期顾客再次购买服务。企业采取补救措施的效果如何，很大程度上取决于顾客对事件的归因。研究表明，在低顾客参与的服务行业，由于造成失误的责任不在顾客，且损失多为物质层面不包含心理层面，顾客会更在意企业物质补偿的力度，因此企业可以将失误归因为外部客观原因，顾客会产生理解和同情企业的态度，从而更容易达到满意。相反，在高顾客参与的服务行业，由于失误造成的责任多包含顾客原因，且损失除物质层面外更多为心理层面，顾客更在意企业对责任承担的态度，因此企业此时应该主动承担全部责任，顾客会认为企业很有诚意，从而更容易达到满意。

【资料来源】刘凤军，孟陆，杨强，等. 责任归因视角下事前补救类型与顾客参与程度相匹配对服务补救绩效的影响［J］. 南开管理评论，2019，22（2）：197-210.

11.4　产品支持服务

产品支持服务是企业保证产品功能的正常发挥，使产品担保条款得以落实，实现对消费者的承诺的营销手段。产品的实体部分性能类似，而随同实体提供的服务却有明显的差别，这在顾客看来就是两种不同质量水平的产品。因此，良好的售前、售中和售后服务是企业在市场上的重要竞争手段，它有助于降低消费者的交易成本，减少购买风险，从而增加顾客价值。

产品支持服务策略的制定，应在如下三方面做出决策。

11.4.1　服务项目决策

企业在确定应该向顾客提供哪些服务项目时，首先要明确服务项目的重要性。各种服务项目，如订购便利性、送货、安装、顾客培训、顾客咨询、维护与修理等，对于不同行业的顾客来说其相对重要性是不同的，如高科技产品，因其产品结构的复杂性和精密性，加之顾客专业知识的局限，咨询、安装、操作、演示、维修等保证"产品正常工作"的服务项目均须提供，而对那些技术简单易懂的产品，则无须如此全面的服务，只要有详细的说明书和维修点即可满足顾客正确使用产品的需求。因此，企业需要通过调研来确定顾客认为重要的服务项目并确保这些项目能令顾客满意。在此基础上，比照竞争对手的情况，找出顾客认为重要同时竞争对手做得不够好而自身又有优势的服务项目着重发展。这样就能使顾客得到其他企业所不能提供的满意服务，从而使企业在产品支持服务领域获得优势。

营销展望

制造业产品服务化，企业数字化转型新动能

今天，数字化转型已经成为一个企业发展的重要战略方向。一方面，数字化可以帮助企业快速连接市场、挖掘潜在需求，也可以优化产销流程，提升经营效率；另一方面，数字化的过程中也面临着技术、数据及未来发展模式等的挑战。那么，产品服务化在这一过程中起到怎样的作用呢？全球最具权威的 IT 研究与顾问咨询公司 Gartner 认为，产品服务化本质上是一种商业模式，是产品制造商和服务提供商通过在产品中嵌入连接技术来产生持续的价值。产品服务化将是今后 5～10 年所有制造商们不可错失的机会。

产品服务化有不同的种类。第一种是产品的使用类，如订阅服务。作为丰田（TOYOTA）的全新的移动出行服务品牌 Kinto，专注于汽车共享、订阅服务和自动驾驶等服务。它改变了汽车租赁时的订阅方式，以每个月、每个季度的方式来使用订阅的服务、远程连接的服务。第二种是产品的结果提供商或者是服务提供商。作为一家加工公司，HELLER 公司不单单提供了机床，在提供机床的同时也根据机器使用的时间来收取费用。第三种是产品的支持。比如卡特彼勒（Caterpillar）在提供重型机械的同时，也提供了预防性的维护、远程的链接，提供远程的监控和预防性的服务。所以它在提供产品的同时，也提供了产品的支持。

产品服务化具有很多好处。一是数据变现，企业通过物联网设备采集原始数据进行分析，形成有用的数据资源并实现变现；二是全新的营业收入来源，如通过软硬件更新来获得收入，它是一个全新的营业收入来源；三是以客户为中心，这是以硬件、产品为中心，转化成以客户为中心、以服务为主导的理念。产品服务化可以更好地与客户共创下一代产品、共创未来产品的利益点。

【资料来源】月亮.Gartner：制造业产品服务化，企业数字化转型新动能［EB/OL］.（2022-11-15）［2023-12-08］. https：//mp. weixin. qq. com/s/syQ2oZiEheOT9l_1ivLQxg.

11.4.2　服务水平决策

企业在确定所提供的服务应达到何种水平时，应注意以下两个方面。

首先，应明确服务水平与销售量之间的关系。在一般情况下，较高的服务水平将使顾客得到较大的满足，因此就有较大的可能实现重复购买，但是二者并不是无条件地呈线性关系。

如图 11-7 中的曲线 1 表示的是某服务项目的水平与销售量无关或影响很小的情况，

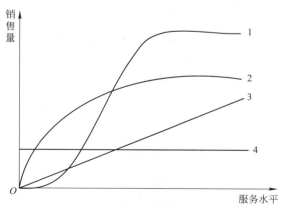

图 11-7　销售量和服务水平的关系

如提供产品咨询这类服务，做得再好可能也不能增加销售量。曲线 2 表示服务水平与销售量呈线性关系，如礼貌和文明的服务态度会相应地吸引更多的顾客。曲线 3 表示销售量对服务水平改变的反应非常迅速，但当服务水平已经很高时，再提高服务水平，销售量的增加将呈递减趋势。曲线 4 表示在一定的范围内提高服务水平对销售量的影响很大，服务水平未达到一定程度则影响很小，服务水平超过某一界限继续提高，对销售量的影响又呈递减趋势。例如：向手机购买者提供一个月的保修期，它可能不会给顾客以多大的影响，如果提供 1 年至 2 年的保修期，影响就很大了；但是如果保修期继续延长，增加的销售量可能就不明显甚至越来越少。

其次，应明确需着重提高服务水平的项目。提高服务水平，不能笼统地指全部服务项目，需要根据顾客的要求与各服务项目已达到的成绩加以分类才能明确应着重提高服务水平的项目。常用的方法是通过定期顾客调查，收集顾客对本行业应有服务项目的重要性和服务工作成绩的评价。例如：某热水器公司通过抽样调查，综合各用户对该行业服务工作的重要性及本公司工作绩效的评分值，按 10、8、6、4、2、0 来打分，2 分为最差，0 分为本公司还没有提供相关服务，获得的数据资料见表 11-3。

表 11-3 某热水器公司服务项目的顾客评分

编号	服务内容	重要性平均评分	工作绩效平均评分
1	3 年保修期	8.89	5.52
2	健全的维修网络	8.35	4.78
3	上门维修	7.86	8.12
4	文明礼貌服务	6.31	7.35
5	提供详细说明书	6.54	6.35
6	对用户的投诉及时处理	7.15	8.90
7	一年内免费移机服务	3.85	2.79
8	24 小时电话咨询	2.76	6.57
9	主动向用户发出维修通知	2.05	7.33
10	定期清洗服务	8.01	0.00

根据重要性平均评分和工作绩效平均评分，可以把服务项目分为 5 类。第一类是集中力量提高水平的服务项目，如编号为 1 和 2 的项目，这类项目是很重要的服务项目（重要性评分在 8 分以上），而服务成绩未令顾客满意（工作绩效评分在 6 分以下），因此应集中力量提高这些服务项目的水平，以提高顾客的满意程度。第二类是继续保持良好的服务项目，如编号从 3 到 6 的项目，这类项目重要性较高，而服务成绩也基本令人满意，企业应继续努力保持良好的服务水平。第三类是服务成绩一般而其重要性也不高的项目，所以不必过于重视，可维持现有水平，如有余力则可稍做加强，如编号为 7 的项目。第四类是顾客认为不太重要而企业服务成绩较好的服务内容，如编号为 8、9 的项目，企业应从这类服务项目中抽出力量去加强第一类和第五类服务项目。第五类是顾客认为很重要，但企业还没有提供的服务项目，如编号为 10 的服务项目，企业应投资增设该类服务项目。

11.4.3　服务形式决策

这里的服务形式是指实现服务的方法或提供服务的途径，主要包括两方面。一方面是服务的定价问题：一般来说，生产者希望收取一定的服务费用，而用户则希望企业提供免费服务，所以企业在制定服务方式策略时，必须找到两者的结合点，同时在考虑顾客的需求和竞争者策略的基础上对收费的项目、范围和期限做出决策。另一方面是在维护服务中，企业要做出以下4个方面的决策：是否在外地建立维修服务网；由谁来进行维修服务；怎样培训经销地的维修人员；怎样为外地的维修服务网提供零件、配件①。以由谁来进行维修服务为例，一般而言，当企业产品拥有较高的市场占有率，销售量较大时，可选择设立自己的维修服务网，直接为消费者提供服务；对于一些高技术产品、成套设备、精密仪器等，可由企业与用户保持经常联系，定期上门检修；若企业产品的销售面广，企业不可能在每个市场都设立维修服务网时，可委托当地的经销商或代理商向顾客提供服务，也可由企业与经销商或代理商联合共同向顾客提供服务。

综上所述，成功的服务策略的确定必须要考虑两方面因素：一是竞争对手服务策略的选择；二是消费者的实际需要与群体特征，其中后者在决定服务项目、服务水平和服务方式选择上显得尤为重要。与此同时，企业在服务项目、水平和方式的确定方面还要注意的是成本问题，即：企业向顾客提供服务应量力而行，其临界点是企业增加该项服务所需付出的成本等于所获的收益；超过这个临界点，企业的产品支持服务策略就无法长久执行下去。

▶ 关键术语 ◀

服务、服务利润链、体验质量、信用质量、服务质量差距模型、SERVQUAL模型、服务补救

▶ 知识巩固与理解 ◀

⊃在线测试题

请扫描二维码进行自测。

⊃思考题

自测题

1. 简述服务的特点和相应的营销措施。
2. 简述服务利润链及对企业的意义。
3. 简述服务质量差距模型和各项差距产生的原因。
4. 简述服务质量测量的5个维度。
5. 如何运用SERVQUAL模型对服务质量进行评价？
6. "抱怨是一件礼物""抱怨的顾客是公司的朋友"，对这两句话，你怎么理解？
7. 简述顾客对服务失败或失误的反应类型。
8. 简述服务补救及实施要点。
9. 产品支持服务包括哪些决策？

---

① 赵明. 略论产品的服务策略［J］. 技术经济，2000（12）：16-17.

知识应用

◯案例分析

从海底捞的服务说开去

　　历经 24 年，海底捞从一个四张桌子的四川火锅店一路逆袭成为市值 900 亿港币的上市公司，堪称中国餐饮界神话。公开财报显示，2019 年，海底捞实现营业收入 265.56 亿元，同比增长 56.5%，实现净利润 23.45 亿元，同比增长 42.4%，实现了营收、净利双增长。海底捞收入主要由海底捞餐厅经营、其他餐厅经营、外卖业务、调味品及食材销售构成。其中，餐厅经营一直是海底捞营业收入的主要来源，每年均占其营业收入的 95% 以上。2019 年餐厅经营收入占营业收入比例为 96.44%，为 256.10 亿元，同比增长 55.29%。截至 2019 年 12 月 31 日，海底捞已在中国（含港澳台）以及新加坡、越南、韩国、日本、英国、美国、加拿大、澳大利亚等国家经营 768 家门店，拥有超过 5 473 万会员和 10 万员工。

　　说起海底捞的成功之道，很多人第一时间想到的就是海底捞堪称"变态"的服务。知乎上专门有一个话题是"海底捞有哪些让人难忘的服务细节"，该话题的关注者 18 625 人，有 4 709 个回答，浏览次数超过 1 亿 5 000 万次，很多顾客分享了自己在海底捞享受到的贴心服务。

　　1. 海底捞的"变态"服务

　　海底捞有很多免费服务。海底捞的生意火爆，经常出现客满、客人要等座的情况。在门口等待区，顾客可以享受免费的水果、饮料、零食，水果有圣女果、黄瓜和哈密瓜，饮料有酸梅汤和柠檬水，零食有爆米花、青豆和小面鱼。顾客还可以玩服务员送上的扑克牌、跳棋之类的小游戏来打发时间。入店的顾客还可以享受男士免费擦皮鞋、女士免费美甲及盘头的服务。店内专门为小孩设立了宝宝乐园，还有免费的上网空间。

　　在客人入座的时候，服务员会马上送上免费的水果及小吃，随后还会送上热毛巾，让客人擦手；送上围裙，避免汤汁溅到顾客的衣服上；为戴眼镜的客人送上一块眼镜布，来擦吃火锅时眼镜上的雾气；为没有扎头发的女士，送上一个扎头的头绳；为手机放在桌子上的客人，准备一个装手机的塑料袋，避免汤汁损坏手机；为小宝宝准备专门的宝宝椅，提供免费的鸡蛋羹；为老人准备加厚的坐垫，还有免费的八宝粥。洗手间里，店里还为顾客准备了漱口水、弹力素、一次性牙刷、牙签等免费物品。

　　特色服务项目中还有免费照片打印、四川特色的国粹变脸表演、融合中华武术的捞面表演等。说到"变态"服务，坊间流传着很多不可思议的故事。

　　例如：上海四店的服务员郭春莉遇到过一件不开心的事情。当时，有八九个上海本地的客人，吃了很长时间，消费总额却不高。其间，客人让调料师傅加了三次调料并偷偷地把调料打包了。郭春莉发现后进行制止。他们竟然振振有词地说："你们的调料很好吃，我们要拿一些回家。"这已经是很过分的行为了，买单时他们竟然还要求给予打折，甚至威胁说："我们上次来都打折了，这次为什么不打折？如果不打折，我们就到网上投诉你们。"出于对顾客满意率的追求，郭春莉很不情愿地给他们打了折。

如此这般，就有了"地球人拒绝不了"的服务之说。在微博上，"海底捞体"更是让人忍俊不禁。

"在海底捞吃火锅，剩两片羊肉，喊服务员帮我打包。服务员微微一笑：'说抱歉先生，不能打包，涮过的羊肉打包会不新鲜。'我虽愕然但表同意。起身到门口，海底捞的服务员牵一头羊等在我面前：'先生，涮过的羊肉不能带走，但这只羊您可以带走。'"

"前一阵子去吃海底捞，席间我跟朋友讨论刚刚丢了 iPad 很是气愤的事。结账的时候服务员要了我的地址，说看我心情这么不好要给我邮寄一个小礼物。今天，我竟然收到了一台 iPad。"

"在海底捞吃饭，席间我与朋友闲聊，焦虑于稿子还没写完。买单离席后，一服务员在身后狂追，我以为落下什么东西了。她气喘吁吁跪到跟前，递给我一个 U 盘后便转身离开。我回家打开一看惊呼：哇，稿子已经写好了。海底捞的员工已经帮我写好了这篇稿。作为记者，我已经无法阻止他的进攻。"

有关海底捞服务的传说有增无减……

2. 海底捞的服务升级

排队等吃海底捞，似乎已经成为去海底捞吃火锅的"必备菜品"，遇到节假日等特殊活动期，等位的时间可能更长，严重影响了顾客的到店体验。在必然的等位中如何挖掘可能的服务价值，成为海底捞关注的新焦点。在部署无线网络过程中，海底捞选择了华三 802.11 nAP 进行网络接入，实现更高带宽和更好的覆盖范围，为客流高峰期接入超多终端打下坚实网络基础。与此同时，海底捞还部署了华三无线控制器 WX3024，对下接 AP 实现了一体化管理，并且通过网线对 AP 进行方便高效的供电，实现按时间控制端口供电，让整个门店的 IT 管理变得简单从容。

除此之外，无线网络的部署，为 Pad、智能手机等移动终端的应用提供了更广阔的"应用"空间。在海底捞等位期间，顾客可借助无线网络利用 Pad 或 App 点餐，大幅提高了点餐效率。

跟科技和互联网相距甚远的海底捞，已经通过一系列尝试，在移动端拥有了数量可观的用户群。早在 2016 年，海底捞自有 App 已有 50 万的用户下载量，为消费者提供了排号、订餐、客服、外卖、游戏等功能应用。其 App5.3.1 的新版本新增了海底捞 AR 相机应用，为顾客提供了拍照、录制短视频等新功能，顾客可将用餐照片、小视频与好友分享。截至 2020 年 3 月，其官方微博账号"海底捞火锅"粉丝数高达 27 万。另外，微信公众号大约 260 万用户，公众号提供了排号、点餐、外卖、游戏等全方位服务。通过线上产品和应用的布局，海底捞已经在线上线下相互打通的过程中，摸索出一条自己的路径。

3. 海底捞的员工管理

服务是海底捞的企业战略，是海底捞的核心竞争力，但董事长张勇自己的解读却不是。他认为，海底捞之所以强大、所向披靡，核心竞争力是能够激发员工创意、热情、积极性的一套海底捞人力资源体系，这是海底捞自己摸索尝试出来的，也是餐饮行业所独有的。

张勇表示餐饮是一个完全竞争的行业，消费者体验至关重要。在很早的时候海底捞就非常重视顾客满意度，而顾客满意度是由员工来保证和实现的。所以，公司确立了"双手改变命运"的核心理念来凝聚员工。他想借此传达的是，只要遵循勤奋、敬业、诚信的信条，我们的双手是可以改变一些东西的。员工接受这个理念，就是认可我们的企业，就会发自内心地对顾客付出。我们在服务上的创新都是员工自己想出来的，因为他们深受"双手改变命运"这个核心理念的鼓舞。

制度体系也是围绕这个理念设计的，员工的职业发展规划就是建立在这个理念基础上的。"海底捞一般不从外部聘请管理人员，并不是说外面的管理人员不好，而是从外面聘人，把好的职位都留给外面的人，我们说的和做的就不一样了。我们既然告诉大家双手改变命运，就不能把大家的路给堵死。所以，我们的职业发展路径一定是从基层一级一级地往上走，不能坏了规矩。"

谈到员工工资，张勇说员工的工资差不多高出同行业 10%。但他表示这个是微不足道的，更重要的是打造人力资源体系，在这个体系中，让员工在物质和精神层面都有收获和发展。例如：海底捞为员工租住的房子全部是正式住宅小区的两居室、三居室，且都会配备空调；考虑到路程太远会影响员工休息，规定从小区步行到工作地点不能超过 20 分钟；有专人负责保洁、为员工拆洗床单；公寓还配备了电脑且能上网；如果员工是夫妻，则考虑给单独房间……光是员工的住宿费用，一个门店一年就要花掉 50 万元人民币。为了激励员工的工作积极性，公司每个月会给大堂经理、店长以上干部、优秀员工的父母寄几百元钱，他们因此会一再叮嘱自己的孩子在海底捞好好干……

4. 海底捞的全产业链经营

董事长张勇认为其独有的人力资源管理体系是他们制胜的法宝，但是也有一些学者专家认为海底捞的全产业经营，才是其敢于采用所谓"变态"服务和独特的员工管理体系的背后支撑。经过研究发现海底捞涉足了整个火锅产业链的上游，包括食材供应、底料供应、人力资源、装修等，每一环节都成立了公司，并且这些供应链公司都对外开放，向其他公司提供服务，海底捞餐厅只是其供应链公司合作方之一。例如：火锅底料供应商颐海国际，只有 50% 的收入来自海底捞关联交易。布局全产业链，在保证菜品口味和品质的基础上，保证原材料成本最优，是海底捞核心竞争力的第一维度。它不仅仅是一家连锁火锅店，而且是扎根于整个火锅产业链的集团。

5. 海底捞被曝食品安全问题

就在人们对海底捞的服务热议，唱赞歌者众多之时，2017 年 8 月的一篇报道引起一片哗然：5 月初暗访记者通过面试和入职培训后进入海底捞。入职第一天，记者就在后厨的洗杯间发现了老鼠的踪迹。接下来的几天里，记者陆续在海底捞劲松店后厨的配料房、上菜房、水果房、洗碗间、洗杯间等各处均发现了老鼠的踪迹，后来还看到了工作人员用顾客使用的火锅漏勺掏下水道。

就在问题曝光三个小时后，海底捞方面发布回应：经查，媒体报道中披露的问题属实，向各位顾客朋友表示诚挚歉意。海底捞表示会定期处理类似事件，并公告于众。致歉信中还指出"感谢媒体和公众对于海底捞火锅的监督并指出了我们工作上的漏洞，这暴露出我们的管理出现了问题。我们愿意承担相应的经济责任和法律责任，但我们也有信心杜绝这些问题再次发生。我们已经在海底捞所有门店进行整改，后续将公开发出整改方案，也希望所有的媒体和支持海底捞的顾客监督我们的工作。"

除此之外，海底捞还公布了相应的处理通报：北京劲松店、太阳宫店停业整改。通报中称，涉事两家店干部和员工无须恐慌，该类事件的发生，更多的是公司深层次的管理问题，主要责任由公司董事会承担。

一经发布，就有人为其危机公关叫好。原本的"民怨沸腾"也被扭转为"还是选择原谅它吧"。

6. 海底捞的服务质疑声

其一，海底捞台湾店 2017 年 12 月 12 日宣布，顾客可免费自带食材，就算店内已有贩售的菜品也不限！此举可谓为餐饮界投下一颗震撼弹。同行们感到愤怒又担忧，他们觉得海底捞会惯坏客人，如果客人全都自带食材，那还赚什么？这明显是在破坏行规。

下面这个号称"奇迹"的真事儿，刷爆了朋友圈。

一顿海底捞，4 个人只花了 74 元钱却吃到了生蚝、三文鱼、现包馄饨、羊排汤泡馍、澳洲和牛、手工云吞、蔬菜拼盘……最后甚至还有鸡尾酒。这 4 个人的省钱攻略是：只买锅底和蘸酱，其他食材全部自己带。点菜的小妹一脸懵，毕竟这样的顾客也是头一次遇到。顾客不仅自带各种食材，还拿出来水果，要求帮忙榨果汁。最后这 4 个人还给出了终极攻略：干脆连火锅底料也自己带！

仅仅不到两个月时间，海底捞就紧急宣布自 2018 年 2 月 15 日起取消自带食材服务。原因是顾客自带食材数量、品项过多，已超出店家对食品安全可控范围。

其二，如果一个人去吃火锅，服务员就会拿出一个大玩偶放在你对面的凳子上面，他说这样你就不会觉得孤单了。刚开始的时候，很多人都特别喜欢这个服务也都去尝试了一下。不过很多食客尝试后都会说："能不这样吗？因为这样大家都知道是一个人吃火锅了，所以觉得非常丢脸。"

其三，有人在享受了"无微不至"的服务后说，海底捞我不会再去了，吃得我浑身不自在，史上最累的一顿饭。

其四，还有人吐槽：你去海底捞吃饭，什么都可以说漏嘴，但千万不能让服务员知道今天是你的生日！镭射灯、洋娃娃、小推车、围个圈圈拍手唱歌……声势要多浩大有多浩大，让你分分钟眼前一黑，恨不得淹死在菌菇汤里。我的生日愿望，就是你们赶紧停下来别唱了啊！！！

7. 新动向

2019 年底，海底捞开始对自家的招牌服务动刀了，网友发现海底捞推出了"免打扰"服务。如果消费者不希望服务员过度热情，可以在餐桌上竖起"请勿打扰"的牌子，服务员就会只提供上菜、撤空盘等基本服务。台卡还有多种细节化的选择："自己下菜"表明不需要服务员频繁帮忙下菜；"不需要细节服务"则是除正常上菜和清盘外，不希望被过多打扰。根据不同的指示，服务员就能判断自己的服务分寸在哪里。大家也可以享受正常的火锅氛围，避开被"保姆式"服务支配的恐惧。

得知这个消息，"社恐"们欢呼雀跃：海底捞你终于醒了！深得我心啊！与此同时也招致了一些不满，大呼"没必要"：我活着已经够孤独的了，海底捞是我最后的乐土……

【资料来源】

[1] 陈禹安. 海底捞能捞多久 [M]. 北京：东方出版社，2011.

［2］媒体质问海底捞：服务创新越来越难［EB/OL］．http：//www.linkshop.com/news/2011188881.shtml，2011-12-22.

［3］谢宇野，郭现中．冷静点，别让海底捞神话阻止餐饮多元性［N］．南方都市报，2012-02-16：SC03.

［4］徐燕凤．服务之外，到底是什么撑起海底捞的千亿市值？［J］．销售与市场（管理版），2019（7）：73-75.

［5］张钦．听说你怕尴尬，海底捞新增了服务项目"请勿打扰"［EB/OL］．(2020-01-03)［2023-12-08］．http://finance.sina.com.cn/stock/relnews/hk/2020-01-03/doc-iihnzahk1740855.shtml.

［讨论题］

1. 请从服务的视角，运用相关理论解释海底捞的成功。

2. 根据案例中的描述，海底捞的极致服务及经营还有什么隐忧吗？尝试用相关理论分析。

3. 海底捞开始对自己最具特色的服务进行调整，你怎么看？

4. 海底捞提供的服务，有适用条件吗？是否值得其他服务企业学习和效仿？

⊃营销辩论

关于生产型企业如何提供服务的问题，有人认为生产型企业专注于研发、生产用户需要的好产品即可，相关的服务交由第三方的服务企业提供；也有人认为生产型企业最了解自己的产品，而且产品和服务往往是融为一体的，所以与产品相关的服务也要自己提供。

正方：生产型企业的产品服务外包给专业服务公司是明智之举。

反方：生产型企业的产品服务由自己提供才是明智之举。

⊃角色模拟

随着信息技术的快速发展，当大多数人可以享受科技创新带来的智慧生活便利之时，相当一部分老年人面对的却是数字鸿沟的尴尬。他们为"码"所困，不会甚至不敢"触网"，努力追随时代的脚步显得力不从心。如果你是某家银行营业厅的经理，通过观察、体验、老年顾客访谈，检核所在营业厅的服务情况，向你所在的银行提出方便老年人的服务建议。

⊃营销在线

请登录一家旅游出行平台的官网或者 App，如携程旅行、去哪儿网、飞猪旅行、马蜂窝等，通过网站或移动端的浏览、亲身体验和他人的在线评论，利用本章学过的理论对其服务质量进行评价并提出改进建议。

⊃拓展阅读

拓展阅读文献

➡ 第 12 章

‡‡

价 格 策 略

学习目标

1. 了解定价的主要影响因素及定价程序。
2. 理解价格变动反应及价格调整原理。
3. 掌握一般定价方法和基本策略。

引导案例

某乳业公司在生鲜电商平台的产品定价

自从新冠疫情以来，生鲜电商交易额呈爆发式增长；疫情常态化后，平台的月活用户数依然居高不下。乳品是中国家庭不可或缺的营养来源，在生鲜电商渠道的销售潜力巨大。某乳业公司拟布局生鲜电商渠道，于是带着具体的商业问题找到了一家著名的咨询公司。

该乳业公司拥有丰富的液态奶产品线，涵盖从高端白奶到常温酸奶等多个子品牌，但其在生鲜电商渠道布局全线产品时感到无的放矢：哪些品类或产品应该优先铺货？各产品线如何定价能够带来更高组合效益？他们布局生鲜电商渠道的目标是：通过提价，增加忠诚消费者的花费；通过调价，吸引流失的消费者，提高销售额继而提升市场占有率；谋求产品组合和价格的平衡，即对产品线规划进行全面优化以实现销售收入最大化。

面对客户的需求，咨询公司的专家将零售资料与调研资料整合在一起，通过收集消费者在模拟购物场景下的反馈数据，为该乳业公司产品定价给出了系列建议。例如：具备对消费者"有意义的差异化"特征的产品可大胆溢价，夯实独特性；相似度高、容易相互蚕食的产品，可拉开价格差从而吸引新客尝鲜；另外，也建议客户重新梳理产品线，扩充产品类型，通过跨品类的产品线管理来实现集团收益最大化。

与咨询公司的深入合作后，该乳业公司的产品组合和定价策略实现了飞跃性的提升，其年收入实现了同比12%的增长。

正如稻盛和夫所言，定价就是定生死，是极为重要的商业课题。定价不是"拍脑袋"做决定，定价涉及公司目标、品牌建设、价格管理、产品线管理等诸多因素。

【资料来源】两位数增长奇迹背后的定价"玄学"［EB/OL］.（2022-09-23）［2023-12-08］. https：//mp. weixin. qq. com/s/gbGgHQ7kBy3s9fPsJ4hAhA.

价格是市场营销组合中最活跃的因素，定价是否妥当，决定着产品是否为市场所接受，也直接影响到产品在市场上的竞争地位。从营销的角度而言，价格不是一个孤立的、纯粹的数字，它反映了公司对其产品或品牌的预期价值定位，传递的是一种信念，从而关系到企业能否盈利和长期发展的问题。

12.1　定价程序与影响因素

企业制定价格是一项很复杂的工作，必须全面考虑各个方面的因素，采取一系列步骤。

12.1.1　定价程序

一般来说，企业定价要采取 6 个步骤：选择定价目标、测定需求量、预测成本、分析竞争者产品与价格、选择定价方法、确定最终价格。

12.1.2　影响因素

影响定价的因素很多，其中最主要的因素有定价目标、产品成本、市场需求、竞争者的产品和价格、政府的政策法规等。

1. 定价目标

任何企业都不能孤立地制定价格，而必须按照企业的目标市场战略及市场定位战略的要求来进行。假如企业经过慎重考虑，决定为收入水平高的消费者设计、生产一种高质量的豪华家具，这样选择目标市场和定位就决定了该产品的价格要高。由于企业的每一可能价格对其利润、收入、市场占有率均有不同的含义，企业需要制定一些具体的定价目标。

（1）维持生存。利润比起生存来要次要得多。如果企业产量过剩，或面临激烈竞争及需求改变时，则需要把维持生存作为主要目标。此时的价格较低，只要能弥补可变成本和一些固定成本，企业的生存便可得以维持。不过这个目标通常是企业处于不利状况下实行的一种缓兵之计。它只能作为特定时期的过渡性目标。

（2）当期利润最大化。有些企业希望制定一个能使当期利润最大化的价格。他们估计需求和成本，并据此选择一种价格，使之能产生最大的当期利润、现金流量或投资报酬率。假定企业对其产品的需求函数和成本函数有充分的了解，则借助需求函数和成本函数便可制定确保当期利润最大化的价格。

（3）市场占有率最大化。有些企业想通过定价来取得控制市场的地位，使市场占有率最大化。因为企业确信赢得最高的市场占有率之后将享有最低的成本和最高的长期利润，所以企业制定尽可能低的价格来追求市场占有率领先地位。例如：企业计划在一年内将其市场占有率从 10%提高到 15%，为实现这一目标，企业就要制定相应的市场营销计划和价格决策。当具备下述条件之一时，企业就可考虑通过低价来实现市场占有率的提高：其一，市场对价格高度敏感，因此低价能刺激需求的迅速增长；其二，生产与分销的单位成本会随着生产经验的积累而下降；其三，低价能吓退现有的竞争者和潜在的竞争者。

（4）应付竞争。即在竞争十分激烈的市场中，以适应竞争的需要来定价。为了避免价格战，企业会以竞争对手的价格作为参照物，制定一个与竞争对手差不多甚至完全相同的价格。

2. 产品成本

任何企业都不能随心所欲地制定价格。从长远看，任何产品的价格都必须高于成本费用，只有这样才能以销售收入来抵偿生产成本和经营费用，否则就无法经营。因此，企业制定价格时必须估算成本。

3. 市场需求

市场需求对企业定价有着重要影响。当商品的市场需求大于供给时，价格应高一些；当商品的市场需求小于供给时，价格应低一些。与此同时，需求又受价格和收入变动的影响。因价格与收入等因素而引起的需求的相应变动率叫作需求弹性。弹性大小不同，对企业定价会产生不同的影响。例如：需求缺乏弹性时提价会使总收益增加；而需求富有弹性时提价不仅不会增加总收益，反而会使总收益减少。因此，对于需求强度大、需求层次高、价格弹性小的产品，可以采用较高的价格；反之，则以较低的价格对企业更为有利。此外，消费者对品牌或厂商的信任程度、价格知识、产品知识、需求的迫切性等都会影响到其价格接受程度。

4. 竞争者的产品和价格

企业必须采取适当方式，了解竞争者所提供的产品质量和价格。企业获得这方面的信息后，就可以与竞争产品比质比价，更准确地制定本企业产品价格。

5. 政府的政策法规

企业在制定价格时还应考虑政府对价格的干预，相关的法律法规等。比如《中华人民共和国价格法》《中华人民共和国反不正当竞争法》《明码标价和禁止价格欺诈规定》《关于制止低价倾销行为的规定》等。

特别关注

价格是最有效的利润驱动力

收入是价格和销量的产物，利润是收入和成本之间的差额，这意味着价格、销量和成本是三个利润驱动力。所有这些利润驱动力都很重要，但它们对利润的影响程度不一。价格增长5%将会推动利润提高50%，销量增长5%只带来20%的利润涨幅，变动成本和固定成本减少5%将分别提高30%和15%的利润。

美国一份针对2 483家企业的调研分析显示，当这些企业的产品价格上涨1%，利润会上涨11.1%；销量上涨1%，利润仅上涨3.3%。而中国对1 000家企业的统计调查显示，产品价格上涨1%，利润会上涨8%；销量上涨1%，利润仅上涨1.5%。

这些数据清晰地说明了价格是最有效的利润驱动力：一个看似微小的价格变化，就能带来企业利润的大幅波动。正确的价格制定对利润的影响比其他任何因素都大，而管理者们经常分配70%的时间在成本上，20%在销量上，价格只有10%。

【资料来源】

[1] 西蒙. 定价制胜：大师的定价经验与实践之路 [M]. 蒙卉薇，孙雨熙，译. 北京：机械工业出版社，2017.

　　［2］李践.定价定天下：撬动八倍利润的杠杆［M］.北京：中华工商联合出版社，2019.

12.2　定价的一般方法

　　价格形成的基本架构如图 12-1 所示，左端点是产品成本，这是价格的最低限，如定价等于成本则企业将无利可图；右端点是顾客认知价值，表示由于产品的特色所能引起的市场需求，该点可作为定价的最高限，如定价高达此点则将无市场需求。合适的定价应该是在上限与下限之间，这就是定价的变化范围。竞争者的价格是企业制定产品定价时应考虑的一个调节因素，以确定价格在上下限范围内的具体位置。

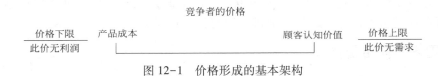

图 12-1　价格形成的基本架构

　　因此成本、需求和竞争都构成了定价时需考虑的最重要的三个因素。但在实际应用时，由于定价目标不同，需要选择其中的一个因素作为考虑的中心，同时适当兼顾其余两个因素作为确定具体价格的方法。因此，定价方法也就分为三种基本类型，即成本导向定价法、需求导向定价法和竞争导向定价法。

12.2.1　成本导向定价法

　　成本导向定价法是一种主要以成本为依据的定价方法，主要包括成本加成定价法和目标利润率定价法两种具体方法。

1. 成本加成定价法

　　成本加成定价法是指在单位产品成本上附加一定的加成金额作为企业赢利的定价方法。它是成本导向定价法中，应用最广泛的定价方法。成本加成定价法的计算方法有以下两种。

　　（1）在成本上附加一个对成本的百分数，作为出售价格。其计算式为

$$单位售价=单位成本×（1+成本加成率）$$

　　（2）售价中已包含了一定的加成率作为企业的收益，其计算式为

$$产品售价=单位产品成本/（1-售价中包含的利润率）$$

　　上述两种计算方法的区别在于对加成率的判定方式不同。第一种是以成本为基础的加成率，即加成率=加成金额/单位成本；第二种是以售价为基础的加成率，即加成率=加成金额/价格。一般所说的成本加成定价，实际上是按第二种方法计算的。

　　加成率的确定是采用成本加成定价法的关键。加成率的大小与商品的需求弹性和企业的

预期盈利有关。一般情况下，各行业均已形成约定俗成的成本加成率。

成本加成定价法具有计算简单、简便易行的优点；缺点是忽视了市场竞争和需求状况的影响，缺乏灵活性，难以适应市场竞争的变化形势。

2. 目标利润定价法

目标利润定价法是以总成本和目标利润作为定价依据，来估算价格的一种方法。企业试图通过这种定价方法，实现企业追求的目标投资收益。其计算公式为

单位产品价格＝（总成本＋目标利润额）／预计销售量

例如：假定某产品的预测销售量为 10 万件，总成本是 30 万元，该产品的总投资额是 50 万元，投资回收率为 20%，则该产品的价格为

单位产品的价格＝［30 万元＋（50 万元×20%）］／10 万件＝4 元/件

这种方法也比较简单，但是只有在预测的销售量和估算的总成本都比较准确的情况下，目标利润率定价法才能保证达到预期的目标利润率。但是销售量往往会受到价格弹性和竞争者价格的影响。如此倒推价格的方法，显然不合乎逻辑。为弥补这一缺点，采用目标利润定价法的企业一方面应考虑几个不同的价格，以测算价格变动对销售量和利润的影响，并据此对按此法制定的价格进行适当调整；另一方面，制造商也应努力降低其固定成本和变动成本，以降低产品的保本销售量，为保证目标利润创造有利条件。

12. 2. 2　需求导向定价法

常用的需求导向定价法有以下两种。

1. 认知价值定价法

这是指以顾客对本企业产品的认知价值，而不是以该产品的成本作为定价基础的定价法。换句话讲，是指企业以消费者对产品价值的理解度为定价依据，运用各种营销策略和手段，影响消费者对产品价值的认知，形成对企业有利的价值观念，再根据产品在消费者心目中的价值来制定价格。

例如，某公司为其生产的冰箱定价 3 000 元，虽然竞争者的同类产品定价只有 2 000 元，但该公司的冰箱却比竞争者具有更大的销售量。为什么顾客愿意多付 1 000 元来购买该公司的产品呢？该公司做出如下解释：

2 000 元	所产冰箱与竞争产品相同的价格
800 元	能有更长的使用寿命
700 元	提供更优良的服务所带来的溢价
500 元	有更长的零配件担保期所带来的溢价
4 000 元	该公司所产冰箱的价值

因此，该公司所产冰箱售价 3 000 元对买主不是比竞争产品贵 1 000 元，而是比应有价值还便宜 1 000 元。这就是销售量反而增大的原因。

采用认知价值定价法的关键步骤是通过市场调查对消费者心目中的认知价值有正确的估计和判断，并且企业有能力通过沟通让消费者感受到这样的价格合乎情理，否则就会发生定价过高或过低的失误。

特别关注

价值定价

价值定价被认为是针对新产品和现有产品的最佳定价策略。这意味着企业已经意识到需要放弃使用成本导向加成定价，并根据客户对价值的看法来设定客户愿意支付的价格。尽管如此，真正建立和执行价值定价战略还是有很多的问题需要解决。

iPhone 的定价是价值定价的典型成功案例。与市场上的同类产品相比，苹果用户更愿意为自己的设备支付更高的价格。无论是在苹果商店里良好的购物体验，还是归属于苹果"社区"的感觉，消费者在购买和使用产品时获得的体验对苹果的高价产生认同感，而不是过多关注实际的生产成本。

我们经常听到"大众化商品，竞争激烈，很难通过差异化体现价值"。的确，不是每个产品都能成为 iPhone。但作为一种商品并不意味着你不能成功地采用基于价值的定价方法。当基于价值的策略失败时，问题可能不在于产品本身，而在于如何定义和执行价值定价。

企业成功实施价值定价方法需要遵循以下 4 个关键步骤。

第一，找到核心的价值驱动因素。通过深入调查，彻底了解你的竞争环境，并确定你为客户带来了什么价值。你需要深入了解细节，进行广泛的客户访谈，了解他们的业务和流程，以及你的产品在这些流程中的参与情况。瞄准价值链上的不同步骤，找出你与竞争对手的不同之处。在复杂的价值链中，你甚至可以为客户的客户创造价值。

第二，计算变现收益。你要了解客户愿意"牺牲"什么来换取这个价值（他们愿意支付多少）例如：核心的价值驱动因素通常会包含与产品相关的服务，这些服务为客户增加了价值，但不收费甚至没有被单独列出，因为它们不会产生额外的成本。与其关注成本，不如试图了解客户从这些服务中获得了哪些好处。如果企业不提供这些服务，客户将会自己付出什么，这是你可以变现的价值的起点。

第三，调整营收模式。完全从你创造的价值中获利可能很诱人，但不要太贪婪。你的产品或服务仍然需要吸引客户，所以要和他们分享其中的一些价值。公平地分配价值成果对维持长期业务关系至关重要。不断检视、更新现有价值定价方法也有益于你的营收模式，去掉不必要和被低估的功能，重新构建产品或服务组合，利用新的基于价值的产品或服务来满足不同客户的需求。

第四，训练你的团队去销售价值，而不是价格。价值销售和沟通与价值传递在价值定价中都是举足轻重的因素——如果客户对价值不能理解或感知，你就无法捕捉它。要让你的销售人员了解报价的价值，企业需要进行相关培训，以便销售人员能够继续向客户展示从产品或服务中获得的真正价值。

正确的定价方法可以实现最大化和可持续的盈利能力。它不仅确保你的客户愿意为他们收到的价值付费，还为你创建新的定价规范和准则，它为企业和客户创造了双赢的局面。基于价值的定价可以彻底改变你的公司，甚至改变整个业务的游戏规则。

【资料来源】西蒙顾和管理咨询. 定价入门：价值定价［EB/OL］.（2019-08-16）［2023-12-08］. https：//mp. weixin. qq. com/s/xNodg7JyoicApIbRDPBfxA.

2. 反向定价法

反向定价法也称为逆向定价法。企业先确定一个消费者能够接受的最终销售价格，再推算自己从事经营的成本和利润，然后逆向推算出中间商的批发价和生产企业的出厂价格。这种定价方法以市场需求为定价出发点，力求使价格为消费者所接受。

这种方法的优点是：价格能反映市场需求情况，有利于加强与中间商的良好关系，保证中间商的正常利润，使产品迅速向市场渗透，并可根据市场供求情况及时调整，定价比较灵活。

12.2.3　竞争导向定价法

竞争导向定价法通常有两种方法，即随行就市定价法和密封投标定价法。

1. 随行就市定价法

随行就市定价法是指企业按照行业的平均现行价格水平来定价。以下几种情况经常采用这种定价方法：难以估算成本；企业打算与同行和平共处；如果另行定价，很难了解购买者和竞争者对本企业价格的反应。

该方法是竞争导向定价方法中广为流行的一种，适用于竞争激烈的均质产品，在完全竞争和寡头垄断市场条件下最为普遍。在完全竞争市场上，销售同类产品的各个企业在定价时实际上没有多少选择余地，只能按照行业的现行价格来定价。在纯粹的寡头垄断市场下，企业也倾向于和竞争对手出价相同。因为在这种条件下市场上只有少数几家大公司，彼此十分了解，顾客对市场行情也很熟悉，所以，如果各公司的价格有些许差异，购买者就会转向价格较低的企业。

2. 密封投标定价法

密封投标定价法在需要通过投标方式取得承包工程合同的场合被广泛采用。所谓投标价格，是指企业以竞争者可能的报价为基础，兼顾本身应有的利润所确定的价格。

投标价格是投标企业根据对竞争者的报价估计确定的，而不是按企业自己的成本费用或市场需求来制定。一般而言，它的报价应低于竞争对手的报价，这样才更具有竞争力。最佳报价应是使预期利润达到最高水平的价格，或者说最佳报价即为目标利润与中标概率两者之间的最佳组合。

企业经常通过计算期望利润的办法，来确定投标价格。所谓期望利润，是指某一投标价格所能取得的利润与估计中标的可能性的乘积，期望利润最大的投标价格，即为企业最佳的投标报价。

现假定有一投标项目，某企业根据自身情况以及对其他对手的了解和对客户招标文件的细致研究，推算出在各种投标价格时的企业利润和中标概率，经过计算得出不同方案的期望利润如表12-1所示。

表 12-1　不同投标价格的期望利润　　　　　　　　　　　　　　单位：万元

备选投标方案	投标价格（a）	企业利润（b）	估计的中标概率（c）	期望利润（d） = （b）* （c）
1	950	10	0.81	8.1
2	1 000	60	0.36	21.6
3	1 050	110	0.09	9.9
4	1 100	160	0.01	1.6

很显然，本例中期望利润最高为 21.6 万元，所以企业应报的投标价格为 1 000 万元。

以期望利润作为投标定价的标准，对经常有机会参加投标的大企业更有价值；如果只是偶尔参加投标，或者急需取得合同以维持开工的企业，则以中标概率作为定价的标准为宜。

12.3　定价的基本策略

根据定价目标，选择某种定价方法所制定的价格常常并不是该产品的最终价格，而只是该产品的基本价格。为了提高产品的竞争力及对顾客的吸引力，还应考虑一些其他的因素，对基本价格进行适当调整，作为产品的最终价格，这就需要运用适当的定价策略。

12.3.1　新产品定价策略

一般来讲，新产品有两种定价策略可供选择。

1. 撇脂定价

在产品上市之初，把产品的价格定得很高，以攫取最大利润。在新产品投放市场初期，由于常有专利权保护而且竞争者尚未进入市场，同时一些人存有"新品就是好货，优质优价理所当然"的购买心理，所以可以用较高的价格来刺激市场。此外，高价也可使企业在较短时间里赚取较多利润，有利于尽快收回投资和企业得到进一步的发展，同时也为企业调整价格留有余地。采用这种策略应具备以下条件：第一，新产品有足够的购买者而且愿意接受较高的价格；第二，新产品仿制困难使得竞争者难以迅速进入市场；第三，新产品与同类产品、替代产品相比具有较大的优势和不可替代的功能；第四，新产品采取高价策略获得的利润足以补偿因高价造成需求减少所带来的损失。

2. 渗透定价

一些企业把新产品的价格定得较低，目的在于吸引消费者，迅速提高市场占有率；同时，也让其他企业感到收益不大从而不愿参与竞争，以使这种新产品较长期地占领市场。采用这种策略应具备以下条件：第一，市场潜力大、需求价格弹性高，低价可以有效地刺激消费需求；第二，低价可以阻止竞争者介入从而保持较高的市场占有率；第三，生产成本与销售费用可随销售的扩大而大幅降低。

特别关注

价格博弈

中国上市公司协会会长、中国企业改革与发展研究会会长宋志平在其《经营制胜》一书中，对价格做了如下阐述。

1. 物美价廉难两全

我从来不认同物美价廉，因为质量是有成本的。大家到商店里想买件衬衫，通常不会和售货员说拿一件最便宜的，一般都是要找一件牌子还可以且做工也挺好的，这样的衬衫价格可能高一些，但穿了觉得心里舒服。但是有时我们的生产者却引导着消费者看谁家的产品最便宜，把整个消费理念给破坏了，这也是非常值得研究的。其实，所有的产品都一样，我们做企业不能一味地降价、拼价格，被价格战这种错误的思维方式所禁锢，要转变为定价制胜的思维方式。

随着社会经济的发展，在充分竞争时代，一些企业提出凭借"质量、服务、价格"三要素进行竞争，希望能够做到物美价廉。这种靠简单地扩大规模来提高效益的思路，成为传统制造业企业的管理思路和管理文化。现在，许多行业产能严重过剩，企业不能再单纯地依靠扩大规模来降低成本和提升企业价值。在这种情况下，我们应该用迈克尔·波特的价值链理论，来研究如何提升行业和企业的价值。

虽然中国市场体量很大，但企业的数量很多，竞争也十分激烈。在这种情况下，中国的企业应该理性对待价格，盲目降价、恶性竞争会导致质量低下，出现假冒伪劣等问题。

2. 企业要走优质优价路线，而不是低质低价路线

企业一定要研究价格。价格从来不客观，在买卖双方市场中，企业作为卖方，对价格也要进行博弈。任何行业都应该有稳定的价格，赚取合理的利润，从而持续盈利。成本是刚性的，而且是边际递减的，企业不可能永远降低成本，降到一定程度，再降低成本一定是以牺牲质量为代价的。

我们应该走优质优价的路线，而不是走低质低价的路线。好的价格和利润从哪里来呢？我主张"质量上上、价格中上"的八字原则。"质量上上"，就是我们的产品要比一般产品有更过硬的质量，把产品做得更好些，虽然这样做会多承担一些成本，却能因此逐渐铸就品牌，赢得长远利益。质量信誉应是企业永恒的追求，"价格中上"就是在确保产品质量的前提下，保持产品价格的长期稳定，既不搞价格战，又要给客户适当的实惠，维护客户的利益。如何做到"价格中上"呢？我们靠的是千方百计地进行技术创新，增加产品品种，用新增的效益来平衡质量成本。北新建材的龙牌石膏板的价格是比较高的，比普通品牌的石膏板价格高出20%，但中国所有的大型项目，诸如奥运场馆、世博会场馆、北京世贸、上海金融中心等都采用了龙牌石膏板。为什么？因为产品质量足够好，产品性能指标均超过了外资品牌产品，是我国少有的价格高过外资品牌，却卖得非常好的产品。

到中国建材后，我又提出了五优原则：技术要优、质量要优、服务要优、价格要优、利润要优。这样，企业才能存活发展下去。企业要用好的技术、质量和服务赢得好的价格和利润。反之亦然，只有好的价格和好的利润才能支撑好的技术、好的质量和好的服务。

【资料来源】宋志平．经营制胜［M］．北京：机械工业出版社，2021.

12.3.2　产品组合定价策略

企业在定价时面对的常常不是单一产品，而是包含若干种产品的产品组合。为了使整个产品组合的利润实现最大化，企业要制定出一系列价格，这就涉及产品组合定价。

1. 产品大类定价

当企业生产的系列产品存在需求和成本的内在关联性时，为了充分发挥这种内在关联性的积极效应，需要采用产品大类定价策略。产品系列定价策略的关键，就在于根据产品项目之间在质量、性能、档次、款式、成本、顾客认知、需求强度等方面的不同，参考竞争对手的产品与价格，确定一个产品系列中的各个产品项目之间的价格差距，以使不同的产品项目形成不同的市场形象，吸引不同的顾客群，扩大产品销售量，争取实现更多的利润。

企业在进行产品系列定价时，首先，确定某种产品的最低价格，它在产品大类中充当领袖价格，以吸引消费者购买产品大类中的其他产品；其次，确定产品大类中某种产品的最高价格，它在产品大类中充当品牌质量和收回投资的角色；最后，产品大类中的其他产品也分别依据其在产品大类中的角色不同而制定不同的价格。

2. 选择品定价

许多企业在提供主要产品的同时，还会附带一些可供选择的产品或特征，这就涉及选择品定价问题。例如：到饭店用餐的顾客除订购饭菜外，通常还会购买酒水和饮料，许多饭店的酒水和饮料价格很高，而食品的价格相对较低，食品收入可以弥补食品的成本和饭店其他的成本，而酒类则可以带来利润，这就是为什么服务人员极力劝说顾客购买饮料的原因；也有的饭店会将酒价制定得较低，而对食品制定高价，来吸引爱饮酒的消费者。

3. 补充产品定价

有些基本产品需要补充产品才能正常使用，如剃须刀架的补充产品是刀片、机械设备的补充产品是配件。补充产品定价的基本做法是：为基本产品制定较低的价格，为补充产品制定较高的价格，通过低价促进基本产品的销售，依靠补充产品的高价获取利润。值得注意的是，如果补充产品的定价过高，也会出现不利的一面。例如：EPSON 公司对其生产的打印机制定了较低的价格，而对打印机的补充产品墨盒制定了高价格，加成率有时高达 300%，后者的高额利润给兼容墨盒生产厂商和非法仿制者带来了可乘之机。

4. 分部定价

服务性企业经常收取一笔固定费用，再加上可变的使用费。例如：电话用户每月都要支付一笔最少的使用费，如果使用次数超过规定，还要再交费；游乐园一般先收门票费，如果游玩的地方超过规定，就再交费。服务性公司面临着和补充产品定价同样的问题，即应收多少基本服务费和可变使用费。一般而言，固定成本应较低，以推动人们购买服务，利润可以从使用费中获取。

5. 副产品定价

在生产加工肉类、石油产品和其他化工产品的过程中，经常有副产品。若副产品价值很低，处理费用较高，那么主产品的定价必须加以考虑；相反，副产品如果能带来收入，则主产品可以适当调低价格，以增加市场竞争力。例如：河南莲花味精集团将其副产品出售给当地农民，用于农业生产，既增加了收入，又解决了生产过程中的"三废"排放问题。

6. 产品系列定价

企业经常以某一价格出售一组产品，如化妆品、计算机、假期旅游公司为顾客提供的一系列活动方案。组合产品定价时，一组产品的价格应低于单独购买其中每一产品项目的费用总和，以便推动顾客购买。

12.3.3　折扣定价策略

折扣定价是指企业为了鼓励顾客及早付清货款、大量购买、淡季购买等而酌情降低其基本价格。常见的折扣定价策略有以下几种。

1. 现金折扣

企业对及时付现的顾客通常给予现金折扣。典型的折扣条件如"货款必须在 30 天内付清，如果客户能在 10 天内付款，则给予 2%的现金折扣"。可见，现金折扣的条件，包括三个因素：现金折扣率、给予现金折扣的期限和付清货款的期限。现金折扣定价的好处是增加企业的变现能力，减少坏账损失。

2. 数量折扣

数量折扣是指根据顾客购买货物数量或金额的多少，按其达到的标准，给予一定的折扣。购买数量越多，金额越大，给予的折扣越高。数量折扣可分为累计数量折扣与非累计数量折扣。累计数量折扣，规定在一定时期内顾客购买产品达到或超过一定数量或金额时，按其总量的多少给予不同的折扣。这种策略鼓励顾客长期向本企业采购，与顾客建立长期的稳定的关系，因而有助于企业掌握销售规律，预测销售量。它还适用于推销过时的和易腐易坏产品。典型的数量折扣条件如"购买 100 单位以下者，每单位售价 9.95 元，购买 100 单位及以上者单价 8.95 元。"数量折扣的幅度一般不宜超过因大量销售而节省的成本，包括销售费用、存货成本及运输成本。非累计数量折扣，是指顾客一次购买的数量或金额达到一定标准时，给予一定的折扣优待。采用这种策略不仅对顾客有利，企业也可以节省销售费用。

3. 中间商折扣

中间商折扣也叫作功能折扣，是指生产商给予批发商和零售商的折扣。由于中间商在分销渠道中的地位、对生产企业产品销售的重要性、完成的促销功能、承担的风险、服务水平、履行的商业责任等方面有所不同，因此折扣的比例也不尽相同。

4. 季节折扣

有些产品的生产是连续的，而其消费却具有明显的季节性。为了调节供需矛盾，这些产品的生产企业便采用季节折扣的方式，对在淡季购买产品的顾客给予一定的优惠，从而使企业的生产和销售在一年四季能保持相对稳定。如果是批发商、零售商受此诱惑，早期购货，还可以减少自己的资金负担和仓储费用。例如：酒店和航空公司经常在旅游淡季给顾客季节折扣的优惠。

5. 折让或津贴

折让或津贴是间接折扣的一种形式。比较常见的一种形式就是以旧换新，即顾客以旧货折价抵换购买同类新货时，销售人员在新货品价格上给予一定的减让。以旧换新多见于一些耐用品的交易中。促销折让是制造商给参与产品促销活动的经销商的一种津贴，如广告津贴、展览津贴等。

营销实操

杰克·特劳特关于折扣的戒律

☞ 当其他人都提供折扣优惠，你就不应该再提供这种优惠。

☞ 在制定折扣策略时应有创意。

☞ 你应该用折扣策略清理存货或增加业务量。

☞ 你应该对这项交易在时间上做出限制。

☞ 你必须确保最终顾客得到这笔交易。

☞ 只有为了在一个成熟市场上生存时，你才应该制定折扣策略。

☞ 尽可能早地停止这种折扣优惠。

【资料来源】打折戒律［EB/OL］．（2017-08-15）［2023-12-08］．https：//mp. weixin. qq. com/s/t4ndXKpNkQOHO-HgWS2ipw.

12.3.4　心理定价策略

针对消费者购买心理来进行定价就被称为心理定价。

1. 尾数定价

这是依据消费者有尾数价格比整数价格便宜的消费心理而采取的定价策略，这种策略又称奇数或非整数价格策略。例如：一件商品定价 29.9 元，就给人感觉不到 30 元钱，比较便宜，同时又因标价精确给人以信赖感，从而乐意购买，这样就达到促进顾客购买、企业增加销售的目的。这种定价策略通常用于消费者经常购买的产品，如牙膏、休闲小食品等。

2. 整数定价策略

即把商品定为一个整数，不带尾数。高档商品、奢侈品常采用整数定价策略。例如：一辆价值 49.9 万元的小轿车定价 50 万元，这样使价格上升到较高一级档次，借以满足消费者的高消费心理。

3. 声望定价策略

这是一种利用企业和产品的声誉，对产品定价的策略，其产品价格比一般商品价格要高。这种策略有利于提高企业和产品的形象。

4. 招徕定价策略

这是一种利用消费者求廉的心理，将少数几种商品暂时降低价格，吸引和招揽顾客购买的一种策略。这种策略有助于在招揽顾客购买特价品的同时，促使其选购非特价商品。

特别关注

锚定、禀赋、折中效应在定价中的运用

当你在天猫商城购物时，看到商品描述中所示"限购五件"的标注时，你是否会在不知不觉间增加自己购买物品的数量？看到商品划掉价格是 30.96 元，促销价是 20.12 元时，你是否感觉到价廉而实惠？这就是"锚定效应"的心理暗示作用。锚定效应指人们在作决策时，思维往往会被得到的第一信息所左右，就像沉入海底的锚一样，把你的思维固定在某处。

二手钢琴商城经常让顾客交押金然后把钢琴搬回家，原本打算只用一段时间的顾客最终都放弃押金而长期拥有。净水机商家推出免费安装体验活动，一个月内满意再付款。这是禀赋效应在定价中的具体运用。禀赋效应是指人们往往会觉得那些已经为他们所拥有的东西要比那些等价的、不属于他们或没有被他们碰过的东西更有价值。

假设你去附近的超市买橙汁，有两种价格和品牌的橙汁可供选择：A 汇源橙汁，500 mL，18 元；B 都乐橙汁，500 mL，29 元。你会选择哪一种？如果增加了另一种选择：C 芙可顿橙汁，500 mL，56 元。你又会选择哪一种？研究结果显示，有两种橙汁可供选择的情况下，选择 A 和 B 的比例分别是 50%；当有三种橙汁可供选择的情况下，大约有 70% 的人选择了 B，另外有 20% 的人选择了 A，10% 的人选择了 C。这个现象就是"折中效应"的体现，它指人们在偏好不确定的情况下作选择，往往更喜欢中间的选项，因为中间的选项能让我们感到安全。

【资料来源】郑毓煌，苏丹. 理性的非理性：人人都需要的十堂营销心理课 [M]. 北京：中信出版社，2016.

12.3.5 差别定价策略

差别定价策略也被称为价格歧视策略。这种定价策略的要点是对某种产品根据其需求强度的不同定出不同的价格。差别定价的形式有多种，这里介绍其中 4 种形式。

1. 顾客细分差别定价

企业对同一项产品根据顾客的需求强度不同、对产品熟悉程度的不同，或者是否会员顾客等而定出不同的价格。同一产品卖给会员顾客的价格相对便宜，而卖给非会员顾客的价格要贵一些。如火车票，专门为学生实行优惠票价等。

2. 产品形式差别定价

这种定价策略就是对一项产品的不同型号确定不同的价格，但是价格上的差别并不和成本成比例。例如：同样的桶装鲁花物理压榨一级花生油，6.18 L 的售价 193.9 元，3.68 L 的售价 125.9 元，0.5 L 的售价 18.9 元。这三款食用油，因为容量不同，成本也不尽相同，但是如果都换算成每升的售价，很显然 6.18 L 的最划算。商家为了鼓励顾客购买大容量的产品，会有意地对小容量的产品定相对高的价格，而对大容量的产品定相对低的价格。

3. 产品地点差别定价

如果同一种商品在不同地理位置的市场上存在不同的需求强度，那么就应该定出不同的价格。但定价的差别并不和运费成比例。例如：到剧院看话剧，剧院里座位的票价，前排、中排、后排、边座的票价是不同的，有时可能相差若干倍。旅游点和名胜古迹地区的旅馆、饮食的定价通常也高于一般地区的旅馆和饮食的定价。

4. 销售时间差别定价

当产品的需求随着时间的变化而有变化时，对同一种产品在不同时间应该定出不同的价格。需求随时间的变化而出现显著变化的情况是很多的。例如：不同季节的应季产品的需求量有很大的变化，夏季对空调、凉鞋的需求量增大，冬季就会相对便宜。

值得注意的是，企业采取差别定价策略是有前提的，它必须具备以下条件：市场必须是可以细分的，而且各个市场部分表现出不同的需求程度；以较低价格购买某种产品的顾客没有可能以较高价格把这种产品倒卖给别人；竞争者没有可能在企业以较高价格销售产品的市场上以低价竞销；细分市场和控制市场的成本费用不得超过因实行价格歧视而得到的额外收入；价格歧视不会引起顾客反感而放弃购买，影响销售；采取的价格歧视形式不能违法。

12.3.6　动态定价策略

动态定价就是对商品和服务的价格进行灵活调整的一种定价策略，即持续调整价格，以适应个体消费者的需要和购买情境的特点[①]。

以美国的 Uber 公司为例。Uber 在分析运营数据时发现，每到周五和周六的凌晨 1 点左右，城区就会出现大量无人响应的叫车需求——很多人想打车但打不到。其实这也好理解，凌晨 1 点大部分 Uber 司机都已经收工回家了，而恰恰这时候，参加完各种聚会的人刚刚准备回家，他们因为饮酒没法开车，只能选择打车。这就造成了打车市场上瞬时的供需不平衡，每到这时用户的抱怨就会接踵而至。于是，Uber 的运营人员决定从价格入手进行优化，在夜间高峰期（一般是夜里 12 点到凌晨 3 点）的时间段里，上浮里程单价。优化的效果是显著的，夜间时段的车辆供应增加了 70%～80%，满足了 2/3 的缺口，司机有钱赚，用户有车坐。

时至今日，曾被应用于出行平台、航空业、酒店业、演出及比赛票务市场等领域的动态定价，被普遍应用于互联网。亚马逊是动态定价的集大成者，游刃有余地实时调整数百万种商品的价格，是亚马逊的常态，平均每 10 分钟亚马逊上的价格就会刷新一次。据《每日邮报》报道，在一年时间内，亚马逊上同一款产品的价格波动幅度最高达到 260%。动态定价不仅发生在网上，许多零售店根据供求情况和店内客流量等情况，每天、每小时甚至每分钟调整一次价格。2017 年初京东宣布 80% 非促销商品将实行动态定价，多少钱机器人说了算。京东方面表示，价格信息是商品触达消费者的重要途径，合适的价格是撬动零售商销售的杠杆，是加速商品库存周转的引擎。动态定价策略基于对价格、商品、用户信息的精准研判，通过持续的数据输入和机器学习训练，可以平衡商品的毛利润和销售额目标，计算最优价

---

① 科特勒，阿姆斯特朗．市场营销：原理与实践：第 17 版［M］．楼尊，译．北京：中国人民大学出版社，2020．

格，促进交易效率的提升①。

动态定价之所以受到青睐，有以下4个方面的原因。其一，可以根据市场力量调整价格，更好地服务顾客；如打车服务，在高峰阶段，车辆短缺时，对不在乎价格，但在乎时间的人适时抬高价格。其二，有利于资源配置优化；其三，有助于企业与竞争者进行快速价格匹配，根据竞争对手的价格，进行动态跟踪，适时调价；其四，借助动态定价，许多商家可以根据顾客特征或购买场景特征进行定价。具体而言，商家从顾客网上浏览和购买历史中进行数据挖掘，获得顾客的特点和行为特征，并以此为基础定制价格。例如：电子商务网站为购物车里待付款项较多的顾客提供特别折扣，以激发购买支付行为。

营销展望

动态定价的陷阱

越来越多的公司开始采用动态定价，运用恰当的话，动态定价可以通过追踪竞争者定价和迅速调整价格以适应市场变化，进而帮助商家最优化销售和利润。但是，一旦操作失误，有可能引发侵蚀利润的价格战，并损害顾客关系和信任。因此，企业在运用动态定价过程中，一定要避开陷阱，小心维持价格与顾客看重的其他要素之间的平衡。

（1）急功近利。初期引入动态定价就想要使用复杂的参数算法。当公司刚进入动态定价领域时，立即引入一个包含多种预测因素如客户的年龄、购买频率、购买时间等的动态定价算法非常具有诱惑力，但这种急功近利的做法经常事倍功半。动态定价宜采用循序渐进的方法，即从一个相对简单的价格差异方法开始，如在工作日和周末区分价格；当客户习惯了价格波动之后再慢慢地扩展动态定价方案，如引入预测算法或机器学习来完善动态定价方案。

（2）缺乏合理化。缺乏对价格差异的合理解释。客户信任是成功实现动态定价的关键因素之一，客户的信任可以通过向客户解释价格差异的原因并使客户相信这些差异是公平的。航空公司会向客户解释是什么因素导致了机票价格的上涨，如飞行时点（晚上甚至凌晨的飞机会比较便宜）或者剩余的座位数量（需求量大的时候票价会提高）。然而，并不是所有的公司都成功获得了客户的信任。例如：美国的旅游网站Orbitz向使用苹果电脑的用户收取比微软电脑用户更高的价格，顾客对这一做法无法认同，导致了大量的负面媒体报道。

（3）缺少人工干预。完全依照算法计算的结果，缺乏人工审核。公司需要一个专门的定价团队来思考和解释动态定价背后的原因，将特定事件与需求峰值相关联并对定价的算法予以监控。倘若没有适当的监控策略，默认的算法极有可能将最后一张从北京到伦敦的机票（经济舱）定为2万元。毫无疑问，这绝对不是一个合理公平的价格，而且可能会导致负面的媒体报道，更重要的是会导致客户的不信任。

---

① 京东80%非促销商品将实行动态定价多少钱机器人说了算［EB/OL］．（2017-03-02）［2023-12-08］．https：//www.chinanews.com/it/2017/03-02/8163871.shtml.

（4）仅在线上平台采用动态定价，未能把动态定价应用到线下的销售中。对于成立伊始就是线上平台的企业来说，动态定价就是他们基因的一部分。但是这并不意味着传统公司在线下销售就不能使用，他们仍然可以通过产品可获得性（如线下可以马上获取，产品在某个区域内独家销售）和竞争对手行为等因素进行动态定价。在线上线下渠道日益融合的今天，需要公司在每个渠道以合理的价格无缝触及客户。

【资料来源】定价趋势：动态定价［EB/OL］. （2020-02-06）［2023-12-08］. https：//mp. weixin. qq. com/s/HQSvSW1uxTgxRh5Qfujw8A.

12.4　价格变动

价格并非一成不变的，因为环境在不断变化中，因此企业必须审时度势，在适当的时候对价格做出调整。

12.4.1　企业主动变价分析

企业主动变价包括降价和提价两个方面，这里主要分析企业主动变价的动因及顾客对企业变价的反应。

1. 企业降价与提价的动因

1）企业降价

企业降价的原因有很多，有企业外部需求及竞争等因素的变化，也有企业内部的战略转变、成本变化等，还有国家政策、法令的制约和干预等。这些原因具体表现在以下几个方面：第一，在生产能力过剩又难以通过产品改进来扩大销售的情况下，企业期望通过降价来扭转这种不利的状况；第二，在强大竞争者的压力下市场占有率大幅度下降，企业不得不降价竞销以对抗竞争者的威胁；第三，在成本费用比竞争者低的情况下，企业试图通过主动降价来扩大产销量，提高市场占有率，加强对市场的控制力。

值得注意的是，企业在降价过程中一定要注意以下几个陷阱。一是低质量。消费者会认为产品质量低于售价高的竞争者质量。二是不牢固的市场份额。低价能买到市场占有率，但是买不到市场的忠诚，顾客会转向另一个价格更低的公司。三是浅钱袋。因为售价高的竞争者具有深厚的现金储备，他们也能降价并能持续更长时间。

2）企业提价

企业提价的主要原因来自三方面。其一，成本上涨。例如：2021年4月21日，国际日化巨头宝洁表示，将从当年的9月开始提高婴儿产品、成人纸尿裤和女性护理用品的价格，涨幅为5%~9%不等。其涨价是因为树脂和纸浆等原材料成本上升，而且运输成本也在上升。其二，产品供不应求。其三，产品给顾客提供了更高的价值。

提价策略并不常用，因为它容易招致消费者、中间商的不满，企业只能采用一些变通的方式。例如：减少产品分量，用较便宜的原料或配件替代，减少或改变产品的特征来降低成本，降低包装成本，减少尺寸和型号的种类，推出新的经济品牌等。

需要特别说明的是，企业虽然可以采用上述的这些变通措施，但是不得以假充真、以次充好，不能欺诈；否则的话，会严重损害企业的声誉与形象，甚至触犯法律，给企业的长远发展带来不利影响。

2. 顾客对企业变价的反应

企业的变价行动无论是提价还是降价对购买者都会产生或多或少的影响。对于企业的降价，消费者可能会做出种种判断：这种产品要被新型号替代了；这种产品有某些质量问题，销售情况不好；这家企业遇到了财务麻烦；价格还会继续降……面对企业的提价，一般情况下消费者会有些抵触，甚至觉得是卖方想尽量取得更多利润。降价运用恰当，也可能产生积极意义。例如：消费者可能会由此断定该产品是畅销货或这种产品代表着非同一般的品质或价值等。

一般来说，顾客对价值高低不同的产品的价格调整反应是不同的。对价值高且经常购买的产品的价格变动会较为敏感；反之，对那些价值低或不经常购买的产品，即使单位价格较高，顾客往往也不大注意。此外，顾客虽然关心产品价格变动，但是通常更关心取得、使用和维修产品的总费用。如果企业能使顾客相信这种产品的总费用较低，即便你的产品价格比竞争对手的高，也照样会吸引顾客的购买。

12.4.2　企业对竞争对手变价的回应

在现代市场经济条件下，企业经常会面临竞争对手变价的挑战。对竞争者的变价做出及时、正确的反应，也是企业定价策略的重要内容之一。

一般说来，在同质产品市场上，由于各企业的产品没有差异或没有明显的差异，因此顾客对产品价格的差别反应敏感。一家企业降价，其他企业也必须随之降价，否则大部分顾客将转向价格较低的竞争者；一家企业提价，如果其他企业不都随之提价，那么提价的企业就不得不取消提价，否则顾客就会流向没有提价的企业。在异质产品市场上，由于各企业的产品在质量、品牌、服务、消费者偏好等方面存在差异，顾客在选择卖主时价格并非唯一考虑的因素，因而在异质产品市场上的顾客对较小的价格差异就不像同质市场上那样反应敏感。总之，在异质产品市场上企业对竞争者价格变动的反应有较大的选择余地。

面对竞争对手降价的主要对策。

第一，维持原价。任顾客随价格变化而变化，靠顾客对产品的偏爱和忠诚度来抵御竞争者的价格进攻，待市场环境发生变化或出现某种有利时机，企业再做行动。这一策略应用在：跟随降价会使企业利润减少很多，保持价格不变，市场占有率不会明显下降，现在被侵蚀的市场以后能够恢复等情况。

第二，提高产品或服务的认知质量。即价格不变，加强非价格竞争。例如：企业加强宣传攻势，增加销售网点，强化售后服务，提高产品质量，或者在包装、功能、用途等方面对产品进行改进。曾经在国内空调业开打价格战时，格力公司并没有加入价格战的行列，而是举行了一场别开生面的"明明白白看心脏，安安心心购空调"的活动，当场进行了格力空调"解剖"演示，以凸显自己的高品质。

第三，跟随降价。部分或完全跟随竞争者的价格变动，采取较稳妥的策略维持原来的市场格局，巩固已取得的市场地位，在价格上与竞争对手一较高低。这一策略应用在：跟随降价可以使销售量和产品产量增加从而使成本费用下降；市场对价格很敏感，不降价就会使市场占有率大幅下降；市场占有率下降后将来难以恢复等情况。

第四，提高价格并改进质量。

第五，推出低价进攻的新品牌，与竞争对手抗衡。

营销实操

定价的 7 个原则

（1）价格应该根据商品在消费者眼中的价值，而不是你眼中的成本而制定。

（2）价格应该是切实的，这样消费者才能明白他们的钱换来的是什么。

（3）价格应该在你可控的范围内具有可比性。

（4）如果你想调整价格的话，你必须调整产品或服务的构架。

（5）价格差异是赢利的关键促成因素。

（6）定价沟通影响着消费者对商品价值的看法。

（7）若想提高利润，你必须做好牺牲部分销售额的准备。

【资料来源】考德威尔. 价格游戏：如何巧用价格让利润翻倍［M］. 钱峰，译.
杭州：浙江大学出版社，2017.

面对竞争对手的价格变动，企业必须以较快的速度明确果断地做出适当的反应。要想做到这一点，唯一的办法就是在企业内部建立起竞争者监控机制，密切跟踪竞争对手的发展动向，对竞争者可能的价格变动做出预判，同时事先备好防范和应对措施。

关键术语

成本导向定价法、成本加成定价法、目标利润定价法、需求导向定价法、认知价值定价法、反向定价法、竞争导向定价法、随行就市定价法、投标定价法、折扣定价、心理定价、尾数定价、整数定价、声望定价、招徕定价、差别定价、动态定价、撇脂定价、渗透定价、产品组合定价

知识巩固与理解

➲在线测试题

请扫描二维码进行自测。

➲思考题

1. 影响定价的主要因素是什么？

2. 如何选择新产品定价策略？

3. "从营销的角度而言，价格不是一个孤立的、纯粹的数字，它反映了公司对其产品或品牌的预期价值定位，传递的是一种信念。"你如何理解这句话？

4. 企业如何更好地使用认知价值定价法？

5. 请列举心理定价的几种形式。

6. 如何看待折扣定价策略？

7. 使用差别定价应具备哪些条件？

自测题

8. 企业在什么时候会主动变价？

9. 动态定价为什么会受到越来越多的企业青睐？使用过程中应该注意哪些陷阱？

10. 面对竞争对手降价，可以采取哪些措施？

知识应用

�**案例分析**

农夫山泉的价格策略

2020 年 9 月 8 日农夫山泉在港股上市，凭借毛利率 55.4%、一年净利润 49.54 亿元，市值 4 453 亿港元［相当于 14 个统一企业（中国）、5 个康师傅控股］，迎来它的高光时刻。虽然关于"水"的商战故事远远没有结束，但农夫山泉能走到今天，是历经百战的结果，尤其是其价格策略的制定可圈可点。让我们回顾农夫山泉的发展历史，体味当年商战背后的刀光剑影，并从中找到企业制定价格策略的逻辑，为更多的企业提供有价值的借鉴。

1. 农夫山泉入局之时的价格制定

我们将目光投到农夫山泉作为新产品推出的 1998 年。当年，农夫山泉以一句"农夫山泉有点甜"出现在人们的眼前，在娃哈哈、乐百氏及其他众多饮用水品牌的硝烟战争中，它成功地吸引了消费者的眼球。那时农夫山泉刚刚问世，势单力薄，又加上其高成本，它是如何成功地打入消费者的心智的呢？

从成本角度看，550 mL 的普通盖农夫山泉，当时每瓶水的瓶身、瓶盖、标签等的生产成本是 0.68 元左右。24 瓶装的一箱水平均销售成本（这包括广告、促销等费用）是 4 元钱，运输成本是 3 元钱，摊到每瓶水是 0.29 元，加上生产成本，那么每瓶水的总成本大约是 0.97 元。而 1998 年娃哈哈纯净水的批发价格是 1.1 元/瓶，1999 年娃哈哈纯净水的批发价格降到了 0.9 元/瓶。

从生产能力角度看，娃哈哈在 1995 年引进 7 条全套德国、意大利自动化生产流水线，以万瓶/小时的速度生产纯净水，加上遍布全国的严密的销售网络，娃哈哈能以低于其他饮用水 50% 以上的低价格迅速占领全国饮用水市场 41% 的份额。1997 年开始，娃哈哈继续从国外进口纯净水生产流水线，使得它生产纯净水的能力增加到每天 30 万箱。而在 1997 年，"农夫山泉"只有一个地处浙江千岛湖不远的建德水厂，生产线条数远在娃哈哈之下，而且由于它只从千岛湖取水，运输成本高昂。

从消费者角度看，根据北京零点调查公司对中国六大城市（北京、上海、广州、沈阳、西安、武汉）进行的一个饮料市场调查报告显示：只有 2.5% 的城市消费者在购买饮料时是价格导向的，不看牌子，哪个便宜就买哪个。也就是说，随着人们生活水平的提高，人们的健康意识也在不断加强，已不再将水简单地定位于解渴的功能，还注重它的"营养"因素，竞争对手恰恰忽略了这点。

根据以上分析，"农夫山泉"发现：可以提供一种有别于娃哈哈等纯净水品牌的"差别化产品"，并对之定以高价。

艾·里斯和杰克·特劳特在其《22 条商规》中指出："人们会相信自己愿意相信的东西，品尝那些自己愿意品尝的食品。所以，软饮料的市场营销是一场认知的竞争，而不是口味的竞争。认知的力量要胜于产品本身。"很显然，公司创始人钟睒睒深谙此道理。凭借"农夫山泉有点甜"的营销理念和广告宣传、发起水酸碱度讨论、反对在水中添加人工矿物质等几场"战斗"，农夫山泉建立了自己差异化的品牌认知，并不断形成品牌的正向激励。农夫山泉强大品牌化运作的背后，并不是仅仅通过一句广告，而是通过产品标准、水源地、包装设计等，一系列营销事件和公共形象传播的全方位布局，满足消费者从感性到理性的需求。由此，品牌深入人心，提升市场占有率。以公共形象传播为例，通过奥运会、扶贫救灾、神舟五号发射等一系列事件，将农夫山泉的品牌形象深入消费者心中。

农夫山泉在一场场认知战中为自己建立差异化的定位是"大自然的搬运工"。不要小看这一定位，其背后蕴藏了企业多重的战略意味。首先，举出了"优质水源地"的大旗，使自己在竞争中立于不败之地。2008 年康师傅就深陷"水源门"事件，由于康师傅将其所选用的水源——日常生活中的自来水——在广告中说成是"选用优质水源"，引发了社会的质疑。加上康师傅应对不善，当网民质疑其广告中的"优质水源"时，康师傅方面却声称纯净水添加矿物质已符合矿物质水定义。2008 年 9 月 2 日康师傅才发布公告，承认其矿物质水及大部分饮料行业及瓶装水行业所选用的水源皆为公共供水系统（自来水）。而农夫山泉则因"优质水源地"脱颖而出，成功地用 2 元水价格打败了 1 元水的康师傅，并于 2011 年超过康师傅，成为包装饮用水行业第一。其次，2008 年正处于消费者对"食品安全"最为焦虑的时代，无论是苏丹红事件、瘦肉精中毒，还是三鹿奶粉事件，都让人们在商品选择时将安全放在首位。而农夫山泉喊出了"我们不生产水，我们只是大自然的搬运工"的口号，准确回应了消费者的心理诉求，戳中了消费者关于食品安全的痛点。最后，品牌定位的背后是建立竞争壁垒的方式。拥有自己的水源地，相对于竞争对手来说，就是向上游进一步拓展了差异化的优势。而好的水源地的稀缺性，以及相对更"重"的投入也将建立起企业的护城河。事实上，对于农夫山泉来说，水源地的质量和安全是其命门所在。也正因如此，几乎每一个水源地的开发，都是公司创始人兼董事长钟睒睒身先士卒，亲自考察才能确定的。

2. 农夫山泉的价格调整

2000 年 8 月 21 日，从未试过削价的"农夫山泉"突然宣布：从当日起，农夫山泉在全国推出全面降价活动。背后原因：成本的持续下降是"农夫山泉"削价的主观条件，行业微薄的利润率是它削价的客观条件。

如何消除消费者对削价的负面反应？利用营销组合中的非价格因素来影响消费者。具体措施："支持北京申奥，农夫山泉一元一瓶。" 2001 年 1 月，农夫山泉推出了"捐献一分钱"的电视广告。宣布从 2001 年 1 月 1 日至 7 月 31 日，农夫山泉每销售一瓶天然水都提取一分钱捐献给中国奥委会，用来支持中国 2008 年申奥行动。农夫山泉的"捐献一分钱"活动，企业不以个体的名义支持申奥，而是代表消费者的利益和主张来支持北京申奥，既不容易看出企业支持申奥背后的商业意味，又可以以支持北京申奥的巨大影响赢得消费者的认同和响应，从而促进农夫山泉的销售。为了配合整体的行销，农夫山泉的包装更换成了申奥主题的包装，并把价格降到每瓶一元，有力地配合了"捐献一分钱"的活动。"捐献一分钱"活动不但给农夫山泉建立了良好的企业形象，也进一步加深了在消费者心中农夫山泉的品牌形象，培养了消费者对农夫山泉的品牌忠诚度。

2001 年，农夫山泉借北京申奥的主题开展的"捐献一分钱"活动可谓一石击三鸟。首先，奥运主题是一个很好的行销题材，在瓶装水销售的旺季直接借助支持申奥可以赢得最多的注意力和公众好感，借助申奥降价则显得自然和顺理成章；借助申奥题材推出的活动可以以企业行为带动社会行为，以商业性推动公益性，是经济效益和社会效益的最佳结合；随着北京申奥的成功，农夫山泉的体育战略具有了可持续性和延展性。从 2001 年到 2008 年的 7 年间，农夫山泉无疑成为北京主办奥运过程中的最大受益企业之一，农夫山泉通过与北京主办奥运会过程中每一个动作保持紧密的联系，从而产生广泛的关注。

3. 农夫山泉高毛利的背后

农夫山泉在 2012 年至 2019 年连续 8 年始终保持中国包装饮用水市场占有率第一，2019 年市场份额达到 20.9%，远超第二名华润怡宝（份额 13%）、第三名百岁山（份额 8%）。与此同时，2020 年招股书数据显示：2017 年至 2019 年，农夫山泉各个品类的毛利率均超 50%，其中农夫山泉包装饮用水的毛利率均接近 60%，而同期做包装饮品的康师傅，饮品毛利率为 33.69%，统一饮品的毛利率则为 39.9%。

农夫山泉是如何实现远高于同行的高毛利的呢？有三种情况会导致毛利增加：第一，在单价不变的情况下，销量增加会导致毛利上升；第二，在收入不变的情况下，成本下降也会导致毛利上升；第三，在销量不变的情况下，单价提升会导致毛利上升。

在提升销售数量方面，农夫山泉采用了三种手段。一是布局强大的销售网络，扩大消费触及率。农夫山泉通过 4 280 个经销商覆盖了全国 237 万个以上的终端零售网点，其中 78.9% 终端零售点位于三线及以下城市。不仅如此，农夫山泉在全国近 300 个城市投放了近 60 000 台自动贩卖机，进一步拓展了线下的销售网点，更好地触达终端用户。二是通过品牌运作提升市场占有率。从"农夫山泉有点甜""我们不生产水，我们只是大自然的搬运工"，到 2013 年《最后一公里》微电影，2016 年《一百二十里——肖帅的一天》和《一天的假期》《一个人的岛》视频广告，再到 2017 年与网易云音乐合作推出"乐瓶"，农夫山泉自 1996 年面世以来，一直传达出十分真诚，情怀满满，对大自然充满敬畏，为人类的健康事业做出贡献的品牌理念。三是提早布局饮料市场，持续打造明星产品。农夫山泉除有瓶装水产品外，还有茶饮料、功能饮料和果汁饮料三大产品，在饮料市场激烈的竞争下，无论是茶饮料的东方树叶，还是炭仌咖啡、水溶 C100、农夫果园、尖叫、植物酸奶等，这些产品都受到了消费者的欢迎。

在降低成本方面，农夫山泉采用了两大手段：一是控制生产边际成本；二是通过遵循"500 公里运输半径"布局水源地，大幅降低运输成本。农夫山泉不生产水，但需要搬运水，水是不花钱的，只需要负担一些低廉的取得成本，即缴纳一定的水资源费即可取水。但"搬水"，就要建立生产线，对水进行过滤、杀菌、吹瓶、灌装、包装等一系列全自动化生产，所以需要购买生产线。招股说明书显示：2014 年，农夫山泉在瓶装水生产设备及厂房建设上投资了 4.6 亿元，平均使用年限是 5~10 年。这意味着生产边际成本几乎为 0，产量越大，规模经济优势越显著。以一瓶 550 mL 的普通包装的农夫矿泉水为例，一瓶水出厂价为 0.43 元（不含税），按照 4.7% 的水等原材料成本测算，一瓶农夫矿泉水的水成本是 0.02 元（即 2 分钱），低廉成本奠定了高毛利基础。事实上，农夫山泉"水源—工厂—产地"的模式，决定了瓶装水产业链中最贵的是运输成本。在瓶装水行业里有一条"500 公里运输半径"的经验理论，就是说运输半径超过 500 公里，运输成本会蚕食利润空间，围绕

"500 公里运输半径"定律所产生的物流成本，是最值得严控的部分，否则产品有可能运至半路就已经亏钱了。农夫山泉的解决方案是在全国分布十大水源地：包括浙江千岛湖、吉林长白山、黑龙江漠河、河北灵雾山、湖北丹江口、广东万绿湖、陕西太白山、贵州武陵山等，依托水源地分区域设厂生产。据招股书显示，农夫山泉在物流仓储方面的开支，过去 3 年间在公司总营收中的占比持续下降，2019 年的比例为 10.5%，支出额 25.26 亿元，相比于 2017 年的 13.4%，已下降近 2.9%。

在产品单价方面，选取农夫山泉 600 mL 以内的瓶装天然矿泉水，以京东商城 2021 年 1 月 21 日销售价格为例来说明。农夫山泉饮用天然水 380 mL 24 瓶整箱价格为 31.9 元，折合每瓶价格 1.33 元；农夫山泉饮用天然水 550 mL×24 瓶整箱价格为 32.9 元，折合每瓶价格 1.37 元；农夫山泉天然矿泉水 400 mL×24 瓶整箱运动盖学生水价格为 67.9 元，折合每瓶价格 2.83 元；农夫山泉天然矿泉水 535 mL×24 瓶整箱运动盖学生水价格为 59.9 元，折合每瓶价格 2.49 元；农夫山泉玻璃瓶充气高端矿泉水 350 mL 每 1 瓶价格为 35 元。对比康师傅，康师傅矿泉水 380 mL×12 瓶整箱 13.7 元，折合每瓶价格 1.14 元；康师傅矿泉水 550 mL×24 瓶/箱 21.5 元，折合每瓶价格 0.9 元。不难看出，350 mL 和 550 mL 瓶装天然矿泉水，农夫山泉的单价都要高于康师傅，但价格差距并不大。真正拉开差距的是农夫山泉产品线中的运动盖学生水和高端矿泉水，这恰恰体现了农夫山泉在产品组合定价上的布局。

农夫山泉的商战之路还远没有结束。相对于 20 年前农夫山泉在包装水和饮料行业的入局，今日的竞争环境已经大不相同。一方面是主流消费者及其需求的变化，另一方面水行业的增长模式已经发生了很大的变化，新进入者不断增加，总体市场盘子的增速却在不断下滑。如果不能站在新时代的转折点上，及时制定并调整价格策略，农夫山泉仍有可能被后来者超越，绝非可以高枕无忧。

【资料来源】

[1] 屈丽丽 . 农夫山泉：关于"水"的战争 [N] . 中国经营报，2020-09-19.

[2] 巴九灵 . 农夫山泉的财富密码：什么撑起了半小时的中国首富！[EB/OL] . (2020-09-09) [2023-12-08]. https：//mp. weixin. qq. com/s/pswIawIO4Vn6eLnln6hzzA.

[讨论题]

1. 请结合案例材料分析企业制定价格应该考虑哪些因素。

2. 农夫山泉新产品上市之时采用了何种定价方法？结合农夫山泉的做法谈谈成功使用这种定价方法需要企业注意哪些问题？

3. 农夫山泉在价格调整之时，是如何消除消费者对削价的负面反应的？

4. 登录京东 https：//www. jd. com/ 或其他购物平台，实时了解农夫山泉产品组合中不同产品的定价，总结其在产品组合定价方面的做法。

5. 农夫山泉定价策略给你哪些启示？请结合前面章节所学内容，谈谈定价和市场定位之间的关系、定价策略和产品策略之间的关系。

➲ 营销辩论

扫码观看：

1. 2017 年 3 月，雷军的央视演讲视频《买贵的 VS 买对的》，他认为在大众消费品行业，全球伟大的企业都是把好东西做得越来越便宜；

2. 2017 年 4 月，雷军在哈佛的演讲，他在演讲中提到一个观点：高毛利是一条不归路，会变成用户的敌人，之后又多次对小米产品的定价和性价比发表看法。你同意雷军的观点吗？请就此展开辩论。

买贵的 VS 买对的　　　高毛利是一条不归路，
　　　　　　　　　　　会变成用户的敌人

正方：企业发展就是要追求性价比。

反方：企业发展不需要追求性价比。

⊃ 角色模拟

选择一家你所在学校的餐厅，假定该餐厅老板就定价问题向你请教，请根据实际情况和你所学的理论知识，对这家餐厅给出定价建议。

⊃ 营销在线

请登录电商平台京东、天猫以及线下的华为手机专卖店或专柜，搜索华为 2023 年推出的最新款手机 HUAWEI P60，针对其系列中完全一样的手机，看一看不同的卖家，价格是否一致；如果不一致，请分析可能的原因。

⊃ 拓展阅读

拓展阅读文献

➡ 第 13 章

•┼·•

分 销 渠 道 策 略

学 习 目 标

1. 了解分销渠道和实体分销的含义及作用。
2. 明确分销模式的特点、各类中间商的差别以及渠道管理的内容。
3. 掌握分销渠道设计的影响因素，渠道冲突类型及管理的一般方法。

引 导 案 例

vivo 的分销策略

互联网数据中心（IDC）公布的数据显示，在中国智能手机市场低迷的环境下，vivo 手机以 18.6% 的市场份额位居 2022 年中国智能手机榜首。vivo 能取得如此成绩，与其分销策略密不可分。

从 2011 年发布第一款手机开始，在其他手机厂商纷纷选择运营商渠道和线上渠道时，vivo 就一直坚持自己的线下代理商渠道。从省级代理到各地市的经销商，再到零售商，vivo 将其视为一个完整的渠道利益生态体系。vivo 的渠道体系中，在提供好产品给消费者的前提下，vivo 坚持的利益链优先顺序是：零售商先赚钱，然后各省级代理、地市代理商客户赚钱。

vivo 拥有近 20 万个零售商，他们愿意把自家门店的位置给 vivo，甚至挂上 vivo 的门头和广告。背后的原因，首先是 vivo 多年来和渠道伙伴已形成的默契：一起赚钱，也一起赔钱，大家在价值观、共同目标上已是高度一致。其次是产品品质有保障和服务的快速跟进。线下的零售店很多时候并不是把赚钱能力放在第一位，它们没有生存压力，更为关注的是卖出的产品别出问题以及出了问题如何解决。毕竟客户都是乡里乡亲，面子上也过不去。不是 vivo 给了渠道多大返利，而是其产品和服务商做到了让渠道放心，所以他们才会卖 vivo 的产品。在一些市县级渠道，vivo 的服务响应时间不超过 48 小时，一旦零售商产品真出了问题，vivo 都是第一时间免费更换。

2017 年，vivo 发力电商全面进驻京东、天猫、苏宁易购三大电商平台。vivo 在电商上的布局不是"有什么货就卖什么"，而是先圈定货品的目标消费者，由消费者全权定义品牌要卖什么货，再通过推出专为电商量身打造的内容和高品质的定制化产品来满足用户。在服务上，vivo 通过天猫品牌号链接了成熟的线下售后服务，将线上用户导流门店，极大地方便了消费者，实现了线上线下全链路营销。

2019 年，vivo 全球首个概念店正式落地。不同于经销商专卖店的性质，vivo 概念店是一家完全由 vivo 自己主导，以展示自身产品的创新能力。vivo 概念店是 vivo 在新一代消费者消费模式变化和企业品牌发展要求下，对终端零售模式的一次大胆尝试。手机市场已经趋于稳定，用户的平均换机时间也延长至 24 个月，因此像 vivo 这样掌握着线上线下销售渠道的厂商也遇到难题，他们想要通过概念店的形式吸引年轻消费群体，打造品牌黏性和品牌认同。

面对日益激烈的市场竞争和渠道的多样化，如何设计和管理分销渠道，就成为企业必须直面的问题。

【资料来源】

[1] 易凡 . vivo 的 2019：双品牌落地抢占 5G 风口，营销策略在调整 [EB/OL]. (2019-12-27) [2023-12-08]. https：//mp. weixin. qq. com/s/ewLvV6rIWCArrNyXESl_ qw.

[2] 郭晓峰 . vivo 手机：成功背后的真正原因 [EB/OL]. (2017-05-04) [2023-12-08]. https：//re. qq. com/a/20170504/003697. htm.

[3] 数英 DIGITALING. 品牌如何发力电商？vivo 差异化营销异军突起 [EB/OL]. (2017-12-14) [2023-12-08]. https：//mp. weixin. qq. com/s/L0CnIr8bf3_ aQrmXCRLpmQ.

产品或服务只有到达消费者或用户手中才是现实的产品或服务，才能实现其价值和使用价值。因此企业必须通过一定的方式、选择合理的路径确保在适当的时间将产品送达给适当地点的目标顾客。本章即重点考察分销渠道策略。

13.1　分销渠道与分销模式

企业选择合适的分销模式并进行有效的管理，就必须了解分销渠道的作用及不同分销模式的特点。

13.1.1　分销渠道的概念与作用

分销渠道，也叫作销售渠道或销售通路，是指某种产品或服务在从生产者向消费者转移过程中，取得这种产品或服务的所有权或帮助所有权转移的所有企业和个人。因此，分销渠道包括商人中间商（指批发商和零售商，他们取得所有权）和代理中间商（指代理商和经纪人，他们帮助转移所有权），还包括处于渠道起点和终点的生产者和最终消费者或用户。显然，由于批发商、零售商、代理商和经纪人的存在，各种商品或同一种商品的分销渠道可以大不相同。

各种中间商的存在是社会分工和商品经济发展的产物。因为生产与消费的分离，二者在产品数量、品种、时间、地点和所有权等方面产生了矛盾。为有效地解决这些矛盾并节约社会劳动，就产生了在生产者和消费者之间专职商品交换媒介的中间商。具体而言，分销渠道的主要作用体现在以下几个方面。①研究。收集制订营销计划和进行交换所必需的有关顾客、生产者及营销环境中主要影响因素的信息。②促销。进行关于所供应的物品的说服性沟通。③接洽。寻找可能的购买者并与之进行沟通。④编配。使所供应的物品符合购买者需要，包括分类、分等、装配、包装等活动。⑤谈判。为了转移所供物品的所有权，而就其价格及有关条件达成最后协议。⑥实体分销。从事产品的运输、储存。⑦融资。为补偿渠道工作的成本费用而对资金的取得与支出。⑧风险承担。即承担与渠道工作有关的全部风险[①]。

13.1.2 分销模式

分销模式又称分销渠道结构，包括渠道的长度和宽度。分销渠道的长度又称分销渠道的层次或层级，由中间环节的数目来决定。不算处于渠道起点的生产者和处于渠道终点的消费者，每经过一个直接或间接转移产品所有权的营销机构，就称之为一个中间环节或中间层次（如批发商、代理商、零售商等）。在产品分销过程中，经过的环节或层次越多，渠道越长；反之，渠道越短。由于消费者市场和产业市场在购买者、购买目的等方面的差异，二者的分销渠道也表现出不同的结构和特征，如图 13-1 所示[②]。

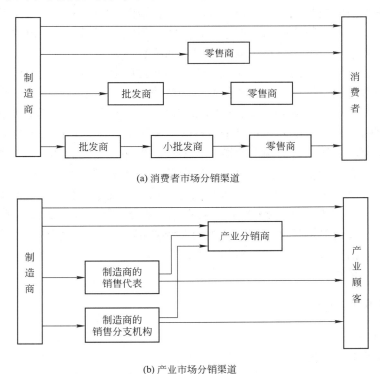

(a) 消费者市场分销渠道

(b) 产业市场分销渠道

图 13-1　消费者市场和产业市场分销渠道

从图 13-1 中可以看出，零层渠道也称直接渠道，即由制造商直接将产品销给最终消费者或用户。一层渠道只包含一层销售中间机构，如消费者市场中的零售商或产业市场中的产业分销商；二层渠道包含两层中间环节，如消费者市场一般是批发商和零售商，产业市场是

---

① 方青云，袁蕗，孙慧，等. 现代市场营销学［M］. 上海：复旦大学出版社，2018.
② 科特勒，凯勒. 营销管理：第 15 版［M］. 何佳讯，于洪彦，朱永革，等译. 上海：格致出版社，2016.

制造商的销售代表或销售分支机构和产业分销商；三层渠道包含三个中间环节，如消费者市场中通过批发商、小批发商和零售商将产品送到顾客手中。此外，还有更多中间环节的渠道，但渠道层次过多，将大大增加生产者控制分销过程和获得市场信息的难度，并可能导致最终价格过高，因此不是很常见。

分销渠道按照产品在流通过程中是否经过中间商转卖来分类，还可以分为直接渠道和间接渠道。生产者将其产品直接销售给最终消费者或用户，属于直接渠道，其他情况则属于间接渠道。直接渠道在产业市场分销中占主导地位，如大量的生产设备、零部件、原材料均通过直接渠道抵达用户。另外，在鲜活食品和服务业等消费市场上直接渠道也占有重要地位。间接渠道是消费者市场分销的主要类型，因为消费者的购买大多属分散、零星、小批量的购买。

在此，需特别说明以下几种情况。其一，一种产品流通过程中要完成的职能并不会随着渠道长短的变化而增加或减少，而只是在参与流通过程的机构之间转移替代或分担。例如：一家服装制造商决定改由自己的销售机构直接向消费者出售商品，这样，它要把原来批发商、零售商替它承担的包装、拼配、资金周转等多种职能统揽起来，收益固然不少，但费用也随之增大。其二，同一行业中的不同企业也可能采用完全不同的分销模式。例如：同样是销售商用电脑，戴尔公司采用了直接渠道模式，而联想则采用了制造商→一级代理→二级代理→用户的间接渠道模式。其三，企业经常会采用两种以上的渠道进行分销活动，这属于多渠道系统。使用多渠道系统可以增加产品的市场覆盖面，有利于企业扩大产品的销售，提高市场占有率，与此同时，也会加大渠道管理的难度。其四，随着网络营销渠道的日新月异，不能简单地把网络营销渠道都归为直接渠道模式，事实上，网络营销渠道也分为网络直接渠道和网络间接渠道。例如：自建网上商城、在第三方网站建立直营店，属于网络直接渠道；企业通过网络中间商或者把产品交给第三方平台销售，属于网络间接渠道。

渠道结构还有个"宽度"问题，即渠道的每个层次中使用同种类型中间商数目的多少。如果某种产品（如日用小商品）的制造企业通过许多批发商和零售商将其产品推销到广大地区，这种产品的分销渠道较宽；反之，如果某种产品（如工业设备）的制造厂家只通过很少的专业批发商销售其产品，甚至在某一地区只授权给一家中间商独家经销，这种产品的分销渠道就较窄或很窄。

13.1.3 渠道发展趋势

1. 垂直渠道系统

传统分销渠道由一个独立的生产商及一个或多个批发商和零售商组成，每一个渠道成员都作为独立的商业实体，各自寻求自己的利润最大化，没有一个渠道成员对其他成员拥有完全或足够多的控制。由于传统分销渠道缺乏这种领导性企业和权力，经常产生破坏性的渠道冲突和不良业绩[①]，这也是近年来垂直渠道系统兴起的原因。

垂直渠道系统是由生产商、批发商和零售商所组成的一个整体系统。其中一个渠道成员通过订立合同的方式控股其他渠道成员，或者拥有一定的权力以至于其他渠道成员必须配合。垂直渠道系统可以由制造商、批发商或者零售商来主导。

---

① 科特勒，阿姆斯特朗. 市场营销：原理与实践：第17版［M］. 楼尊，译. 北京：中国人民大学出版社，2020.

垂直渠道系统有三种主要形式。其一，公司式垂直渠道系统，即由一家公司拥有和管理若干工厂、批发机构和零售机构，控制渠道的若干层次甚至整个分销渠道，综合经营生产、批发和零售业务。其二，契约式垂直渠道系统，即不同层次的独立制造商和经销商为了实现其单独经营所不能及的经济性而以合约为基础实行的联合体。其三，管理式垂直渠道系统，即通过渠道中某个有实力的成员来协调整个产销通路的渠道系统。例如：某些享有盛誉的制造商与零售商建立协作关系，在储运、促销、服务等方面予以帮助和指导。

2. 水平渠道系统

水平渠道系统是指两家或多家公司进行的横向联合，其目的是抓住市场机会，实现资源共享，解决单个企业在资金、技术、产能及其他营销资源上的不足。这种合作能够使企业在分摊渠道成本的同时，扩大产品的市场覆盖范围。例如：许多证券和保险公司与银行合作，利用其网点销售金融产品，这种做法有利于这些证券和保险公司的业务发展，也提高了银行的获利能力[1]。

3. 多渠道系统

多渠道系统是指同一种产品通过两种或两种以上的分销渠道来触达某个市场的顾客群体。例如：某品牌手机的分销系统如图 13-2 所示。

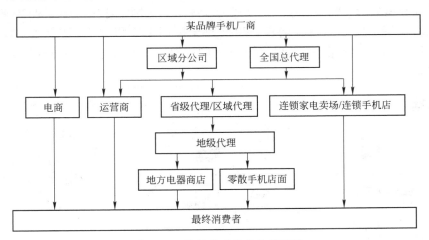

图 13-2　某品牌手机的分销系统

复合立体的多渠道模式的出现和存在，主要有两个背景：一是随着消费者细分程度的提高及零售业态的丰富，单一的渠道模式不足以覆盖所有的或大部分的消费群，以及零售卖场、网点；二是厂家在渠道变革的过程中，原有的渠道体系和新导入的渠道体系（如线上渠道）同时存在，从整个渠道体系的横截面看，呈现出"多元""复合"的特征。

多种零售业态并存的情况下，哪些是重点，哪些是次重点，哪些是非重点，分别采取何种流通模式，这是重要的渠道策略问题，它涉及渠道政策及资源配置。厂家在安排渠道重心时，需考虑渠道体系的整体效能。也就是说，需把握好各种业态、各种渠道模式之间的均衡，使之各得其所，共同发挥作用。

从动态角度看，厂家还需处理好重心的转移问题。在随着流通格局、零售业态变化调整

① 王永贵. 市场营销［M］. 北京：中国人民大学出版社，2019.

渠道重心时，应平滑过渡，处理好新的业态及各类渠道客户之间的利益关系，朝着正确的方向循序渐进地发展①。

4. 网络分销渠道的崛起

随着互联网、移动互联网和社交媒体的迅猛发展，网络分销得到更加广泛的应用。

网络分销渠道的优势主要体现在以下方面：第一，跨越时空范围限制，可以覆盖全球范围，提供 24 小时不间断的服务；第二，相对便利、迅捷的交易流程。免去路程、排队等线下渠道的痛点；第三，因为网络的搜索功能以及可视化，信息处理更加有效和富有弹性；第四，可以进行基于数据的管理，顾客的网上行为都是留痕的，因此对企业的市场细分、与顾客的互动及消费者行为分析，都更加有针对性；第五，降低销售和分销成本。

网络分销渠道的劣势主要体现在以下方面：第一，与实际产品之间无接触。顾客无法真切地看到、听到、嗅到、触摸到、感觉到产品实体，无法亲自感受体验，此外也缺乏线下的购物氛围；第二，所有权让渡的拖延，即不能立刻拥有产品，缺乏现场愉悦感；第三，产品与服务质量与线下相比可控性较差。

尽管网络分销渠道存在一定的劣势，但是现代人越来越呈现网络化生存的状态及网络分销所特有的便利性、产品的包罗万象和信息的可搜索性等优势，使得网络零售更快地发展。据国家统计局数据显示，我国已连续多年成为全球第一大网络零售大国。从 2008 年至 2022 年，我国网络零售市场总体稳步增长。2022 年全国网上零售额 13.79 万亿元，同比增长 4%。其中实物商品网上零售额 11.96 万亿元，同比增长 6.2%，占社会消费品零售总额的比重为 27.2%。

特别关注

"多渠道" "跨渠道" 和 "全渠道" 营销

1. 多渠道：多个渠道但各自分离

多渠道描述了客户使用一个或多个接触点的方式，如实体店、智能手机、平板电脑、实时聊天、电子邮件、社交、语音或消息分发程序。使用多渠道方法，每个渠道都可以独立工作，从通信或客户体验的角度来看，没有集成。顾名思义，多渠道营销是一个品牌通过多种渠道与客户沟通。需要注意的是，这些渠道是相互独立的，它们之间并不互通。随着企业的发展，它可能会导致客户体验的脱节。例如：如果某用户通

---

① 施炜．深度分销：掌控渠道价值链 ［M］．北京：企业管理出版社，2018.

过 A 渠道看了某件商品，之后想在 B 渠道购买，他们不得不"回到原点"，重新搜索这件商品。

2. 跨渠道：多个且连接

跨渠道营销向前推进了一步，它能做到在不同营销阶段、不同渠道之间可以平滑地过渡，具有流畅的用户体验，并能共享信息，这样用户在整个购物旅程中可以横跨多个渠道到达任何地方。例如：部署一个跨所有渠道工作的聊天机器人，可以识别客户在接触点之间移动时进行及时互动，也可以根据最有利于客户参与度的因素来协调跨渠道营销活动，因此一个活动可以通过电子邮件、短信、App 消息和社交等瀑布式方式进行沟通，在一个营销管理平台上集成分析。

3. 全渠道：多元和互动

全渠道营销则更进一步，不同的渠道在这里完全是互联互通的，这允许最大限度地触达到用户。用户可以同时使用不同的渠道与品牌沟通，在渠道之间无缝切换，拥有一致性体验。

例如：一家商店是否使用地理位置数据向经过商店的顾客推送特别优惠？是否将应用与智能扬声器集成，以便人们可以口头将商品添加到购物清单中？是否提供忠诚度计划，从任何渠道的购买中整理积分并定制优惠？这些互动和集成的体验增加了更好的客户体验，为客户提供了额外的灵活性和个性化，也使品牌更无缝地融入消费者的日常生活中。

企业无论采用哪种方法，关键是要将客户置于战略的核心，以便于企业专注于与客户建立联系，而不仅仅是渠道或设备。

【资料来源】亿业科技."多渠道""跨渠道"和"全渠道"营销［EB/OL］.（2022-10-21）［2023-12-08］. https：//mp. weixin. qq. com/s/9NkepOx5u0ZOUA99ZtNvBQ.

13.2　中间商的类型与特征

根据所有权、规模、经营范围及承担职能的多少，中间商可以分为以下几类。

13.2.1　批发商

批发商是指将产品或服务销售给为了转卖或者其他商业用途而进行购买的个人或组织。批发商有三大类型：商人批发商、代理商和经纪人、制造商的分支机构或办事处。

1. 商人批发商

自己进货，取得产品所有权后再批发出售的商业企业就称为商人批发商（或商业批发商）。根据其承担职能的不同、经营商品范围的宽窄和市场覆盖面的大小做进一步细分，有执行完全职能的批发商，也有只提供有限服务项目的批发商（有限服务批发商）。完全职能的批发商根据业务特点的不同还可分为三类。其一是批发商人，主要面向零售商，以经营个人消费品为主，为零售商提供广泛的服务；其二是工业配销商，主要面向生产企业，经营各种通用生产设备或零部件；其三是大宗商品的专业批发商，其特点是将单一品种分散的货源收集组织起来，再大宗地批发出去。有限服务批发商主要是为了减少成本费用，降低批发价格，往往只执行一部分职能，如现购自运批发商、卡车批发商、邮购批发商等。

2. 代理商和经纪人

代理商和经纪人与商人批发商最主要的区别在于他们对商品没有所有权，他们并非经营商品，而是代表买方寻找卖方或者代表卖方寻找买方，抑或只是在买卖双方之间牵线搭桥。由于他们没有独立的投资，因此他们赚取的是佣金而非商业利润。这种没有商品所有权的中间商还可分为制造代理商、销售代理商和产品经纪人等。

（1）制造代理商。制造代理商在商业活动中较为常见。他们代表两个或者若干个互补产品线的制造商，分别和每个制造商签订正式书面合同，他们对每个制造商的生产线都比较了解，并利用自己的广泛关系网络来销售制造商的产品。制造代理商所承担的职能多少，取决于制造商与其所签署的代理协议中规定的责任。制造商通常会利用这种代理商推销机器设备、汽车、家具、服装等。

（2）销售代理商。在签订合同的基础上，为委托人销售某些特定产品或全部产品的代理商，对价格、条款及其他交易条件可全权处理，他们所承担的职能较多。这种代理商在纺织、木材、金属产品、食品、服装等行业中常见，竞争非常激烈，产品销路对企业的生存至关重要。

（3）产品经纪人。其主要作用是沟通产需，为买卖双方的销售洽谈穿针引线，发挥中介作用。成交后，产品经纪人获取一定的佣金。经纪人所承担的职能相对较少。

3. 制造商的分支机构或办事处

无论是分支机构还是办事处，都完全属于制造商。制造商对其有绝对的控制权。分支机构有一定的商品储存，其职能如同商人批发商，所不同的是隶属关系，前者是制造商自己的。办事处则没有存货，它只能算是制造商的一个业务代办机构，负责信息沟通和宣传。

13.2.2　零售商

零售商是指将商品直接销售给最终消费者的中间商，处于商品流通的最终阶段。零售商的类型千变万化，组织形式也时常翻新。无论怎样变化，仍然可以将其按有无实体店面归为两大类，即商店零售商和无店铺零售商。

1. 商店零售商

最主要的商店零售商有以下几类。

（1）专营商店。经营的产品线较为狭窄，但产品的花色品种较为齐全。例如：服装店、体育用品商店、家具店、花店和书店均属于专营商店。根据产品线的狭窄程度可以将专营商店再分类。例如：服装商店是单一产品线商店；男士服装店、儿童服装店则是有限产品线商店；而男士定制衬衫店及特殊尺码服装店是超级专用品商店。

（2）百货商店。经营的商品种类繁多，且每一类别的商品品种比较齐全，经营部门都按商品大类设立。在某种意义上讲，百货商店就是多个专业店集中在一个屋檐下。随着市场竞争的日益激烈，百货商店的销售量和获利能力都有所下降。

（3）超级市场。规模巨大、成本低廉、薄利多销、消费者自助服务的经营机构，以各种食品、蔬菜和家庭日常用品的经营为主。

（4）便利店。设在居民区附近的小型商店，营业时间长，销售品种范围有限、周转率高的方便产品。这种零售形式可以满足消费者随时购买的需求，只是价格稍高一点。

（5）超级商店、联合商店和特级商场。超级商店是在超级市场基础上发展起来的，比传统的超级市场更大，经营范围也更广。除了销售各种食品和日用品等产品，还提供洗衣、干洗、支票付现等服务。联合商店的面积比超级市场和超级商店更大，呈现一种经营多元化的趋势。特级商场比联合商店还要大，综合了超级市场、折扣和仓储零售的经营方针，其花色品种超出了日常用品，包括家具、大型和小型家用器具、服装和其他许多品种，基本上为原装产品陈列，尽量减少商店人员搬运，同时向愿意自行搬运大型家用器具和家具的顾客提供折扣。

（6）折扣商店。出售大家公认的一些品牌产品，但售价便宜，商店往往设在租金较低的地区。由于折扣商店与百货商店之间竞争非常激烈，从而导致许多折扣店也在内部装潢及产品线的扩大等方面不断调整改进，致使成本升高。随着折扣商店与百货商店差距的缩小，折扣商店已经从经营普通产品发展到经营专门产品上，如折扣精品店、折扣体育用品商店。

（7）仓储俱乐部。销售的产品种类少，但能提供更低的价格，购物者必须是会员，每年缴纳一定的费用，方能享受到优惠的折扣。

2. 无店铺零售商

众所周知，以前消费者以实体店购物为主，随着信息技术和人工智能技术的发展，依托于网络的无店铺零售商得到飞速发展。下面介绍几种常见的无店铺零售形式。

（1）直接销售。即直销企业招募直销员，由直销员在固定营业场所之外直接向最终消费者推销产品的经销方式。根据《中华人民共和国直销管理条例》，企业从事直销经营必须经过商务部批准获得直销经营许可；未经批准，任何单位和个人不得从事直销。

（2）自动售货。即通过自动售货机出售如软饮料、小食品等商品。售货机可以遍及工厂、办公室、大型零售商店、加油站、街道等地方，向顾客提供 24 小时售货服务。

（3）直接营销。即以非个人方式向消费者推销产品，主要包括直接邮购、目录营销、电话营销、电视营销、网络销售等。

3. 网络零售商

严格来讲，网络零售商属于无店铺的零售商，是直接营销的方式。因为其发展速度快且呈现多种样态，成为越来越多人的购物渠道，下面单独介绍几种常见的网络零售商形式。

（1）企业自建平台。像海尔、华为、OPPO、苏宁等企业都有自己的电商平台，企业通过建立自己的电子商务平台，在虚实渠道融合、物流配送、产品组合、价格稳定等方面为用户提供更好的体验，从而在激烈的市场竞争中创造新的商机，开拓新的市场空间。

（2）网上旗舰店。这是网络零售中最具代表性的商业业态之一。网上旗舰店主要有三种建店模式：一是代理商建店，一般由产品的地区代理建立，如众多的服装品牌旗舰店；二是生产商直接建店，一般是总部授权，各地分公司承建，如在京东上的 vivo 官方旗舰店；三是电子商务平台商建店，如 vivo 京东自营官方旗舰店。前两种属于在电商平台的线上直销模式，最后一种形式也被称为入仓模式。入仓模式下的产品经营均由电子商务平台商掌控。

（3）网上专卖店。这是专门经营或授权经营某一主要品牌或某一款商品的网络零售业态，也被称为网上经销模式，网上专卖店具有专一性、一体化、便捷性、高效性、专业性等特点。例如：京东平台上的 vivo 五通专卖店，只卖 vivo 手机。

（4）网上专营店。一般是指专门经营某一类商品为主的网上零售业态。从经营商品范围的专业性角度看，属于专业化和深度化经营的零售业态。网上专营店具有商品专业、服务灵活、规模较小等特点。例如：京东平台上的炜东电商旗舰店经营各大主流品牌的手机、配件。

（5）网上集市店及店铺。这是指供个人卖家入驻的各大电子商务交易平台，网上集市店通常指由个人卖家入驻电子商务交易平台开设的网络商店淘宝就是为人所熟知的网上集市店。网上集市店数量庞大，其店铺商品种类众多，是一个重要的商品集结地和消费门户。比如淘宝上的"全球数码手机商城"就是淘宝上的一家金牌店铺，售卖手机和配件。

（6）社交电商。这是利用社交媒体和消费者之间的互动来促进在线销售[1]，即将关注、分享、沟通、讨论、互动等社交化的元素应用于电子商务交易过程。社交电商主要有三种模式：其一是拼团模式，如拼多多；其二是内容电商，如小红书、蘑菇街；其三是小程序，基于微信生态运营，自带社交属性，通过社交网络获得裂变式的爆发，完成社交到电商的无缝衔接。

（7）直播电商。直播是指在事件发生过程中，同步进行录制和播出的形式。随着移动互联网的发展和智能手机的普及，直播这种体验更加立体的形式越来越受到人们的关注。目前主要有以下几种形式：其一，品牌自播，即在直播平台上品牌方通过直播的方式销售产品。如小熊电器官方旗舰店在京东平台进行直播销售；其二，独立的直播电商，即被授权的独立电子商务公司在直播平台上销售产品，如东方甄选等；其三，电商平台自营品牌旗舰店直播，即入仓模式的旗舰店通过直播的方式销售产品，如唱吧京东自营旗舰店直播销售产品。目前，我国主要的直播电商平台有淘宝直播/点淘、抖音电商、快手电商、京东直播、小红书、微信视频号、蘑菇街、多多直播、唯品直播、苏宁直播等。

据商务部公布的信息显示，2022年电商新业态新模式彰显活力，重点监测电商平台累计直播场次超1.2亿场，累计观看超1.1万亿人次，直播商品超9 500万个，活跃主播近110万人。

从本质上而言，直播电商更像是一些网络零售商的混合体，只是销售商品的形式更加丰富。

营销展望

从"新零售"到"即时零售"

互联网经历了三个阶段：第一阶段是向线下要份额；第二阶段是线上和线下打通；第三阶段是"即时零售"所代表的，线上依托线下、反哺线下。

"新零售"的落脚点是强调电商平台，"我"的新与旧传统对立；"即时零售"落脚点是强调客户价值，"你"的获取商品和服务需要的时间，半月达、三日达、次日达和"即时"的差异。"即时零售"的核心是本地门店加上即时配送，是外卖与实体店结合产生的新业态，连接了实体经济和消费者，也激发了新消费需求。

---

① 弗罗斯德，福克斯，斯特劳斯，等. 网络营销［M］. 8版. 时启亮，陈音君，黄青青，等译. 北京：中国人民大学出版社，2021.

"即时零售"解决了效率和体验的平衡。它在品类上实现了"万物到家"的突破，而品类上的突破，核心是其商品供给不再是全国产业带看价格盘活，而是依托于线下便利店等实体经济。从供给侧来看，要实现 30 分钟万物到家必须依赖覆盖高密度的本地实体门店，确保供给覆盖的密度和准确度，从而实现让消费者以最快速度发现身边最近的商品，通过外卖配送的履约能力保证消费者的消费体验，进而进一步激发新消费需求，实现线下实体门店和消费者之间的轮转速度更快。

除了本地实体，"即时零售"的另一要素是配送。"即时零售"的真正门槛也是在配送。即时履约需要骑手等网络配送员和智能调动系统，未来也可以有无人机、自动配送车等科技应用，它需要充足的运力、智能派单机制、订单波峰波谷的有效调度及最优路线规划。这一系列的运营，通过积累建立起一道隐形又高的壁垒。

"即时零售"的本质是基于技术体系的社会化分工大协作——既有供给侧的社会化商品供给，也有社会化的配送支持。回顾中国电商发展历史，只有这两个社会化协作才能真正支撑起一个平台。淘宝之所以成功，既得益于海量商家，也得益于四通一达。即便如京东这样自营 B2C 起家的公司，要做大，也要进行平台开放，引入商家开放，也引入了物流配送的开放。

传统的电商平台受益于全国统一大市场的发展，让用户足不出户就能买到全国各地甚至全球的货，它解决了商品的丰富性问题。"即时零售"的出现则要受益于本地零售的成熟，让用户更快地买到本地供给的商品，解决了商品即时性问题，让万物可以即时到家。从这点来看，"即时零售"更像是零售的全新业态。

【资料来源】谢璞. 从"新零售"到"即时零售"看中国电商之变［J］. 中关村，2022（12）：26-27.

13.3　分销渠道的设计与选择

渠道的设计与选择是相对长期的决策，渠道模式一经确定，就意味着改变或调整都有一定的难度，因为与产品、价格和促销策略有所不同，渠道方面的决策需要得到其他企业的认同与配合。因此，企业在进行渠道设计时应慎而行之。

13.3.1　影响渠道选择的主要因素

渠道设计实际上就是分销模式或分销结构的比较与选择的过程，在这个过程中企业必须做出各种关系到企业营销绩效乃至企业整体获利水平和市场地位的决策。为此，首先应明确影响渠道选择的主要因素。

1. 市场因素

市场因素是指顾客的人口统计特征（如顾客人数、地理分布）和购买行为（如购买频率、对促销方式的敏感性）等。购买频率低，批量大时多采用直接销售；某些商品消费地区分布比较集中时，适合直接销售；反之，则间接销售。若消费者的潜在需求多，市场范围大，需要中间商提供服务来满足消费者的需求时，宜选择间接且宽的分销渠道。鉴于消费者的购买习惯不同，如有的消费者喜欢直接向厂家购买商品，也有的消费者喜欢到商店买商品，企业的渠道模式可能是多种并存的。此外，有些消费者对参加展销会津津乐道，于是原本作为一种促销宣传方式的展览会，又被赋予了一个新角色，即成为一条销售通路，如北京的民族文化宫常年围绕着棉麻、丝绸、羊绒等制品举办各种展销会。

2. 产品因素

产品的特性不同，对分销渠道的要求也有所不同，鲜活易腐产品显然应采取最直接的渠道；体积大、分量重、技术性强的专用产品适于尽可能短的渠道；单价高、需较多附加服务的产品多由生产企业直接销售或只经过一层中间环节；非标准化产品（如顾客订制的机器）通常由企业推销员直接销售。对于新产品，为尽快打开销路，生产企业一般会组织自己的推销队伍，直接与消费者见面，推介新产品和收集用户意见；如能取得中间商的良好合作，也可考虑采用间接销售形式。

3. 企业自身因素

在渠道设计中需考虑的企业自身因素主要包括以下 5 个方面。①资金能力。企业本身资金雄厚，则选择分销渠道的余地大，可建立自己的销售网点，采用产销合一的经营方式，也可以选择间接分销渠道；企业资金薄弱则必须依赖中间商进行销售和提供服务，只能选择间接分销渠道。②营销能力。企业在销售力量、储存能力和营销经验等方面具备较好的条件，则可以选择直接分销渠道；反之，则需要借助中间商，选择间接分销渠道。另外，企业如能和中间商进行良好的合作或对中间商能进行有效的控制，也可选择间接分销渠道。③可能提供的服务水平。中间商通常希望生产企业能尽可能多地提供广告、展览、维修、培训等服务项目，为销售产品创造条件。若生产企业无意或无力满足这方面的要求，就难以达成协议，迫使生产企业自行销售；反之，如提供的服务水平高，中间商则乐于销售该产品，生产企业则选择间接分销渠道。④产品组合的宽度、深度和关联性。若企业产品组合的宽度越大，则与顾客直接交易的能力越大；产品组合的深度越大，则使用独家分销或选择性分销就越有利；产品组合的关联性越强，则越应使用性质相同或相似的市场分销渠道。⑤渠道经验。企业过去的渠道经验往往会影响到渠道的设计，曾通过某种特定类型的中间商销售产品的企业会逐渐形成渠道偏好。

4. 宏观环境因素

每种环境因素及其变化都会对分销渠道的选择产生或大或小的影响，像专卖制度、反垄断法、进出口规定、税法、价格政策等都会影响甚至限制企业对分销渠道的选择。例如：烟酒实行专卖制度时，烟酒的供应商必须依法选择分销渠道。

5. 竞争因素

根据竞争对手的情况并比照自身的实力来决定是否与对手在类似或同样的渠道中直面对抗还是另辟蹊径。当市场竞争不激烈时，可采用同竞争者类似的分销渠道；反之，则尽量采用与竞争者不同的分销渠道。

6. 中间商因素

中间商因素对渠道设计的影响表现在两个方面。一方面，设计渠道时必须考虑中间商在分销渠道中可以承担的各种营销职能及中间商本身的特性。一般来讲，中间商在执行运输、广告、仓储、信用条件、退货特权、人员训练和送货频率等职能方面都有不同的特点和要求。另一方面，能否找到合适的中间商，这是分销渠道选择时首先面临的问题。中间商的合适与否意味着中间商能否满足企业的要求，能否以较低的成本承担企业所要求承担的职责，也意味着企业所选的中间商是否愿意经营企业的产品。一些新产品往往会面临这个问题。

13.3.2　分销渠道设计程序与决策内容

1. 分销渠道设计程序

分销渠道设计程序如图 13-3 所示[①]。

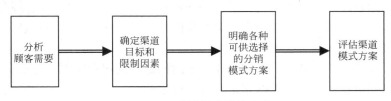

图 13-3　分销渠道设计程序

在具体的分销渠道设计中，首先是分析顾客需要，即了解企业选中的目标顾客群需要购买什么样的产品或服务，他们习惯在什么时间、什么地点购买，如何买，以及他们希望经销商提供的购买服务水平，时间和空间的便利条件等。其次是确定目标。任何一种渠道模式都有一定的针对性，不同的模式或同一模式在不同时期会有不同的目标诉求。如果企业目标是控制渠道，则应扎扎实实地培植自身能力，以管理、资金、经验、品牌或所有权来掌握渠道主动权；如果企业目标在于扩大市场覆盖面，则应选择尽可能多的中间商。因此，确定目标将直接关系到具体分销方案的制订。分销渠道设计的关键环节就是分销模式方案的制订、评估与选择。

2. 分销模式决策的主要内容

（1）确定渠道长度。即确定中间环节的数目或决定采用几个层次的分销渠道。一般而言，在消费者市场，三层次以下称为短渠道，三层次以上称为长渠道。长渠道的优点表现为：市场覆盖面广，厂家可以将中间商的优势转化为自己的优势，减轻厂家费用压力。一般消费品销售较为适合采用长渠道。长渠道的缺点在于厂家对渠道的控制程度较低，增加了服务水平的差异性，加大了对中间商进行协调的工作量。相对于长渠道而言，短渠道对渠道的控制程度较高，但制造商要承担大部分或者全部渠道功能，且市场覆盖面较弱。

（2）确定所需中间商的类型。中间商的类型，应根据市场对中间商所承担职能的要求及本企业的通路目标来决定。

（3）确定渠道宽度。确定渠道宽度即决定分销渠道中每一层次所需中间商的数目。有三种策略可供选择。

其一，密集分销。指使用大量中间商来经销产品，便于消费者能够方便地大量购买。密集分销多用于消费品中的便利品（如口香糖、洗涤用品等）和产业用品中的供应品，其最大的优点在于市场覆盖率高。缺点是市场竞争程度较为激烈时有可能导致市场混乱，从而破坏厂家的营销意图，另外，制造商的渠道管理成本较高。

---

① 科特勒，凯勒. 营销管理：第 15 版［M］. 何佳讯，于洪彦，朱永革，等译. 上海：格致出版社，2016.

其二，选择分销。指企业在一定时期、特定的市场区域内选择几家中间商来经销产品。这种方式有利于和中间商建立和维持较好的关系，同时有较低的成本和较强的控制，适用于消费品中的选购品、特殊品及产业用品中专业性强、用户较固定的设备和零配件等。这种方式的渗透力有所减弱，但是它对企业提高效率、降低费用、增强企业的知名度有较大贡献。

其三，独家分销。指在特定的市场区域内中间商不再经营竞争者的品牌，生产企业承诺要为中间商提供很高的服务水平。此方式适用于汽车、耐用电器和名牌服装。采用这种分销模式，有助于加强制造商与中间商的关系，加强对产品价格和销售状况的控制，提高信誉水平。但是，在一个地区只有一家经销商，可能会因此失去一部分潜在消费者；若独家经销商选择不当，就可能在该地区失去市场。

（4）规定渠道成员的权利和责任。企业与中间商之间的权责问题对分销渠道的正常运转具有重要影响，同时也对交易条件的制定具有重要影响。企业必须制定相应的权责与服务范围：明确企业要为中间商提供哪些方面的服务、承担哪些方面的职责；中间商要为企业提供哪些方面的服务，承担哪些方面的职责。一般情况下，相互的权责和服务内容包括供货方式、促销的相互配合、产品的运输和储存、信息的相互沟通等。例如：生产企业给予中间商的供货保证、产品质量保证、退换货保证、价格折扣、广告促销协助等；经销商向生产企业提供市场信息和各种业务统计资料，保证实行价格政策，达到服务水准等。

3. 分销模式方案的评估

分销渠道方案初步确定后，企业就要对各种备选方案进行评价，找出最优的渠道路线，通常，渠道评估的标准有三个：经济性、可控性和适应性[①]。

（1）经济性。由于企业追求的主要目标就是获利，因此该标准是最重要的。使用这一标准，主要就是比较每种备选渠道模式可能达到的销售额及费用水平。例如：比较由本企业推销人员直接推销和使用销售代理商，看哪种方式销售额水平更高，或者比较由本企业设立销售网点直接销售所花费用与使用销售代理商所花费用，看哪种方式支出的费用更大。通过对每条渠道模式产出与投入之比的比较，从中选择能够带来更多利润的分销模式。

（2）可控性。对分销渠道控制能力的评价，一是看企业与中间商利害关系处理的难易程度，二是看同一层次中间商之间关系协调的难易程度。对于企业来说，希望这些关系越容易处理越好。但多数情况下，渠道各成员会以其本身的利益作为其决策目标，出现利害关系冲突在所难免。对于不同结构、不同组织方式的分销渠道，企业所能表现出的控制能力有一定的差别，因而要求企业在选择渠道模式时必须对不同渠道的控制能力做出正确的判断，以选择符合企业控制标准要求的渠道模式。

（3）适应性。适应性即所选分销渠道对环境变化的灵活变通能力。随着环境的变化，不同类型渠道的效率都有可能发生变化，原本十分吸引顾客的渠道可能不再有那么大的吸引力，但是由于企业与中间商之间有合约，企业无权随意变更。为此，企业在决定分销模式时，要密切关注环境的变化趋势，并对各种渠道模式是否富有弹性做出评估。一般而言，企业应尽可能选择具有较强掌控力的渠道方案。

---

① 科特勒，阿姆斯特朗. 市场营销：原理与实践：第 17 版［M］. 楼尊，译. 北京：中国人民大学出版社，2020.

营销实操

分销渠道选择的三个误区

误区之一：害怕中间商赚差价（盲目追求扁平化）。为了不让中间商赚差价，很多企业纷纷"渠道扁平化"，通路从四级经销变为三级，再由三级变为二级，甚至绕过经销商直接供应零售终端。扁平化的好处毋庸置疑：第一，生产厂家更加接近终端，第二，因为通路变短，通路控制力增强，厂家的意志能够比较好地贯彻，第三，扁平化使厂家能够"快速反应"。但企业如果盲目追求"渠道扁平化"，会掉入陷阱。首先，在复杂的市场环境中，由于中间商的存在，交易环节是减少的，而不是增多的。中间商的作用还远非减少交易环节那么简单，他们还提供信息收集整理、促销推广、谈判、订货、移库甚至承担资金风险等作用。每个渠道成员都有自己的价值所在，每减一个，企业自身承担的功能就要多一个。其次，渠道的每一次扁平化，就意味着生产厂家的销售团队增加一个层次，生产厂家的层级化与渠道扁平化是同时进行的。生产厂家的营销组织架构扁平化之前是总部—省区业务员，或总部—省区办事处—业务员，营销组织架构扁平化之后是总部—大区经理—省级经理—城市经理—县级业代—乡镇助销员。随着企业营销队伍的日益庞大和管理层级的增多，管理成本及费用日益上涨。因此，承认中间商价值、建立匹配的渠道体系、科学的营销顶层设计，才是渠道设计的正途。

误区之二：撒胡椒面（覆盖面越宽越好）。很多企业在分销渠道的建设上要求覆盖面越广越好，区域越大越好，销售网点遍布全国各地，办事处到处都是。渠道覆盖面果真越宽越好吗？在这个问题上，有以下几点需要好好考虑：一是企业是否有足够的资源、能力去关注每一个网点的运作；二是企业自建网络还是借助于中间商的网络，后者的可靠性比前者要差；三是企业的渠道管理水平是否与之相匹配；四是单纯追求覆盖面，难免产生疏漏或薄弱环节，容易给竞争者留下可乘之机；五是万一被竞争对手攻击，自己是否能有效反击？

误区之三：喜新（新兴渠道）厌旧（传统渠道）。随着O2O到家、社区团购、快消B2B、直播带货等新渠道的兴起，不甘落后的企业纷纷涌入，冷落传统的线下大卖场、批发市场、便利店等渠道，在新旧渠道交替、并存和撕扯中应付各种渠道混乱和冲突。事实上，每个渠道背后的购物者都不一样，企业要结合自身品牌、产品品类，确定每一个渠道的分销定位，精准锚定对应的传统渠道和新兴渠道，在扶持新兴渠道的同时保护好传统渠道。

【资料来源】

[1] 许翔. 城市经理必备：一线市场全域分销策略作战地图 [EB/OL]. (2020-03-29) [2023-12-08]. https://mp.weixin.qq.com/s/9sN-bPrc4mDIDzna852-ZA.

[2] 邹树彬. 决胜销售渠道 [M]. 深圳：海天出版社，2000.

13.4   分销渠道管理决策

一个企业要使产品能顺利到达顾客手中，光选对了分销模式还不够。因为在营销实践中，经常会有这样的情形：同一行业中的公司，选用的是同样的渠道模式，其结果却迥然不同。原因何在？除公司本身的问题之外，还有一点不容忽视，即渠道成员是否与企业协同努力，去满足顾客的需求。对这个问题的反省，就得从渠道管理上找寻答案。

13.4.1   中间商的选择与激励

在渠道模式确定之后，选择具体的中间商，并使之高效率地工作，就成为分销渠道管理首先要做的事情。

1. 选择中间商应考虑的因素

选择中间商不是为获得一批商品的订单，而是选择产品分销的战略伙伴或合作者，同时也是对有关分销渠道的功能承担者的战略性选择。中间商的选择会影响分销成本，影响消费者需要的产品能否及时、准确地转移到目标消费者手上，也影响生产企业或产品在消费者心目中的定位。因此，生产商在招募中间商方面是非常谨慎的，需要广泛搜集有关中间商的业务经营、资信、市场范围、服务水平等方面的信息，确定审核和比较的标准。具体而言，对合格中间商的鉴定应该考虑以下因素。

（1）市场范围。对中间商市场范围的考察首先要考虑预定的中间商的经营范围所覆盖的地区和产品的预计销售地区是否一致；其次要考虑中间商所服务的对象是不是生产商所希望的潜在顾客。市场范围是选择中间商最关键的因素。

（2）产品知识。要选择与本企业产品性质相符的中间商作为合作伙伴，一方面可以节省培训成本，另一方面可以迅速打开市场。

（3）中间商的地理区位优势。选择零售商最理想的区位应该是顾客流量较大的地区。批发商的选择则是考虑其所处的位置是否利于产品的批量存储与运输，通常以处于交通枢纽为宜。

（4）合作意愿。中间商的合作意愿及对生产商的预期是企业选择中间商时不可忽视的一个因素。中间商合作意愿高，就会积极主动地推销企业的产品。有些中间商希望在合作过程中能获得生产商的大力协助，如商品售出后再付款、随时送货等。生产企业应根据产品销售的需要确定与中间商合作的具体方式，再选择理想的合作伙伴。

（5）经营实力。第一，中间商的综合服务能力。有些产品尤其是高技术产品需要中间商向顾客提供售前的咨询，售中的详细指导、演示，售后的维修服务等。选择这些产品的中间商时要考虑其所能提供的服务项目和服务能力。第二，中间商的财力。其中包括资金融通能力、财务状况等对中间商能否按时结算，甚至在必要时预付货款都有很大的影响。第三，商品吞吐能力。这从另一个方面反映了中间商的经营规模和综合实力。商品吞吐能力强的中间商，其综合实力会比较强（也包括其硬件设施，如营业面积、仓储设施等）。第四，员工能力。员工素质的高低和业务能力的强弱，会对产品的市场开拓产生重要影响。

（6）信誉和影响力。在一个具体的局部市场上，显然应当选择那些目标消费者和二级分销商愿意光顾甚至愿意在那里出较高价格购买商品的中间商。这样的中间商在消费者的心目中具有较好的形象，能够烘托并帮助企业建立品牌形象。另外，中间商与当地政府及各职能部门应有良好的沟通协调能力，与所在地新闻媒体应建立良好的合作关系。对产品本身一些突发事件的出现，中间商能妥善处理，不至于在消费者中产生不良后果甚至负面效应。

选择中间商并非一厢情愿的事情，企业需根据自身的实力和产品情况，并结合上述因素，综合权衡后做出选择。

2. 激励中间商

生产商在确定了中间商之后，为了更好地实现企业的营销目标，促使中间商与自己合作，还必须采取各种措施对中间商给予激励，以此来调动中间商经销企业产品的积极性，并通过这种方式与中间商建立一种良好关系。激励职能包括的主要内容有：研究分销过程中不同中间商的需要、动机与行为；采取措施调动中间商的积极性；解决中间商或分销执行者之间的各种矛盾等。激励中间商的方法很多，不同企业所用方法不同，即便同一企业，在不同地区或销售不同产品时所采取的激励方法也可能不同。下面介绍几种常用的激励方法。

（1）合理分配利润。对利润的合理分配需要企业充分运用定价策略和技巧，即根据进货数量、信誉、财力、管理水平等对各类中间商进行考察，视不同情况分别给予不同的价格折扣和补贴。价格折扣方式在前面已经详细论述过，常用的补贴措施有合作广告补贴、陈列展示补贴、示范表演和现场咨询补贴、存货补贴、恢复库存补贴等。同时，企业的价格政策应视生产需求和中间商的销货情况随时调整。

（2）开展促销活动。生产商利用广告宣传推广产品，一般很受中间商欢迎。广告宣传费用可由生产商负担，也可要求中间商合理分担。生产商还应经常派人前往一些主要的中间商那里，协助安排商品陈列、举办产品展览和操作表演、训练推销人员，或根据中间商推销业绩给予相应奖励。

（3）资金支持。中间商一般期望生产商给予他们资金支持，这能促使他们放手进货，积极推销产品。一般可采取售后付款或先付部分货款待产品出售后再全部付清的方式，以解决中间商资金不足的困难。

（4）协助中间商搞好经营管理，提高营销效果。例如：厂商可以派厂方代表或市场部人员到销售一线与各级渠道成员进行沟通，为他们制订企业发展计划，向他们提供市场状况信息，帮助他们进行下游渠道的档案管理等；厂商也可以派出经过专门培训的理货人员和销售人员帮助零售商进行现场展示和维护，协助零售网点进行客户沟通，帮助货品整理、进出货记录及催收货款等。

（5）提供情报。市场情报是开展市场营销活动的重要依据。企业应将所获得的市场信息及时传递给中间商，使他们心中有数。企业有必要定期或不定期地邀请中间商座谈，共同研究市场动向，制定扩大销售的措施。企业还应该将自己的销售计划告诉中间商，为中间商合理安排销售提供依据。

（6）与中间商结成长期的伙伴关系。和短期的交易相比，长期的伙伴关系更能激励中间商投入更多的精力，并与企业荣辱与共。要与中间商结成长期的伙伴关系，需要企业不断地投入时间与精力来精心培育。

（7）提供培训。培训内容一般包括两个方面。其一是专业销售培训。生产商对自己的产品是最为了解的，由厂方负责培训理货人员和销售人员有一举两得的功效。一方面可以减少经销商培训费用的支出，另一方面可以使理货人员和销售人员获得更专业的产品知识。其二是企业文化培训。企业文化对企业的发展是至关重要的。生产商提供专业培训时渗透自己的企业文化特色，帮助中间商发展。也可以设立经销商大学，对经销商进行定期或不定期的培训，内容包括领先产品的介绍、相关技术和先进的管理经验等，在其中融入生产商的经营理念和企业文化。

13. 4. 2 渠道的评估与改进

考虑到渠道运作环境、消费者需求的变化及渠道长期运作中存在的问题，对渠道进行定期评估与改进是必要的。

1. 渠道绩效评估

渠道绩效评估是指生产商通过系统化的手段或措施对其分销渠道系统的效率和效果进行的客观的考核和评价的活动过程。渠道绩效评估的对象既可以是渠道系统中某一层级的渠道成员，也可以是整个渠道系统。在营销实践中，不少生产商同时对整个渠道系统和某个层级的渠道成员进行评估。在渠道扁平化的发展趋势下，对渠道系统中具体渠道成员的绩效评估成为重点考察的内容。要定期评估中间商的工作绩效，其结果既可用于选择激励中间商的手段、方法，又可用作调整中间商的依据。

具体而言，生产商对中间商的绩效评估主要考察以下几个方面。

（1）销售额。对销售额的考察着眼于以下两点：其一，基于所处市场区域的竞争激烈程度和经济增长状况，该中间商所实现的销售额是否达到或高于平均水平；其二，和同地区竞争对手的中间商相比，该中间商所实现的市场渗透率是否达到或高于平均水平。

（2）利润。考虑到成本费用因素，销售额高并不意味着对企业的利润贡献大。在一定销售额下，对中间商所创造利润的考察实际上就是考察为完成该销售额生产商投入的成本费用，包括各项支持和服务的成本及生产商所投入的时间和精力。

（3）能力。包括是否具备销售生产商产品所必需的技能，是否具备有关生产商产品或服务的大量知识，是否了解竞争对手同类产品或服务的优缺点。

（4）合作程度。包括对事先签订的合同或协约的履行情况，生产商制定的各种程序和步骤是否遵照执行，是否积极参与生产商举办的各项计划的制订和工作会议。

（5）适应程度。主要着眼于中间商能否创造性地销售生产商公司的产品或服务，能否采取有效措施抓住市场机会、避开环境威胁。

（6）顾客满意度。主要指顾客对中间商的评价，如抱怨、投诉等；同时还要考察在使顾客满意方面中间商所做的努力，尤其是超出生产商规定范围内的额外努力。

（7）潜力。主要指该中间商在未来几年能否成长为生产商的主要利润来源。

在了解了中间商绩效评估的内容后，再来关注渠道绩效评估的方法。渠道绩效评估的常用方法有两种：一种是历史比较法，另一种是区域比较法。这两种方法与销售人员绩效评估方法的指导思想是相通的。历史比较法是将渠道系统或渠道成员的当期销售绩效与上期的销售绩效进行比较，并以整体市场的升降百分比作为评价标准。区域比较法是将各中间商的绩效与该地区基于销售潜量分析所设立的配额相比，即在销售期过后，根据中间商的实际销售额与其潜在销售额的比率，将各中间商按先后名次进行排列。

值得注意的是，渠道绩效评估后，对于不合格的中间商，生产商应分析其原因，是自身努力不足造成的还是消费者购买力下降、竞争对手激烈进攻、主力推销员跳槽或退休等因素导致。若是前者，必须采取可能的补救方法并保证工作成绩欠佳的中间商在一定时期内有所改进；否则就要进行渠道成员的增减。

2. 渠道改进

在对分销渠道及渠道成员的绩效评估基础上，企业要考虑是否进行渠道改进。

（1）增减渠道成员。即对现有分销渠道里的中间商进行增减变动。企业要分析增加或减少某个或某些中间商会对产品分销、企业收益等带来什么影响，以及影响的程度如何。如在某一地区，有个别中间商的销量很低，企业在他们身上的投入可能已超过他们因销售产品而为企业创造的利润，从经济性标准考虑应剔除这些中间商，但剔除这些中间商可能会使其他中间商感到不安，进而影响其积极性，同时剔除的这些中间商也可能被企业的竞争者所利用，从而削弱本企业在这一市场的竞争能力。如果在某一地区增加中间商，除考虑增加中间商给企业带来的销量的增加以外，还要考虑对该地区原有中间商产生的可能影响。如果影响到原有中间商的既得利益，他们很可能会产生抵触情绪，降低积极性，从而影响他们与企业的合作态度等。

（2）增减分销渠道。如果增减渠道成员不能解决问题，企业可以考虑增减分销渠道的做法。例如：珠海某保健品公司，原来主要是由设在各地的本公司销售机构来负责该地区产品的批发业务。后来随着产品在消费者中信誉的提高、市场需求量的扩大，需要扩展批发业务，就在一些地区选择了一些专业批发商来从事批发业务，增加了新的分销渠道。这么做需要对可能带来的直接、间接反应及效益做广泛的分析。有时候，削减一条原有的效率不高的渠道，比开辟一条新的销售渠道难度更大。

（3）改变分销系统。即企业对原有的分销体系、制度进行通盘调整，这类调整难度最大。因为它不是在原有渠道基础上的修补、完善，而是改变企业的整个分销政策，它会带来市场营销组合有关因素的一系列变动。如企业为实现前向一体化策略，由企业自己完全承担产品的销售任务，以代替原来所选的独立经销商。这样，企业的分销渠道将由间接渠道变为直接渠道，这时企业在产品定价、服务方式等方面将需要做较大的调整，促销方面企业也将承担更大的任务；同时，使用全新的分销渠道是否能取得更好的经营效果无法准确预知，这就意味着企业需要承担风险。

特别关注

新消费品牌线下厮杀：一场品牌与渠道的博弈与共生

在过去两年内，不少发家于线上的新消费品牌都下定了一个决心：去线下。它们走向线下的动因各异，但在架构更稳固的渠道打造更贴近人心的品牌上，却又有着惊人的重合。当新消费品牌思考如何融入渠道时，渠道也在用自己的方式挑选着品牌。出于不同利益的考量，这个融合的过程既充满着博弈，又彼此共生。

许多刚刚来到线下的新消费品牌，尽管在线上销量可观，但来到线下依然话语权较小。尤其对比国际大牌和传统品牌来说，新消费品牌需要首先向线下渠道自证，获得渠道的信赖。为此，它们往往需要做出许多妥协，包括主动迎合渠道定制产品、支付更高的进驻成本，甚至让渡部分销量和收益。

以消费品牌争相入驻的会员店、精品商超为例，这些渠道选品严格，为了成功入驻，消费品牌往往需要针对渠道推出在地化（适应地方需求）产品。例如：螺蛳粉品牌臭宝为入驻山姆，推出了6袋装的爆料浓汤柳州螺蛳粉，不仅规格更大，还在标准版的基础上添加了虎皮凤爪，性价比较高。又如：星期零在2022年入驻山姆时，推出了两款产品——"植物金枪鱼卷"和"植物牛肉卷"。与此同时，它们的入驻分别填补了山姆在螺蛳粉和植物肉餐食品类上的空白。

实际上，找到渠道目前产品矩阵中的空白，推出符合其需求的产品，往往是快速精准拿下渠道入场券的法门。Babycare在入驻母婴店时，会研究其利润模型和商业模式，以及母婴店自有品牌的产品定位、价格带、规格等，然后提供与自有品牌互补度较高的产品。例如：母婴店自有品牌主打性价比高的纸尿裤，Babycare则选择客单较高的中高端纸尿裤入驻，与自有产品形成互补，既丰富了产品矩阵，也完善了渠道的利润模型。

来到线下的新消费品牌通过各种方式满足线下渠道的需求，给渠道带来了许多新变化，这样的趋势还在发酵。中国的消费市场由众多全国性、地域性的零售渠道串联，它们彼此独立又互融共通，给新消费品牌布局线下带来了极大的空间。

【资料来源】熊乙. 新消费品牌线下厮杀：一场品牌与渠道的博弈与共生［EB/OL］. (2023-02-03)［2023-12-08］. https：//mp. weixin. qq. com/s/j8BPeZQRylbVuVGMVI7wZg.

13.5　渠道冲突管理

渠道冲突是企业在处理分销渠道及其渠道成员关系中经常遇到的问题。对这些问题的正确处理，有助于分销渠道更有效地运行。渠道冲突是指渠道成员发现其他渠道成员从事的活动阻碍或者不利于本组织实现自身的目标，从而发生的种种矛盾和纠纷。这要求企业必须了解冲突的类型、引起渠道冲突的原因，以寻找有效的解决方法。

13.5.1　冲突类型及原因

渠道冲突的表现类型和可能引起渠道冲突的原因是多种多样的，不同的渠道结构、不同的渠道组织会有不同的渠道冲突形式，引起渠道冲突的因素也不尽相同。

1. 渠道冲突的类型

渠道冲突可分为渠道内冲突和渠道间冲突两大类。

（1）渠道内冲突。是指同一分销渠道内部各成员间的冲突，包括垂直冲突和水平冲突两种。垂直冲突又称纵向冲突，是渠道内不同层次的渠道成员之间的冲突，如零售商和批发商、批发商和厂商、厂商和零售商之间的冲突。例如：某公司开拓市场的办法是总部对各分公司实行指定价格销量承包。各分公司为完成承包销量，不论是批发商、零售商还是消费者，谁要货都发，不久批发商拒绝进货，零售商相互压价出售，最终导致产品滞销。水平冲突又称横向冲突，是同一渠道层次成员间的冲突，如一个批发商和另一个批发商之间、一家超市和另一家超市之间的竞争冲突。经销商销售区域的重叠、交叉经常会导致水平冲突的发生。渠道内冲突是任何企业都会面临的一种冲突，而且横向冲突、纵向冲突经常交错在一起。

窜货又称倒货或冲货，是水平冲突的一种。指经销网络中的公司分支机构或中间商受利益驱动，跨区域销售，造成市场倾轧、价格混乱，严重影响厂家声誉的恶性现象。窜货的类型有以下三种：其一，同一市场内部的窜货，如甲乙两个批发商相互倒货，或将货物倒出市场；其二，不同市场之间的窜货，主要是两个同级别的总经销之间相互倒货或同一公司不同分公司在不同市场上的倒货；其三，交叉市场之间的窜货，即经销区域重叠。企业如果任由窜货、低价倾销现象在渠道中蔓延，不仅影响利润还会影响企业声誉，甚至将企业送至"万劫不复"的境地。因此，企业需要采取有效的治理措施，例如：发往不同市场的货物打上不同编码；要求经销商缴纳市场保证金；实行级差价格体系，保证渠道每个环节都有利润可赚，充分考虑一批出手价、二批出手价、终端出手价，每一级别的利润空间设计得要合理；控制促销全程，防止促销过后的降价后遗症；明确经销、代理合同双方权利义务，保证信守合同；设立市场总监，建立市场巡视员工作制度；建立严格的惩罚制度；等等。

（2）渠道间冲突。渠道间冲突又称类型间冲突，是指两种或两种以上的分销渠道之间发生的冲突。随着渠道变革步伐的日益加快，渠道间冲突经常发生在新旧渠道之间，比如折扣店和百货店、办公超市和传统文具店、网络渠道和多层次分销渠道之间的竞争冲突等。以家电行业为例，大、中、小商场及电器专营店等传统零售商与综合性连锁、家电类连锁、电器城、品牌专卖店、集团采购、网上订购等新兴零售形式并存于同一个市场，制造商就有可能选择对连锁终端的直达分销、对传统终端的代理分销、对集团采购的直接销售等多种渠道类型，因此必然存在渠道间的种种矛盾和纠纷。渠道间冲突可能使各渠道的获利能力都降低，也可能发展为企业和中间商之间的纵向冲突。例如：浙江某集团公司，在杭州使用的是大中型零售商场和企业在专业市场自设销售分支机构两种渠道，这两种渠道因零售价的差异产生冲突，矛盾激化，大中型零售商场要求生产商放弃专业市场，最后公司不但没有放弃专业市场，反而从几家零售商场撤出。

2. 分销渠道冲突产生的原因

分销渠道冲突不管表现为什么形式，其成因归结起来主要有三个方面：一是目标不一致，二是归属差异，三是对现实认知的差异。

（1）目标不一致。在如何实现渠道的整体目标，或者在渠道的运作过程中，各个渠道成员都会有各自的主张和要求。这种目标不一致使得渠道成员的一方向其他方施加压力，而其他方面如果不屈服于这种压力，就必然会产生冲突。一般来说，渠道间或渠道成员间的目标或利益不一致是经常存在的。例如：为扩大产品的销量，企业一般不愿将其各种努力都投向一种分销渠道或分销渠道中的个别中间商，而对于一种渠道或个别中间商来说，则希望对某一产品或某一地区的市场具有绝对控制权；企业希望产品以低价销售，而渠道其他成员则想通过高价销售获得高额利润等。企业与渠道其他成员在这些目标上的矛盾，往往会引发渠道冲突。

（2）归属差异。渠道成员在有关目标顾客、销售区域、渠道功能分工和技术等方面归属上存在的矛盾和差异。

首先，目标顾客的归属差异和矛盾。目标顾客是渠道成员履行渠道角色功能和实现渠道目标最为关注的对象，拥有目标顾客意味着拥有销售机会，在渠道运作过程中，渠道成员往往会因为争夺目标顾客而引发冲突。例如：某公司在各地发展了总经销商，但企业又在一些地方自己设立销售机构，在产品批发上与总经销商抢客户，这样就容易引发渠道冲突。

其次，销售区域的归属差异和矛盾。销售区域的划分往往会给渠道运作带来大量问题，如不同销售区域市场容量和开拓的难度不同，同一产品的价格有时也存在差异，在这种情况下，处于不同区域的中间商经常会因为配额、返利、折扣等问题产生争执和矛盾。这就要求企业在销售区域的划分上确保渠道成员获得足够的销售额和利润。

再次，渠道分工的差异和矛盾。渠道成员经常在渠道分工上产生争执和冲突，一些零售商试图将部分渠道功能和成本移交给供应商。例如：百货商店要求一些服装供应商在提供服装的同时装配好高质量的衣架；一些制造商则要求零售商提供技术支持和服务；博士伦公司要求眼镜专业店提供顾客视力校准服务。

最后，技术的差异和矛盾。这里的技术不仅仅指硬件和软件的应用，还包括管理技术、营销技术等。不同的渠道成员对技术的理解、掌握和运用情况不同。以营销技术为例，批发商和零售商注重的是如何经营，特别是渠道的后勤保障和人力资源工作；制造商注重的是体现其营销导向的战略层面的行为，而对一些琐碎的经营细节不太在意。这样，渠道成员之间对营销战略、战术的理解及掌握就会产生差异，从而引起大量的渠道冲突。

（3）对现实认知的差异。渠道成员之间对渠道中事件、状态和形式的看法与态度存在分歧。由于渠道成员的认知主要取决于其先前的经验以及可获取信息的数量和质量，因此不同渠道成员对现实事件当前状况的理解，对其未来发展的可能性的预测，对进行抉择时信息的掌握情况，对各种抉择后果的认识情况及对目标与价值观念理解等方面存在差异。

除了以上原因，渠道成员间职责和权力的不明确、渠道成员间过分的依赖关系等也都可能引起渠道冲突。

13.5.2　解决冲突的一般方法

渠道冲突有良性与恶性之分，良性冲突是指渠道成员为了获得正常利润而无意做出的有损于其他渠道成员的行为。这种渠道冲突是无害的，不过是竞争激烈的市场环境中的一点摩擦而已。恶性冲突是指渠道成员为了获得非正常利润而蓄意做出破坏渠道规定的行为，如恶性窜货、低价倾销、以货款相要挟、假冒伪劣等。如果渠道成员在出现冲突以后不是积极地探讨解决问题的方案，而是进行无谓的争斗，或者当出现冲突时渠道成员不能共享资源和优势，而是各自进行重复性工作，那么渠道冲突就会降低渠道系统的绩效，浪费渠道成员的资源，从而对系统产生消极的作用甚至会导致渠道的恶性发展。

分销渠道冲突的种类及其原因很多，针对不同类型的冲突及产生冲突的不同原因，可以采取不同的处理方式。经常使用的处理冲突的方法有以下几种。

（1）建立共同目标。建立共同目标要求渠道成员必须充分认识他们是利益共享、风险共担的一个整体。他们只有团结协作，为了共同的目标而努力，才能共同发展。

（2）建立合理的沟通机制。合理、完善的沟通机制有助于及时解决小冲突，避免敌对情绪的累积。例如：渠道成员之间通过经常接触，相互通报工作中遇到的问题，就工作中的分歧达成谅解，能够减少冲突发生的可能性，并能对已发生的冲突及时采取适当的方式进行解决，以防止矛盾激化。这种沟通机制可以是厂商、分销商、代理商两两之间的一些正式和非正式的沟通会议或活动，也可以是三方共同组织的。在条件具备的情况下，可以在两个或两个以上的渠道层次上互换人员，加深对对方工作的理解。

（3）明确渠道成员间的权利与义务。渠道冲突的发生往往是由于渠道成员权利与义务模糊引起的。在沟通的基础上，以书面的形式明确渠道成员之间的权利与义务，使各成员都严格履行事先规定的职责，会大大减少渠道冲突的发生。

（4）制定合理的渠道政策，减少机会主义倾向。很多时候，渠道政策的区域差异导致渠道成员中机会主义行为的出现，进而引起渠道冲突。因此，在制定渠道政策时要充分考虑到它有可能给整个市场带来的影响，而不是只考虑某个区域市场。除此之外，制定符合市场整体形势的销售目标，避免由于对短期目标的盲目追逐而导致的渠道冲突。

（5）合理使用渠道权力。渠道冲突往往与干预太多有关，而干预的基础是权力，因此能否恰当地使用权力就关系到能否有效地避免冲突的发生。如果把权力分为非胁迫权力和胁迫权力，那么，使用非胁迫权力有利于建立信任和加强合作，而使用胁迫权力往往会导致不满甚至冲突。

13.6　实体分销策略

商品流通过程不仅是所有权转移实现其价值的过程，而且是商品实体的转移过程，只有商品实体也从生产者手中转移到消费者手中，其使用价值才能最终实现。

13.6.1　实体分销的概念及特征

实体分销策略又称为物流策略，研究内容是发生在分销渠道内的产品实体转移与经营管理问题。应该指出的是：对物流的理解，存在广义和狭义之分。广义的物流包括原材料的"采购物流"、加工场所内半成品的"生产物流"和制成品的"销售物流"。这里所研究的实体分销策略只涉及制成品从生产者到消费者这一流通过程中的时间转移、空间转移。

实体分销应突出以下几方面的特征。

（1）系统观念。实体分销绝不等同于企业的运输管理、储存管理、搬运管理等单项职能管理，也不是它们的简单机械相加。从市场营销战略的意义上讲，实体分销就是把分散的产品实体活动联系起来视为一个物流大系统，进行整体设计和管理，以最优的结构、最好的组合，发挥系统功能的效率，实现整体效果最优。

（2）费用权衡。在实体分销的各成本项目之间存在着相互制约、此消彼长的关系。例如：降低商品储存量可降低存货费，但由此可能出现因订货频繁、进货批量小而订货费和送货费上升的问题。因此，在实体分销决策过程中，一定要用系统的观念来把握，即在一定的约束条件下求得目标函数——实际总费用最低。

（3）顾客服务观念。在实体分销过程中向顾客提供的服务水平是影响顾客购买和连续购买企业产品的关键因素。从这个角度讲，实体分销是一种有效的市场竞争工具，对企业营销工作的成败有重要影响。有助于企业提高竞争力的服务项目有定点定时送货、减少存货短缺、缩小发货批量和增加发货次数、代客户储存等。

（4）使用定量模型。定量模型对实体分销决策十分有用，特别是在今天物流信息量庞大、计算机得到广泛应用的情况下。当备选方案中存在权衡抉择的问题时，定量模型可以得出比较准确的答案。例如：运用线性规划决策配送路线、运输计划，用排队论决定仓库接收和提出货物的顺序。

13.6.2　实体分销的主要决策

实体分销活动涉及多方面的工作，主要由运输决策、仓储决策、存货控制、订单处理、物资搬运装卸、保护性包装组成。

（1）运输决策。运输就是向购买者发运产品。首先是选择运输方式，其次是决定发运的批量、发运的时间及最经济的运输路线。运输是实体分销中最具有节约潜力的领域。

（2）仓储决策。产品从生产出来到最终销售出去，一般都要经过储存这一环节。企业的仓储条件直接影响到实体分销的服务水平和实体分销成本。仓储地点越多，越能为顾客提供满意的服务，但这必然引起仓储成本的上升，从而引起实体分销总成本的上升。因此，在仓储决策中，必须从服务水平和分配成本两方面综合考虑。

（3）存货控制。存货控制是实体分销中需要进行决策的另一个重要问题。如果企业的存货充足，即能更好地满足顾客的订货要求，减少因存货不足可能造成的交货延误损失。但是，如果存货太多必然要增加存货费用，提高存货成本。因此，企业在存货决策中，一般从增加存货造成的成本增加和因存货增加可能增加的销售额和利润额两方面综合考虑。存货控制包括决定产品的存放地点、产品的储存结构和合理储存量，顾客需要的发货期和发货批量等。其核心一是确定订货点，二是确定订货量的大小。由于最佳订货量的存在和存货成本对企业成本的巨大影响，因此企业对存货问题应给予足够的重视。

（4）订单处理。包括订单的接收、查核、传递。订单及其相应的各种凭证的传递速度直接制约着实体分销速度，企业的用户越多，订单处理量越大。降低订单处理差错率对企业的服务水平和经济效益的影响十分显著。

（5）物资搬运装卸。产品从产出到交付用户要经过搬运入库、整理、备货待运、发运出车、拼装整车等一系列阶段，在此过程中要使用各种机械设备和相应人力。

（6）保护性包装。从实体分销管理的角度讲，就是选择与商品特性和运输、装卸、储存条件相适应的包装容器，并以一定的技术方法盛装商品，使商品使用价值在实体分销过程中免受外界因素影响。

实体分销管理就是将上述6个方面的决策结合起来形成"实体分销策略组合"。实体分销策略组合是分销渠道策略的一部分，同企业的整个市场营销策略组合一样，实体分销必须从企业整体战略目标的要求出发，寻求企业整体经营活动的协调性和效果最优。

关键术语

分销渠道、分销模式、垂直渠道系统、水平渠道系统、中间商、批发商、零售商、代理商、经纪人、密集分销、选择分销、独家分销、多渠道营销、跨渠道营销、全渠道营销、社交电商、直播电商、渠道冲突、窜货、垂直渠道冲突、水平渠道冲突、多渠道冲突、实体分销

知识巩固与理解

◐在线测试题

请扫描二维码进行自测。

◐思考题

自测题

1. 比较消费者市场和产业市场的分销模式。
2. 密集分销、选择分销、独家分销有何不同，何时采用？
3. 分销渠道选择应考虑哪些影响因素？
4. 商店零售商的类型和各自的特点是什么？
5. 网络零售商的主要类型有哪些？
6. 比较"多渠道""跨渠道"和"全渠道"营销的不同点。
7. 什么是水平冲突、垂直冲突和多渠道冲突？请举例说明。
8. 何谓窜货？防止或处理窜货可以采取哪些措施？
9. 简述渠道冲突产生的原因与解决方法。
10. 实体分销面临哪些决策？

知识应用

◐案例分析

小熊电器：喜忧参半的分销渠道

广东小熊电器有限公司凭借着酸奶机、电炖盅、养生壶、煮蛋器、加湿器、三明治机等各类小型家电在国内市场连续多年保持着强劲的增长态势。2019 年 8 月，小熊电器成功上市，一跃成为中国创意小家电第一股。截至 2020 年 11 月 26 日，小熊电器市值 161.96 亿元。虽然小熊电器取得了骄人的业绩，但是业界对其分销渠道模式却褒贬不一，有人认为是创新，也有人提出了质疑甚至指出不改变现有局面，其发展前途存在很大的不确定性。

1. 创业伊始的渠道

2005 年李一峰辞职，开始创业，尝试生产在国外非常流行的诸如酸奶机这样的小家电产品，花 10 万元开了一套模具。首批一千多台酸奶机诞生。"成本很低，几万块钱就能做一两千台。"生产出来后怎么卖？李一峰并没有刻意关注渠道，"只要卖出去就行了。"

幸运的是，阿里巴巴的 B2B 业务已经崛起，诚信通之于当年的企业主，犹如如今淘宝之于个体经营者。通过诚信通，小熊电器迎来了一个大客户——格兰仕。格兰仕一次性采购 10 万台小熊电器作为其微波炉的赠品捆绑销售，这也成为小熊电器初创期生存下来的关键。

B2B 模式更多的交易在线下完成，李一锋沿着这个思路将重心放到了传统渠道的开拓上。一年后，李一峰逐步感觉到了淘宝的力量。"打开几家淘宝店观察了一段时间，发现卖得不错。"殊不知，当他在诚信通展出小熊电器时，一些淘宝店主已经开始采购他的产品。幸福的烦恼随之而来：线上的产品卖得越好，价格越混乱；线下一百多元的产品，淘宝只卖几十块钱；有的网店为了赚人气，甚至亏本销售，越来越多的线下渠道商开始投诉。

"我很纠结，这种局面无法控制。"李一峰干脆断了几家网络客户的货源。但即使如此，依然无法阻挡电商的冲击。随着电商平台销售量的逐步增加，价格回归理性。李一峰开始采取一种折中过渡的"价格指导，默认销售"方式。

2. 正式进入网络销售渠道

2008 年初，李一峰下决心正式进军电子商务，不再采取默认的方式，而是大力支持。正式授权的模式，基本照搬传统渠道的运营方式。"船小好调头，对线下冲击不大，并且与其放任导致价格混乱，不如主动管理，统一品牌。"

2008 年，阿里巴巴上线淘宝商城，小熊电器同步升级电商平台，逐步形成 C 店（即淘宝店）+商城店（天猫前身）的大淘宝网络渠道格局。当年，首批 20 多家淘宝店获得授权。当时已有几百家淘宝店销售小熊电器的产品，如何挑选授权对象，李一峰制定了一些门槛："当时做到三颗钻已经不容易了，五颗钻的还比较少，所以基本以三颗钻为基线。"同时参考其运营能力，如店面设计、图片处理等。

但销售其产品的店铺绝不仅仅止于授权店，很多小店铺依然在售。李一峰试图通过售后来解决这一问题，"切不断货源的，当时大环境决定，授权其实更多的是推动鼓励。"经过授权的网店货源可得到保证，小熊电器负责售后服务。李一峰希望让授权网店形成一个主流，让 20% 的授权店占据 80% 的销售额。"一旦形成主流的卖家，就能够影响整个品牌在淘宝上的销售状况。"小熊电器还在其官网上设置正品防伪码查询，从源头上杜绝假货市场。在淘宝网上，小熊电器是第一家进行网络分销授权的家电厂商，对小熊官方指定的经销商提供"线上授权防伪证书"。

2009 年，授权店的数量达到高峰：几百家的规模。在其主流网店主导的模式下，逐步淘汰了一批小授权商，基本保持在 100 家左右。"从旗舰店到专卖店、专营店、C 店，各个层次都存在。"

2009 年前后，其电商渠道的销售占比迅速冲至 50%；2011 年，线上反超线下；2013 年已升至 70%，年销售过亿元，正式成为一家小家电互联网品牌。

电子商务让小熊创造了奇迹，也让小熊具备了比传统营销更快的反应机制。在继续发展电子商务渠道的同时，小熊电器开始进入实体市场，先后进入了沃尔玛、吉之岛、万佳、家乐福等商超渠道，试图使小熊完成网络与传统渠道的双线布局。通过电子商务将线上、线下的渠道及经销商逐步融合，达到传统模式与电子商务模式全面整合营销的效果。

3. 网络渠道的进一步扩张与管理

成功突破电商渠道的李一峰开始严控线下渠道：如果传统销售商通过电商平台销售，必须得到小熊电器的授权，即必须具备线上线下两种授权。网络渠道也从淘宝扩张至京东、亚马逊中国、苏宁易购、唯品会。

对整个网络渠道，李一峰必须思考的是如何实现全网统一营销，保证价格体系的稳定。"授权网店之间确实会存在竞争。"他要让市场去做优胜劣汰。为平衡各个渠道，让每家网店形成产品差异，"为每个平台提供几款主打产品，以此区隔。"对于营销，则依然包含于授权范围内，每个店铺参与平台活动，必须经过小熊电器批准。"大型活动的时候，我们也会直接与平台沟通，安排统一营销。"

采取授权而不直接控制网络渠道，在互联网品牌中比较少见。而这种相对松散的模式自然带来种种不便。对此，李一峰通过信息系统开始"收权"。从最核心的制造 ERP 到前端的电子采购，再到后端的整个分销系统，包括客户关系管理，所有数据要全部能够打通。李一峰表示，"数据打通之后，所有的网店都相当于卖场的一个导购，他们只管客服，包括仓储配送在内均由小熊负责。"他意在优化整个供应链，直接掌握用户核心数据，强化互联网品牌 DNA。库存是小家电品类的一大挑战，一旦打通数据，仓储后移，李一峰便可以更精准地把握市场需求，"不仅不会增加库存风险，反而大大缓解了库存压力。"

4. 线上线下渠道管理的初步探索

在电子商务时代，如何让线上和线下渠道和平有序，各行其道？很显然，网络渠道提升了小熊品牌知名度与个性化产品认知度，也打破了小熊进入传统渠道的门槛。然而，随着网络渠道的成功，快速奔跑的小熊同样不可避免地遭遇了线上、线下渠道的冲突，出现了严重的窜货现象及渠道间的激烈矛盾。如何破解这种致命的冲突则成为最为紧迫的问题。对此，小熊的策略是：变控制为疏导。重新设计外包装，从色彩和款式上进行区分——线上个性化，线下大众化；制定最低销售价，避免价格战，一旦发现低价销售，便由淘宝出面，对其进行罚款或下架；收取代理商保证金，签订代理协议时便注明，若发生窜货等违规行为，将没收保证金；引进条码系统，对每件产品进行跟踪，产品是哪个客户卖出去的，卖了多少钱，一目了然；保持传统渠道商进货时的价格优势，并给以额外返点。

通过价格杠杆及让传统渠道商得到额外的返点，尽量地让客户各自有各自的发展与收益，小熊电器使得线上、线下渠道慢慢得以平衡，慢慢也更加深入地融合。例如：线上、线下渠道的价格差异越来越小，线上对线下的冲击就会越来越小；同时对线上、线下渠道的产品款式进行区隔，避免直接竞争，以保证代理商的整体利益；小熊电器会给做商超的客户更多支持，给他们更多的推广费用及价格上的让利；把线上的价格稍微拉高一些；鼓励有条件的代理商去做线上销售；同时将其管理区域下所有网上卖家的销售量都算进传统代理商的销售额，对其进行返点等。

5. 渠道相对单一的局面要不要打破

从小熊电器上市之前提交的招股书中发现，小熊电器目前实行线上销售为主、线下销售为辅，全渠道运营的销售模式。小熊电器线上销售渠道主要的对接平台包括天猫、京东、苏宁等主流电商平台，也有拼多多、平安好医生等新兴渠道；线下主要由具有深厚渠道资源的经销商通过对接团体、商超、专营店等传统渠道和母婴、药店等特色渠道进行销售。

就实际的渠道运营来看，小熊电器线上销售模式包括线上经销、电商平台入仓、线上直销等。其中，线上经销是公司通过授权经销商以买断再销售或代发货的形式，在约定的电商平台开店销售给最终消费者。电商平台入仓是公司将商品发至京东、唯品会、苏宁易购等电商平台仓库，由电商平台负责订单管理和后续物流配送，公司仅面向平台提供相关产品的售后服务等，不直接面向终端消费者。线上直销模式则由公司通过在第三方 B2C 平台开设的自营店等，直接向终端消费者提供产品和服务。公司线下销售占比较低，模式以经销为主。公司充分利用经销商资源和经验优势发展线下渠道，推进全渠道运营模式，加速线上、线下渠道融合发展，2018 年线下经销（不含出口）占比提升至 6.55%。

目前从营收占比看，线上渠道营收占比维持在 90% 以上，其中电商平台入仓模式营收占比在 32% 以上，线上经销模式营收占比在 49%，线上直销模式占比维持在 8% 上下，线上经销及直销模式合计占比近 60%。具体来看，在电商平台入仓模式中，2018 年电商平台入仓模式年实现营收 6.57 亿元，其中京东贡献营收 5.15 亿元，占比 78%，唯品会、苏宁易购贡献了剩余 22% 的收入。公司对京东平台的依赖尤为明显，远超唯品会等其他平台。在线上直销模式中，公司在京东平台实现的营收达到 5 000 万元，两者合计为 5.65 亿元，占线上渠道营收的 30% 以上，这还未包括其他经销商在京东平台的销售额。显然，京东平台对公司营收的贡献很大，一旦公司在京东平台的销售不佳，势必会影响到整体业绩。

根据公司政策，在电商平台入仓模式下，当电商平台销售公司产品未达到毛利预期时，对于差额部分予以折扣的形式给予补足。招股说明书披露：电商平台入仓模式的毛利率为 37.32%，与线上直销模式的毛利率 38.9% 相近，但实际上公司给予了电商平台大额的毛利补贴，如果计算相关补贴，电商入仓平台的毛利率显然大幅低于直销模式。毛利保护的政策表明，即使电商平台为了冲击销量而加大促销力度，公司也需要首先保证电商平台的毛利水平，显然面对头部电商平台，公司不具备议价能力。

另外，根据小熊电器的招标书，2018 年电商入仓模式下的退货率为 6.78%，远高于经销模式。这是因为电商平台会设置一定的入库期，入库期结束后，电商平台会将未售出或客户退回的商品一并退还公司，这样客观上也加大了公司的存货风险。

创意类小家电并非耐用和刚需品，错过最佳销售时间点，货品的贬值风险较高。此外，作为最大客户的京东，结算周期为入库后 50 天，较长的结算周期显然影响到了公司的资金流动性。从财务数据看，2018 年公司流动比率为 1.17，速动比率为 0.63，大幅低于九阳股份等业内企业。

在电商入仓模式下，对头部平台的过分依赖会增加公司的经营风险。与经销模式相比，在电商入仓模式下，公司在产品退货、结算周期和补贴等方面都要给予更大的优惠。

作为制造商，一旦对单一渠道过于依赖，难免会造成喧宾夺主的情况，产品首先满足渠道方的要求，而离客户的真实需求越来越远。

经济学家宋清辉表示，线上电商渠道准入门槛很低，只能起到锦上添花的作用。未来一旦产品或者电商渠道服务出现问题，其影响可能是致命的。公司上市之后意味着诸多挑战，当别的公司讲线上线下融合故事的时候，小熊可能没故事可讲。

奥维云网高级研究经理李婷认为，小熊电器借电商红利时期在线上飞速发展，定位年轻群体，产品符合当下市场发展潮流。而当今以及未来，企业更多的发展模式是线上线下协同发展。目前线上渠道进入瓶颈期，大不如前，小熊电器单一渠道在未来风险较大。

小熊电器股票首发过会时证监会也要求其对"选择线上销售为主方式且随主流电商平台

收入增长而销售规模增加的可持续性和稳定性，主要电商平台经营政策的变化是否会对发行人生产经营产生重大不利影响，采取的措施及其有效性"进行说明。

虽然很多学者、专家及投资者等对小熊线上销售的依赖，以及对京东平台的依赖表示担忧，但是也有人提出了不同观点，认为与头部平台紧密合作，小熊电器获得的是全方位的竞争力提升。京东不仅为小熊提供强有力的销售平台，还利用自身的供应链和大数据优势为小熊提供 C2M 反向定制赋能，同时依托全国 12 000 多家京东家电专卖店所组成的线下门店体系，可以给小熊电器全面渗透下沉市场的支撑。

而小熊电器的线下渠道依然脆弱也是不争的事实，已成为外界质疑小熊电器未来发展的重要因素之一。为此，李一峰也曾表示，未来公司也会强调重视线下渠道，借助已有的资源把线上资源沉下去支持线下的发展，但这要看契机。

6. 后话

2019 年 3 月"聚势合力·共赢未来——小熊电器 2019 经销商年会"在顺德喜来登酒店举行，小熊电器一众领导与全国线下经销商伙伴、小熊新渠道工作人员齐聚中国小家电之都顺德，共谋百亿未来。会上小熊电器总经理李一峰表示：作为一个电商承载的家电品牌，小熊电器在互联网知名度比较高，而线下渠道的构建认知度还远远不够。但也说明我们还有很大的空间，去致力于触达用户，抓住机遇转化成未来的机会，因此本次经销商大会也是小熊电器渠道构建的新起点。小熊电器新渠道事业部总经理饶艳莉在 2019 年新渠道方向及规划阐述中表示：2019 年小熊电器将从品牌推广、产品、服务体系及售后、线下渠道保障、礼品积分营销等 5 个方面打通线上、线下渠道，强化消费体验感，构建新零售销售平台，推动线下销售网络的延伸，全面提升渠道力。

未来，小熊电器将实施渠道多元化战略，实现线上线下活动节奏互通，加强新零售落地活动节奏，搭建多样化购物场景，满足不同消费需求，全方位提升渠道力，致力于成为渠道下沉的推动者、新零售资源的整合者。

【资料来源】

[1] 尹晓琳. 小熊电器：抓住喜新厌旧的年轻人 [EB/OL]. (2020-06-23) [2023-12-08]. https：//mp. weixin. qq. com/s/6-YjaWN-vGGAY0fhkr1jmA.

[2] 财经涂鸦. 小熊电器：线上多么成功渠道如此薄弱 [EB/OL]. (2019-11-29) [2023-12-08]. http：//finance. sina. com. cn/stock/relnews/cn/2019-11-29/doc-iihnzhfz2439533. shtml.

[3] 投行小兵. 小熊电器：互联网+下的销售模式和收入确认 [EB/OL]. (2019-06-27) [2023-12-08]. https：//www. sohu. com/a/323257110_482481.

[讨论题]

1. 请根据分销渠道选择应考虑的因素来分析小熊电器现有分销模式的合理性。

2. 请对小熊电器的渠道管理政策给予评价。

3. 案例中指出："作为制造商，一旦对单一渠道过于依赖，难免会造成喧宾夺主的情况，产品首先满足渠道方的要求，而离客户的真实需求越来越远。"对此你怎么看？

4. 线上线下融合已经成为必然的趋势，请给出你认为更加合理的分销渠道方案（包括具体的渠道模式及各自优劣势、渠道成员和中间商承载的功能、渠道管理政策等），并阐述理由。

⊃营销辩论

现实中不时传出一些声音："去掉中间环节""中间商都是寄生虫""中间商是涨价的罪魁祸首"……中间商是否还有存在的必要，成为一个有争议的问题。

正方：中间商的存在没有价值。

反方：中间商的存在有价值。

⊃角色模拟

现在很多顾客，特别是年轻的顾客经常是去实体店浏览商品，亲眼看一看，感受一下商品，之后回到家中再到电商平台网购。作为家用电器的生产厂商，面对这样的购买行为，你将如何协调线上和线下的销售渠道，让厂商、顾客、线上和线下的零售商都从中各得其所？

⊃营销在线

请扫码观看网易态度公开课"大众汽车集团（中国）胡波：汽车新零售——未来汽车营销新趋势"

汽车新零售——未来汽车营销新趋势

回答以下问题：

1. 分析汽车必然要从传统的分销模式发展成为新零售模式的主要影响因素。

2. 胡波先生认为未来的汽车厂商要运营好三个店：第一个是 4S 店（经销商），第二个是内容商店，第三个是出行商店。要做生态圈营销，你怎么理解？

3. 为了适应环境的变化，汽车 4S 店需要做哪些变革？

⊃拓展阅读

拓展阅读文献

➡ 第 14 章

━+━

营 销 沟 通 策 略

学习目标

1. 了解营销沟通的含义与作用。
2. 理解各种营销沟通工具的决策过程和效果评估以及影响营销沟通组合的因素。
3. 掌握营销沟通各种工具的主要特点、主要活动方式及整合营销沟通的核心思想。

引导案例

"敢梦敢美——百雀羚×快手造梦季"主题活动

"百雀羚"是上海百雀羚日用化学有限公司旗下品牌。近年，百雀羚在品牌年轻化，尤其是新营销方式尝试上一直保持开放和积极的姿态，堪称国货典范。

2018 年 8 月，百雀羚与快手合作开展了"敢梦敢美——百雀羚×快手造梦季"为主题的活动。选择与快手合作，主要是快手用户在全国各级城市都有广泛的分布，用户下沉深度是快手的独特优势。百雀羚与快手在市场、人群、调性和精神上高度契合。采用短视频传播方式，主要考虑将品牌活动的主场交给用户，从心理上与用户建立有温度的链接。

在线上，首先是明星站台营造气氛，突破冷启动。百雀羚此次请到了在年轻人中有号召力的品牌代言人站台，快速聚集人气，活动上线 24 小时用户的参与突破了 300 万。其次，快手平台的几个网络红人陆续上线，根据每个红人的特质定制传播内容，通过逗趣或感性的场景化故事表达，丰富地诠释该话题的意义，以原生内容激发广大粉丝的创作欲。随后，本次活动的真正主角——"素人"的用户生成内容（UGC）迅速涌现。用户在快手用视频晒出梦想，带上"百雀羚喊你来造梦"的标签，标签页会归集用户的所有相关视频。由于快手平台上粉丝跟博主之间建立了高度的信任，品牌活动更易获得良好的互动和转化效果。至此，完成了用户从围观、参与到自发成为品牌传播的一环。

在线下，本次活动百雀羚发动了全国化妆品店、日化店、精品店等消费者渠道终端深度参与，邀请人们赴门店参与互动。门店做活动期间，整个系统的员工几乎都在参与，通过"玩"的方式推广产品。

整个活动期间，共计 1 067.5 万人参与活动，用户上传 2 000 多个视频作品，点击数 58.8 万，点赞 21.1 万。线下销售拉动效果明显，活动期间品牌销售量提升 30%，店面销售占比达 60% 以上。本次活动不仅线上玩转短视频营销触发巨大品牌声浪，还调动了线下销售量，是一次从线上到线下全整合的创新之举。

由此可见，在媒体传播渠道日新月异的市场中，选择合适的媒体和内容，与消费者有效沟通是企业赢得消费者的关键。

【资料来源】艾瑞咨询．百雀羚×快手造梦季［DB/OL］．（2018-08-24）［2023-12-08］．http：//a. iresearch. cn/case/6432. shtml.

现代市场竞争信奉的是"酒好也不能巷子深"，这就要求企业不仅要生产适销对路的产品，制定适当的价格，在适当的地点为顾客提供所需的产品，还要求通过各种方式、途径传播相关的信息，与现实的和潜在的消费者进行沟通，这一使命就由企业的营销沟通活动来承担。在复杂的市场环境下，公司要努力让客户听到自己的声音，营销沟通的意义自不必多言，很多企业对其倾注了极大的热情，使出浑身解数以期得到消费者的青睐。然而很多厂家、商家声势浩大的营销沟通活动常常得不到期待的回响，如何才能让有限的资金发挥更大的效力？如何让消费者通过你的游说与宣传成为你产品或服务的购买者，甚至成为你忠诚的拥戴者？同时又尽量避免营销沟通的负效应出现？本章将围绕这一系列问题进行阐述。

14.1　营销沟通和信息沟通过程

14.1.1　营销沟通概述

1. 营销沟通的概念及作用

营销沟通，指企业通过各种方式将有关企业、品牌及产品的信息传递给消费者或用户，影响并说服其购买某项产品或服务，或至少是促使潜在顾客对该企业、品牌及其产品或服务产生信任与好感的活动。

营销沟通策略，在早期的营销学中是以促销策略出现的。随着技术的发展，各种媒体层出不穷，加上人们对营销理念理解的加深，原来的"促销"一词不足以反映企业与消费者之间交流方式的改变。因此，经典营销学中4P营销组合策略中的"促销"，被赋予了更多的使命，所以开始用营销沟通策略来替代促销策略。另外，营销沟通策略也经常被翻译为营销传播策略，为了更好地体现"双向""互动"，营销沟通策略的提法更加准确。

具体而言，营销沟通有如下作用。

（1）传递信息。营销沟通的本质就是与顾客的信息沟通。这种信息传递是双向的：一方面，信息由企业或者中间商流向买方，传递有关企业产品的信息，诱导消费者需求并采取购买行为；另一方面，有的信息从买方流向卖方，即消费者通过反馈产品价格、质量和服务信息，促使中间商和生产者更好地满足消费者的需求。

（2）增加需求。消费者有很多需求尚处于潜在状态，企业可以通过各种手段提醒并强化消费者对本企业产品的需求，并通过促销激发消费者的购买欲望，变潜在需求为现实需求，从而增加销售量。

（3）强化特色。随着市场竞争的日益激烈，产品同质化现象加剧，同时消费者需求不断发生变化，他们不再仅仅满足于良好的产品质量本身。因此，企业需要通过与消费者的沟通，突出自己品牌、产品的特点，使消费者意识到本企业品牌、产品的独特利益。

（4）稳定销售。仅仅追求销售量的扩大并不能保证企业的市场地位。在激烈的市场竞争中有相对稳定的销售额，从而有较为稳定的市场地位是很多企业追求的重要目标。如果企业营销沟通方式运用得当，企业就可以加深消费者对产品、品牌的忠诚度和偏好，即使短时间内需求下降，也可以通过良好的沟通使需求得到一定的恢复和提高。

（5）塑造形象。营销沟通可以将公司、品牌与其他人物、地点、事件、体验、感受和事务等联系起来。通过在消费者的记忆中建立品牌，塑造品牌形象，从而有助于提升品牌资产价值。

2. 营销沟通过程

营销沟通的核心与本质是营销者与购买者、潜在购买者之间的信息沟通，这种活动一定要经由某种渠道由某个主体对某个对象说某些内容。对于沟通者而言，一定要慎重地组织信息、选择渠道媒介，以便对特定沟通对象的态度与行为施加有效的影响。

1）信息沟通模式

图 14-1 表示的就是信息沟通模式，该模式由 9 个要素构成。

沟通的主要参与者是发送者和接收者，其中信息的发送者是企业，信息的接收者是现实顾客和潜在的顾客；沟通的主要工具是信息和媒体。信息是发送者传送的信号，它要通过某种信息的载体即媒体从发送者处传递到接收者处。营销沟通的主要职能是编码、解码、反应和反馈。企业希望传递的事实首先通过编码转换成某种符号，信息接收者在收到后会通过解码对符号进行某种解释，在此基础上采取有关行动即产生某种反应，最后有部分反应被反馈给信息发送者，这部分反应即为反馈。还有一个要素表示系统中的噪声，即在信息沟通过程中发生的意外干扰和失真，使得接收者收到的信息与发送者发出的信息不一样。

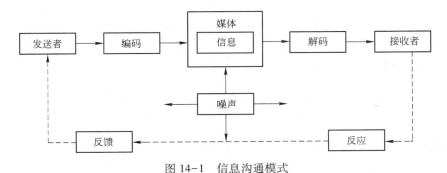

图 14-1 信息沟通模式

2）营销沟通过程

从信息沟通模式中不难看出，营销沟通是一个十分复杂的过程。企业要想进行有效的信息沟通，必须考虑由谁来说、说什么、怎样说、对谁说、效果和反应如何、如何降低噪声等问题。具体而言，营销沟通包括如下步骤。

（1）确定目标受众。有效的营销沟通过程首先应确保找到目标沟通对象，在此基础上才能决定通过何种渠道说什么和怎么说，从而使沟通效果达到最佳。在营销沟通中，目标受众是对传递来的品牌、产品及相关信息感兴趣的人或组织，他们可能是企业产品的潜在购买者和现实使用者，也可能是购买决策过程的其他角色如决策者或影响者。此外，应了解目标受众的媒体习惯、态度、偏好等，为接下来的沟通做好铺垫。

（2）确定营销沟通目标。营销沟通目标是营销主体通过沟通信息希望寻求到的来自消费者的相关认知反应、情感反应和行为反应。

尽管企业希望得到的最终的反应行为是消费者的购买，但购买行为绝非一蹴而就，它是消费者漫长的决策过程的最终结果。在决定购买之前，消费者往往会经过认知、情感和行为阶段，因此在确定沟通对象目前所处的购买阶段的基础上，营销沟通目标是将受众从他们目前所处的购买过程的位置推向更高的准备购买阶段。

消费者反应层次模式如图 14-2 所示，给出了消费者在购买决策过程中的几种主要的反应模式：AIDA 模式、效果层次模式、AISAS 模式。其中，AISAS 模式是一种在数字营销时代应用较为广泛的模式，展示了在互联网时代信息传递过程中消费者的行为反应特征及沟通重点；AIDA 模型是一种最为简洁的模型；效果层次模型则将认知、情感、行为三个阶段进行了进一步的细化。在互联网时代，消费者在行动之前的搜索 S（search）与行动后的分享 S（share）使消费者成为营销信息的主动创造者与沟通者，而不再是被动的接受者[①]。

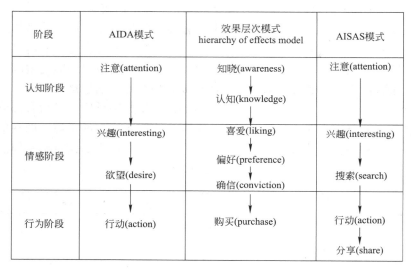

图 14-2　消费者反应层次模式

（3）设计信息。在确定目标受众，并已经明确目标受众的期待反应之后，营销沟通者应当设计恰当的产品信息。具体而言，在信息内容、信息结构、信息格式和信息来源这几个方面，都必须精心选择，慎重决策。

① 信息内容。信息内容的表达可以有三种形式：理性诉求、情感诉求和道德诉求。理性诉求是通过向目标顾客或公众诉诸某种行为的理性利益，或显示产品能产生的功能利益，促使人们做出既定的行为反应。例如：OPPO 的"充电 5 分钟，通话 2 小时"，vivo 的"1 600万柔光自拍，照亮你的美"，知乎的"有问题，上知乎"都属于典型的理性诉求表

① 李震. 基于 AISAS 模式的社会化媒体营销研究［J］. 技术与创新管理，2012，33（4）：393-395.

达。情感诉求是试图向目标顾客诉诸某种消极情感因素（担心、内疚等）或积极情感（如幽默、快乐）因素，以激起人们对某种产品的兴趣和购买欲望，或停止做不该做的事情，这类信息一般适用于化妆品、饮料、食品等消费品。例如：完美日记曾在"七夕"联合中国邮政推出七夕限定礼盒，还策划了"告白邮局"活动，用户可以在官方微博下自由分享或进行情感倾诉。这不仅调动起了消费者参与的积极性，也巧妙地牵起了品牌与消费者之间的情感纽带。道德诉求是为了使受众从道德上分辨什么是正确的或适宜的，进而规范其行为，这类信息主题通常用于激励人们支持某种高度一致的社会运动。例如：中央文明办倡导垃圾分类的公益广告词——让四处蔓延的垃圾回归万物应有的循环，污水不再横流，田野明净如初；弘扬尊老爱幼的公益广告中的旁白——"我们在父母眼里是心头肉，父母在我们眼里呢？"其目的是激励或者影响人们的意识。

② 信息结构。信息内容的传递方式会在很大程度上影响信息沟通的效果，因此设计合理的信息结构是必要的，其中包括确定信息呈现的顺序、确定结论引出的方式以及确定如何论证等。

③ 信息格式。即信息表现形式，信息沟通者必须设计具有吸引力的信息表现形式。沟通语言是丰富的，不仅仅是我们通常所理解的"语言和文字"，画面、颜色、版面、形状、语言、语调、音响都能为信息沟通带来不同的效果。

④ 信息来源。即直接或间接传递营销信息的人，如产品代言人、发布信息的组织等。信息来源的可靠性、吸引力和感染力能获得消费者更多的注意和回应。

（4）确定沟通媒介。沟通媒体也称为沟通渠道。信息沟通渠道大致可以分为两种形式：人员信息沟通渠道和非人员信息沟通渠道。人员信息沟通渠道是指通过面对面交谈、电话访问或者社交媒体传递信息，这是一种双向的沟通。人员信息沟通渠道可以进一步分为倡导者渠道、专家渠道和社会渠道三种形式。倡导渠道由公司营销人员组成；专家渠道由向目标购买者做宣传的独立专家组成；社会渠道由邻居、朋友、家庭成员及同事组成。随着数字技术的发展，社会渠道原来是熟人之间的沟通，现在已经发展为在社交媒体上陌生人之间的沟通。人员信息沟通越来越多地向从真实到虚拟、线下和线上结合的方向发展。非人员信息沟通渠道通常是指无须人与人的直接接触来传递信息或影响的媒体，是一种单向的沟通，主要渠道是媒体、氛围和事件与体验。例如：在印刷媒体、广播媒体、网络媒体等做的广告以及销售促进、公共关系等活动；借助某种氛围或场景进行的信息传播；借助随机或人为事件，向特定目标受众群体进行的信息传播等。

（5）确定沟通预算。确定沟通预算通常有以下几种方法。①量力支出法。在企业不能测定具体目标和效果的情况下，常常采用有多少资金就做多少事情的办法。它的风险比较大，也不符合现代营销理念。②销售百分比法。即根据以往经验，按企业一定时期内销售额的一定百分比确定沟通预算。这种方法的好处是简便易行；缺点是实际操作中过于呆板，不能适应市场变化，而且有因果倒置之嫌，从理论上讲不太符合逻辑。③竞争对等法。它是根据竞争对手的沟通费用开支来决定本企业沟通预算的一种方法。④目标任务法。根据沟通目标选定合适的沟通媒体，再计算出为实现这一目标应支出的费用。这种方法最科学，但也最复杂，实际操作难度较大。

企业在制作沟通预算时必须考虑品牌的市场认知状况、产品生命周期、行业竞争情况、目标市场大小及其潜力、潜在市场规模与地域分散程度等因素。

（6）建立信息反馈渠道并衡量沟通效果。即公司通过跟踪调研，了解信息沟通对目标沟通对象的购买态度和行为等的影响，考查公司的营销沟通策略的实施是否达成目标，从而为下一次的有效营销沟通决策提供依据。这里的效果测量，既要考虑如销售额等财务利益实现的销售效果，也要考虑非财务利益，如品牌知名度是否提高、品牌形象是否强化等。

营销展望

消费者旅程中的营销沟通

消费者旅程地图，即描述消费者从认知某种产品或品牌开始，到对某产品或品牌产生信任感和忠诚度的一系列行为过程。客户旅程地图是一个强大的工具，它会帮企业理解用户情境，帮助企业清晰地看出用户来源于哪里以及他们试图达到怎样的目的。

过去，有限的数据就足以清晰地阐明，甚至直接建立起一套主要的消费者行为模型。然而，随着互动场景的日益丰富，越来越多的消费者会频繁地切换不同的设备、浏览器、互动渠道与品牌发生联系，并在不同的渠道留下不同的身份信息。企业可以利用消费者数据平台（customer data platform，CDP）厘清不同 ID（身份标识号）之间的映射关系、多元标签录入等流程，将同一个人的相关数据打通，来整合和应用所有与企业的营销触点（如微信公众号、小程序、企业官方网站）有过交互的消费者行为数据及个人数据，建立以消费者行为为主要标签的目标人群画像。

在旅程地图中营销沟通可收集的数据来自两类：输入端和输出端。输入端的数据和如下一些问题相关：这些数据都经过了哪几个营销触点？是什么因素鼓励或阻碍消费者接触到这些触点？这些数据背后反映出哪些消费者行为？消费者是在哪一个时刻做出的购买决定？输出端的数据包括所有能够应用于个性化营销沟通场合中的数据，主要关注的问题是：如何能让数据及时地反作用于消费者沟通？如何用合适的话题触达所对应的消费人群？如何创造更流畅的、全渠道的消费体验？

找到关键销售转化时机。重要的接触点即品牌有机会切入并实现销售转化的时机，如客户会通过社交媒体、在线广告、网络评论、博客与企业进行互动。如果仅按照常规营销的途径会导致错失有价值的客户。

跟踪他们的行为并不是最重要的，最有价值的洞察往往来自了解他们行动的原因。例如：Patagonia（一家户外服装零售商）了解到顾客非常在意它们的产品是否可持续且绿色环保，于是它们第一则广告与产品无关，而是探讨一个公共话题——如何保护公共领地，Patagonia 通过了解其核心客户关注的社会时事，赢得了广泛的支持。

发现关键媒体渠道与营销策略。通过分析围绕在客户身边的接触点，研究其行为、情感和兴趣，企业可以发现真正值得投入的媒体渠道和营销策略。企业越了解目标人群的需求，就越有可能在合适的营销触点为他们设计更适合、更愉悦的消费体验，吸引他们进入下一个营销阶段。千人千面的商品推荐，基于细分人群的定制化自动内容等，其实都是影响"消费者旅程"的一种表现。主动创造出更有针对性、更高匹配度的营销触点，丰富品牌与消费者的互动形式，改写甚至控制"消费者旅程"。

【资料来源】

［1］ A K PRADEEP. The buying brain：secrets for selling to the subconscious mind ［M/OL］. Wiley online library，2012.

［2］ BOAG，All you need to know about customer journey mapping ［EB/OL］. https：//www. smashingmagazine. com/2015/01/all-about-customer-journey-mapping.

14.2　广告与销售促进

14.2.1　广告策略

1. 广告的概念与决策程序

广告是广告主以促进销售、宣传企业、品牌形象为目的，付出一定的费用，通过特定的媒体传播商品或服务等有关信息的大众传播活动。广告是一种非人际的信息沟通；广告主是信息的发布者，对信息的真伪负有法律责任；因为要借助沟通媒介，所以广告是付费沟通；广告的对象由企业的产品或服务的目标市场决定；广告是一门说服的艺术，在把信息传递给消费者的同时，希望消费者能接受广告信息，并按照广告主的意愿去行动。

广告决策是企业在总体营销战略的指导下，对企业的广告活动进行一系列的规划与控制。广告决策制定过程包括广告目标确定与广告预算决策、广告信息决策、广告媒体决策和广告效果评估 5 个阶段。

2. 广告目标确定与广告预算决策

广告目标是企业借助广告活动所要达到的目的。广告的最终目标无疑是增加产品的销量，提升企业的利润。但这是企业整体战略与策略的配合的结果，广告只是其中的一种手段，因此不能把最终止目标简单地作为广告的目标。一般来说，广告目标可分为 3 种类型：以提供信息为目标，以说服购买为目标，以提醒使用为目标。

第一，以提供信息为目标。这种广告一般用于产品投入期，通过向市场通告新产品性能、用途、价格、工作原理、可提供的服务等激发消费者的兴趣，减少消费者的担心并树立公司或品牌形象。第二，以说服购买为目标。这种广告主要用于产品的成长期和成熟期的前期，通过强调品牌的特殊性培养品牌偏好，鼓励消费者转向自己的品牌，说服消费者立即购买。第三，以提醒使用为目标。这种广告主要用于产品的成熟期或衰退期，在此阶段消费者已经对产品相当熟悉，通过这种广告可以提醒消费者购买商品的地点和时机，使消费者在淡季也能记住产品，刺激重复购买。

3. 广告信息决策

广告效果的好坏在很大程度上取决于广告信息的制作。因此，广告信息决策是广告决策中十分重要的一个阶段，要在把握广告设计原则的基础上以一种合适的信息表达方式与目标受众沟通。

（1）广告设计的原则。首先是真实性。真实是广告的生命。广告的真实性一方面表现在广告内容即语言文字、画面艺术手法、情感诉求的真实性；另一方面表现在广告中的产品也必须是真实的。其次是针对性。广告的内容与形式要具有针对性，广告就是要把品牌的特质、产品或服务的利益传达给现实或潜在的消费者和公众，广告是写给那些可能购买的人看的。再次是创造性。标新立异的广告能给消费者对企业产品、品牌留下深刻的印象。因此，广告要不断推陈出新，不落俗套，做到新颖独特。最后是思想性，或称为社会性。广告设计要有一定的思想深度，并符合社会文化、思想道德的客观要求。

（2）信息表达形式。在广告中，企业可以通过各种信息表达形式与目标受众沟通，如生活片断、生活方式、幻想、气氛或形象、音乐、拟人、技术经验、科学证据、作证等。其目的是增加广告的感染力和信服力。

4. 广告媒体决策

广告主与广告接收者之间的沟通必须借助一定的媒介，这就是广告媒体。随着经济的不断发展和科技的日益进步，可供企业选择的广告媒体越来越多，广告媒体种类包括报纸、杂志、广播、电视、电子邮件、互联网、交通广告（车体、车内、站牌广告等）、户外广告（灯箱、招贴广告等）、空中广告（利用悬浮物带动的广告）等媒体形式，这些广告媒体的重复展露率、成本、传播区域各有千秋。

选择广告媒体应考虑的因素包括以下 4 个方面。

（1）目标市场的媒体习惯。广告是与特定目标顾客的沟通，因此有针对性地选择易为广告对象接受的媒体，是增加广告促销效果的有效方法。例如：面向时尚的年轻群体的产品广告，在娱乐节目、时尚杂志上播放或刊登就是较为合适的选择。

（2）产品特性。不同的媒体在展示、可信度、注意力与吸引力等各个方面具有不同的特点，因此针对不同的产品应该根据自身特点选择不同媒体，如需要丰富表现手法的服装、饰品广告等较为适合在电视或杂志上用色彩来表现。

（3）媒体传播范围。广告宣传范围应与产品的销售范围保持一致，全国性销售的产品适宜在全国性报纸或电视台、电台作广告；而在某一地区或城市销售的产品，则可以选择地方性报纸、电视台、电台等传播媒体。

（4）媒体费用。不同媒体的费用有很大差别，企业应视承受能力选择不同的媒体。企业要关注的不是绝对成本数字，而是媒体成本与广告接受者之间的相对关系，即千人成本。

5. 广告效果评估

广告效果评估就是指运用科学的方法来鉴定广告通过媒体传播后产生的效益。具体包括三方面：一是广告的经济效益，广告促进商品或服务销售的程度和企业的各项经济指标增长的程度；二是广告的心理效益，消费者对产品广告的心理认同程度和购买意向、购买频率；三是广告的社会效益，广告是否符合社会公德，是否寓教于宣。对广告效果的测定主要分为两部分：其一是对传播效果的测试，如接触率、知名度、理解度、偏好度等；其二是对销售效果的测试，如购买率、品牌占有率、销售增长率等。

营销实操

关于企业广告决策的忠告

你应该做的：

①制作广告之前，要明确目标顾客所处的状态及他们的所思所想；

②要将定位作为有效广告的桥梁；

③如果计划与广告代理商合作，务必广泛寻找，审慎甄选；

④要拟定整体的广告策略，而不只是创作广告。

你不该做的：

①忽略与其他传播工具的协调配合；

②将广告当成提升企业或产品或品牌美誉度的武器；

③在目标与策略尚未达成一致意见时，就急于开始广告创作；

④只重销售额的提升与否，忽略其他沟通目标的实现。

【资料来源】傅浙铭. 营销学精要［M］. 深圳：海天出版社，2000.

14.2.2 销售促进策略

1. 销售促进的特点与形式

销售促进又称营业推广，是指除人员推销、广告、公共关系之外的，用以增进消费者购买和交易效益的那些营销沟通活动。相对于其他沟通方式而言，销售促进更多地利用短期诱因，刺激消费者购买，短期效果十分明显。

销售促进的特点如下。①非规则性和非周期性。相对于广告、公共关系和人员推销而言，销售促进是一种辅助性的营销沟通方式，往往使用时期较短且不单独使用。②灵活多样性。销售促进方法多样，可根据每次销售促进的具体情况，如顾客心理和营销环境等因素，采取针对性很强的销售促进方法。③短期效益比较明显。广告和公共关系等沟通工具通常被认为是一项投资，对销售的影响发生在未来某个不确定的时间[①]；而销售促进的短期效益往往十分明显，通常在几天甚至几个小时内就可以产生明显的促销效果。

销售促进的方式多种多样，各有特色，企业应该根据促销的目标和促销对象的不同特点来选择合适的方式。

（1）针对消费者的销售促进。针对消费者的销售促进主要用于鼓励老顾客继续购买，刺激新顾客使用，其方式可以采用以下几种。①赠送。企业采用定点分发或逐户分发的方式向消费者赠送样品或试用样品。这种销售促进可以消除消费者因陌生而产生的对产品疏离感，给消费者一个尝试新产品的机会，但赠送样品的方式成本较高。②优惠券。企业采用邮寄或随商品的方式赠送优惠券证明他在购买某种商品时可以免付一定金额的钱。③廉价包装。用较为简单的包装降低成本，并在商品包装或招贴上注明：比通常包装减价若干。它可以是一种商品单装，也可以是几件商品的捆绑包装。④奖励。顾客可以凭奖励券买一种低价出售的

---

① 舒尔茨，鲁滨逊，彼得里森. 促销管理的第一本书［M］. 黄漫宇，译. 北京：中国财政经济出版社，2005.

商品或享受一定优惠，或者凭券免费得到商品。购买商品时获赠各种商品的促销也属于这种形式。⑤现场示范。销售人员在销售现场当场对商品进行使用示范表演，把一些技术性较强的产品的使用方法介绍给消费者。⑥商品展销。企业将一些能显示企业优势和特征的产品集中陈列，在展览的同时销售。

（2）针对中间商的销售促进。为了鼓励中间商积极销售本企业的产品，企业可以采用下列方式对中间商进行销售促进。①批发回扣。企业为鼓励中间商多购进自己的产品，可给予购买本企业产品一定数量的批发商一定的回扣，回扣多少与购买数量成正比。②推广津贴。企业支付给中间商在陈列商品、广告费用及运输费用方面的补贴。③销售竞赛。企业鼓励各个中间商之间展开销售竞赛，给优胜者以不同的奖励、如现金奖、实物奖免费旅游、度假奖等。

此外，还包括交易会或博览会、业务会议等其他形式。

有关销售促进的方式是不胜枚举的，关键是要通过对最为常用的一些手段的了解与分析，得其要领和思想精髓，在日后的实践中加以创新地运用，而不是人云亦云，简单地照搬。

营销展望

会展及其发展趋势

随着我国会展经济时代的到来，会展在企业市场营销战略中的地位也越来越重要。通过参加会展进行产品推广、树立品牌形象及企业整体形象将成为企业的重要营销活动。

1. 传统会展

传统会展指卖主租用有限场地上分配划界的区域或摊位，将其产品或服务在其摊位上展出。其观众包括经选择的部分顾客、可能的买主、决策影响者和中间商。会展是生产商、批发商和分销商进行交流、沟通和贸易的汇聚点。通过会展，企业可以在很短的时间内与目标顾客直接沟通，可将产品或服务的信息发送给特定的客户，并可产生来自顾客的即时反应。通过展会期间的调查和观察，企业还可以收集到有关竞争者、分销商和新老顾客的信息和发展趋势等，为企业制定下一步的发展战略提供依据。相对于其他销售促进方式，会展的成本相对较低。

2. 网络会展

随着互联网、大数据分析、云计算技术、AR/VR 技术、AI 技术的发展，网络会展成为新的会展方式。

网络会展具有传统会展营销不具备的许多独特的、鲜明的特点，具体表现在以下5 个方面。①地域的全球性。②资源的整合性。通过会展网站可以与众多相关性的组织和机构进行链接；办展企业和参展企业、观众在一定的可控范围内实现数据信息的共享。③成本的经济性。④企业与客户的交互性。会展客户可以通过论坛、微博、邮件、微信、直播平台账号等进行双向交流，及时了解会展信息，获得经验和数据的沉淀。⑤服务的个性化。在未来，网络会展的方向将是一对一的营销。

3. 云上虚拟会展与线上会展

对当下会展行业中活跃的"线上会展",很多人误认为它等于云上虚拟会展,其实二者有本质的区别。"线上会展"是对当下线下实体会展的补充,而"云上虚拟会展"则是推动会展商业思维的革新和模式的价值重构。

云上虚拟会展一方面整合了网络的高效性、普及性、虚拟性和信息集散功能;另一方面它包含了虚拟现实等新兴技术对虚拟实物的高感知性,既具有传统实物会展的信息集散功能,又能突破时空、成本、精力和资源的限制。云上虚拟会展不但能够扩大会展活动的覆盖面,还能降低会展成本,提高办展效率,是对传统会展的创新,也是对当下"线上会展"的突破。

云上虚拟会展与传统实业会展应以既相互联系又彼此独立的关系存在,云上虚拟会展应充分理解和认知互联网本质,不应是"大而全,庞而杂",而应是"小而精,垂而细"。

【资料来源】

[1] 蔡兴仁,张秀升. 会展的营销战略地位及参展策略 [J]. 商业研究,2002(6):21-23.

[2] 袁帅. 会展活动产业网络营销特点和操作方式 [EB/OL]. (2020-08-09)[2023-12-08]. https://baijiahao.baidu.com/s? id=16744982061968882870&wfr=spider&for=pc.

2. 销售促进决策过程

(1)建立销售促进的目标。企业要针对不同对象的销售促进确定不同的目标。针对消费者进行的销售促进,目标包括鼓励消费者更多地购买和使用商品或批量购买,鼓励新顾客或吸引竞争者的顾客使用企业产品等。针对中间商进行的销售促进,目标包括吸引零售商经营新的商品、维持较高水平存货、建立零售商品牌忠诚度等。

(2)选择销售促进工具。企业应该在充分考虑销售促进的目标、市场类型、市场竞争状况、预算等的基础上,选择不同的工具实现不同的销售促进目标。

(3)制订销售促进的方案。第一,确定刺激程度。企业应先权衡销售促进得到的效果和必须花费的成本再确定销售促进的刺激程度。第二,选择销售促进对象。即受众范围的大小,确定优惠是提供给每一个参加者还是提供给购买数量大的顾客。第三,选择销售促进媒体。第四,选择销售促进时机。销售促进的时间应不长不短,太长则容易引发推广对象对产品质量的怀疑,太短则无法得到预期效果。销售促进的最佳频率以每季度三周为最佳。第五,预算分配。可以采用两种方式:一种是自下而上的方式,即根据全年销售活动的内容、销售工具及成本费用来决定预算;另一种是按照习惯比例来确定各种预算的比例。

(4)测试、实施和控制方案。企业在正式实施销售促进方案之前可以先邀请消费者对几种可能的优惠方法进行评价,或在一定范围内进行测试;测试通过后,正式实施;在销售促进实施的过程中必须进行监控,判断选择方式和期限是否合理,还要关注销售促进中后期的宣传。

(5)评估销售促进的效果。评估促销活动的知名度、消费者对促销活动的认同度、销售变化情况、企业形象在前后变化情况等,为日后的销售促进活动提供切实的依据。

14.3　公共关系与事件营销

14.3.1　公共关系

1. 公共关系的概念及主要任务

与广告和销售促进一样，公共关系是另一种重要的营销沟通工具。公司不仅要与客户、供应商和经销商建立良好的工作关系，还要与大量感兴趣的公众建立关系。公众有促进或阻碍公司达成其目标的能力。大多数公司都有一个专门的公共关系部门具体策划和管理与公众的关系，如监视公司各种公众关系，发布和传播有关公司的产品或服务，以及公司本身的信息，以建立良好的信誉。当负面的公共传播发生时，公共关系部门要面对公众做好危机处理。

公共关系是指企业为了取得社会、公众的信赖和了解而进行的各项活动。它运用现代信息传播的科学、技术和艺术手段，把有关企业及其产品的信息传递给社会公众，扩大企业在社会上的影响，树立企业的良好形象，从而为企业的生存和发展争取一个良好的外部环境。

公共关系与其他营销沟通手段的最大不同是它不是一种短期行为。也许短时间内其效果并不明显，但是通过有效地运用公关手段将对树立企业长期的良好形象起到很大作用。许多企业已经将其提升到了一个战略高度来认识；它已经不再只是与营销有关的事情，而是企业所有部门、所有人都应该承载的一种使命。

一般而言，企业的公共关系主要任务如下。①与新闻界的联系。企业可以利用各种新闻媒体向社会各界传播企业有关信息。②对产品的宣传报道。企业可以通过公共关系对产品的功能、特性、价格、质量等做出宣传，如召开新品发布会等。③公司信息的传播。企业可以通过服务性公关、交际性公关和社会性公关等各种形式的信息传播促使公众对本企业加强了解。④游说立法机关与政府官员。企业通过与立法机关和政府官员的公共关系，影响立法的规定，为自己的企业发展创造一个有利的法律政策环境。

公共关系还可以协助相关部门进行新产品预发布。在新产品推出市场之前，企业向目标受众传递新产品相关信息的营销活动。在激烈的市场竞争环境中，越来越多的企业在新产品导入时采用这种营销策略①。此外，公关策略还用于保护出现问题的产品，建立有利于表现产品特点的公司形象等。特别是在互联网时代，企业稍有闪失，或者受到他人殃及，都有可能在网络上迅速发酵，如果处理不当，可能会给企业带来非常不利的影响。因此，危机公关成为公共关系中的重要内容之一。

---

① 张丽君，苏萌. 新产品预先发布对消费者购买倾向的影响：基于消费者视角的研究 [J]. 南开管理评论，2010（4）：83-91.

营销实操

危机公关 5S 原则

危机公关 5S 原则是由知名危机公关专家游昌乔先生倡导提出的，指的是危机发生后为解决危机所采用的原则。

（1）承担责任。处理危机的首要原则就是承担责任，不管当事组织有没有责任，责任轻还是责任重，宣布承担责任是组织作为社会一员必须履行的道德义务，也是组织化解危机的最佳选择，能有效、快速地平复公众激动的心情，免除危机进一步激化的危险，为解决危机创造良好的舆论环境。

（2）真诚沟通。处于危机旋涡中的企业是公众和媒介的焦点。企业的一举一动都将接受质疑，因此企业千万不要有侥幸心理，企图蒙混过关。企业应该主动与新闻媒介联系，尽快与公众沟通，说明事实真相，促使双方互相理解，消除疑虑与不安。这里的真诚指"三诚"，即诚意、诚恳、诚实。如果做到了这"三诚"，则一切问题都可迎刃而解。

（3）速度第一。"好事不出门，坏事传千里"，在媒介如此发达的今天更是如此。所以，企业控制危机一定要争取在最短的时间内，用最快的速度控制事态发展，并第一时间向公众公开信息，以消除疑虑，从而迅速控制事态，否则会扩大突发危机的范围，甚至可能失去对全局的控制。危机发生后，首先控制住事态，使其不扩大、不升级、不蔓延，是处理危机的关键。

（4）系统运行。在逃避一种危险时，不要忽视另一种危险。企业在进行危机管理时必须系统运作，绝不可顾此失彼。只有这样才能透过表面现象看本质，创造性地解决问题，化害为利。它包括：以冷对热、以静制动；统一观点，稳住阵脚；组建班子，专项负责；合纵连横，借助外力；等等。

（5）权威证实。在危机发生后，企业不要自己拿着高音喇叭叫冤，而要请重量级的第三方在前台说话，使消费者解除对企业的警戒心理，重获他们的信任。

【资料来源】

[1] 柠檬公关. 公关危机处理原则方案流程事件案例分析 [EB/OL]. （2018-10-27）[2023-12-08]. https：//baijiahao. baidu. com/s? id＝1615471897228965463&wfr＝spider&for＝pc.

[2] 媒体危机公关 5S 通用原则 [EB/OL]. （2017-09-08）[2023-12-08]. http://www. gov. cn/zhuanti/2017-09/08/content_ 5223561. htm.

公共关系策略可以采用的主要工具包括：①出版物。如公司年度报告、宣传小册子、视听材料等；②事件，如召开记者招待会、讨论会等；③新闻，如新闻报道；④演说，如同业会议、论坛上发表演说；⑤公众服务活动，如赞助公益事业等；⑥识别媒体，如企业模型、业务名片、招牌等。

需要说明的是，公共关系策略采用的一些工具，如由第三方发布的新闻报道、文章、主题演讲等也被称为宣传工具；企业进行活动赞助，如赞助体育赛事、慈善事业、邀请潜在客户和现有客户参观其生产基地等也被称为活动与体验。

2. 公共关系的工作程序

公共关系活动的基本工作程序与销售促进的工作程序大致相似。首先，确定公共关系的目标。公共关系的最终目标是树立良好的企业形象，引发消费者的需求和购买行为，而每一个具体的公共关系活动可能会有更加具体的目标，如建立知名度、建立消费者的信任度、激励销售人员和中间商、降低促销成本等。其次，选择公共关系的信息和工具。企业要根据公共关系的目标、对象、内容、自身条件等来选择公共关系的信息和工具。再次，实施公共关系的计划。最后，评估公关效果。评估的指标通常有三种：一是展露度，即计算出现在媒体上的次数；二是反响，分析由公关活动引起的公众对产品的知名度、理解、态度前后的变化；三是可以通过公共关系前后的销售额和利润的比较来评估。

14.3.2 事件营销

1. 事件营销的概念

事件营销和公共关系中的赞助类似，主要区别在于赞助涉及的是个人、集体或团队，而事件营销则涉及支持一个特定的事件①。事件营销涉及的很多活动都与具有新闻价值、社会影响及名人效应的人物或事件有关。通过策划、组织和利用具有新闻价值的事件，吸引媒体、社会团体和消费者的兴趣与关注，以求提高企业或产品的知名度、美誉度。

2. 事件营销的特性

事件营销的特性包括针对性、主动性、保密性、可亲性、趣味性、不可控的风险等。

（1）针对性。事件营销就是在某个时间段最热门的事件上捕捉商机，然后利用这件事情来产生新的创意，创造与这事件相关的事件。另外一种方式是自创事件，进行针对性的营销。

（2）主动性。不论是创意性营销，还是借助事件营销，事件营销的主动权永远都是归营销者所有的，所以营销者具有充分的主动权。在进行事件营销时一定要主动，要善于发现事件。

（3）保密性。没有做营销之前一切数据都是保密的，而且要有很高的保密性。

（4）可亲性。事件营销借力的过程中，最早借力于热门事件，也就继承了一部分原事件的可亲性。

（5）趣味性。人们天生对好玩、新奇的事情感兴趣，因此事件营销的内容要生动，要能够调动受众的情绪，同时也要注意避免低俗趣味，否则会引起反感。

（6）不可控的风险。借力本来就是事件营销的核心所在，事件营销也就存在被别人借机发挥的可能，存在着一些不可预测的风险，事件营销做得越大，风险也就越大。

---

① 克洛，巴克. 整合营销传播：广告，媒介与促销：全球版：第 5 版［M］. 谭咏风，胡静，译. 上海：格致出版社，2015.

营销实操

"长城汽车挺得过明年吗?"生死思辨事件营销

在这个全民营销的年代,企业想在纷繁复杂的海量信息中脱颖而出,就需要玩点不一样的。事件营销如果设计得巧妙,常常能传播广泛、影响力大,起到四两拨千斤的效果。长城汽车 30 周年庆的一系列活动就将事件营销玩出了花样。

2020 年 7 月 13 日, 30 周年的特殊时刻,长城汽车发布了一则微电影。这则微电影的主题是《长城汽车挺得过明年吗?》,而非我们习惯的"周年庆"内容,诸如"命悬一线""没有退路,才见出路"等带有强烈危机意识的词汇,迅速引发了行业内外的广泛关注。

在话题充分发酵后,长城汽车又在 7 月 16 日发布了一封公开信,主题为《长城汽车如何挺过明年》。在信中,长城汽车董事长魏建军详细剖析了其造车三十年的感悟,以及为何要提出"长城汽车能否挺过明年"这一问题,算是对前面视频的一个"解析"。

公众对长城汽车造车三十年的感悟、危机意识、未来规划有了一个全面且深刻的了解。在提出问题、引发思考、给出答案后,长城汽车 30 周年这场生死思辨也形成了一个社交闭环,受众与长城汽车建立起了更加紧密的联系,对品牌好感度迅速提升。

长城汽车能时刻保持"居安思危",并决心以一场"自我革命"来实现从"中国汽车制造企业向全球化出行科技公司"的蜕变,这样的魄力和勇气是其此次营销成功的重要原因。

【资料来源】同城汽车. 把事件营销玩出新花样,长城汽车真营销鬼才 [EB/OL]. (2020–08–09) [2023–12–08] . https://baijiahao. baidu. com/s? id = 1674520017030180647&wfr = spider&for = pc.

14.4 人员推销与直复营销

14.4.1 人员推销

1. 人员推销的含义与特点

人员推销就是企业派出推销人员或委派专职推销机构向目标市场顾客介绍和销售产品的营销沟通活动。人员推销是借助销售人员帮助和说服购买者购买某种商品的过程。其主要特点表现在以下几个方面。

(1)推销过程的灵活性。在人员推销中,推销员与顾客面对面直接交流,推销人员可以根据顾客的购买动机和个人特点,有针对性地进行说服;在沟通过程中,还可以根据顾客的反应适时调整自己的沟通内容，以适应顾客的行为和需要。

（2）具有选择性。人员推销与一般促销策略的区别是，对推销对象有一定的选择性。每次推销之前，可以选择具有较大购买可能性的顾客进行推销，并通过事先对顾客的了解和调研，拟订具体的推销方案、方法策略等，使推销的成功率有一定的保证。

（3）具有公关作用。由于人员推销活动在买卖双方人与人之间开展，因此一个有经验的推销人员可以通过自己的沟通技巧，使买卖双方从单纯的买卖关系发展到建立起深厚的友谊，密切企业和顾客之间的关系，这就起到了公关作用。

（4）具有完整性。在推销活动中，推销人员的工作从寻求顾客开始，到接触、沟通直至最后说服，经历了一个相对完整的过程，同时还担负其他营销功能，如安装、维修、了解顾客购买后的反映等。

（5）可以收集到较为翔实的商业情报。在人员推销中，一方面推销人员向顾客传递产品的相关信息；另一方面推销人员在与顾客的接触中了解顾客对本企业的产品或服务的评价，及时掌握产品的销售和市场占有情况，通过不断收集商业情报为企业制定营销策略提供依据。

2. 销售人员的职责与推销方式

从根本上说，推销人员的作用及最终目标是帮助企业获得满意的销售额。而现代营销观念认为，推销人员作为公司和顾客的纽带和桥梁，其目标任务不仅是完成更多的销售，还应该承担更多的职能和责任。推销人员在和顾客打交道时，扮演着多重角色：他是企业或品牌的代表者；他是信息的沟通者；他还是产品或服务知识的教育者。具体来看，销售人员的基本职责如下。

（1）销售。销售依旧是销售人员最基本的任务，这一任务要求销售人员不仅要达成销售计划，还要做到确实的收款。

（2）促销。销售人员应该寻找一切可能的机会向顾客推荐、介绍产品，并说服顾客购买产品。

（3）信息收集与报告。销售人员在推销过程中要不断地进行市场调查，收集顾客信息，并向企业及时报告，从而为企业的营销策略提供依据。

（4）与中间商确立信赖的关系。在与中间商的合作中，推销人员应该及时将本公司的销售政策传递给中间商，并设法提升中间商的经销意愿，使自己成为中间商的良好建议者，进而与中间商确立信赖的关系。

（5）学习销售技巧。销售人员应该在推销的实践中，不断学习并提升自己的销售技巧。

（6）有效进行工作。推销人员往往工作较为繁忙，且要由自己来安排时间，这就要求其能自觉有效地运用时间；同时推销人员还应该在工作中充分熟练使用销售工具并减少销售费用，使工作效率得以提高。

推销方式，即推销人员与顾客洽谈的方式。主要有以下几种：推销人员对一个顾客（一对一）；推销人员对客户采购组（一对多）；销售小组对顾客采购组（多对多）；推销会议、推销研讨会等多种形式。就目前的发展趋势看，多对多的形式越来越被受到重视。

3. 人员推销的程序与基本策略

人员推销的工作程序一般会经历下面几个阶段，如图14-3所示。

能否顺利完成上述过程取决于多种因素。只从销售人员的角度来看，销售人员必须积极

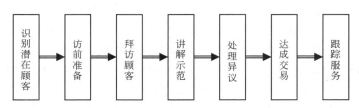

图 14-3　人员推销的一般程序

主动地找寻和发现潜在顾客，精心准备并灵活运用各种知识和技巧，对客户晓之以理、动之以情，化解顾客疑虑，从而促成交易的达成，随之提供良好的售后服务，留住顾客，也为以后开辟新客户提供经验和线索。

人员推销的基本策略包括以下三种。

（1）刺激反应策略。通过推销人员的"劝讲"来刺激顾客反应的策略。具体做法是推销人员在不了解顾客需要的情况下，事先准备好几套介绍方法。在访问时推销人员先讲（刺激），看顾客的反应；再讲，继续看顾客的反应。通过运用一系列施加给顾客的刺激来搞清楚顾客的需求，并引导其产生购买行为。

（2）需要满足策略。推销人员先要设法准确地发现和唤起顾客的需要，然后说明所推销的产品如何能满足其需要，促使顾客接受所推销的产品。这是一种创造性推销策略，要求推销人员具有较高的推销技巧，使顾客感到销售人员了解他们的需求，是他们购买决策的好参谋①。

（3）针对性策略。推销人员在对顾客情况有一个基本了解的前提下，"对症下药"，以达到顾客购买的目的。

4. 销售人员管理

人员推销是通过销售人员与顾客之间的互动进行促销的一种方式，如何管理企业的销售人员就成为人员推销的关键。销售人员的管理包括设计销售团队策略、招聘销售人员、培训销售人员、激励销售人员、销售人员的监督与控制、销售人员的绩效评估等②。

（1）设计销售团队策略。企业的销售团队结构通常包括区域销售团队、产品销售团队和顾客销售团队。区域销售团队即分到某个区域的销售人员，专门服务该区域，负责在该区域销售企业各类的产品。产品销售团队，比如划分为 A 产品销售团队、B 产品销售团队、C 产品销售团队，每个销售团队只负责自己需负责的产品，负责该产品在全国各个区域的销售。顾客销售团队，是将顾客按照一定的标准进行分类，然后配备一定的销售人员专门为同一类型顾客服务。

（2）招聘销售人员。对销售人员的基本要求归纳为三个方面：品质特征、销售技能和知识。品质特征一般包括诚信、自信心、豁达大度、坚韧性和进取心等；销售技能主要是指观察分析能力、应变能力、组织协调能力和沟通能力等；知识是指销售人员应掌握相关的企业知识、产品知识、市场知识、顾客知识和法律知识等。

（3）培训销售人员。销售人员培训的主要内容应包括公司知识、产品知识、市场知识、

① 万后芬，汤定娜，杨智．市场营销教程［M］．北京：高等教育出版社，2004．

② 孟韬．市场营销管理：互联网时代的营销创新［M］．北京：中国人民大学出版社，2018．

顾客知识、销售方法与技巧和其他相关知识。

（4）激励销售人员。销售团队负责人的核心工作就是要能有效地激励销售人员。为满足销售人员的不同需求，激发其工作的积极性，依据基本的激励原理，可以采取多种多样的激励方法，大致可分为物质激励、精神激励和竞争激励等。在现实企业管理中，往往是多种激励措施相互补充、共同使用，而且因人因时因地而异。

（5）销售人员的监督与控制。销售人员的监督与控制是企业管理控制工作的重要组成部分，也是销售经理的重要工作内容。具体的监督与控制包括人员控制、成本费用控制、信息控制、销售过程控制、销售目标控制等。

（6）销售人员的绩效评估。销售人员的绩效评估是企业对销售人员销售行为的测量过程，即用已制定的销售标准指标来衡量其工作绩效并将绩效评估结果反馈给销售人员的过程。

14.4.2　直复营销

1. 直复营销及主要形式

直复营销，是企业不通过中间人直接接触顾客并向其交付产品或服务的营销方式。

其主要形式包括以下 4 种。

（1）直邮。把产品信息、报价单、活动通知、样品等直接寄给目标顾客。

（2）产品目录营销。给目标顾客邮寄产品目录，或者备有产品目录小册子供顾客随时索取。

（3）电话营销。通过电话传播产品信息，进行产品推销。

（4）电视直销。通过电视介绍产品，进行产品推销。一种方式是以电视节目形式出现的商品信息广告片（也被称为专题广告片），有情节，有故事，经过精心设计和包装，既含信息又有广告，其欣赏性娱乐性较强，一般选在收视率较高的频道和时段插播。另一种方式是电视购物，以现场直播的方式直接售卖，娱乐性成分较少，可以在某一频道滚动播出。

2. 直复营销的特点

优点是：目标顾客选择更精确；不仅可以向顾客传递信息，还能直接产生销售；可以识别顾客的反应，及时调整沟通方式；所采用的营销战略具有隐蔽性，不易被竞争对手察觉。缺点是可能侵犯隐私，招致反感。

需要说明的是，直复营销必须与其他营销沟通方式或销售渠道相结合使用①。

14.5　数字营销

数字营销是通过网站、网络视频、电子邮件、社交媒体、移动应用程序和移动广告等数字化营销工具和其他数字平台，直接激发顾客通过电脑、智能手机、平板电脑等数字化设备

---

① 科特勒，凯勒．切尔内夫．营销管理：第 16 版［M］．陆雄文，蒋青云，赵伟韬，等译．北京：中信出版集团，2022.

随时随地进行互动的营销方式①。

14.5.1　网站营销

网站营销，就是通过企业的网站来吸引顾客，推动顾客使用企业的服务并在网站中购买企业的产品。首先，企业可以通过自身网站来进行营销。企业的网站不仅可以宣传企业的发展情况、企业文化，还可以直接在网站中显示企业的产品，甚至有些企业的网站具有电子商务的功能，顾客可以直接通过企业网站购买到合适的产品。开展网站营销，要求企业的网站具有良好的外观、良好的互动性，能够吸引顾客登录，方便顾客浏览和下单，从而促进企业产品的销售和品牌形象的宣传。

14.5.2　网络广告

1. 网络广告及特点

网络广告也称为在线广告、互联网广告，即利用网站、网页、互联网应用程序等互联网媒介，以文字、图片、音频、视频或者其他形式，直接或者间接地推销产品或服务的商业广告活动。随着网络的迅猛发展，网络广告已经受到企业的广泛关注。目前，网络已经成为继电视、广播、报纸、杂志、户外这几大传统广告媒体之外的又一重要的新兴广告媒体。

与传统的传播媒体广告相比，网络广告具有得天独厚的优势，如信息沟通的双向性，表达方式的多样性，覆盖面广，不受时间限制等。与此同时，超过 30 万种形式的数字化广告比传统的广播、电视、户外广告复杂无数倍。而且数字广告投放要求全程关注，传统广告的主要精力则主要放在前期规划与购买阶段。此外，传统广告价格高昂，并非每家企业都能承担，数字广告价格低廉可以让任何人接受。同时，由于其低成本和低门槛导致数字化广告中的虚假信息远超传统广告②。

2. 网络广告的主要类型

网络广告的常见形式有旗帜广告、电子邮件广告、文本链接广告、开屏广告、插屏广告、贴片广告、搜索广告、信息流广告等。

（1）旗帜广告就是横幅广告，以通栏或矩形框的形式出现在页面中，一般展现在用户停留较久或者访问频繁的页面上。旗帜广告在形式上特别简单——网站或 App 里留出“一小条”的位置卖广告，这是网络广告最早的展现形式，但是点击率相对较低。

（2）电子邮件广告即企业通过大量发送邮件，开发企业的意向客户，推广企业产品。电子邮件让企业能够将具有高度针对性、个性化和有利于建立关系的信息传递给顾客。电子邮件的优势是可以利用邮件营销发展企业的潜在客户，成本较低，快速增加网站流量。劣势是用户一般称之为“垃圾邮件”，即用户对邮件内容不感兴趣；强制用户接收邮件易造成用户反感继而有可能降低企业的品牌美誉度。

（3）文本链接广告是以一排文字作为一个广告，点击可以进入相应的广告页面。这是一种对浏览者干扰最少，但比较有效的网络广告形式。

---

① 科特勒，阿姆斯特朗. 市场营销：原理与实践：第 17 版［M］. 楼尊，译. 北京：中国人民大学出版社，2020.

② 王赛，曹虎，乔林，等. 数字时代的营销战略［M］. 北京：机械工业出版社，2017.

（4）开屏广告一般是在 App 启动时占据屏幕大部分或全部面积的展示广告，即产品第一次打开时出现的广告场景。一般来说，开屏广告时间是 3～5 秒，过后会自动进入 App 正常的功能或内容主页面，因此也叫"闪屏广告"。目前各大 App 都会有开屏广告。

（5）插屏广告属于移动广告的一种常见形式，具有强烈的视觉冲击效果，一般是在应用开启、暂停、退出时以半屏或全屏的形式弹出。用户在使用某个应用中也会出现这类广告，如我们看视频或者听音乐暂停时，就会跳出这种广告。由于插屏广告都出现在一些比较"特殊"的场景里，所以能减少广告对 App 固定界面的占用，视频和游戏等产品多采用这种广告形式。

（6）贴片广告即将广告内容贴入视频之中。它分为视频贴片和创可贴两种形式，前者是将 5～60 秒甚至更长的视频广告添加至视频播放前、视频播放中或视频播放后这三个位置；后者则是将图片或动画等元素放在正在播放的视频中。目前，爱奇艺、腾讯视频、优酷都开通了视频贴片广告。

（7）搜索广告即搜索引擎广告，是用户搜索关键词而触发的广告。广告的样式和搜索出的词条内容非常相似，并且广告的内容和用户的搜索意图相关。由于受众定向标签，搜索广告的展示形式与自然结果的展示形式非常接近，因此搜索广告的变现能力远高于一般的展示广告，提高了广告效果。

（8）信息流广告是位于社交媒体用户的好友动态，或者资讯媒体和视听媒体内容流中的广告。信息流广告的形式有图片、图文、视频等。信息流广告的优势是流量庞大、形式丰富，可基于用户的浏览行为、个性化标签（如年龄、性别、地域、教育、兴趣爱好等），利用大数据技术和人工智能（AI）技术，实现用户与广告的智能匹配。信息流广告还具有形式和内容上的原生性，即在形式上与其嵌入的社交平台内其他非商业信息在格式和样式上保持一致。在内容表达上也与其他非商业信息存在一定的相似性[①]。例如：在微博上，就是一则动态；在今日头条上就是一则新闻；在微信朋友圈，就如同朋友发的一条讯息。信息流广告如果不是周围标注有"广告"字样，很难让受众识别出它是一则广告。

3. 网络广告的计费方式

（1）按流量计费。主要包括 CPM 广告和 CPTM 广告。CPM 广告（cost per mille）是每千次印象费用（cost per thousand impressions），即广告条每显示 1 000 次（印象）的费用。CPM 是最常用的网络广告定价模式之一。CPTM（cost per targeted mille）广告则是目标受众的千次印象费用（cost per targeted thousand impressions）。CPTM 与 CPM 的区别在于：CPM 是所有受众的印象数，而 CPTM 只是目标受众用户的印象数。

（2）按时间计费。CPT（cost per time）广告就是一种按时间来计费的广告，如按天、周、小时甚至按分钟、秒来计算。

（3）按行动计费。主要包括以下几种。

①CPC（cost per click）广告是每次点击的费用，即根据广告被点击的次数收费。如关键词广告一般采用这种定价模式。②PPC（pay per click）广告则是根据点击广告或电子邮件信息的用户数量来付费的一种网络广告定价模式。③CPA（cost per action）广告指的是每次

---

①　黄敏学，朱华伟，刘茂红，等. 网络营销［M］. 4 版. 武汉：武汉大学出版社，2021.

行动的费用，即根据每个访问者对网络广告所采取的行动收费的定价模式。对于用户行动有特别的定义，包括形成一次交易、获得一个注册用户或者对网络广告的一次点击等。④CPL（cost for per lead）广告即按注册成功支付佣金。⑤PPL（pay per lead）广告是根据每次通过网络广告产生的引导进行付费的定价模式。这种模式常用于网络会员制营销模式中为联盟网站制定的佣金模式。如广告客户为访问者点击广告完成了在线表单而向广告服务商付费。

（4）按销售计费。①CPO（cost per order）广告，即根据每个订单或每次交易来收费。②CPS（cost for per sale）广告是根据每单销售额来收费。

14.5.3 社交媒体营销

1. 社交媒体概述

社交媒体，也称为社会化媒体，是指人们用来创作、分享、交流意见、观点及经验的虚拟社区和网络平台。它和一般的大众媒体最显著的不同是：给予了用户很大的参与空间，用户享有更多的选择权利和编辑能力，信息的发布者和接收者能够进行即时的沟通与互动。社交媒体上可以通过多种不同的形式来呈现，如文本、图像、音乐和视频等。

社交媒体平台大致可以分为社会化社区、社会化发布、社会化娱乐和社会化商务这4 类①。社会化社区即聚焦于关系以及具有相同兴趣或身份的人共同参与互动的社交媒体渠道，如国内的豆瓣网（分享书和影音的社区网站）、花粉俱乐部（华为旗下的官方唯一粉丝交流互动平台）、百度贴吧（以兴趣主题聚合志同道合者的互动平台）等。社会化发布即将内容向受众传播，如博客、微博、Vlog（视频博客或视频日记）、微信朋友圈、微信公众号、视频分享网站（优酷、爱奇艺、哔哩哔哩、抖音、快手）等。社会化娱乐即一些提供游戏和娱乐机会的渠道和工具，如暴雪公司的"魔兽世界"、网易云音乐的用户社区等。社会化商务即使用社交媒体辅助在线购买及销售产品或服务，如大众点评之类的评论网站、微信小程序等。

特别关注

中国的社会化媒体生态概览

全球品牌数据与分析公司凯度集团传播媒介事业部发布的《2019 年中国社会化媒体生态概览白皮书》中，将我国目前的社会化媒体分为三大类：复合媒体、核心社会化媒体和衍生社会化媒体。

中国作为世界领先的互联网市场之一，越来越多的互联网平台从单一功能转向多功能的复合媒体。复合媒体是多功能一站式平台，支持搜索、交友、通信、娱乐、游戏、购物及社交功能，并且总用户数大于 5 亿。用户可根据需要切换功能，满足多种应用场景需求。像淘宝、微信、腾讯 QQ 和支付宝就是目前可被定义为复合媒体。复

---

① 孟韬. 市场营销：互联网时代的营销创新［M］. 北京：中国人民大学出版社，2018.

合媒体的主要功能是品牌承接和销售转化。

核心社会化媒体是重关系平台，用户可以通过用户关系建立和维护社会关系。例如：私人社交的钉钉、领英；兴趣社交的贴吧、豆瓣；新鲜事社交的微博、小红书等。正因为核心社会化媒体的重关系属性，因此其主要功能就是利用关系进行信息和内容的扩散。

衍生社会化媒体是重内容平台，用户可从内容生产者处获得符合兴趣的信息。此类媒体比较多和垂直，品牌可以有更广的筛选组合方案，并依据挑选的媒体矩阵进行品牌营销内容的植入，用内容本身去撬动传播和销售。这类平台包括：音乐类，如网易云音乐、QQ音乐；播客类，如喜马拉雅、蜻蜓FM；长视频类，如爱奇艺、腾讯视频、优酷视频、B站；短视频类，如抖音、快手、微视、梨视频；知识资讯类，如知乎、百度百科；新闻类，如腾讯新闻、今日头条；电商购物类，如天猫、京东、拼多多；垂直电商类，如大麦网、携程。

【资料来源】2019年中国社会化媒体生态概览白皮书［EB/OL］．（2019-08-04）［2023-12-08］．https：//mp. weixin. qq. com/s/EMsm0D5SlqcDWonjyPgeNQ.

2. 社交媒体营销的主要策略

（1）网络口碑营销。由生产者以外的个人通过明示或暗示的方法，不经过第三方处理、加工，传递关于某一特定或某一种类的产品、品牌、厂商、销售者，以及能够使人联想到上述对象的任何组织或个人信息，从而导致受众获得信息、改变态度，甚至影响购买行为的一种双向互动传播行为。

（2）蜂鸣营销。主要是通过人们（可以是消费者，也可以是企业的营销人员）向目标受众传播企业产品、服务、品牌信息而进行的相对廉价的营销方法。特别是在社交网络中，口耳相传变得更加容易便捷且节省费用。蜂鸣营销使受众成为信息的再传播载体。若要取得更好的效果，识别有影响力的受众并将其发展成为关键意见领袖（KOL）或者关键意见消费者（KOC）是企业重要的任务。

蜂鸣营销传播过程如图14-4所示。

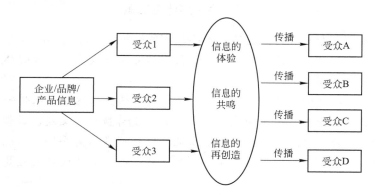

图14-4　蜂鸣营销传播过程

（3）病毒营销。通过用户的口碑宣传网络，信息像病毒一样传播和扩散，利用快速复制的方式传向数以千计、数以百万计的受众。社交网络的连通性特质，使信息的扩散如同病毒一样，传播范围广，传播速度快。

（4）内容营销。按照内容营销协会（CMI）的定义，内容营销是一种战略营销方法，是一种通过生产和发布有价值的、与目标人群有关联的、持续性的内容来吸引目标人群，改变或强化目标人群的行为，以产生商业转化为目的的营销方式。内容营销的重点是：产生高品质的非产品相关的内容；以该内容与你的对象建立关系；这些内容跟你的产品是有间接关系的。换言之，内容营销是在拒绝推销的情况下实现商业目标，激发消费者兴趣。它可以被视为"不是营销的营销"。内容的生成者可以是品牌，即品牌生产内容（BGC），以内部（in-house）团队为核心，为受众提供产品/品牌/品类相关的信息；也可以是专业生产内容（PGC），即企业借助代理或专业内容方（如记者、编剧、动画设计师、摄影师等）的外部内容，为更广泛的消费者群体提供品牌信息；还可以是用户生成内容（UGC），即以品牌粉丝为核心，他们原生的口碑内容。用户生成内容在社交媒体上的作用越来越突出，因此营销管理者的任务不再只是内容的生产，更多地要转变为创造、激发、分享和展现内容，以实现品牌传播和促进销售的目的１。

3. 几种典型的社交媒体沟通方式

（1）微博营销。微博营销是一种全新的以 Web 2.0 为基础的新媒体营销模式，企业可以利用长度在 140 字以内的微型博客快速宣传企业新闻、产品、文化等，形成一个固定圈子的互动交流平台。有的学者也将微博营销定义为：博主通过更新微博内容来吸引其他用户关注，并通过双方的信息交流来实现营销目标的一种网络营销方式①。

微博营销具有立体化、低成本、便捷性、精准度高、互动性强等特点，能够用于提升企业的品牌知名度、维护和管理客户关系、实时监测传播效果、开展危机公关和树立良好的形象。

营销实操

做好微博营销需要注意的问题

微博营销中，内容、社交、互动是非常重要的几个层面，如何围绕这几个层面对品牌和产品进行深入有效的传播和推广，是企业需要注意的方面。

（1）吸粉、引流和粉丝运营可以打造较好的流量基础，方便营销活动的传播。微博是粉丝经济的重要渠道，人气越高、粉丝越多的 KOL 传播效果越好。品牌首先需要拥有一批粉丝，这不仅可以提高传播效率，还可以更具有针对性地围绕粉丝来进行精准营销。吸引粉丝的方法有很多种，品牌联合、关注转发抽奖、KOL 推广、线下或其他平台的引流等，都可以获得不错的效果。

（2）内容和创意非常重要，营销信息需要做到差异化，突出亮点。微博中充斥着海量的信息，其内容更新变化非常快，有时企业发布信息后会马上被其他新信息所埋没，难以让粉丝关注到。要达到较高的接收率，企业可以在内容创意和发布频率上做文章，增强内容质量使之获得更多网友的注意和转发，或是重复转发，让错过的粉丝留意到。

（3）综合运用多种内容形式传达更多详细的信息，增加营销的多元性，提升推广效果。微博之前只能发 140 字的消息，目前该限制放开，在文字表达上更有发挥空间，

---

① 阳翼. 数字营销［M］. 北京：中国人民大学出版社，2017.

但为了方便阅读，可以更多地借助图片、视频等形式增强内容的趣味性和可读性。

（4）需要随时关注微博舆论，在自身言论上也需要做到诚信和严谨。微博终究属于虚拟世界，用户的信任非常脆弱，其舆论影响和公关风险非常大，对微博舆情要进行密切关注，对潜在的公关危机和形象问题也需要及时解决。

（5）借助微博可以打造更加具有年轻化和个性化的品牌形象。通过互动、交流，品牌可以直接与消费者建立联系，品牌官方微博可以像普通用户一样展现出自身的性格，拉近与消费者之间的距离。

【资料来源】李姗：成功的微博营销案例四则［EB/OL］.（2019-09-16）［2023-12-08］. https：//www.sohu.com/a/341203323_ 120104552.

（2）网络视频营销。网络视频营销目前已经成为国内外非常流行的营销方式。企业通过制作跟产品、品牌相关的网络视频，在企业网站或各种社交媒体中进行发布，更加形象化地进行企业产品和品牌的宣传。网上视频营销的优势主要表现在互动性强、锁定优质受众、灵活性强、传播范围广。中国互联网络中心发布的《第51次中国互联网络发展状况统计报告》显示：截至2022年12月，我国网络视频（含短视频）用户规模达10.31亿，较2021年12月增长5 586万，占网民整体的96.5%。其中短视频用户规模为10.12亿，较2021年12月增长7 770万，占网民整体的94.8%。

正是由于网络视频的用户规模十分庞大，很多企业纷纷利用网络视频平台进行营销传播活动。例如：网易严选的商品有居家、餐厨、服装、洗护、母婴、原生态饮食等几大类，与我们的日常生活非常贴近。有的企业在抖音上围绕产品功能和特点做策划视频内容；有的是脑洞大开的创意段子，如用零食奶萨苏、落花酥和南枣核桃糕模仿俄罗斯方块的游戏，还有的是围绕着产品分享生活小技巧，如分享美妆蛋的正确清洁方式或用鳄梨做汉堡等。洽洽和中国国家地理携手打造的溯源纪录片《时间的种子》，是业内少有的系统性呈现坚果原产地及整个成长、生产过程的纪录片，完美表达了"洽洽'二十'年，只为一把好坚果"的品牌理念。凭借强大的内容能量，该纪录片自发布10天内取得了视频总曝光量达1 700万+，视频总互动量近1 000万的优异成绩。2018年春节前夕由苹果公司制作、陈可辛导演的微电影《三分钟》在优酷平台进行首播。该短片是以火车站为叙述背景，讲述春节期间一个列车员母亲利用停站的三分钟时间和儿子见面的故事。影片全长虽然只有约7分钟，却很打动人，苹果公司利用春运背景+iPhone X拍摄的组合对手机进行了恰到好处的宣传。

（3）网络社区营销。网络社区是网上特有的虚拟社会，社区把具有共同兴趣的访问者集中到一个虚拟空间，达到成员相互沟通的目的。在网络社区中，网络用户不仅可以进行互动交流、情感联系，还能够分享文字、视频、图片等多种内容，实现用户之间良好的交流和分享。例如：在线品牌社区就是围绕品牌将具有共同兴趣爱好的用户聚集到社区中，解决用户在使用品牌中的问题，鼓励用户参与产品创新，分享使用体验。

网络社区营销按照功能的不同分为三类：其一是市场型社区，主要是针对最终消费品的，如小米社区、星巴克社区；其二是服务型社区，主要提供专业售后服务和技术支持；其三是购买型社区，主要是希望用户在社区中留言，以方便企业辨别用户的需求和购买意向①。

　　网络社区营销的优势是：企业可以与用户进行直接沟通，便于取得用户的信任；可以进行更专业的讨论和交流；能够通过在线的方式解答用户的问题；等等。网络社区营销的劣势是：用户多数采用匿名的方式使用社区，大多数用户的活跃度不高；当用户的兴趣发生改变时，用户容易从平台中流失。

　　（4）直播营销。直播营销是指在现场随着事件的发生、发展制作和播出节目的播出方式。该营销活动以直播平台为载体，以达到企业获得品牌的提升或是销量的增长的目的。直播营销的主要优势是：更低的营销成本，更广的市场覆盖，更加精准的用户匹配和更为有效的引导购买行为的发生，以及即时的互动与反馈。直播营销的功能主要有产品销售、企业/品牌/产品宣传、新品发布等。应该说大众营销传播，如广告、销售促进、人员推销、公共关系等具体的策略几乎都能够通过网上直播营销实现。中国互联网络中心发布的《第 51 次中国互联网络发展状况统计报告》显示，截至 2022 年 12 月，我国网络直播用户规模达7.51 亿，较 2021 年 12 月增长 4 728 万，占网民整体的 70.3%，其中电商直播用户规模为5.15 亿，较 2021 年 12 月增长 5 105 万，占网民整体的 48.2%。目前我国企业的网络直播更多地停留在带货层面，网络直播营销的其他功能尚有待进一步挖掘。

　　微信营销也属于社交媒体营销的方式之一，鉴于其更多地表现为移动端的行为，故将其放在"移动营销"中进行讨论。

14.5.4　移动营销

　　移动营销是通过移动设备向消费者发送营销信息和内容的营销方式。它能够帮助企业与顾客建立良好的关系，形成更好的互动②。

　　随着互联网的不断发展，手机网络用户不断增多，用户更加习惯于通过手机来登录互联网、查阅各类产品信息和内容。在人们的生活中，由于 App、在线支付、二维码、微信等移动应用工具的出现，人们的衣食住行等各方面都开始逐渐移动化。目前，移动营销的类型除了移动广告，还包括二维码、基于位置的服务（location based services，LBS）、移动端的应用程序（App）、微信小程序等多种方式。

　　1. 二维码

　　二维码是按照一定规律在平面上分布的黑白相间的图形。在企业的网站、线下门店、产品包装等都可以加上二维码，当用户"扫一扫"二维码，就可以添加相关内容，进而使用企业的公众号、App 或小程序。用户通过手机微信"扫一扫"的功能，就能够添加企业或品牌的微信公众号、微信小程序。通过关注微信公众号和小程序，用户就能够浏览企业或品牌的产品和内容，进而可以实现移动下单。二维码还有一个重要的功能，就是能够起到广告宣传的作用。

　　2. 基于位置的服务

　　LBS 是通过电信移动运营商的无线电通信网络或外部定位方式（如 GPS）获取移动终端用户的位置信息，在地理信息系统（geographic information system，GIS）平台的支持下，

①　唐乘花. 数字新媒体营销教程［M］. 北京：清华大学出版社，2017.
②　科特勒. 市场营销：原理与实践：第 16 版［M］. 楼尊，译. 北京：中国人民大学出版社，2015.

为用户提供相应服务的一种增值业务。目前的很多应用都是建立在 LBS 的基础上，LBS 逐渐成为连接互联网和真实世界的窗口，通过定位用户所在位置，企业可以更加有效地提供线上线下（online-to-offline，O2O）相结合的服务，如地图导航、打车、外卖、物流等都是 LBS 的应用。

3. 移动端的应用程序

App 营销是通过移动端的应用程序进行营销。例如：京东、天猫等电商，都根据现在的用户逐渐移动化的趋势，鼓励用户使用他们的 App。用户在手机上就能浏览和查找这些购物网站的各类产品，通过微信或支付宝等在线支付方式进行在线下单。

4. 微信小程序

微信小程序是 2017 年初上线的微信新功能。小程序有一个特点是：不需要下载、安装，只需要用户用微信扫一扫就可以打开，并且下次用户在微信中划屏就能找到相应的小程序。小程序能够实现在线商城的功能，用户能够通过小程序浏览公司的产品，在线下单并直接支付。此外，小程序能够节省用户手机的存储量，更加方便用户使用。小程序的推广提高了用户的体验，更加方便了企业、产品、品牌的推广。

5. 微信营销

微信是 2011 年 1 月 21 日由腾讯公司上线的移动即时通信工具。据艾媒咨询调研，微信以月活跃用户超过 10 亿，它已经成为一个全球化的即时通信工具，被国内外的用户广泛使用。微信具有熟人网络、小众传播，便于分享，能实现一对一和一对多传播，便利的互动性、实时推送信息的特点。

微信营销是通过微信和微信公众号，向用户推送和传播企业产品信息、各类内容的营销方式。微信营销的优势在于：低廉的营销成本，广泛的用户群体，随时随地能够推送到用户的手机上，良好地实现企业、品牌与用户的互动。

企业要更好地实施微信营销，需要良好地掌握微信营销的策略，具体包括以下方面。

1）推送精心设计的内容，提升用户忠诚度

在微信营销中，企业可以通过微信群分享和微信公众号推送等方式，为用户推送企业的内容。企业要实现优质内容的推送，就需要在微信公众号中撰写感染力强的、用户感兴趣的内容，吸引用户阅读或评论；同时，在微信公众号内容分享的过程中进行一定的物质奖励，加强企业与用户之间的互动，能够较好地拉动企业与用户之间的距离，不断提高用户的忠诚度。

2）塑造"服务"形象，增强用户黏性

微信营销的关键是做好服务。由于微信营销的互动性比较强，用户能和企业通过在线的方式随时随地互动交流，因此企业微信公众号的服务就尤为重要。企业开通了微信公众号，就需要安排企业客服与用户进行互动交流。微信公众号要做到随时随地地都能回复用户提交的问题或信息，秉承服务的理念，体现良好的服务形象，从而提高用户对企业微信公众号的黏性。

3）利用朋友圈，构建全新社交关系链

微信有一个重要的功能就是朋友圈。由于微信用户之间具有良好的联系，朋友圈具有很好的分享和互动功能。企业不仅可以通过朋友圈给用户推送企业或品牌的广告，宣传企业的产品和品牌，还能将朋友圈与微信公众号相结合，在朋友圈中分享微信公众号，帮助企业吸引更多的用户添加微信公众号；同时，微信公众号的内容信息也可以在朋友圈中分享，吸引用户的关注和评论，进行更好的企业宣传和推广。

4）O2O+二维码，打造病毒式传播

O2O+二维码扫描能够实现企业和品牌的病毒式传播，实现企业的线上和线下联合营销。用户扫描企业的二维码就能够添加企业或品牌的微信公众号、小程序。利用O2O进行营销能将微信与线下服务结合起来，如用户可以通过美团网搜索美食，查找感兴趣的商家，并添加该商家的公众号，商家就能提供订餐和导航服务。顾客到店就餐时可以通过二维码把店内的食品或服务信息分享到微信朋友圈、微博等平台中，帮助企业或商家进行更好的宣传。

14.6　营销沟通组合与整合营销沟通

14.6.1　营销沟通组合

前面分别介绍了不同的营销沟通工具或策略。不同的工具对刺激顾客的购买欲望和购买行为及公司/品牌形象的传播有不同程度的作用，因此营销沟通组合就是企业根据沟通目标将广告、人员推销、销售促进（营业推广）、公共关系、数字传播等营销沟通方式，有目的、有计划地配合起来，综合运用。

影响营销沟通组合的主要因素包括营销沟通策略导向、沟通目标、产品类型、产品生命周期、公司的市场地位、目标市场特征等。

1. 营销沟通策略导向

营销沟通策略总的指导思想可分推式策略和拉式策略，如图14-5所示。推式策略是一种主动、直接的沟通方式，它利用人员推销与中间商促销推动产品——从制造商推向批发商，从批发商推向零售商，直至最后推向最终用户。这种沟通策略本着生产商与中间商"双赢"的思想，促使中间商向消费者推荐本企业产品以获得更多利润。这种策略适合于性能复杂、售价较高的商品。企业采取推式策略，以人员推销和中间商销售促进为主。拉式策略则着重于最终用户，先向最终用户展开宣传攻势，以引起消费者的注意、促进消费者形成需求。消费者对该产品的关注自然会引发中间商积极的进货。这种策略一般适合于单价较低、技术简单、流通环节多的产品。采取拉式策略，以广告宣传、销售促进为主。

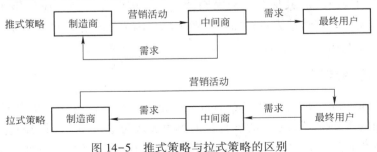

图 14-5　推式策略与拉式策略的区别

2. 沟通目标

企业在消费者不同的购买阶段都有特定的沟通目标，不同的沟通目标对沟通方式的选择会产生直接影响。在建立购买者知晓方面，广告、营业推广和公关宣传比人员推销的作用显著；但在促成购买者购买方面，人员推销的作用十分明显，而广告和公关宣传的作用不甚显著。

3. 产品类型

不同产品类型的购买者不同，购买目的、产品特点都有很大差别，在营销沟通策略的选择上应该有所不同。产业用品具有高价格、高风险、购买量大、技术性强等特性，购买者为组织，购买时一般要经过较为严格和复杂的手续，因此应以人员推销为主，配合公共关系和营业推广，而广告相对使用较少；消费品主要供个人和家庭生活使用，购买频繁零星、市场范围较宽，常以广告为主，辅以公共关系和营业推广，人员推销相对较少。

4. 产品生命周期

对处于不同生命周期阶段的产品，企业营销沟通侧重的目标不同，所采用的沟通方式也有所不同。

当产品处于投入期时，需要在短期内引起消费者的广泛关注，因此采用广告、公共关系、事件营销及数字营销可以获得更好的效果，销售促进也可以起到一定的辅助作用。在成长期，竞争对手开始出现，为了区别于竞争对手，沟通重点应从一般性介绍转而着重介绍产品特色，使消费者对本企业产品产生偏好。这个阶段广告、公关、数字营销仍是"重头戏"。在成熟期，面对日益增多的竞争对手，为了与其抗衡并保持已有的市场占有率，企业必须增加沟通费用。但基于此时消费者已经对产品有所了解，只需要比较性和提示性广告，数字营销依然大有可为，销售促进在这个阶段对抵抗竞争对手又逐渐起到了重要的作用。在衰退期，产品的销售量已经开始急速下降，企业应该减少沟通开支，以保证足够的利润收入。此时，企业可少量发布提示性广告，数字营销依据成本效益高的优势继续受到企业的青睐，线下的公关宣传可全面停止，人员推销可以减少到最低规模，销售促进的活动可以全面展开。

5. 公司的市场地位

公司的市场范围和市场地位也会导致不同的沟通组合。首先，从市场范围来看，如果企业的目标市场是小规模的本地市场，则应以人员推销为主，全国范围的目标市场应采取以广告为主；其次，从市场地位来说，在竞争激烈竞争的条件下，企业在营销沟通组合策略的选择上，还必须考虑竞争者的沟通策略。

6. 目标市场特征

如果企业营销沟通的对象是个人或家庭消费者，因分布广泛，应使用非人员推销的方式，以广告、公关、数字营销为主；面对产业市场，因为用户相对集中，企业应以人员推销为主，辅之以其他形式。

14.6.2　整合营销沟通

整合营销沟通（integrated marketing communication，IMC）由唐·舒尔茨提出，被称为是现代市场营销的重要发展。最初的整合营销沟通被认为是一种战略性经营流程，用于与消费者、客户、潜在客户和其他相关的内外部受众交往的过程中计划、发展、执行和评估协同的、可测量的、有说服力的品牌沟通过程①。菲利普·科特勒等在原有定义的基础上，从营销沟通实践的角度对整合营销沟通给出了更加具体的定义，即：整合营销沟通是一种通过协调使用不同的沟通工具来管理沟通活动的方法，这些工具协同工作并相辅相成，帮助公司实现其战略目标。整合营销沟通能够确保公司的沟通活动相互一致，并能够以一种有效且具有成本效益的方式实现公司的沟通目标②。

整合营销沟通的特点可以概括为以下三点。第一，战役连续性。所有通过不同营销沟通工具在不同媒体沟通的信息都应彼此关联呼应。战役连续性强调在一个营销沟通战役中所有包括物理和心理的要素都应保持连续性。"物理连续性"是指在所有营销沟通中的创意要素要有一贯性；"心理连续性"是指对该机构与品牌的一贯态度。第二，战略导向。它的设计是用来完成公司战略目标的，必须有助于完成本机构的战略目标。第三，"整合"具有多重的意义。其一，不同工具的整合：各种营销沟通工具用"一个声音"互相配合，实现沟通的整合。其二，不同时间的整合：在与消费者建立关系的各个不同时期、不同阶段，沟通的信息应该协调一致。其三，不同空间的整合：全球品牌在不同国家和地区，应传达统一的定位、形象和个性。其四，不同利害关系者的沟通整合：与公司各种不同的利害关系者（中间商、客户、股东、政府等）沟通时，应保持公司统一的形象。其五，建基于消费者的整合：营销策略必须在了解消费者的需要和欲求锁定目标消费者，并给产品/品牌定位后，才能策划。

整合营销沟通在实际运作中需要在以下几个维度上进行。一是垂直目标整合，即营销沟通目标与营销总目标和企业目标要协同；二是水平目标整合，即营销沟通与产品、定价、分销等其他营销策略的一致；三是沟通组合的整合，即所有营销沟通工具信息的一致性和相互配合；四是沟通策略与营销战略的整合——营销沟通的内容、形式设计和执行与产品或品牌的目标市场和定位的契合；五是外部整合，即与外部的合作者，如广告公司、社交媒体、营销策划公司、活动赞助商等的协同。

关 键 术 语

营销沟通、理性诉求、情感诉求、道德诉求、广告、销售促进/营业推广、公共关系、事件营销、人员推销、直复营销、数字营销、旗帜广告、电子邮件广告、文本链接广告、开屏广告、插屏广告、贴片广告、搜索广告、信息流广告、社交媒体、口碑营销、蜂鸣营销、病毒营销、内容营销、直播营销、移动营销、营销沟通组合、整合营销沟通

知 识 巩 固 与 理 解

◐在线测试题

请扫描二维码进行自测。

◐思考题

1. 信息沟通过程如何进行？

自测题

---

① 舒尔茨 D，舒尔茨 H. 整合营销传播：创造企业价值的五大关键步骤 [M]. 何西军，黄鹏，朱彩虹，等译. 北京：中国财政经济出版社，2005.

② 科特勒，凯勒，切尔内夫. 营销管理：第 16 版 [M]. 陆雄文，蒋青云，赵伟韬，等译. 北京：中信出版集团，2022.

2. 营销沟通预算确定的主要方法及相应特点分别是什么？

3. 广告媒体有哪些？选择时应考虑哪些因素？

4. 广告设计的原则是什么？

5. 销售促进、营业推广的特点分别是什么？

6. 公关与广告、人员推销、事件营销的区别是什么？

7. 危机公关的 5S 原则是什么？

8. 与传统的传播媒体广告相比，网络广告有哪些优势？

9. 为什么在社交媒体的视频营销受到企业的广泛关注？

10. 移动营销包括哪些主要的方式？各自的特点是什么？

11. 制定营销组合策略需考虑哪些主要因素？

12. 整合营销沟通的"整合"体现在哪些方面？

知识应用

⊃案例分析

一汽奔腾 T33 的营销沟通

2019 年 7 月 12 日长春车展上一汽奔腾 T33 正式亮相；8 月 3 日，2019 新浪超级红人节暨"W@N 出新高度"奔腾 T33 上市发布活动在成都世纪城国际会展中心隆重举行。全网最具影响力的红人集结成都，众多人气大咖闪耀亮相红毯，共同见证奔腾 T33 的上市发布。

在新媒体传播平台的发展历程中，一汽奔腾既是见证者也是深度参与者。这次国内红人领域最具影响力的品牌盛典上，一汽轿车股份有限公司总经理柳长庆为荣获"年度新锐红人奖"的红人们颁奖，并宣布奔腾品牌的新锐红人奔腾 T33 正式上市。

在活动的现场，柳长庆总经理正式揭晓了奔腾 T33 十二款车型的官方指导价：从 6.68 万元到 9.98 万元不等。除了令人心动的价格，消费者购买奔腾 T33 还可获得"3 年 0 利率"的金融支持，以及"最高 5 500 元"的置换补贴。据悉，在汽车之家、易车奔腾官方旗舰店，一汽奔腾为客户准备了"7 折新车等你抢，3 重惊喜送不停"的优惠促销活动，客户购买奔腾 T33 可获得"7 名幸运 7 折购车抽奖资格"，前 1 000 名购车客户可尊享两年用车无忧方案加 1 000 元精品礼包，以及幸运大转盘、多重好礼大放送等；同时，客户到店试驾还有机会获得精美礼品。

作为新浪"超级红人节"的官方用车，微博账号@微博直播对盛典进行直播，直播中奔腾 T33 作为摆渡车负责接送各位红人频频亮相，与各位网红的合影也进一步提高了奔腾 T33 的认知度。

当天，一汽轿车股份有限公司副总经理杨大勇还作为重要嘉宾现身 V 影响力峰会——主论坛，现场分享了一汽奔腾的互联网营销经验。他认为，4G 与 5G 技术支撑着移动互联时代正以某种颠覆的姿态而来，人和万物时时在线。人人在线给了我们直达用户，与用户高频互动的机会。所有品牌，都想让用户心智中有我！一汽奔腾要"用更炫酷的活动，更年轻的语言，占领年轻人的心智，深入他们的圈子，引发他们的共鸣，强化与他们之间的情感互动"。

　　正是基于品牌年轻化的考虑，奔腾 T33 的上市还采用了以下一系列的线上线下的营销沟通策略。

　　线上：社会化传播话题"T33 与你为伍"，联合 34 家品牌及媒体跨界发声，借"@"符号属性全方位玩转"W@N 出新高度"，包装 T33"潮酷"人设，塑造奔腾品牌的年轻化形象。一汽奔腾官方微博 3 次抽奖活动，关注、点赞、评论和转发即可参与，最高可获得奔腾 T33 自动豪华型国六版本一台。

　　线下：在"红人节"活动中特别设置了奔腾 T33 价格竞猜环节，竞猜价格最接近奔腾 T33 起售价者得胜，奖品是一辆奔腾 T33。现场的 15 位新锐红人纷纷参与，其中有两位超级红人在价格竞猜中获胜成功，成为奔腾 T33 的全国首位车主。与此同时，柳长庆总经理还与同为北大校友的"年度新锐红人"李雪琴现场进行了一次趣味互动："李雪琴你好，我是柳长庆，你看我们 T33，帅不帅？"李雪琴回应："柳长庆你好，我是李雪琴，T33 太帅了，车多少钱？"现场版的"李雪琴体"对话让发布会的气氛愈加活跃，用行动诠释了一汽奔腾作为"青春同路人"的企业态度。

　　预热期：新浪微博三大话题同步预热曝光，优质资源助力引流。一汽奔腾官方微博联合 34 家品牌及媒体跨界发声，产出@系列海报。

　　引爆期：线下，T33 送红人到场拍照+盛典直播（主会场&4 大分会场）+V 影响力峰会+高层与红人互动+媒体群访。线上，新浪全站定制化优质广告位全面曝光+一汽奔腾官方微博有奖互动&红人视频粉丝互动+头部媒体（今日头条&趣头条）精准投放。

　　延续期：上线"李雪琴你好，我是柳长庆"热搜话题，阅读量在不到 24 个小时内迅速突破 1.1 亿，红人产出活动内容二次曝光奔腾品牌，热度延续。趁话题热度未减，一汽奔腾随之在官方微博上发布 15 秒"李雪琴"体短视频，搞笑的同时也加深了用户对产品的记忆。

　　截至 2019 年的 8 月 5 日，一汽奔腾 T33 上市会超 200 位行业大咖受邀参与，5 类 107 个红人大 V 参与互动，盛典直播当天观看量 5 095 万，活动相关微博话题阅读量 646 亿，讨论量 5 636 万，奔腾 T33 产品共计曝光 2 000 万，官方自媒体平台共计增粉 3.5 万。

　　奔腾 T33 上市的一系列举措，收获了高光聚焦、全网关注，实力演绎了从"被看见"到"被记住"的年轻化营销的正确姿势。

　　【资料来源】

　　[1] 健坤 . 2019 数字营销十大案例 [EB/OL] . （2020－03－06）［2023－12－08］. http://www.enet.com.cn/article/2020/0306/A202003061102240.html.

　　[2] 奔腾 T33 成都上市 爆棚人气嗨翻超级红人节 [EB/OL] . （2019－08－04）［2023－12－08］. http://www.faw.com.cn/fawcn/373694/373706/5019440/index.html.

　　［讨论题］

　　1. 请归纳奔腾 T33 采用了哪些数字营销策略？每种营销策略起到的作用是什么？

　　2. 请归纳奔腾 T33 采用了哪些大众传播工具？每种营销策略起到的作用是什么？

　　3. 运用整合营销沟通的理论对奔腾 T33 上市的营销沟通进行总体评价。

⊃角色模拟

　　根据市场调研在线网发布的 2023—2029 年全球与中国电动冲牙器市场现状及未来发展

趋势分析报告分析，中国电动冲牙器行业的市场规模从 2017 年的 20 亿元增长到 2020 年的 30 亿元，2020—2027 年预计将继续增长，到 2027 年的市场规模将达到 50 亿元。中国拥有世界上最大的冲牙器市场，由于收入水平不断提高，居民购买能力增加，中国冲牙器行业增长势头强劲。基于这样的市场环境，一家企业进入了电动冲牙器行业，作为不知名品牌的产品刚投放市场，它应该采用怎样的营销沟通策略，尽快打开局面？如果你是一位营销咨询公司的咨询师，你会给出怎样的建议？

◯营销在线

1. 请登录"东方甄选"抖音的直播间，观看主播的直播行为，结合营销的相关理论，分析其直播的特点，并给出可以进一步完善的建议。

2. 观夏是我国的一个小众的香氛品牌，请进入观夏的抖音号，观看其发表的作品及互动信息，然后根据相关理论对短视频营销策略进行分析。

3. 石头科技是一家专注智能清洁机器人及其他智能电器研发和生产的企业，在微博、微信公众号、小红书、抖音、哔哩哔哩都开设了官方账号，请对各官方账号的内容进行分析比较。

◯拓展阅读

拓展阅读文献

第5篇　营销执行管控

➡ **第 15 章**

+·+

营销计划、组织与绩效监控

学习目标

1. 了解企业营销部门常见的组织形式和组织设计的基本原则。
2. 理解市场营销控制的基本方法。
3. 掌握完整市场营销计划的主要内容以及绩效营销概念和主要营销绩效的测量指标。

引导案例

OKFIRE 麦片上海市场启动计划失败

OKFIRE 麦片"雄踞华北"的市场目标业已完成。未来三年的战略思路是以上海为中心辐射华东，最终覆盖江南市场。为了顺利打开上海市场，OKFIRE 麦片制定了上海市场运作的战术部署：大力气做广告；加强对经销商的激励。在产品进入上海后统一开展一次大力度的促销活动。具体的实施方案包括"三板斧"。第一斧，全面传播策略。这主要包括电视广告、报纸和征文三位一体的宣传支撑。第二斧，渠道终端策略实施。大力度刺激经销商，进行压货铺货；着眼中小型连锁超市，在全市 700 多家终端开展大力度促销。第三斧，管理策略。队伍职责重新划定，将业务队伍分为两块：总部谈判业务员和市场区域业务员。整个上海市场启动的媒介费用、人员投入和促销活动开支加到一起近 300 万元，历时 2 个月。

上海市场启动后出乎意料，宣传进行了 1 周左右，中小型商超的销量增长维持在 20% 左右，大卖场增长了 80%。2 周以后，中小型商超的销量不升反降，大卖场的销量也开始大幅下降。到了第 3 周，中小型商超销量同比上升不到 20%，大卖场也下降到 40% 以下。在对现场消费者进行调查中得知：广告的到达率的确较高，但大多数的消费者认为健康概念比较泛化，现在的牛奶、饮料都在打健康概念。OKFIRE 麦片到底哪些地方比别人更出色？这些广告没说。理性的上海消费者希望能更多地介绍产品品质。

OKFIRE 麦片在上海的业务人员有 20 名，其中专门对经销商进行管理的人员 7 人，而对卖场、超市仅仅分配 13 人进行管理。中小终端作为重点销售提升点，工作量巨大，原有的销售人员明显不足，难以支撑，终端促销的买一赠一活动被大打折扣。不少经销商把赠品撕下来，小包装定价 3.5 元；大包装仍然按原价出售，活动等于没搞。由于缺乏管控，终端的销量提升并不大。活动开始以后，由于现场秀、终端促销、堆头等活动的开展，大卖场出现了良好的上升势头。然而，由于本次活动主要着眼点在于中小商超的提升，13 个业务员大多数被派去管理和维护中小型商超。结果，大卖场不断出现断货，影响了销量，不少大卖场把原本给企业的好位置撤了下来，经销商开始纷纷要求退货。

整个市场的直接投入近 300 万元，销售量仅仅提高了不到 30%，和企业定下增长 300% 的目标相距甚远。一次成功的市场启动，有两个关键点需要正确：一是策略的方向性必须正确，二是在方向正确的基础之上，一定要确保策略执行各细节的到位。OKFIRE 麦片兵败上海很大程度上与该公司的计划不周，活动的组织和执行不力有关。所以说，营销战略与策略要想发挥应有的效用都有赖于营销活动的有效计划、执行与控制。

【资料来源】潦寒. 大败笔：34 个最新的营销失败案例分析 ［M］. 南昌：江西人民出版社，2005.

管理是在特定环境下，为实现组织目标而对组织资源进行计划、组织、执行与控制的系统过程。从这个角度看，营销管理同样是一个相对独立的计划、组织与执行控制的过程，只是管理范畴与管理目标不同。市场营销计划、组织、执行与控制作为营销管理活动的基本职能和环节，三者之间具有密不可分的基本逻辑关系，如图 15-1 所示。

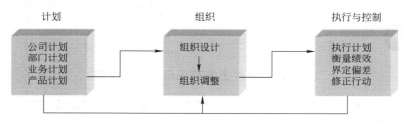

图 15-1　计划、组织、执行与控制的基本关系

本章将对市场营销计划、组织、执行与控制的基本内容做简要介绍。

15.1　市场营销计划

制订市场营销计划是企业组织进行营销活动的正式起点，也是营销管理的最重要任务之一。市场营销计划，简言之，就是一定时期内企业营销活动的目标以及达到目标的战略、策略和步骤的具体化。营销计划的科学性、完整性和可行性直接影响营销活动的效果。因此，市场营销计划的制订需要多部门参与，充分调研。随着市场环境的变化，竞争日益激烈，企业早已不可能为其总类产品笼统地制订一个单一的营销计划，这样的计划也难有理想的市场业绩。企业应该为每一类（个）独立产品制订一个完整可行的营销计划，尤其是新开发产品，以实现企业预期的营销目标。因此，我们所说的市场营销计划往往是指企业的具体产品营销计划。

不同企业不同产品的营销计划，样式和内容可能会有较大差异，但是制订营销计划作为一个管理过程，应该包括以下几个基本步骤：分析市场机会；选择目标市场；设计营销策略组合；制订具体营销行动方案；组织、实施和控制营销活动。

一般地，一个较完整的市场营销计划包括以下几个内容板块，见表 15-1。

表 15-1　市场营销计划的基本内容[①]

计划项目	目的与任务
1. 计划概要	对计划进行整体性简要的描述，以便于了解计划的核心内容和基本目标
2. 当前营销状况	提供宏观环境的相关背景数据资料；收集与市场、产品、竞争、分销等方面相关的数据资料
3. 机会与问题分析	确定产品线面临的主要机会与威胁、优劣与劣势以及产品线所面临的所有问题
4. 营销目标	确定该项计划需要实现的关于销售量、市场份额、利润等基本指标
5. 营销战略与策略	提供用于实现计划目标的营销策略与主要营销手段
6. 行动方案	具体要做什么，什么时候去做，由谁去做，需要多少费用
7. 损益预算表	预测计划中的财务收支状况
8. 营销控制	说明如何监测与控制计划执行

1. 计划概要

市场营销计划概要是向管理者提供计划简要的核心内容和主要目标。该项内容无须过于细致复杂，因为具体目标与内容在计划的其他部分会有更加具体的描述。

例如：某电信增值业务公司某年度的营销计划概要如下。增值业务在保证营销投入的前提下应实现大幅增长：销售收入目标为 1 200 万元，较去年增长 12%；利润目标为 300 万元，增长 11.5%。业务增长主要通过开拓流媒体等新业务实现。营销预算为 60 万元，同比增加 20%，增加预算部分主要用于流媒体业务。

2. 当前营销状况

在这一部分，营销计划应提供有关宏观环境形势、市场状况、竞争状况、产品状况、分销状况等多方面的背景数据资料。

（1）宏观环境形势。这一部分内容应描述广泛意义上与该产品线相关的宏观环境发展趋势与相关数据。一般仍以人口统计、经济、技术、政治、法律、社会文化等基本宏观环境因素为划分维度进行描述与分析。

（2）市场状况。这部分提供的是目标市场的具体数据。如市场的总体规模与增长情况，这些数据同时应反映顾客需求、消费观念和购买行为的变化与趋势。

（3）竞争状况。明确主要的竞争对手，如有可能应逐一对主要竞争者的市场规模、目标、市场份额、产品质量等任何特征进行细致描绘与分析，以准确了解竞争者的行为和意图。

（4）产品状况。产品状况应列出近几年产品的具体数据，主要采用定量分析方法。主要指标有行业销售额、公司市场份额、单位平均价格、单位可变成本、单位毛边际收益、销售量、销售收入、总边际收益、间接费用、净边际收益、广告与促销费用、销售人员与分销费用、营销调研费用、管理费用、营业净利润等。

---

① 科特勒，凯勒. 营销管理：第 15 版［M］. 何佳讯，于洪彦，牛永革，等译. 上海：格致出版社，2016.

（5）分销状况。分销渠道早已成为商家竞争的重要阵地。在这一部分中要提供有关各分销渠道规模与重要性的数据，一般以各种分销渠道上不同的销售量与投入成本为指标描述。

3. 机会与问题分析

这一部分主要包括三方面的内容，分析产品线面临的主要机会与威胁、优势与劣势及产品线所面临的所有问题。

机会与问题分析可利用市场营销状况资料，采用有关工具和方法，对企业和产品线面对的内外部环境进行深度扫描与分析。明确了产品的机会与威胁、优势和劣势，寻找出产品面临的问题，以便于确定有针对性解决问题的营销战略和行动方案。

4. 营销目标

实现营销目标是营销计划的最终目的，是营销计划所有内容的服务指向。目标分为财务目标和营销目标两种类型，两类目标都必须明确量化。

财务目标主要包括即期利润指标、长期的投资收益率、年度现金流量等；营销目标则主要是确定产品的销售量、销售额、市场占有率、分销网点建设、产品实际价格及广告效果等指标的具体数值。

5. 营销战略与策略

实际上，任何产品的营销策略在管理层头脑中早在产品酝酿开发之初就已形成雏形，营销策略的制定也并非仅仅是营销计划制订者的任务，而需要组织各个部门、领域的人员参与，如采购人员、制造人员、销售人员、广告部人员、销售经理、财务经理等，否则等到产品投放市场才为其准备营销策略，结果或许是灾难性的，如产品缺乏市场需求或出现定位偏差等。

一般地，营销战略与策略在营销计划中常常以下列条目来加以描述体现：目标市场、品牌/产品定位、产品线、产品定价、分销网点、销售队伍、广告、销售促进、数字营销等。

6. 行动方案

营销战略与策略表明了企业为实现营销目标而明确的总体思路与措施，而行动方案则是开展营销行动的具体手段与途径，是实现营销战略与目标的根本保证。

简单地说，营销计划中的行动方案就是要解决以下问题：具体要做什么？什么时候去做？由谁去做？需要多少费用？

7. 损益预算表

根据行动方案应该编制相应的预算方案，表现形式为损益报表。收入方为预算的实物销售量和平均实现价格，二者相乘得出预计的销售收入；支出方包括生产、销售、分销、广告等项费用；收入与支出之差就是预计利润。

当预算确定后应报请上级审核批准，预算有可能被增删修改。

8. 营销控制

控制与计划密不可分，控制用以监测计划的执行。通常的方法是将目标和预算按月或季度分解，定期检查计划完成情况，发现偏差及时采取修正行动。

另外，控制工作还应关注计划执行过程中可能出现的风险，有些控制工作包含权变计划以应对变化与风险。

营销实操

一个好的营销计划的总体特征

营销计划的制订与实施直接关系到企业营销业绩的好坏，究竟如何来衡量一个营销计划的完备性和客观可行性呢？一般地，可以从以下几个方面来具体评价。

（1）符合实际情况，具有可操作性，以现有的人员、资源、时间可以做到。

（2）计划目标设置详尽清楚，要完成什么？谁在何时完成？不存疑问。

（3）计划完整连贯，避免行动过程中有脱节现象。

（4）具有相应弹性，以适应出现新情况或者能够充分利用新机会。

（5）设定优先顺序，使执行人员了解哪些事情最重要。

（6）制定能衡量计划成功的具体标准。

（7）计划应该是企业内外所有合作者充分沟通的结果。

（8）日期明确，以便定期检查计划的实施情况。

（9）营销计划具有最佳的投入产出比。

15.2　市场营销组织

市场营销计划需要组织系统地贯彻实施。这个组织的构成、设置及运行机制应当符合市场环境的要求，具有动态性、适应性和系统性等特性。

15.2.1　营销组织设计的基本原则

市场营销组织是企业组织体系的有机组成部分，它是企业充分发挥销售能力，实现盈利的前线组织。营销组织的设置同其他组织部门一样，除遵循组织设置的一些基本原则外，还需要遵循与企业战略目标和企业实际情况相符合的原则。

（1）专业分工原则。一般来说，企业规模越大，专业要求越高，分工越细。营销组织也是如此，市场调研、产品研发、广告宣传、公共关系、销售和数字营销等基本营销职能应分属不同的专业部门，由专业人员担当相应职责。按此原则，营销组织进行工作分工的主要任务是进行岗位分析和岗位描述。任何岗位要根据其基本活动而设定，并给予明确的对等责权。

（2）市场与顾客导向原则。这是营销组织设计的最重要原则。如果组织真正能够以顾客需求和市场为驱动力，那么在这样的组织体系和运行机制下，各部门和人员真正能够时时处处以市场为导向，高度关注和重视顾客关系，提高顾客满意度，构建企业的竞争优势，这才是企业生存发展的根本保证。

（3）动态适应性原则。动态适应性是理想营销组织应该具备的基本特点之一。营销组织的设计首先应该能够适应当前的外界环境，尤其是市场的瞬息变化。另外，还应该与企业的总体战略发展相适应。

（4）责权利对等原则。这是组织设计的一个基本原则，在营销组织设计中尤为重要。营销人员是企业的一线员工，直接接触顾客，顾客对企业产品或服务的评价因素很多来源于营销人员。如果营销人员有责无权或权力范围狭小，不仅影响营销人员的工作积极性和创造性，而且会使营销人员面对顾客的特定要求无法及时解决，从而造成顾客抱怨甚至顾客流失。如果营销人员有权无责，就会造成权力滥用，造成营销组织内部的无序与混乱。对于营销组织而言，更重要的是与责权对等的利益，如销售人员的主要收入来源于业务提成，销售人员的被激励程度如何主要看组织是否有效地贯彻了该原则。

营销组织形式的设计与选择涉及多方面的因素，从更宏观角度简单说来，应遵循如下基本原则：①以顾客为中心原则，有利于直接接触顾客，在最短时间内圆满解决顾客问题；②竞争导向原则，有利于竞争，便于同主要竞争对手抢夺顾客；③高效率、低成本原则。

15.2.2 营销部门的演进

纵观市场营销部门的发展与变化，其演变进程大致分为 4 个阶段：简单的销售部门、销售部门兼具营销功能、独立的营销部门和现代营销部门，如图 15-2 所示。

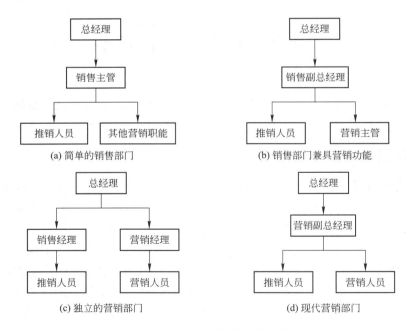

图 15-2 市场营销部门的演进

（1）简单的销售部门。这是最初级的营销部门形式，销售职能主要由少数几位推销人员承担，销售主管往往也兼有销售人员的角色。企业仅仅设置简单的销售部门，如果需要进行市场调查、广告或公关等其他营销活动，往往需要聘请外部力量协助完成。

（2）销售部门兼具营销功能。随着企业规模和业务范围的扩大，企业除销售以外的营销职能工作日益复杂而重要，销售主管已不能有效地直接承担这些职能。营销组织结构会相应变化，一般增设专门的销售副总经理，下辖销售人员和营销主管，由具有专业知识或丰富经验的营销主管来承担这些新职能。

（3）独立的营销部门。公司的进一步发展，使得除销售以外的营销职能的工作量和重要性日益增加。企业会发现营销调研、新产品开发、广告和销售促进、公共关系及顾客服务等营销职能更具有投资效益。销售部门与营销职能部门就会产生争抢资源的矛盾，营销职能的重要性往往被忽视，得不到应有的足够资源投入。为解决这个矛盾，公司将营销部门独立，与销售部门地位平等，分属不同的上级领导。

（4）现代营销部门。分设独立的营销部门和销售部门并不能根本解决争抢资源的问题。此外，两个部门的矛盾冲突更不易协调：他们之间常常有互不信任、互相竞争的举动。销售副总经理会更强调本部门的重要性；而营销副总经理则往往寻求在非销售人员的增加、营销职能的强化及扩大营销财务预算等方面拥有更多的发言权。公司的解决方案，要么专派一位常务副总经理负责处理两个部门的矛盾；要么任命一位营销副总经理，主管全部营销工作，也包括销售工作。

市场营销部门的演进体现了营销职能在企业中的重要性。营销部门演进的推动力，主要有如下来源：市场营销理念的演进变化，市场环境的改变和竞争的需要，企业战略的发展与变化，等等。

15.2.3　营销部门的组织形式

营销部门常见的组织形式主要有以下几种。

1. 职能型营销组织

职能型营销组织较适用企业只有一种或少数几种产品，或者企业不同品类产品的营销方式、渠道等大体相同的情况。该类型组织的主要优点是职能分工清晰，管理简单。

但是，该类型的营销组织也有一些突出问题。例如：市场容易出现不均衡现象，一些产品可能被忽视，各部门之间相互协调难度较大等。职能型营销组织如图 15-3 所示。

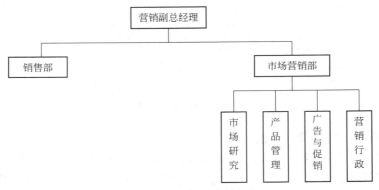

图 15-3　职能型营销组织

2. 地域型组织

地域型组织也是营销组织经常采用的一种组织形式。这类营销组织形式管理简单、职责划分清楚。当产品面向全国或地理区域分散时，营销组织往往按地理区域安排销售队伍，有时也包括其他营销职能的安排。地域型营销组织如图 15-4 所示。

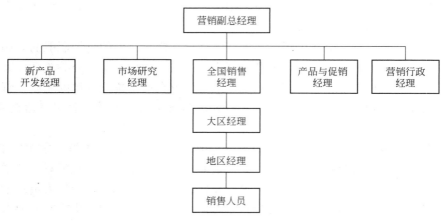

图 15-4   地域型营销组织

3. 产品和品牌管理营销组织

该种营销组织形式适宜于较大规模，采用多元化战略的企业。企业分工日趋专业化，基本营销职能不断细分，需要专门的部门来协调；而且企业的产品线不断扩大，品种不断增加的情况下，也需要设置产品经理或品牌经理。产品和品牌管理营销组织如图 15-5 所示。

但这种营销组织并非普遍适用于一般企业，而且它也存在缺乏整体观念、协调难度大、多头领导等弊端。

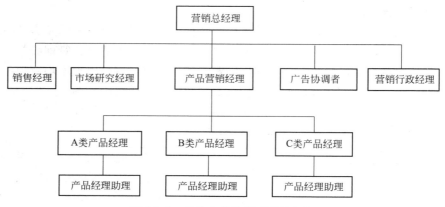

图 15-5   产品和品牌管理营销组织

4. 市场（行业）管理营销组织

该种营销组织形式类似于产品式组织结构，上设一位市场总经理，下辖若干分市场经理，每位分市场经理负责制订行业专业市场的长短期市场计划，分析市场状况与趋势，并负责组织实施营销计划。例如：从某一次性木制品企业的营销组织设置可了解此组织结构的一般形式。市场（行业）管理营销组织如图 15-6 所示。

5. 事业部营销组织

随着产品品种的增加和企业经营规模的扩大，为适应这种情况，企业常常将各产品部门升格为独立的事业部，各事业部下设职能部门。根据企业是否再设立企业级的营销部门，可

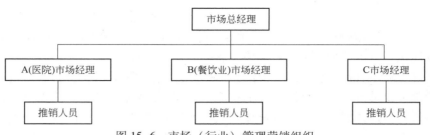

图 15-6　市场（行业）管理营销组织

将该类营销组织划分为三种情况。事业部营销组织如图 15-7 所示。

（1）公司总部不设营销部门。营销职能完全划归于各事业部分别负责。

（2）公司总部设立适当规模的营销部门，主要承担协助公司最高层评价营销机会，向事业部提供营销咨询指导服务，宣传和提升企业整体形象等职能。

（3）公司总部设立强大功能的营销部门，直接参与各事业部的营销规划工作，并监控其营销活动，各事业部营销部门实际是营销计划的执行部门。

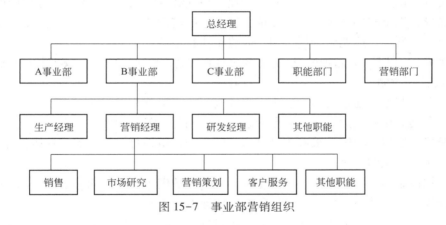

图 15-7　事业部营销组织

总之，一个公司要想取得理想的市场成绩，不仅需要出色的营销部门，还需要企业确立真正以顾客和市场驱动的营销理念，构建顾客导向与竞争导向的企业组织形式，公司的所有部门和员工都高度重视顾客关系，都承担一定的营销责任。

15.3　市场营销计划执行与控制

15.3.1　市场营销计划执行

制订完整可行的市场营销计划仅仅是进行营销活动的开始，是实现营销目标的前提条件，而有效地执行营销计划并实施有效的控制工作才是实现市场营销目标的根本保证。

营销执行是将营销计划转化为行动和部署任务的过程，并保证这种任务的完成，以实现营销计划目标。无论多么完美的营销战略计划，如果执行不力，仍然会导致无法实现营销目标甚至出现彻底失败的结局。如果说营销战略明确了营销活动是"什么"和"为什么"的问题，那么营销执行就是要明确什么人、在什么地方、什么时候、怎么做以实现营销目标的问题。

为有效地执行营销计划，管理者应该注意以下几个方面[①]。

（1）制订明确详细的实施方案，科学合理地分解任务，明确全部参与人员的职责和权利。

（2）管理层要具备发现和诊断问题的技能。当营销计划执行结果未达到预期目标时，要及时明确地诊断出是计划自身出现问题还是执行不当的问题，针对问题应该做什么。

（3）管理者必须掌握有效执行营销计划政策的基本技能，即分配、监控、组织和相互配合的技能。合理地预算并分配资源（时间、费用、人员等），有效地评估营销活动结果，应用组织和相互配合技能来影响或领导其他成员顺利完成各自的任务，从而实现总体的营销目标。

15.3.2　市场营销控制

由于企业内外环境因素变化，在营销计划实施过程中不可避免地会出现意外情况，营销部门为了实现营销目标，必须对各项营销活动进行连续有效的监督与控制。营销控制就是为了监督和指导营销策略的实施过程，保证营销目标的实现所进行的活动，其目的是及时发现问题、及时采取行动，或调整营销计划，或修正执行偏差。

企业常常采用以下4种营销控制方法：年度计划控制、盈利能力控制、效率控制和战略控制。

1.　年度计划控制

年度计划控制主要通过目标管理来实现控制目的。可分为以下几个步骤：首先设定一年的销售目标和利润目标；然后将其逐层分解，落实到每个部门和销售代表，并且定期检查实际绩效；最后分析偏差原因，采取改进措施。因为公司组织每一层次都有具体目标，所以该控制模式适用于组织的各个层次。

年度计划控制的目的在于保证实现年度计划规定的销售额、利润等指标，因此需要随时检查年度计划的执行情况。检查计划执行绩效主要有以下几种方法。

（1）销售分析。销售分析是根据计划销售目标与实际销售情况进行的对比分析。具体方法分为销售差异分析和微观销售分析。销售差异分析就是直接对销售目标执行中形成的实际销售缺口进行归属因素分析。例如：某信息技术产品制造企业年度计划中第三季度销售目标为 25 000 支运动摄像机，单价 1 500 元，销售额 37 500 000 元；实际销售情况是销售量为 22 000 支，售价仅为 1 200 元，完成销售额 26 400 000 元。由统计可知，第三季度形成 11 100 000 元销售差额，约完成计划目标 70.4%，其原因为未实现销售量和单价下调所致。未完成目标销量销售差额：1 500 元×（25 000−22 000）= 4 500 000 元。调低单位售价形成差额：（1 500−1 200 元）×22 000＝6 600 000 元。销量量下降和单价调低形成销售差额分别占销售总差额的 40.5% 和 59.5%。

公司应用销售差异分析并不能真正了解造成差异的具体原因，而微观销售分析则能解决这些问题。微观销售分析可分别从产品、渠道、销售地区等多方面来考察分析形成销售差额的原因。假定上述产品在三个地区销售，A、B、C 三个地区分公司分别完成销售量预定计划的 46%、105% 和 75%。对三个分公司销售状况分析发现：A 公司仅完成计划销售量的

①　胡利杰，田宇著．营销执行［M］．3 版．北京：企业管理出版社，2016.

46%，主要原因是该产品销售商与消费者出现产品质量纠纷，被告上法庭并败诉，导致产品销售大幅下滑；B 公司未受到异常因素影响，并加大终端店的促销力度，故超额完成计划销量的 5%；C 公司未完成计划的主要原因是该地区出现新的竞争者，抢走了部分市场份额。

（2）市场占有率分析。静态的公司销售额并不能表明该公司在市场竞争中的地位和作为。因此，市场占有率分析尤显重要。有三种分析指标以供选择：总体市场占有率、目标市场占有率和相对市场占有率。

（3）营销费用—销售额分析。营销费用—销售额分析主要用于控制费用支出，不致超出计划。该指标可选择营销总费用，也可将广告费用、促销费用、市场调研费用等各项营销费用作为控制对象。

管理者监控各项营销费用开支比率，并设定一个正常的波动控制区间，对每个比率在各个时期的波动进行追踪。当波动超出正常范围时，应及时寻找原因。产生这种现象可能原因有：一是出现了某种偶然事件，支出费用控制正常；二是公司对某项开支失去控制。营销费用—销售额控制图如图 15-8 所示。

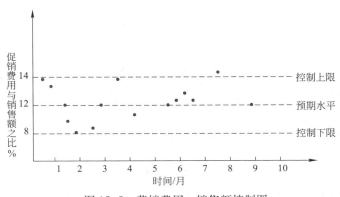

图 15-8　营销费用—销售额控制图

（4）顾客满意度分析。除以上定量控制措施外，公司还应对顾客满意度进行追踪分析。顾客满意与否，最终决定企业能不能实现长期盈利和持续发展。

（5）利益相关者满意度分析。公司还有必要对公司业绩产生影响的利益相关者的满意度进行追踪分析。这些群体包括员工、供应商、分销商、零售商、股东、银行、政府等。

2. 盈利能力控制

盈利能力控制要求分析者找到与特定营销活动相联系的成本，以得到某种单位的盈利性，这种单位包括公司的细分市场、产品、分销渠道等各种对象。通过对一些企业的盈利能力数据分析发现，很多关系客户或销售渠道根本就无利可图。因此，公司必须衡量不同产品、地区、顾客群、销售渠道的盈利能力，从而帮助决策层决定营销活动的扩大、收缩或取消。

假定某企业产品主要通过电商、大型超市和商场等三个渠道销售，如何对不同渠道进行盈利能力分析呢？进行营销盈利率的分析大致有以下几个步骤。

首先，确定功能性费用。衡量销售产品、广告、包装和产品运输等每项营销功能的费用数量，标明费用在不同营销功能活动中的分配。其次，将功能性费用分配到各个营销渠道实体，衡量每一个渠道的销售所发生的功能性费用支出。最后，为每一个营销渠道编制损益表，从而观察、分析每一个渠道的盈利能力。某企业不同渠道损益表如表 15-2 所示。

表 15-2　某企业不同渠道损益表　　　　　　　　　　　　　　　单位：万元

项目	电商	超市	商场	总　额
销售收入	3 500	2 800	1 900	8 200
销售成本	2 000	1 800	1 200	5 000
毛利	1 500	1 000	700	3 200
费用：促销	250	200	130	580
广告	450	280	150	880
包装运输	150	100	80	330
总费用	850	580	360	1 790
净利润	650	420	340	1 410

为了实现最佳调整措施的选择，有的企业专门设置了"市场营销控制员"岗位。他们一般都在财务管理和市场营销方面受过良好的专业培训，能担负复杂的财务分析及制定市场营销预算的工作。

3. 效率控制

效率控制是指采用系列指标对营销过程中销售人员工作效率、广告效率、销售促进效率、分销效率等进行日常监测与控制的方法。

（1）评价销售人员工作效率的主要指标。具体包括：每位销售人员平均每天访问客户的次数，每次销售访问的平均收益，每次销售访问的平均成本，每百次销售访问获得订单的百分比，每期的新增顾客和流失顾客数。

（2）评价广告效率的主要指标。具体包括：不同广告媒体接触每位顾客/千位顾客的广告成本，注意、收看或阅读广告的顾客占整个受众的百分比，目标顾客对广告内容与形式的意见，顾客对产品的态度在广告前后的变化，由于广告刺激增加对产品的询问次数等。

（3）评价销售促进效率的主要指标。具体包括：优惠销售量所占销售量的百分比，赠券的回收率，每单位销售额的商品陈列成本，现场展示或表演引起顾客询问的次数等。

（4）评价分销效率的主要指标。例如：分销网点的覆盖面，存货控制、仓储位置和运输方式的效果，渠道活动费用率等。

4. 战略控制

战略控制也称市场营销审计，是企业最高等级的控制。它是指定期对企业营销环境、经营战略、目标、计划、组织和整体营销效果等进行全面、系统审查和评价的过程，其目的在于确保企业战略、目标、政策和策略与企业外部环境和内部资源变化相匹配。

营销审计是一系列有秩序地进行检查诊断的过程，涉及企业全部的主要营销活动。营销审计应独立地定期进行，最好是借助外部力量来进行，以保证营销审计结果的客观性并避免营销活动出现失控现象。

15.4　营销绩效及其测量

市场营销控制的目的是确保市场营销活动的顺利进行和达成预定的营销目标。无论是年度计划控制、盈利能力控制、效率控制还是战略控制，都是为了提高营销效益，保证企业的可持续发展。因此企业营销活动的开展，已经从不计代价地注重营销和营销投入的状况转向更加关注营销投入为企业带来的产出。投入一定要有回报，回报能更好地体现营销投入的意义。这个新趋势被称为绩效营销，它是粗放式营销管理向精细化营销管理转型的标志。

15.4.1　绩效营销与营销绩效概述

1. 绩效营销的概念、意义与流程

狭义的绩效营销的概念是营销者要从财务和盈利能力方面证明营销投入的正确性，这里的盈利能力特指有形的商业回报；更广义的绩效营销概念则是既涉及财务绩效，也涉及品牌资产、顾客资产等无形资产，既强调当前的短期的营销效果，也注重营销对企业产生的长远影响和效果[①]。例如：绩效营销研究者证实了营销活动投入带来的顾客关系资产和合作者关系资产推动了市场绩效的提高；品牌、顾客、渠道及利益相关者合作网络都是企业管理的轻资产，有助于提升顾客忠诚度，降低现金流脆弱性。广义的绩效营销更多地与无形的商业回报及社会回报相关。

总的来说，绩效营销与以往从财务层面直接测算营销投资回报率指标不同，绩效营销侧重精确地剥离具体的营销活动对企业绩效的影响，尤其是对企业长期价值增长而不是短期绩效的影响。

2. 营销绩效及指标分类

通过绩效营销研究，营销活动带给企业的价值得到不断的证实。既然营销活动对企业绩效非常重要，那么企业也要清楚地知道从哪些维度衡量营销活动，能够更合理地反映营销绩效，进而提升营销管理效率。

营销绩效指标是营销绩效的实时测量指标，是一系列以市场为基础的外部视角的指标，是对营销绩效进行测量、比较和解释的一组度量标准[②]。企业可以通过追踪各种营销绩效指标来了解、跟踪和管理一项营销战略或营销计划的市场绩效，探查并预告未来的成功。

营销绩效指标很多，没有唯一的体系。企业在实际的市场运营过程中，应根据自己的实际市场状况选择营销绩效测量指标，全面地反映企业需要测量的营销绩效。

1）从市场表现及其形成原因来划分

以市场表现及其形成原因来划分，营销绩效指标可以分为市场绩效指标、竞争绩效指标、顾客绩效指标等，它们测量了产品、服务、品牌的外部市场条件和市场吸引力、企业产品的竞争力，以及产品的顾客绩效、品牌的影响力等。

市场绩效指标包括市场增长、市场份额、市场吸引力、行业吸引力和潜在市场需求等；竞争绩效指标包括相对于竞争对手的价格、产品质量、服务质量、品牌影响力等；顾客绩效指标包括顾客满意度、顾客保留率、顾客忠诚度、顾客知晓度和顾客价值等。

2）从时间维度来划分

从时间维度来划分，营销绩效指标可以分为过程性营销绩效指标与结果性营销绩效指

---

① 何云，卢泰宏. 营销管理的新趋势：绩效营销研究探析 [J]. 外国经济与管理，2011，33（1）：43-49.

② 贝斯特. 营销管理：提升顾客价值和利润增长的战略：第 6 版 [M]. 权小妍，徐丽娟，译. 北京：北京大学出版社，2017.

标。过程性营销绩效指标是指先于财务指标发生的一些指标，它们是运营绩效的先行指示器，与财务指标几乎同时得到的为结果性营销绩效指标。

3. 营销绩效与财务绩效的区别与联系

营销绩效与公司的财务绩效的不同在于财务绩效反映了公司的盈利结果，但营销绩效反映了这些财务结果形成的原因。营销绩效指标可以帮助企业深入分析某项业务或产品在市场的表现或在消费者心智中的变化。营销绩效指标反映的都是真正能够创造盈利的要素，很多营销绩效指标可以直接影响财务绩效，例如：顾客满意度和忠诚度的提升，品牌认知度的改善可以提高市场份额，进而促进销售收入和投资回报率的增长。由于许多营销绩效指标先于财务绩效，有效使用营销绩效指标对成功制订和实施营销计划、完成预测财务目标、提升盈利能力十分关键。下面重点介绍几类常用的营销绩效指标及测量方法。

15.4.2　顾客绩效指标及测量

当今技术革命和市场竞争环境中，顾客的需求、消费行为都在持续变化，只有不断了解顾客，充分关注顾客反馈，维持好的顾客绩效才能保证良好的市场绩效。顾客绩效是一类最基本的营销绩效指标，是未来市场绩效和财务绩效的前瞻性指示器，它衡量了顾客在未来将对企业如何反应。例如：顾客满意度开始下降，这就是未来销售收入减少的先行指标，并将对品牌忠诚度产生明确损害。与顾客绩效相关的指标包括顾客满意度、顾客保留率、顾客终生价值等。

1. 顾客满意度

测量顾客满意程度的方法包括定性方法和定量方法。定性方法包括焦点小组座谈、深度访谈、神秘顾客和观察法等，例如：在服务方毫无准备的情况下，派调查者扮演神秘顾客暗访服务现场，体验所有客户接受的服务流程，写下服务感受，完成暗访满意报告；也可以派观察员到服务现场，用现代设备把顾客的行为进行记录，或对顾客购买活动进行测定，找出所需的顾客满意信息。定性研究方法是对定量方法的补充，可以在某些问题上得到更加深入的意见和原因分析。

更为常见的是定量方法，即通过面访、电话调查和网络调查等问卷调研法来获取数据，来进行顾客满意度评价。一种常见的方法是顾客满意指数法（customer satisfaction index，CSI），该方法让顾客使用从非常不满意到非常满意的评价方式对企业或产品的满意程度进行评价。如表 15-3 所示，每一级的顾客满意水平都有相应的分值，从最不满意的 1 分到最满意的 10 分。只要得到了某顾客群体各样本的 CSI 值，企业就可以计算出该群体顾客满意评分的平均值。通过与企业前一次的 CSI 值、企业的目标值、主要竞争对手的 CSI 值进行比较，企业会对自己的顾客满意度绩效水平有一个基本的认知。

表 15-3　顾客总体满意度测量的问题

问题	1	2	3	4	5	6	7	8	9	10
你对某产品/服务的满意程度？										

除了总体整体满意度，根据测评的产品或服务的属性还可以分为很多维度。例如：服务满意度可以从服务的可靠性、有形性、移情性、保证性和响应性 5 个维度，分别对服务的履

行承诺能力、直接感知到的有形设备和环境、是否设身处地为顾客着想、专业技能的可信度和安全感、能否迅速帮助顾客提高服务等方面进行测量[1]。又如：要测评具有服务场所的企业的用户满意度，可以从顾客接待、员工服务质量、环境、企业形象和设备设施维护等维度进行分解、测量[2]。

特别关注

中国全品类顾客满意度评价指数

中国顾客满意度指数（china customer satisfaction index，C-CSI）是由中国品牌评级与品牌顾问机构 Chnbrand 实施的中国全品类顾客满意度评价体系，于 2015 年首次推出。C-CSI 是在全国消费者调查的基础上，表征中国消费者对使用或拥有过的产品或服务的整体满意程度。作为一个连续的年度调查项目，C-CSI 每年向全社会发布调查结果，为中国消费者做出明智的品牌选择提供指导。

C-CSI 通过要素满意度、总体满意度、忠诚度三个指标综合计算得出，从而更加科学地测量顾客整体满意程度。C-CSI 的计算方法示意图如图 15-9 所示。

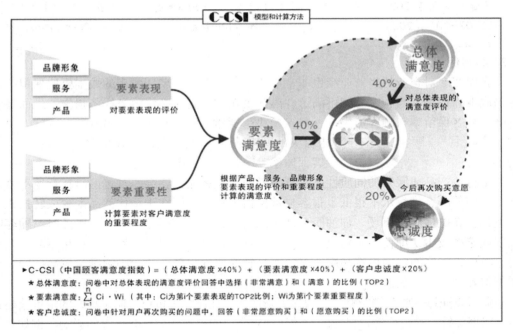

图 15-9　C-CSI 的计算方法示意图

2022 年发布的顾客满意度指数，主要结论如下。

（1）整体 C-CSI 得分稳定，满意度发展进入平台期。C-CSI 平均得分 79.7 分，中

---

① 鲁守东．关于服务质量及相关理论研究的述评［J］．山西财经大学学报，2012，34（S4）：37-38.

② 余平洋，李卫元．服务型企业顾客满意度的应用研究［J］．中国商贸，2010（8）：14-15.

国顾客满意度指数增速明显趋缓，近两年的平均增幅仅为 0.35 分。在过去三年连续发布的 173 个细分品类中，六成品类的满意度处于稳定或者下行通道中。在耐用消费品和服务业两大行业中这个趋势尤为明显；与之相反的是，快速消费品行业正表现出前所未有的生命力。

（2）满意度指标更加动态，满意度管理需坚持"长期主义"。2022 年"中国顾客最满意品牌"的逆转比例为 45.7%，有 79 个品类的第一名被逆转。在过去 5 年内，仅有 13 个品牌连续获得 C-CSI 的榜单第一，占连续发布品牌的 9.2%。

（3）C-CSI 得分表现出明显的人群差异。2022 年，C-CSI 得分随着消费者年龄的降低而降低。不同收入、城市级别和区域等细分人群中也表现出满意度的差异。

（4）满意度启示及提升建议

"知行合一"，秉持长期主义，才能适应市场环境和消费者变化。满意度管理必须从消费者本身出发，顾客满意度评价指标也在不断"升级"，尤其在 Z 世代人群心目中，仅在产品或服务端满足需求远远不够，品牌的沟通、价值传递、品牌的行为和态度都已经列入满意度的"标准"中。

【资料来源】2022 年中国顾客满意度指数 C-CSI 研究成果权威发布［EB/OL］.（2022-07-20）［2023-12-08］. http：//www. chn-brand. org/c-csi/ccsiNews. aspx.

2. 顾客保留率

顾客保留率对企业的经营业绩也非常重要，因为吸引一名新顾客的成本要比保留一名老顾客的成本高得多。当顾客感到不满意并离开企业时，企业必将承受经济损失，进而导致利润下降。顾客保留率与顾客流失率（顾客流失率通常以年度来衡量）相关。

$$顾客流失率=期末流失的顾客数量/期初活跃的顾客总数$$
$$顾客保留率=1-顾客流失率$$

如果行业产品或服务的同质性高、竞争激烈，顾客流失就会非常普遍。在竞争不激烈的市场中，即使顾客满意水平很低也很容易被保留下来，原因在于替代商品太少或转换成本太高。例如：在电信服务市场、加油服务市场以及地铁、公交车等公共交通服务时，顾客的选择受限或选择较少，即使不满意也会留下来；然而在服装、饮料、家电、日化用品等竞争激烈的市场中，顾客面对的可选品牌众多，而且转换成本很低，企业必须维持较高的顾客满意度才能保证顾客不流失。

企业可以通过一些营销策略，如快速更新产品、让渡顾客价值、制定更好的定价策略提高顾客保留率。针对高价值客户保持的营销活动对公司的盈利能力具有重大的影响。例如：某航空公司会在客户飞行里程达到 3 000 英里后很快寄给客户关于兑换积分的礼品；雷克萨斯有令人难以置信的忠诚客户，大约 70% 的雷克萨斯车主会重复购买雷克萨斯作为他们的下一部车，其保留的顾客营销活动包括免费借车、免费轻损修复和新品发布时的免费高尔夫球赛活动等①。由于忠诚度非常高，绝大部分雷克萨斯车主倾向用他们的老雷克萨斯来换购新车。

顾客保留率与顾客满意度通常具有非常直接的对应关系。不满意的顾客通常不会向企业

---

① JEFFERY M. 数据驱动营销：营销人员必知的 15 个关键指标［M］. 林清怡，刘敬东，金波，译. 北京：人民邮电出版社，2014.

投诉，而是选择离开。离开的顾客不仅直接导致企业的市场份额缩减，而且会使企业吸引新顾客的工作变得更加艰难，因为他们会在离开企业后，将投诉的内容告诉其他人。

3. 顾客终生价值

顾客终生价值的意义在于计算某一顾客在作为公司客户的整个顾客生命周期中为公司带来的全部现金流的净现值。顾客终生价值的确定有多种方法，其中最简单的是利用顾客保留率和贴现率的计算方法。

首先，利用顾客保留率计算顾客的生命周期。假设企业的顾客保留率为 50%，这说明它有一半的顾客可以维持 2 年购买，有 1/4 的顾客可以连续 3 年购买，其中又会有 1/8 的顾客连续 4 年购买……这样，所有顾客的平均购买年数（顾客的平均生命周期）即：

$$顾客的平均生命周期 = 1/（1-顾客保留率）$$

可见，顾客生命周期是以指数方式随着顾客保留率的增长而增长。

假如某产品的平均顾客保留率为 80%，顾客的平均生命周期是 5 年。如果此保留率可以提升到 90%，那么顾客的平均生命周期就可以延长到 10 年，会大大影响公司的收入增长。

表 15-4 中给出了顾客保留率为 80%，生命周期为 5 年的顾客，在贴现率为 10% 的情况下购买产品贡献为 50 元的商品，能给企业带来的全部的净现值。如表 15-4 所示，每一年的收入都根据贴现率折现，将所有现值加总就得到了现金流的净现值，最后得到的总现金流的折现值为 239.5 元，也就是一个顾客对企业的价值约为 240 元。

表 15-4　顾客终生价值计算示例　　　　　　　　　　　　　　　　单位：元

时间	现金流	1 元的现值	现金流的现值
0	50	1	50
1	50	0.909	45.45
2	50	0.826	41.3
3	50	0.751	37.55
4	50	0.683	34.15
5	50	0.621	31.05
现金流的总净现值			239.5

顾客终生价值解释了企业提升顾客满意度、忠诚度，力争维持较高的顾客保留率的重要性。在这个简单的计算方法中，还没有考虑顾客满意导致的口碑传递带来的顾客价值。实际上，假如一家客房平均价格为 150 美元，餐饮的日平均消费为 200 美元的全球连锁型酒店。如果一个在该酒店过得很满意的顾客，他每年会两次入住本酒店，至少可以持续 10 年，而且他会将本酒店推荐给另外 5 个人，而这 5 个人的 20% 会入住这家酒店，那么该顾客为酒店贡献的顾客生命价值接近 55 000 美元[①]。因此，顾客能给企业带来的价值远不止当前购买产品所产生的利润这么简单，维持较高的顾客绩效可以使企业在长期发展中不断享受到来自顾客的价值回馈。

15.4.3　品牌绩效指标及测量

品牌绩效指标反映了品牌传播效果，它可以作为企业市场销售的预警信号，帮助企业发现

---

① 戴维斯. 营销量化管理工具书［M］. 曾贤明，译. 北京：东方出版社，2009.

可能存在的错误，并解决问题。品牌的关键作用是引发消费者的联想与购买，这都建立在消费者感知的基础上①。因此，与品牌绩效相关的指标既包括品牌知名度、品牌认知度、品牌美誉度和品牌忠诚度等感知指标，也包括品牌购买行动率和品牌推荐率等测量感知转化行动的指标。

1. 品牌知名度

品牌知名度反映的是消费者认识或记起某品牌或其产品的能力。简单的品牌知名度测量可以通过单一问项"您是否知道……品牌？"来实现。

品牌知晓度＝知晓品牌的消费者人数/目标市场的消费者总人数

依据知晓程度，品牌知名度还可以细分为三个层次。

最低层次是品牌识别。例如：可以给消费者展示一系列品牌名称，要求消费者说出以前他们听说过哪些品牌。品牌识别度高，代表着消费者对品牌的熟悉度高。这种熟悉感可以让消费者不必评估产品特点，直接做出购买决策。

中间层次是品牌回想。例如：消费者调研可以让调查对象针对某类产品说出能够想起的品牌名称及其品牌特色。与品牌识别不同，品牌回想强调的是在没有提示下的回想。理想的品牌回想通常与成功的品牌定位有关。品牌回想也能够影响消费者的购买决策：如果消费者需要在一组备选品牌选择一个，那么只有能够回想起来的品牌才能进入备选组，并且第一个被想起的品牌往往有优势成为被选中的那一个。

最高层次是第一提及知名度。第一提及知名度即品牌回想中第一个被想起的品牌，这意味着该品牌在消费者心智中高于其他品牌。拥有第一提及知名度的品牌往往竞争力强，市场绩效表现好。

2. 品牌认知度

品牌认知度的测量可以更具体地提供对产品品牌的认知和未来购买意向的洞察，衡量营销活动对感知的影响，从而优化未来的营销沟通活动，提升对特定市场和目标顾客的了解。

品牌认知度的测试具体包括品牌记忆度、营销沟通信息回忆率、接触点识别、购买意向识别等维度。例如：某媒体和消费者调研公司对特定品牌认知情况进行每周定期跟踪调研，具体问项包括如下。

（1）"考虑你最近接触到的所有不同广告、赞助和其他推广活动，是否看到、听到或读到任何以下……品牌？"

（2）"你是否看过/听过/读过/体验过（……品牌特定的广告、赞助、推广活动等)？"

（3）"下面……品牌的产品中，你听说过哪些？"

（4）"以下哪句话最好地描述了你在未来考虑购买……品牌产品的意向？"

具体测量时，可以将问题分为若干层次，给出每个层次的权重；然后计算每个层次中问题的平均得分，对每个层次的平均分与权重乘积求和，得到品牌的平均认知度，即为品牌认知度。

通过对品牌认知度问卷的持续、定期调研，可以准确地测量出消费者在营销沟通活动前后对品牌认知度的变化，进而可以与市场销售量进行简单的对应。这些追踪测量结果还可以帮助企业了解"哪个营销沟通活动效果欠佳"，或"某个营销沟通活动会何时失效"，是测

---

① 详见：品牌评价 消费者感知测量指南：GB/T 39071—2020［S］.

量营销沟通效果的理想指标。

3. 品牌美誉度

品牌美誉度是指消费者对某一品牌的好感和信任程度，主要侧重消费者对品牌评价的测量。

品牌美誉度＝赞扬品牌的消费者数量×平均赞扬程度/目标市场的消费者总数[①]

其中，平均赞扬程度来自每个赞扬品牌的消费者对品牌打分的均值。品牌美誉度来源于两个渠道的传播：一是来自品牌方主动的媒体传播；二是来自消费者之间的传播或推荐。但影响品牌美誉度的核心要素还是产品或服务的质量。品牌美誉度高会增加消费者的购买机会。

4. 品牌忠诚度

（1）品牌忠诚度主要测量忠诚顾客的比例，忠诚表现为因品牌形成的重复购买。可以通过"是否重复购买过……品牌的产品？"及"购买……品牌产品的频率？"等问题来测量[②]。

品牌忠诚度＝符合品牌忠诚条件的消费者数量/购买该品牌产品的消费者总数

其中，品牌忠诚条件指某行业或某产品品类默认的某一定期购买频次阈值。品牌忠诚度计算重复购买行为，但对于不同类别的产品而言，重复购买频次差别很大。例如：快速消费品，产品单价低，购买很频繁，重复购买频次大；而汽车、家电等耐用品，产品单价高，购买不频繁，较小的重复购买频次也要被认定为品牌忠诚。品牌忠诚度高，必然在市场业绩上表现不俗，并且当品牌延伸至新产品时，营销推广相对容易。

（2）净推荐值。将用户对品牌或产品主动推荐的意愿作为忠诚度指标的表征要素，即计算净推荐率。

净推荐值（NPS）＝（推荐者数/总样本数）×100 －（贬损者数/总样本数）×100

根据愿意推荐的程度让客户在 0～10 之间来打分，然后根据得分情况来建立客户忠诚度的三个范畴：①推荐者（得分在 9～10 之间），具有狂热忠诚度的人，他们会继续购买并引见给其他人；②被动者（得分在 7～8 之间），总体满意但并不狂热，将会考虑其他竞争对手的产品；③批评者（得分在 0～6 之间）：使用过但并不满意或者对产品公司或服务公司没有忠诚度。

数读营销

2022 年中国顾客推荐度指数 C-NPS

中国品牌评级与品牌顾问机构 Chnbrand 将顾客推荐度指数 C-NPS 定义为有消费体验的消费者愿意向他人推荐企业产品或服务的程度，是企业产品或服务的现有顾客中积极推荐者的比例减去贬损者的比例，从而得到净推荐值。其发布的 2022 年中国顾客推荐度指数 C-NPS 主要结论如下。

（1）2022 年 C-NPS 得分 18.6 分，连续 5 年保持增长；同时，总体人群结构中被动者大幅减少。数据表明，中国消费者体验持续向好，且口碑活跃度进一步增强。

[①] 王贵奇，崔苗. 最有效的 91 种营销分析工具［M］. 北京：中国经济出版社，2009.
[②] 详见：品牌评价 消费者感知测量指南 GB/T 39071—2020［S］.

（2）中国品牌的消费者体验持续获得赞誉，收获近7成的"最受顾客推荐品牌"。中国品牌表现具有三个特点：中国品牌体验水平显著提高；中国品牌借力于多元化体验的打造获得成功；重视消费者体验正在为中国"新"品牌发展提供更多机遇。

（3）快速消费品行业C-NPS提升，与消费者日常生活密切相关的品类的C-NPS增幅显著。消费升级和跃迁使得消费者体验关注点更加精细化，这些日常品类的口碑活跃的背后，是消费者体验日常化的表达。

（4）2022年，消费者体验呈现三大新趋势：消费者体验"泛生活化"，消费者追求生活品类全方位的精致体验，口碑分享日常化；消费者体验和评价触角"更广域"，一切互动都有可能成为品牌口碑的契机和切入点，企业需要不断地为体验管理扩容；体验感知"无边界化"，在消费者心智中对体验感受的横向、跨品类对标成为常态，体验管理不能成为静态场景下的策划。

（5）体验的提升有赖于"有意义"的体验管理，其必须具备三个基本要素：科学的体验管理指标、消费者需求识别及洞察的能力、组织液态化的能力。

【资料来源】2022年中国顾客推荐度指数C-NPS研究成果权威发布［EB/OL］.（2022-01-11）［2023-12-08］. http：//www. chn-brand. org/erji. asp？index＝2&subindex＝0.

15.4.4　数字营销绩效指标及测量

在电子商务、社交媒体网络普及的时代背景下，企业将更多的营销沟通预算向线上倾斜。互联网还提供了传统媒体所不具有的大数据分析技术，可以对消费者偏好、购买意向等进行更精确的测量。数字营销指标的研究对象是数字营销传播活动中对用户反应进行高精度实时测量的指标，主要包括展示/曝光指标、互动指标和转化指标等维度。

1. 展示/曝光指标

展示指标又可以称为曝光指标，指某一观测时期内数字营销广告出现在数字媒体中的总次数。例如：搜索引擎广告在用户搜索关键词时，出现在用户搜索结果页面中算一次曝光；网络视频广告以缩率图等形式出现在用户浏览的网页上也算一次曝光[①]。

展示/曝光是数字营销广告最初级的测量指标也是其他指标发生的基础。为了提升展示/曝光指标，企业和数字营销媒体平台合作可以通过选取合适的关键词、优化搜索算法、撰写有趣的内容营销文案、设计有创意的缩略图、选择目标消费者偏好的网站类目和时段投放等方式优化数字营销策略。

2. 互动指标

互动指标是指数字营销媒体展示或曝光信息后，获得的消费者反应的总次数。这些消费者反应包括搜索引擎营销中搜索结果页面被用户点击，网络视频广告缩略图被用户打开观看，含有链接的在线展示广告被用户点击并链接到目标网站，社交媒体中的帖子被用户打开并浏览以及转发、点赞、评论等行为。具体的互动指标包括点击量和点击率、停留率、停留

---

① 朱磊，崔瑶. 数字营销效果测评［M］. 北京：科学出版社，2020.

时间、转赞评等。

（1）点击量和点击率。点击量是数字营销最基础的效果评测指标。它指的是在一定时间内用户进行访问的操作次数，包括点击某个网页中的链接、滚动页面，以及网页、广告的点击次数以及社交媒体中单个帖子的点击总次数。点击量是一种有效的交互行为度量手段，通常用来衡量网站或者网页、帖子的流量和人气，作为市场营销活动评价指标之一。点击率是用户点击一个链接的百分比。点击率是测量在线营销沟通效果的主要方法，所呈现的数字可以反映多少人收看了数字营销活动并点击并访问了网站（或帖子、视频等）。

点击率＝点击进入网站（或帖子、视频等）的次数/展示次数

当消费者进一步参与数字营销活动就会产生兑换率或参与率指标，进一步下单购买就会产生销售额指标。数字营销活动的效果一目了然。

（2）停留率。停留率测量的是对数字营销媒体广告产生印象的用户比例，可以体现为有多少用户将鼠标停放在或点击数字营销媒体内容上。

（3）停留时间。停留时间测量的是用户观看某一数字营销媒体内容的时间长短。停留时间越长反映用户对该产品/品牌或其投放的数字营销媒体内容越感兴趣。一些数字营销咨询公司会推出在线管理工具，负责记录网站的访问量及浏览时间并进行在线购买行为分析；同时提供整合数字营销活动和线下推广的营销方案。

（4）转赞评。转赞评是转发、点赞和评论的合称。转赞评是衡量社交媒体营销活动互动效果的重要指标。转发即一定时间内用户对某个帖子的转发或分享的次数；点赞是一定时间内用户对某个帖子的点赞数；评论为一定时间内用户对某个帖子的评论数。一般而言，转赞评越多，参与活动的人越多，说明营销传播活动的互动效果越好。

3. 转化指标

交易转化率（trade conversion rate，TCR）是测量数字营销结果的一个基本指标。它是指用户点击到链接网址后，有购买行为的百分比。

交易转化率＝（购买次数/点击进入链接网址
次数）×100%

综合比较点击率和交易转化率两个指标可以优化内容营销或搜索引擎营销活动，图 15-10 展示了如何做到这一点。右上象限表示某网络营销活动有较高的点击率和交易转化率，活动做得很好，没有必要改进。左上象限是高交易转化率、低点击率，表明一旦用户点击进入了链接网址他们就会购买，但很多用户

图 15-10　基于点击率和交易转化率的
数字营销优化框架①

都没有去点击。对于这次的活动，企业需要改进内容端或搜索引擎端的设计。在图 15-10 的右下象限，活动有高点击率、但交易转化率低，表明很多用户都点击了广告链接，但进入链接界面后没有购买。此时需要改进购物页面的设计或改良产品本身。在图 15-10 的左下象限，同时具有较低的点击率和交易转化率，该活动需要同时改进内容端或搜索引擎端，以

---

① 克洛，巴克. 广告、促销与整合营销传播：第 7 版［M］. 应斌，王虹，译. 北京：清华大学出版社，2015.

及购物页面端，甚至可以考虑减掉该网络营销活动。

特别关注

社交媒体营销效果测评面临的难题

1. 病毒传播范围广与过程不易控的矛盾

许多营销人员把制造一场刷屏式的病毒传播视为成功营销的标配，殊不知病毒传播和热点新闻一样，随时会出现反转。由于社交媒体的开放性与互动性，任何意见、观点和想法都可以分享出来，营销事件经过一段时间的沉淀后，是以完美谢幕结束还是引发一轮负面舆情，这是营销活动过程中不可控的未知数。许多企业和营销人员容易被病毒传播时的流量数据冲昏头脑，完全没有意识到后期可能出现的问题。因此，社交媒体营销效果的测评在时间的选取上还有待商榷，不仅要测评即时的营销效果，也要注意观察和评估一段时间后消费者对该营销活动的整体评价。

2. 唯数据论与数据造假的矛盾

行业内对精准传播、定向推送和大数据的过度吹捧导致营销人员把流量、点击率、评论数、点赞数等数据结果当成衡量社交媒体营销成功与否的唯一标准。合作方为了完成相应指标，不惜花大成本美化数据，造成社交媒体营销效果的测评结果掺杂了大量水分。目前，数据造假已经成为行业内一大弊病，很多第三方服务平台会通过特殊软件、水军刷帖等手段制造虚假数据，这给社交媒体营销活动真实效果的测评造成了阻碍。

3. 关注长期效果与关注短期效果的矛盾

社交媒体的营销效果从时间跨度上可以分为长期效果与短期效果，长期效果即需要相对长的时间才能观察和分析的效果，短期效果则是短时间内就可以进行测量的效果。一般情况下，长期效果的测量以定性测量为主，短期效果的测量则以定量测量为主，当下的社交媒体营销效果测评大多以定量测量为主，辅以少量的定性测量。定量指标只能测量一个时间点或某一时间段内的表面数据，至于营销活动对品牌认知度、品牌美誉度、品牌忠诚度、线下转化、重复购买等长期效果的影响，并没有形成较完善的测量指标体系。社交媒体营销效果的测评需要将硬数据和软数据相结合。如何平衡定性指标和定量指标的关系，以及如何选择和使用具体的测量方法，是学界、业界需要共同解决的问题。

【资料来源】朱磊，崔瑶. 数字营销效果测评［M］. 北京：科学出版社，2020.

15.4.5 市场绩效指标及测量

市场绩效是指与市场表现和销售结果相关的一些绩效指标，包括市场占有率、市场渗透率、单位顾客收入、品牌发展指数、品类发展指数等，可以反映营销活动的实际结果或销售情况。通过分析市场绩效指标的变化还可以有效地诊断财务绩效结果，如财务绩效显示销售收入在下降，那么通过分析市场绩效指标了解到这是由于市场份额在缩减。

1. 市场占有率

市场占有率是指某个实体在市场上所占份额的百分比，能较好地显示该实体在市场中的竞争地位。在营销绩效评价中可以主要关注三类市场占有率指标。

（1）整体市场占有率。这是指某企业某类产品的销售额（量）占整个行业同类产品销售额（量）的百分比，这一指标反映了该企业的某个产品的行业地位。

（2）目标市场占有率。这是指某企业的某类产品在特点目标市场的销售额（量）占该目标市场同类产品总销售额（量）的百分比，该指标在一定程度上反映了该企业的某类产品在特定目标市场的竞争力。

（3）相对市场占有率。这是指本企业销售额（量）相对于最大竞争对手的销售额（量）的百分比。结果有三种情况：相对市场占有率超过 100%，表明本企业是市场领先者；相对市场占有率等于 100%，表明本企业与市场领先者地位相当；相对市场占有率小于 100%，表明本企业的市场地位与领先者有差距。

2. 市场渗透率

市场渗透率主要衡量某产品或品牌在目标市场中普及的程度，由购买某产品或品牌的消费者总数在目标市场中所占的比例计算得到。

市场渗透率＝已购买某产品或品牌的消费者总数/目标市场的总人数

相比之下，市场占有率关注销售收入，而市场渗透率关注消费者的数量。如果产品只被少数非常狂热的人群喜欢，很有可能由于价格和重复购买等因素的影响，销售收入高但市场渗透率低。流行且影响力大的产品一定是受众广泛的，所以市场渗透率测量的是产品或品牌在目标市场中的受欢迎程度。

3. 单位顾客收入

单位顾客收入反映的是从每个用户获得的收入[①]。计算公式为

单位顾客收入＝总收入/用户数量

很明显，购买频次高、忠诚度高的用户越多，单位顾客收入越大。单位顾客收入不仅反映企业的盈利能力，更加侧重反映企业对优质用户的获取能力。因此与同行竞争者相比，企业 ARPU（每用户平均收入/单位顾客收入）越高，说明效益越好并且未来的发展前景越好。

4. 品牌发展指数

品牌发展指数测量的是某品牌在某区域（或某特定消费群）的市场表现。计算公式为

品牌发展指数＝（某品牌区域销售量/某品牌全国销售量）/（区域人口/全国人口）

或

品牌发展指数＝（某品牌针对某消费群体的销售量/某品牌总销售量）/

（某特定消费群体人口/总人口）

品牌发展指数侧重衡量特定区域或特定群体中品牌的销售水平相对平均水平是高还是低。在某区域或某特定消费群体中，品牌发展指数越高，说明品牌越受欢迎。品牌发展指数可以帮助企业分辨优势地区或优势消费群体。

---

① 本德勒，法里斯，普法伊费尔，等. 营销量化考核指标：第三版［M］. 赵占波，涂荣庭，译. 北京：人民邮电出版社，2020.

5. 品类发展指数

品类发展指数测量的是某类产品（或服务）在某区域（或某特定消费群）的市场表现。计算公式为

$$品类发展指数=（某类产品或服务的区域销售量/某类产品$$
$$或服务的全国销售量）/（区域人口/全国人口）$$

或

$$品类发展指数=（某类产品或服务针对某消费群体的销售量/$$
$$某类产品或服务的总销售量）/（某特定消费群体人口/总人口）$$

品类发展指数侧重衡量特定区域或特定群体中某类产品（或服务）的销售水平相对平均水平是高还是低。例如：某益智积木类产品在有孩子的家庭中的消费情况是每 100 个家庭每年购买 125 件，在整个市场中的消费情况是每 100 个家庭每年购买 2.5 件，对于有孩子的家庭消费群来说，其益智类积木的发展指数为 50。品类发展指数也可以帮助企业分辨优势地区或优势消费群体，在企业选择目标市场并进行定位时发挥重要作用。

关 键 术 语

营销计划、损益预算表、营销控制、绩效营销、营销绩效、净推荐值、单位顾客收入、品牌发展指数、品类发展指数

知 识 巩 固 与 理 解

➲ 在线测试题

请扫描二维码进行自测。

➲ 思考题

自测题

1. 一项完整的市场营销计划应包括哪些基本内容？
2. 市场营销组织设计应该遵循哪些基本原则？
3. 企业营销部门的演变经历了一个怎样的进程？其内在推动力是什么？
4. 营销部门有哪几种常见的组织形式？
5. 有人认为品牌或产品管理组织是目前我国许多企业对市场营销活动进行有效管理的最佳组织结构形式，你怎么看？
6. 简述年度计划控制的步骤。
7. 顾客绩效指标与市场绩效指标有何不同？二者之间有怎样的关系？
8. 顾客满意、顾客保留、顾客忠诚与顾客终生价值之间有怎样的逻辑关系？
9. 营销绩效评估与营销控制之间具有怎样的关系？
10. 如何基于点击率和交易转化率进行数字营销活动的优化？
11. 企业为什么要定期地进行营销审计？
12. 社交媒体营销效果测评面临的难题是什么？

知 识 应 用

⊃ 案例分析

三洋制冷有限公司大客户营销部门与各部门的内部协调

　　大连三洋制冷有限公司是行业三强之一，与另外两家企业进行着激烈的竞争。一方面，为降低成本，根据公司的总体要求和统一计划，许多原来进口的零部件已经开始进行国产化；另一方面，大客户营销部的营销人员面对竞争对手咄咄逼人的攻势，为获得订单向用户承诺主要零部件和原材料采用进口以及其他苛刻的技术和检查条件，导致营销部与公司内的技术部、品质部、采购部等部门出现矛盾并且冲突日益激化，每个部门的理由都很充足，都认为自己部门是在维护公司的利益而互不相让。

　　通过分析，部门冲突大多来自对一些问题的不同观点。例如：企业的最大利益在哪里之类的问题；也有部门与部门之间对企业有限资源如人力和财力的争夺而引起的争论；看问题的角度不同，使每个部门都倾向于更强调自身的重要性和利益。企业的每个部门都通过其决策和经营活动影响顾客的满意程度，而不仅仅是市场大客户营销管控部门。从企业整体的市场营销出发，希望能协调各部门的活动和决策。因此，市场大客户营销管控经理的任务除了协调整个公司的市场营销活动，还要处理好与财务部门、工程部门等的关系。

　　为化解矛盾冲突，公司指定生产管理部作为协调部门去解决冲突。生产管理部从业务流程的角度出发，根据各部门的职责重新理顺了业务流程，指示相关部门编制出产品的标准配置，与各部门进行协调沟通，最终达成一致。

　　在后续的经营管理中，公司明确了以下几点主张。第一，从企业最高主管到各部门主管均对企业市场营销负有责任，他们都应了解市场需要，参与制定企业市场大客户营销管控目标，检查执行情况。第二，在企业内强调完成战略总目标，而不强调完成各部门的目标，经常将各部门在完成企业总目标中所做的贡献通报全体。第三，要求各部门均应了解其他部门的工作及困难，提倡部门间尽可能多地相互接触、了解。第四，定期举办各部门经理、一般工作人员参加的"市场大客户营销管控研讨班"，在全体员工中加强市场大客户营销管控观念，增加了解。要求经理们首先和经常想到市场环境、机会、竞争趋势及其他市场大客户营销管控问题，并在这个基础上制订一整套市场大客户营销管控战略计划，按一定程序实行之。

　　总之，建立一个市场大客户营销管控导向的组织，是一场没有尽头的战斗。目的不在于解决工作中出现的每个具体问题，而在于使企业的顾客得到满意的服务。无论这项工作有多么困难，需要多大的支出，使全体工作人员特别是各级管理人员懂得为顾客提供令他们满意的服务是企业获取成功和立于不败之地的基础，并将其贯穿于实施企业市场大客户营销管控战略的行动中，都是一件值得并且必须做的工作。

　　【资料来源】如何化解部门的内部冲突 [EB/OL]．（2013—12—05）［2023—12—08］．http：//www.china-imsc.com/zixun_ anli_ info_ 375_ 1407.html.

[讨论题]

1. 三洋制冷有限公司的营销部门与其他部门的冲突是如何产生的?

2. 请对该公司后续经营中明确的 4 点主张给予评价。

3. 该公司提出要制订一整套市场大客户营销管控战略计划,你认为这份计划应该包括哪些内容?

⊃**营销辩论**

企业所处的市场环境瞬息万变,于是有人认为计划赶不上变化,所以制订营销计划根本没有用,对环境的高度适应性才是王道。但是也有人认为营销计划是营销战略与策略落地的行动指南,因此制订营销计划很有必要。

正方:面对多变的市场营销环境,无须制订营销计划。

反方:无论营销环境如何多变,都应该制订营销计划。

⊃**角色模拟**

随着移动互联网的发展和消费行为的改变,越来越多的商业银行推出了自己的手机银行,假定某家商业银行邀请你对他们手机银行 App 的对私业务提出数字营销监控的指标体系,你会给出怎样的建议?

⊃**营销在线**

请登录普华永道中国的官方微信公众号,阅读"数字媒体时代,广告主如何评估广告营销绩效与风险?"(https://mp.weixin.qq.com/s/H7W1_tfeJakwdBz_5r3CDg)一文,并针对文中的观点谈谈你的看法。

⊃**拓展阅读**

拓展阅读文献

后　记

经过团队的多轮讨论和反复修改，本书终于定稿。回想撰写过程，感慨良多，本书能够顺利出版，融入了众多人的心血和辛勤劳动及来自各方的鼓励与支持。

本书由张欣瑞承担总策划和统稿工作，具体的分工如下：张欣瑞负责第1、2、3、7、9章；杨一翁负责第4、5、8章；涂剑波负责第6、11和第14章部分内容；尚会英负责第10、12、13章；许研负责第14章部分内容及第15章的撰写。尚会英和杨一翁还负责了大部分章节和辅助教学材料的校对、审核工作。

在本书付梓出版之际，感谢北方工业大学教材出版专项经费的资助，感谢陶晓波教授在教材撰写过程中多次参与讨论并提出宝贵意见；感谢北方工业大学工商管理、国际经济与贸易、经济与金融、会计学、统计学、广告学等专业的学生，是他们的勤学好问，给了我们最原始的写作动力，正是在与他们的共同学习与讨论中逐步形成了本书进一步修订完善的初步构想；还要感谢清华大学出版社以及北京交通大学出版社为本书的出版所做出的贡献，尤其要感谢北京交通大学出版社的吴嫦娥责任编辑的大力关照和指导。此外，本教材的编写借鉴了国内外许多营销学者的最新研究成果，由于种种原因，未能一一取得联系，虽然均做出注释或在资料来源中列出，但我们仍然要对这些尊敬的专家学者表示歉意，同时也在此一并致以诚挚的谢意！

编著者

2024 年 5 月